基础外语教育理论与实践丛书

基础英语教育：
理念、课程、教材及评价
——外语教育改革求索集

龚亚夫　著

W
上海外语教育出版社
外教社　SHANGHAI FOREIGN LANGUAGE EDUCATION PRESS

图书在版编目(CIP)数据

基础英语教育:理念、课程、教材及评价:外语教育改革求索集 / 龚亚夫著. -- 上海:上海外语教育出版社,2025
(基础外语教育理论与实践丛书)
ISBN 978-7-5446-8071-4

Ⅰ.①基… Ⅱ.①龚… Ⅲ.①英语课—教学改革—研究—中学 Ⅳ.①G633.413

中国国家版本馆 CIP 数据核字(2024)第065078号

出版发行:**上海外语教育出版社**
　　　　　　(上海外国语大学内) 邮编:200083
电　　话:021-65425300 (总机)
电子邮箱:bookinfo@sflep.com.cn
网　　址:http://www.sflep.com
责任编辑:墨 菲

印　　刷:上海信老印刷厂
开　　本:635×965　1/16　印张 22.75　字数 371 千字
版　　次:2025 年 3 月第 1 版　2025 年 3 月第 1 次印刷

书　　号:**ISBN 978-7-5446-8071-4**
定　　价:**95.00** 元

本版图书如有印装质量问题,可向本社调换
质量服务热线:4008-213-263

自　序

　　承蒙上海外语教育出版社厚爱,2020 年春节前,张宏副总编辑亲自来北京与我面谈,打算出版我的文集。我深感荣幸,但又觉得还有很多想法有待撰文发表,此事就此搁置下来。前年,外教社编辑与我联系,原来他们已把自 1980 年以来我陆续发表过的文章收集起来! 他们工作先行一步,抉择之余,我亦有所感。我从事基础外语教育 40 余年,经历了改革开放以来中小学外语教学发展的各个阶段,是在这个领域工作最年长的人之一。这些文章记录了一位外语教师、教研员、中小学外语教材编者和研究人员 40 多年来不断探索的心路历程,也从一个侧面反映了我国外语教学改革与发展历程。往者不谏,来者可追,旧作重新集结出版,为今后基础外语教育的改革提供一些启示,我想外教社的初衷或在于此。

　　长期以来,有关中小学的著述与报告,对于外语教学的理论、教学路径、教学方法,乃至一些基本概念,一直存在一些认识上的偏差与误解。而这些错误的概念与片面的说法,往往在一段时间内,误导中小学外语教师,进而直接影响课堂教学。总体来说,20 世纪 80 至 90 年代发表的一些文章,是针对当时中小学外语教学中的问题,有感而发。

　　那时,我国中小学外语课堂教学几乎严格遵循"听说领先,读写跟上"的模式,而我对北京市中学生英语竞赛成绩优异者的一项问卷调查却发现,成绩优异的学生中只有 14% 是仅靠学好教材,70% 的学生依靠的是"课外多听多读"。依据二语习得基本规律,我在《中小学外语教学》发文,推介了"听读领先"的教学模式,并阐述了其理论和实践基础。

　　当交际语言教学思想传到我国时,多数学者将交际语言教学视为一种"教学法"(method),认为"功能-意念"路径即是"交际法"的代表,还有很多人认为交际语言教学只强调口语、反对语法教学。其实,交际语言教学在国际上逐渐发展为一种教学的观念、一种思想体系（philosophy），所以大多数交际语言教学倡导者后来不使用"交际教学法"（communicative language teaching method）这一名称，而用"交际语言教学"（communicative language teaching，CLT）。当时发表的文章，主要是为了澄清对交际语言教学的一些认识偏见。可惜，我国文章、书籍至今仍存在这样的误解，称 CLT 为"交际法"或"交际教学法"。

跨文化交际概念在 20 世纪被介绍到我国。但在当时的背景下，中小学外语教学大纲一直没有明确提出"文化"的教学目标。那时大多数人对英语国家情况知之甚少，有些学生甚至把教材中的 black boy 和 white boy 翻译为"黑脸小孩""白脸小孩"。1986—1987 年，我在美国一所私立学校任教，周末接触各界人士，对美国社会与文化有了些切身的体验。后来又去美国宾夕法尼亚大学学习"美国学"，走了十几个州。回国之后我陆续写了几篇文章，提出关于文化因素在外语教学中的重要性，可算是最早在中小学提倡"文化意识"的人之一。

这些文章也证实，与其他学科一样，人们对于发展学生素养的认识，也是逐渐发展起来的。20 世纪 90 年代的英语教学大纲就提出了培养学生思维、思想品德等要求，强调"寓思想品德教育于语言教学之中"，还提到交际能力包含认知、情感与智力因素。参加教学大纲编订的专家，如刘道义、王碧霖、章兼中等几位学者，也提出了如何通过外语教学实现"素质教育"的目标。刘道义对思想品德教育、智力开发、文化素养等做了详细的解释。我也谈到"思想情感""思想品德"的内涵，应包含"自我激发、待人处事、协调人际关系"等诸多要素。这一时期，我对"跨学科"也有了些许认识和思考。1992 年，在《从综合课程改革的角度去设计外语教学的大纲》这篇文章中，我提出了"问题型"和"学科型"课程建设，主张英语教学内容要包括其他学科知识，可算作我自己最初对"跨学科"的认识。但那些年思考的范围，主要集中在教学方法、教学内容等方面，尚未对英语课程设计范式等做整体的探究。

到人民教育出版社工作后，我参与编写了二十几套中小学英语教材。在与中小学生、英语教师的接触中，我深深地感到，当时的英语教学内容与我国现状和学生成长需求存在很大差距。其中一个主要问题，是所谓的"真实世界任务"（real-world tasks）。国际语言教学界普遍定义的"真实世界任务"，是学习者在目的语环境中工作与生活的交际需求，比如问路、购物、点餐、问医等个人人际交往的话题。但对我国大多数中小学生来说，没有将这些语言直接用于生活的紧迫需求和现实必要。因此,对"真实世界"的认识,涉及教学目标、教学内容等一系列问题。我想,对于影响几亿学子的教材出版社和编者,应该深入一线,做实证研究,根据学生的需求,构建自己的课程理论与教材编写理论。

从 2006 年开始,我走访了十几个省份的城镇乡村学校,包括三个国家级贫困县的学校。持续的课堂观察以及与教师和学生的访谈,促使我不断反思中国学生英语学习的价值所在。我归纳出中国学生的三个"真实世界"——内心世界、知识世界与未来世界。我认为,中国孩子的这三个"世界"才是基础外语教育的逻辑起点。这一时期,我对"文化"的认识也有了较大变化——从"英本主义"(native-speakerism)到"全人发展",并逐渐形成关于基础英语课程的新看法。

2008 年转到中国教育科学研究院(那时是"中央教科所")工作后,我有了更多时间静心读书,思考如何通过外语教育发展学生品格、思维、价值观念以及外语教学的本土化路径等问题。我陆续发表了一些涉及外语教育理念、课程设计范式、教学目标、教学实施路径的文章,提出了"重构基础教育英语教学目标""交际语言教学的第三条路""课程与核心大纲"等想法,并建构了"多元目标英语课程"的概念框架,即"社会文化目标""思维认知目标"与"语言交流目标"。这三个相互包含、相互交融的课程内容包含培养学生品格、思维能力、价值观念与语言能力等方面,到了交流应用时,其边界已经模糊。2014 年,国家提出"发展核心素养""立德树人"的课程改革目标。我觉得,"多元目标英语课程"完全符合国家发展学生核心素养的目标,也与国家课程方案提出的"核心素养要素是融合的"观点完全一致。

20 多年来,我一直坚持研究任务型语言教学,最近十几年,主要探索通过任务型活动发展学生的核心素养。实际上,任务型语言教学不是一种"教学法",不只有一种实施路径,也没有"唯一官方版本"(authorized version)。本书收录了任务型语言教学与语言习得研究的著名学者 Skehan 邀我一起为 *Cambridge Handbook of Task-Based Language Teaching* 写的章节,介绍了在中国实践的一种任务型路径。这种路径通过不断让学生在真实情景中完成各种包含思维能力培养、品德培养的任务,逐渐发展学生的必备品格、关键能力与价值观念。

文集即将出版之际,中小学外语教学又出现了诸多新问题。一方面,学界对于发展核心素养的路径、课堂教学目标、教学过程等提出不同的解决方案,甚至是截然相反的主张与看法。这些问题涉及外语教学规律、教学原则、教学路径，以及与外语教育紧密相关学科的知识。而只有从"超学科"（transdisciplinary）的视角，才能正确认识通过外语教育发展学生核心素养的路径。另一方面，当我坐在中小学课堂观察教师们的教学活动时，一个问题常常浮现：在人工智能时代，外语教学还会是现在这样的吗？外语学科的课程设置、语言知识体系、学习资源与教材、教学路径、教学评价、课堂的生态以及教师教育课程等等方面，还有太多新的、值得研究的问题。我又有了新的动力！

龚亚夫

2024 年 12 月 1 日

目　录

2008 年—2023 年

1980 年—1999 年

中学英语教学改革的设想（1987）

一、明确教学目的是改革的基础

教育部于一九八一年颁发了《全日制三年制重点中学英语教学大纲》，人民教育出版社已根据这个大纲编写了教材。但是，目前尚没有为普通中学和职业高中制定的教学大纲。大部分普通中学不能达到教育部要求的标准，甚至完不成教材的教学进度，教学的状况仍不能令人满意，广大教师迫切希望中学英语教学能有改革。

马俊明教授最近在《如何切实打好英语基础》一文中指出："我们所说的打好基础就是指打好使用英语交际的基础。"外语教学的目的是培养学生的"交际能力"，这已被世界上大多数外语教学工作者所广泛接受。无论是重点中学，还是普通中学、职业高中，教授英语的目的都应是培养学生使用英语"做事，用它传递和获取信息"。

当然，中学生学习外语似乎只是出于一种间接的需要，并没有直接的交际目的。从我国目前和今后教育结构及对外语的实际需要看，我们大致可以把中等教育分为两大部分。一小部分人在完成九年制义务教育后升入重点中学，然后升入大学。相当多一部分人进入职业高中、技校或普通中学，随后参加工作。显然，这两部分学生对英语的需求是大致可以预测的。总的说来，我们中国人使用英语无非是出国参观、学习、开会、旅游。在国内则是涉外工作、英语教学与研究工作、阅读英语资料。大部分不能升入大学的学生毕业后使用英语主要是读写英语资料，也许是说明书、图纸，以及信笺等等。而"说"的方面则可能多是与外国人进行一般的交谈。即使是升入大学的学生，使用英语的范围也大致如此。这就是我们的毕业生能用得上的"交际"。我们的教学，就应该教会学生掌握这些交际的本领。我们的教材，就应以这些交际的内容为中心。

如果从这个角度来看我们的教材教法,就可以明确我们中学外语教学改革的方向。

二、教材与教学要求

基于以上对教学目的的认识,我们认为应首先改革教材。我们主张吸收国外功能-意念大纲、交际法的某些基本观点。我们所选择的语言材料,以及为这些语言材料出现而设计的情景,为掌握这些材料所用的练习,都要符合真实交际的需要。教材不应该是单一的,而应该是多元的。提倡根据自己的实际情况选择适合的教材。我们正在编一套教材,以下是编写教材的一些想法,希望得到教师们的批评、指导。

1. 以语法和词汇为副产品

这套课本强调从一开始就以"交际"为目的。初级课本仍按传统语法大纲编排,但却用交际的方式来教,采用结构功能型。英国著名语言教学法专家 Louis George Alexander 有这样一段论述:"举例来说吧,拿结构法的课程来说,第一课往往是 ' This is . . . '。" "This is a table" (这是桌子),"This is the blackboard"(这是黑板),这不是交际,只不过是给东西命名。我们可以教这种结构的交际价值。在实际生活的交际中,这种结构往往用于互相介绍,说明在实际生活中这种结构是如何运用的。这对初学者是很有益的。

教师在解释一个新的语言形式时,首先把学生吸引到语言内容上来,也即交际活动上来,关于语言的知识只是教程的一个附带部分。用亚历山大的话说就是:"以交际为目的,而以语法和词汇为副产品。"

2. 数量与比例

数量主要指两个方面:一是要求学生掌握的词汇量,二是教材及辅助练习的数量。

在教学要求上应该有个大致的数量标准。比如能用 1 000 个词进行会话,能用 2 000 个词看书,教师在制定教学计划上就有了依据。如果目前中学课本中所出现过的词汇都要求学生能"听、说、读、写",显然是不现实的。结果只能是许多教师"课文句句分析,单词个个开花"的局面。

我们还应当注意教材及辅助练习的数量。现行的中学教材篇幅短，又缺少足够的辅助练习和相应的补充读物，又要把两三千单词学完。课文自然生词很多、很难，而且重复率低，学生们只好死背。我们应当增加课后练习和辅助读物的数量。一课书可以是几篇内容大致相关、词汇相近，又不太难的材料，也不应要求所有材料都"听、说领先"，有些材料只要求读懂就行。近年来外语教学界引人注目的美国Stephen Krashen 在他制定的评价教材教法的标准中指出：教学的重点在于提供大量易于自然吸取的材料。Stephen Krashen 还提出"余音不绝于耳"之说，认为学生在长期接触外语以后，就会半意识地复述所学到的词句。学生应多读多听易于理解的材料，只注意教材的内容，不必注意语言形式。目前我们听、说、读、写的材料都是同样的一份材料。其实，听和读，即输入（input）应远远多于说和写。也就是说，我们要把语言接受性活动放在首位。正如 David Alan Wilkins 指出的："如果我们把语言接受性活动放在较重要的位置上，那么不但能保证使学习者的接受能力本身得到发展，而且能使学习者有机会学到教学内容以外的东西。"在语言学习中，只有通过泛读、多听才能真正增加学习者接触语言的机会，从接受的语言知识转换成表达技能。

在接受性语言活动中，又应以阅读为主。这与中学英语教学侧重培养阅读能力的目的也是一致的。

3. 为知识而阅读，为信息而阅读

目前中学的英语课本，从选材上，与大学专业英语课本大同小异，不过词汇少些，文字浅些，这样做是不合适的。大学专业的教学目的与中学不一样。我们不是把中学生个个培养成翻译和英语教师。如果把交际能力作为目标，我们就会考虑到，大部分普通中学、职业中学的学生学习 Charles Dickens 的小说和龟兔赛跑的寓言对他们今后的工作帮助不大，我们应当从现在起就让他们读他们今后更有可能读到的东西。

国外的功能-意念大纲、交际法谈论最多的是口语的交际能力。但中国学生学习英语主要是为了阅读。Louis George Alexander 曾指出："例如在中国，学生学习英语的目的是为了阅读科技杂志，当然可以不教四会。我们可以为他们设计功能-意念大纲的阅读课本，不仅给学生编写课本，而且教给他们从课本中汲取知识的方法。这也是八十年代可望发展的东西。至今还没有人用严肃的方法研究过如何为知识而阅读的问题。已有的阅读课为名著选读，没有阅读法，功能-意念大纲将推动我们去研究,我们究竟需要什么样的东西以及教会学生从阅读中汲取知识应当采取什么方法。"

我们可能读机器的说明书、药方,要填表格;我们要读信件、报纸、杂志,以及时刻表、通知、广告等等;我们也会读小说、剧本、歌词、谜语等文艺作品。可是,这些内容,中学的课本中大部分接触不到。即使课外补充读物,也大多局限在故事里,比如海盗、国王、公主、妖魔、小白兔、大灰狼,与学生的实际生活相差多么远!与他们今后的工作更是风马牛不相及。

初级阶段可以读一个折纸游戏的说明,以后可以读如何用一种电器,怎样做一项化学实验,或是读一本书的前言,一种记忆英语单词的方法,如何查词典,如何记笔记,如何写信、写日记,也可以是新闻报道。家庭作业可能是一篇指导如何烹调的文章,并要求学生读后照法操作。

我们也应该介绍西方文化、礼节和地理、历史,以及科学常识和生活常识等等。同时,也有逻辑性较强的文章,以训练学生理解英语和用英语思维的能力,使学生在学习英语的同时获得真实的知识。这样阅读才能真正成为获取信息的方式。当学习外语不再是为了家长和老师,而是为他们自己的时候,学生们才会真正有阅读的欲望。当然,也不完全排斥故事等有情节的短文,因为小说、故事等毕竟语言生动,同样能引起学生的兴趣,但不应把阅读仅仅限制在这一种文体里。

4. 课堂口语交际的类型和我们的选择

可以有四种类型的交际:(1)纯教学的交际;(2)模仿性交际;(3)模拟性交际;(4)真正的交际。

目前我们中学的英语课上,大部分是教学型和模仿型的交际练习。学生们的听、说活动,都是为了熟悉和掌握某种语法内容或句型,而且是局限在机械的言语操练里。实际上,真正的交际应该是传递和获取信息,仅仅靠教学型的交际很难培养出学生真正交际的能力。当然,课堂内的教学型、模仿型交际也是需要的,它们是达到真正交际必不可少的步骤,但不能停留在这个阶段。

我们与谁交际?一般来说,有两种情况:(1)我们中国人与中国人用英语进行交际;(2)我们中国人与外国人用英语进行交际。

我们不主张全搞成中国人与中国人的英语会话,虽然这似乎与学生的生活更接近,但实际上是不真实的。

如果从真实的交际需要看,我们应当教学生的是中国人与外国人的会话,当我们要把我们的事情、想法传达给外国人时,我们应当怎样说;他们把他们的想法和事情告诉我们时会怎样说。我们可以把口语分为两种:一种是日常生活的会话,是外国人与中国学生之间的,如见面寒暄、如何引起话题、回答的技巧、介绍家庭情况及中国社会文化等等。可以设计一些情景,制造 information gap,引导学生练习。另一类是以课文中的内容为讨论话题,或以大家共同感兴趣的题目为中心,如看电视的利弊、男生是否比女生聪明、是不是应该跳迪斯科舞等等,让学生有话可说,展开讨论,表达自己的思想。当然这些都要给学生一些材料。

5. 写作使人精确

在中小学外语教学的各种杂志上,我们很少看到教写作的成功经验。人们常谈到口语对读写的影响,而很少提到写对口语的帮助。在日常生活中,我们常常把要说的写下来,以使自己的话更有条理。目前中学生写作能力不强,即使是高中生也缺乏组织思想、表达清楚的训练。只有通过写作,才能使人思想严谨,遣词造句才能更准确。许多学生听、说还可以,一旦动手答题造句,就错误百出,这正是因为缺乏写的训练。有些教师只把写限于听写、抄写这些机械性的练习上。我们觉得,"写"也应贯彻交际性原则。引导学生逐步听写、抄写、简写过渡到表达自己思想的仿写,而且应以实用文(practical writing)为主,如仿写信、日记、便条等等。

6. 授之以渔

我们应当把培养学生的自学能力和教授学习技巧列入教学计划。未来学家指出:未来的文盲不是不识字的人,而是不会学习的人。就大部分中学毕业生来说,毕业后如果要把英语作为工具来用,还要继续学习。除少数升入大学的学生还可以在教师的指导下学习外,大部分学生只能靠自学。而目前相当一部分学生还不会使用词典等工具书,不少人甚至不能照国际音标认读生词,他们毕业后离开教师的辅导就寸步难行。

在学校内,如果我们培养了学生的自学能力,他们就不仅能有效地复习、巩固课堂上学习的内容,而且会主动地吸收课外的材料。如果他们掌握了记忆的规律和学习技巧,就可以终身受益。

我们还提倡英语学习方法。如用英语学习查词典的方法、记单词的方法,或其他一些训练思维能力的智力游戏。

三、教法的变化及其优点

教材的变化,自然会引起教法的变化,它将不再是目前大部分学校中那种以语法为纲、以教师为中心的状况。教师是教学活动的组织者,当然也是语言知识的传授者。学生在课堂用英语进行各种活动,学生的注意力集中于教师指导下的活动,而不是语言本身。教师在解释一个新的语言形式时,为的是满足真实的和眼前的交际需要,而不是为完成大纲规定的语法项目。学生的地位也会相应地改变,他们的主动性和独立性将得以发展。他们被要求通过语言完成交际任务,而不是练习语言(exercise on the language)。他们不再是被动地"听"课,而是要积极地参加一切活动。

这种教学路子的另一个特点是:知识既是目的,也是手段。尤其在语法阅读方面更能体现出来,我们要让学生运用所学的语言知识学习知识。Vasily Alexandrovich Sukhomlinsky 认为:教给学生借助已有的知识去获取知识,这是最高的教学技巧之所在。

另外,它有助于解决学习英语与开发智力、培养能力的关系问题。华东师范大学的章兼中教授指出:在中、后阶段学习外语时,要把学习外语和吸收扩大知识内容有机地结合起来,真正把外语作为学习科学知识的工具使用,以满足学生最终的口笔语交际的需要。这种教学过程才是真正的语言交际过程,才能真正把注意力集中在科学知识的内容上,而不是在语言形式上,才能既学习外语,又真正开阔和丰富学生所学科学知识的内容、培养分析问题和解决问题的能力。

此文原发表于《外语与外语教学》1987 年第 5 期(总第 32 期)。

文 化 悟 力

——一个被忽视的方面(1988)

经常听到学习外语的人说：我的听力不好，我的阅读能力差。在我们讨论外语教学时，也常涉及听力和阅读能力的问题。对于提高学生听力和阅读能力的方法，尽管有许多不同的高见，但对造成这个问题的原因，却有基本一致的认识：如因讲话速度太快，听不懂；或生词太多，语法结构复杂等。大多数讨论培养听力、阅读能力的文章，都集中在如何听、如何读的技巧问题上。如练习听力中的听关键词，阅读中的速读等等。然而，一个人能否听懂一段会话或读懂一篇文章，并不完全取决于他的听和阅读的能力和技巧。在这个"力"之外，也可以说在这个"力"之中，有一个重要的、关键性的因素——背景知识(background knowledge)。

当我们听或阅读外语时，要运用我们已有的知识、经验和概念。这些知识和概念既可以是用外语学到的，也可以是用母语学到的。如果听和读的内容对我们来说是熟悉的，我们听起来就会觉得容易。当我们听和读一些完全陌生的主题和事情，就感觉费解。1982年高考英语试题中曾有一段关于集邮的历史掌故，结果那些读过这段短文的译文或爱好集邮的考生感觉得心应手。但是，那些平时考试成绩优秀、对集邮却一无所知的考生，就感觉困难。前一部分考生，正是得益于他们的背景知识。当教师教一个英语字母尚认不全的起始班时，可以借助手势教一些简单的句子，如"起立""坐下""到黑板前面来"等。在这个阶段，学生哪里有一点儿"听力"可言？但他们却能理解教师的意思。实际上，学生并非真正"听"懂，而是在运用他们的手势语方面的知识。显然，在这里起决定作用的，并非纯语言因素(如语音、语法知识、词汇量等)，而是非语言因素(概念、定理、文史知识等)。实际上，我们听和读的过程,是运用头脑中储存的背景知识对接收的信息进行推理的心理活动。

　　试想,如果用英语给一位英语国家的文盲和一位受过良好高中教育的中国学生讲数学,虽然英语国家文盲的听力、口语均无问题,但他对数学一窍不通,可能仍如听天书。中国学生虽有生词、语法或语音方面的困难,但他头脑里储存有这方面的知识(虽然这些知识是用母语学到的),因而可能较容易理解这个数学公式。可以认为,两个有相同外语技能的人,谁的知识更广博,谁的阅历更丰富,谁的理解力就更强。甚至在语言技能方面差一些的人,因为知识丰富,却可能比语言技能强些的人理解得更透彻。

　　中学的英语教学,自然不可能全面提高学生各方面的文化背景知识,但对英语国家的文化,则不仅是应该,而且是必须介绍的。我们的任务,不仅是培养学生的语言能力,也应该提高他们的文化悟力。悟力是对文化的理解,文化悟力属于背景知识的范畴。

　　语言离不开文化。若不了解一个人,就不会理解他说的话。不了解一个人的心理和行为习惯,则不可能了解一个人。而人的心理和行为习惯必须通过其生活的社会文化环境才能了解。学外语的人常谈到要用外语思维,但是,说外语与拥有像本族语人那样的思维并不是一回事。要想让另一种文化的人理解我们,仅仅使用他们的语言、词汇和语法是不够的,还要遵循他们的思维逻辑,按照他们的心理习惯,使用他们的词语概念。

　　笔者认为,至少有四个方面,可以造成理解的差异。

一、心理

　　我曾让美国第十二年级(相当于我们高三年级)学生做过我国1986 年高考英语试题。其中有两处反映出不同文化下,同一道题会做出不同的答案。在词语释义中有这样一题:

The young man was <u>anxious</u> to help the stranger.

（A）worried　　　（B）glad　　　（C）eager　　　（D）sorry

按照高考标准答案,（C）应为正确。因为按照我们的心理,助人为乐,天经地义,青年人应该很愿意帮助那位陌生人。但一些美国学生选了（A）。因为美国犯罪率高,帮助陌生人,尤其是在大城市中偏僻的地方,是有一定风险的。青年人担心帮助那陌生人会招惹麻烦。这反映出受社会文化限制的行为和意识。

在一道补齐对话的试题中,售货员告诉顾客他所要的书是五角钱时,顾客说:"lt's cheap enough."。按照标准答案,售货员没有理会顾客的话,而接下来应该问:"你要多少本?"但美国学生却几乎人人都答:"Yes, it is. Isn't it?"之类的附和语。因为在美国的商店里,售货员总是尽力向你介绍商品。往往会说:"这多好!我自己也买了"之类的话。你若询问一本书,他们会主动为你查找。假如遇上顾客说商品便宜,正是推销的良机,怎能无动于衷,不接这个话题?

二、概念

《人民日报》海外版曾刊出两篇短文。第一篇责备国内人不讲礼貌,写某美国教授抱怨国内接待他的人都称他为先生(Mr.),而他本期望人们称他为 Dr. ××或 Prof. ××。因为英语中 Mr. 实为一般的称呼,对有学衔和职称的人,该尊称 Dr. ××或 Prof. ××。不久,另一篇短文解释说,先生在国内实乃最尊敬的称呼。只有某人德高望重、学识渊博才能称先生。接待人员并非故意无礼,实因先生与 Mr. 的概念并不完全等同而造成误解。

笔者在美国时,一天,一位女学生指着身旁的一个男生对我说:"这是我的男朋友(boyfriend)。"因初到美国,对美国中学生活尚不熟悉,听到这话,心中不禁犯疑。在我们中国人的概念中,男朋友、女朋友应是恋爱中男女的称呼,有时指未婚夫或未婚妻。她是高一学生,即使有男朋友,也不可能在大庭广众之下公然介绍给教师。于是我笑问她是否在开玩笑,她回答不是。不久,我遇到一位医生,提起此事。他嘲笑说所谓男女朋友之说,并非认真地是要恋爱、结婚,不过是一起玩的伙伴,我才理解原来概念不同。由此可见,即便是日常生活中最常用的词语,也是与目的语的社会文化紧密相连的。

三、逻辑

当我们中国人做客时,主人通常问是否喝杯茶,一般人往往客气道"不必麻烦",或说"不喝",但主人仍然沏杯茶放在客人面前。我们的逻辑是:客人不会自己主动要茶喝。甚至在交谈中,主人还会提醒客人喝茶。抽烟的人,往往是一方谢绝,一方劝说,有的人甚至嘴上说不抽,手却把烟接过来。因为按照我们的逻辑,接受人家东西怎能不客气一下。在美国人家里做客,主人也问客人喝点什么,客人若说不喝,主人就自己独饮独酌,决不会硬塞一杯可乐给客人。因为在他们看来,你既然说"不",想必不渴,何必强人所难。但是,哪里知道,中国人在这种场合下的"no",实在是等于"yes"!

又如介绍人,我们习惯于把某人的优缺点尽量写得全面,认为这是实事求是。而美国人介绍人,或写推荐信,对长处总是大书特书,却回避短处。因为在他们看来,既然推荐一个人,就应该把长处写尽,如果某人有很多短处,你又何必推荐他呢。笔者在美国任教的学校,有一本介绍教师的小册子。在我们看来分明平淡无奇的事,他们却重笔渲染。什么某人喜欢骑车,某人喜欢音乐、下棋或钓鱼;某人曾经到欧洲旅游过一两次,就说他的爱好是去欧洲度假;甚至说某人喜欢修理家具。总之,花鸟虫鱼,皆罗列其中。在中国人看来,岂非玩物丧志? 笔者曾在国内发表过一短篇小说,到他们笔下,竟然成了 an aspiring author of short stories and novels。美国人的虚张声势,可见一斑。

四、习惯

几年前,一名中学生曾问我,他读到的文章中说一个美国人很怪,那个人喝热水,却用凉水洗澡。他不明白为什么说这个人怪。这名学生的理解困难是因为中美生活习惯不同。我们大多有喝热水、开水的习惯,而南方许多地方都有用凉水冲凉的习惯。但美国人一般不喝热水、开水,却天天必用热水洗澡。同样,初到中国的美国人也对中国随处可见的暖壶感到费解。美国报纸曾刊载一位到北京调查污染问题的美国人写的报道,他说北京污染极为严重,许多人只好用暖壶盛干净的水,戴上口罩(mask)以防吸进毒气。其实,若作者知道中国人有喝开水的习惯,北京人冬天戴口罩只是为了防寒,绝不会闹出这样的笑话。这篇文章是用英文写给美国人看的。假如这篇文章是用汉语写成,给中国人读到,尽管语法正确,文字通顺,又怎能不使中国人笑掉大牙?

我们为了教 to be going to 这个句型,会让学生反复练习"Where are you going? I'm going to ..."这样的句子。教完成时又会练习"Where have you been? I have been ..."。这两句话在汉语中是用来打招呼的。但笔者在美国一年,无论何时何地,从来没有人问过我这两句话。如果学生只是要求机械地背诵一些类似 Where are you going?

的句型,而不知道在何时使用才得体的话,他们只能在今后的应用中盲目地摸索。我们目前的教法只是提供给学生一大堆散碎的机器零件,而没有使用的说明书。

不难想象,如果我们教给学生的是中国人和中国人之间的英语对话,尽管语法结构、语音语调是英语的,但人的心理习惯、词语概念、思维逻辑却是中国的。当我们与英语为母语的人对话、或阅读英语原文时,仍难免造成误解。

以往,我们只把这种由于文化差异造成的困难,笼统地归结于"听力"和"阅读能力"不好,而忽视了背景知识的作用。目前许多大学已设有这方面的课程,教材中也增添了西方社会文化的内容。但在中学英语教学中却至今没有引起广泛的注意。

实际上,也不可能只教语言,而不涉及文化,因为语言只是那种语言文化的载体。目前中学英语教学,也在自觉不自觉地零星介绍这方面的知识,但我们只把这种介绍作为教语言的副产品,没有重视,可多可少,可有可无,大纲没有具体要求,教师没有参考资料。有关英语国家文化的各方面,如社交礼仪、称呼习惯、道德标准、价值观念、权利义务、生活习惯、民族特性、食品烹调、传统节日、玩赏动物、体育运动、禁忌、幽默、服饰,以及政治、宗教、教育、交通、通讯、医疗、传播媒介等等,我们教师自己也懵懵懂懂、一知半解。难怪有的教师说自己除了擅长分析语法,离开课本,听什么、读什么都很困难。

认识到文化悟力是背景知识的一部分,而只有当听到、读到的材料和背景知识吻合,才能理解这材料的道理,可以使我们重新思考许多被认为理所当然的道理。

长期以来,大家都认为短文易懂、长文难读,听懂一两句话容易,听懂较长的讲话难。但若从背景知识的角度考虑,情形亦非永远如此。假如某人只说了一句英语,我们尚未弄清对方的意图,也可以说,还未来得及使用背景知识,讲话即结束了,这时自然很难理解。但如果对方讲了两三分钟,虽然有生词、语音、语法方面的困难,但我们却有可能在较大范围内判断他的意思。从与此人的关系、相关的事件,对他的意图作出判断,从而理解他的意思。阅读亦然,文章长了,多占时间,但细细读下去,可能会理解开始几段不明白之处。

理解文化悟力的重要,还有助于我们从新的角度改进外语教学。近来经常提到的交际能力,实际上就包括语法规则和社会文化(sociocultural)的惯例。一个人要想不仅在语言形式上正确,而且在社会文化上得体,必须学习目的语的习俗惯例。培养文化悟力,亦即培养交际能力。因为语言即是人的生活、性格、态度、信仰、思维方式,以及人与人之间关系的反映。交际教学法并不是要取代语法结构法的全新方法,只是从语言内容、学习方法等方面调整和扩展现有教材的组成部分。

目前的困难是缺乏系统的参考书。但只要悉心收集、广泛阅读,也是可以有所作为的。比如:

1. 在课堂教学练习词语、习语时,讲解其中体现文化的用法。如"老",在汉语中是尊称,对长者称"老"并无不敬。而在英语中则应慎用 old,尤其是对老年人。

2. 在讲解语法结构时,同时说明这种语法形式可以表示的语义上的意念和交际的功能。如:"Why don't you . . . ?"形式上是疑问句,却可以表示一种有礼貌的请求和建议。

3. 教阅读时,要分析文化内容,补充有关介绍英语文化的文章,而不仅是语法词汇的固定搭配。

4. 创造英语环境,在教室中布置一些介绍英语国家文化的物品。如邮票、广告、报刊、书籍、信件、日历、地图、图片、钱币、名言、字谜以及小诗、幽默故事等等。

5. 引导学生观察、分析电影、电视节目中英语国家人士的说话方式、生活习惯以及手势、表情等,比较我国文化与西方文化的异同。

但笔者认为,仅靠以上这些措施,仍不足以使学生较全面理解英语国家的文化,培养学生的交际能力。我们需要有语言学习渗透在介绍文化之中的教材或课外读物,即课文内容以英语国家文化及各方面生活常识为主,把外语课变成一种交叉学科,使学生不仅初步掌握英语语音、语调、句法结构、一定的词汇量,同时对英语国家的文化有基本的常识。美国外语教师协会 1986 年制定的能力大纲(ACTFL Proficiency Guidelines)中就包括理解含有目的语文化的材料的要求。美国《中学外语教师资格》中,除听、说、读、写的能力外,对外国文化的了解也作为一个单独的项目,要求懂得外国文化和自己民族文化的主要异同,具有外国人民及其文明的系统知识。

有的教师会认为,中学是打基础的阶段,能做到语音、语调基本正确,学会一些语法规则、词汇用法已经不易,增加社会文化的内容要求过高。其实这种看法是由于对语言的本质、语言能力缺乏科学的认识。我们应该明白,打基础就包括交际能力,而文化悟力,又是交际能力的重要组成部分。至于不能不加分析批判地介绍西方文化中的糟粕，那是无庸赘述的。

最后，我们还应该改革高考及各级考试。目前研究试题标准化的热潮方兴未艾，但是，标准化考试本身只解决"怎样考"，而不能完全解决"考什么"的问题。目前影响中学英语教学的问题是各类考试都着重考查学生有关语法方面的知识（如介词的用法、动词的形式变化等）。教师和学生为了应付这样的考试，怎么可能把英语作为交际的工具来教、来学？

笔者认为，目前最迫切的问题并非是把各类考试都改为标准化考试，而是根据教学法的理论，研究出我们究竟应该考查学生什么方面的知识和能力。此问题不解决，大规模的教学改革便不可能展开。如果"指挥棒"永远指着语法知识，又有几个人敢背道而驰呢？

此文原发表于《课程·教材·教法》1988年第2期。

交际教学思想及其运用

——我们应该在哪些方面改变教学思想(1989)

交际、交际性的、交际教学法、功能-意念,这些词语经常出现在有关中小学外语教学的文章和经验介绍中,但对这些词语的理解却不尽相同。如认为讲交际就是排斥传授语法知识,认为交际教学就是搞口语会话,或认为交际就是功能意念法。笔者以为,交际性这个概念,有着比功能-意念更广泛的外延和更丰富的内涵。本文不拟介绍交际教学法的起源以及它的心理语言学、社会语言学的理论基础,只是综合国内外有关交际性教学方面的部分主张,统称为交际教学思想,并探讨在我国中学外语教学中运用交际教学思想的必要性和可能性。

一、改变外语课是一门语法知识课的思想

我们首先要明确一点: 交际教学思想并不反对教语法知识。学生懂得了对所学语言结构作出的明确的说明,会使教学过程更有效率,学习进程可以加快。但是,目前有不少教师把课堂大部分时间花在对语法知识的讲解、分析上,还要引申、对比、辨异,以为只要学生懂得所讲的语法规则,就能说出和写出正确的句子。在交际教学思想看来,以为只要学生懂得了语言规则就等于学会了使用,这种观点是错误的。正如英国的 David Alan Wilkins 指出的:"可以确定的一点是,即便是教师教给学生明确的语法规则,学生要很好地掌握语言概括能力,主要也不是靠对有关规则的有意识的理解,而是靠应用这些规则进行造句的大量实践机会。"我们常常听到教师抱怨学生语法概念不清楚。实际上,在许多情况下,这种指责是不够正确的。学生之所以在笔答和口头练习时犯语法错误,往往不是不懂得语法规则,而是练习得太少。但许

多教师坚持认为这是由于学生没有记住语法规则，于是就不厌其烦地反复讲解，甚至让学生背诵语法条条。如特殊疑问句是如何构成的，或是动词不定式在句中的成分以及如何构成的等等。然而，这种教法只能培养学生讨论语言规则的能力，而并不能培养出使用语言的能力。除非给学生充分的机会来练习造句，否则他就无法在没有外加控制的情况下学会造句。正如做其他事情一样，他只能学会他经验以内的事情（如讨论特殊疑问句是如何构成的。笔者注。）①。

除了教授语法知识，还应该教授语言功能的知识。这个问题在中学英语教学中尤为突出。教功能的知识，用通俗的话说，就是让学生知道我们为什么要说这个句子，用这个句子表达什么样的思想，说这个句子要达到什么目的。有些教师是这样上课的：

自己先说一个英语句子："He has made a model plane for Linda."，然后问：谁能把它变成一般疑问句？谁能把它变成特殊疑问句？

学生既不明白为什么要把这个句子变成特殊疑问句，也不明白这个句子在什么情况下才使用。在一个旁观者看来，学生只是被引导做一种语言形式变化的枯燥无味的游戏而已。许多教师想当然地认为：只要学生"掌握"了这些语言形式，记住了这些术语，他们就自己学会使用了。而在交际教学思想看来，这种只传授语言形式而不传授语言功能的做法仅达到了这样一种水平，即只帮助学生掌握了语法上正确的语言形式，而并没有使学生在交际活动中有目的地使用所学的语言。这一点，英语教材教法专家 Louis George Alexander 来华讲学时已有详细的论述②。

除了语法知识、语言功能的知识，还应该介绍文化背景知识。这更是中学英语教学中的弱点。文化背景知识是指有关英语国家社会生活的各个方面，如社交礼仪、称呼习惯、价值观念、生活习惯、传统节日，以及政治、宗教、教育等等。没有这些知识，学生既不能正确理解英语，也无法明白无误地表达自己的意思。如几年前，一位学生就把 black child 和 white child 译成"黑脸小孩"和"白脸小孩"。由于不了解英语国家的文化背景知识而造成理解上、学习上的困难往往被我们忽视，而全部归咎于语法知识和词汇量等。实际上，语言是文化的载体，教师不

① Wilkins D A. Notional Syllabuses: A Taxonomy and Its Relevance to Foreign Language Curriculum Development[J]. Oxford University Press, 1976.
② 见《中小学外语教学》1989 年第 4、5 期。

仅应当自己学习有关英语国家的背景知识,还应在教学中注意随时介绍这方面的知识。这些背景知识是交际能力的重要组成部分。

综上所述,可以看出:交际教学思想并不排斥语法知识的传授。交际教学法也不是要取代传统教学法的全新方法,只不过是调整和扩展现有的教学内容而已。

二、改变偏重机械性训练的思想

前面提到,有了语法知识,并不等于学会了使用语言。那么,是不是只要多练习,就能培养出学生的交际能力呢? 也不是。这还要看我们如何练习。许多教师也赞成培养学生的交际能力。但从他们课堂教学的实践看,他们往往片面地认为,只要是指导学生进行口头练习,如背诵对话、句型、口头回答提问就是培养学生的交际能力。然而,按照交际教学思想,说和交际并不一定就是相同的活动。学生可能复述或背诵一个对话,或相互问一些双方都知道回答内容的问题。但这不是交际,并不具有交际性,也培养不出学生的交际能力。

如以下这样的对话:
— Is this a book?
— Yes, it is.
— What colour is it?
— It's blue.

这样的对话在现实生活中几乎是不可能发生的。学生可能把以上的对话在教室中操练得滚瓜烂熟,却完全不能在现实生活中与别人交流思想。美国 Prof. Timonthy Light 来华讲学时曾谈到自己在中国香港地区教英语时这方面的经验:我每天每个钟头都带领学生进行机械性操练,做各种替换练习。过了几个月,学生没有什么进步。我真不懂,为什么他们在课堂上做练习做得非常好,可是一下课,连刚学过的句子都不会说,而且听不懂别人的话? 过了几年,我回国了,学了一点心理学,懂得了听说法的心理学基础,这才找到了学生进步不快的原因。原来,听说法主张外语教学就是要影响学生的行为,而不管学生脑子里是怎么想的。在课堂上只管影响学生的行为,进行快速结构练习。可是学生并不理解,所以一下课就忘了,不会用。

我们中国教师也有这样的经验,学生上课时可能把课本上的句型背得对答如流、反应不错。但考试时,稍一离开课本,笔答成绩就不尽人意,甚至相当糟糕。按照交际教学思想的看法,造成这种状况的原因是：句型操练过于机械,脱离语言的意义和交际实际;机械背诵强记,只重视刺激反应,忽视人脑的思维能力;强调听说读写的绝对顺序,对读写不够重视,因此读写能力低。比如学生做了许多句型转换的练习,变否定句、变一般疑问句、变特殊疑问句、使用各种疑问代词。在这种活动中,学生没有表达自己思想的愿望和意图。学生们所进行的复述、对话、替换练习,是以达到语言形式的准确无误为目的,着重点放在语言形式上,而不是内容上。不是像在真正使用语言时那样,是为了与对方交流思想、交换信息。

当然,要彻底改变教学方法,我们需要全新的教材。许多教师虽然对目前的教学方法、教学效果不满意,却感觉回天无力,无所作为。但是,只要真正明白交际教学思想的原则,即使是使用目前的教材,我们也可以把语法、句型通过各种交际性的练习学好,如交换信息原则、完成任务、角色扮演等。总之,将学生置身于模拟的真实交际活动之中,尽量使学生的注意力集中在语言的内容上,而不是形式上。近几年来,《中小学外语教学》和《中小学英语教学与研究》等刊物对如何设计交际性练习都有详细的介绍。

三、改变以教师为中心的思想

交际教学思想认为：紧张乏味的重复造句、固定不变的口头练习无法培养学生的交际能力。要培养学生的交际能力,有三个方面是必要的条件：一是学生需要有真实的、有意义的、模拟生活的情景来练习语言;二是学生需要有表达自己的愿望和机会;三是学生需要在一个受鼓励的、和谐的气氛中自由地运用语言,而不会受到老师和同学的奚落。

我们不能教条地理解以学生为中心就是让学生进行语言表达活动,如说和写,或者对学生放任自流。所谓以学生为中心,应该是让学生积极地活动,而不是被动地被灌输知识。如同样是活动,可以一边听一边看图,区别人物,在图上找出地址和路线,完成文章中的空白,确定日期,听和读、听和写等等,而不一定是机械地复述。

以学生为中心,还要逐渐培养学生用所学的语言表达自己的思想,他们的日常生活、家庭、爱好,以及他们对社会的看法等等。目前我们在课堂上大部分时间是指导学生讨论别人的事情,学生很少有机会谈论他们身边的生活。他们很少进行在现实生活中最常发生的、一对一的谈话，而往往是被迫站起来，在众目睽睽之下回答教师的提问。威尔金斯曾提出：必须为学生提供一些自由使用语言的机会和条件。而且，这种活动在现有学习时间内必须占有相当大的比重。在整个语言学习过程中，都应提供一定的情景，让处于不同学习阶段的学生用所学的语言形式自由表达自己的思想。这在开始阶段也许会有困难，但会逐步地变得得心应手起来。

以学生为中心，还涉及如何对待学生的错误问题。交际教学思想认为，错误在外语学习过程中是不可避免的。心理语言学家认为，错误是外语学习过程中的一个正常的部分。我们没有理由对错误加以非难。在交际教学思想中，错误（mistakes）和失误（errors）是有区别的。桂诗春教授对此曾有明确的解释：错误可大致分为两大类，一类是语言能力的错误，它们反映学生语言能力问题，学生确实不懂得该怎么说。教师如能及时帮助指出，学习情绪是不会受影响的。还有一类是语言运用的错误，可以说是失误，例如名词复数要加-s，学生早已学过，而且又不至于所有复数形式都漏了-s，就不必当场纠正。

我们有些教师动辄打断学生的口头表达。由于学生害怕教师纠正他的错误，千方百计避免犯错误、挨批评，因此不积极参与活动，不敢大胆自由地使用外语，结果由紧张引起的失误反而更多。所以，以学生为中心就应尽量鼓励学生积极使用外语，使他感到有点失误关系不大。同时也对学生的错误适时地纠正，以便给学生提供必要的反馈。

以学生为中心还要从开始就注意时时培养学生的自学能力。尤其在高中教学中，教师为中心的问题相当突出。教师在讲授课文时，常常是自己满堂讲解，逐词逐句地给例句和翻译课文。学生没有自己去思考文章的中心思想，没有对作者的观点进行评价判断、归纳和总结。只是在教师的灌输下，记住了一些事实和细节，或是在听教师进行语法分析和词语用法的讲解的时候，做一些笔记，造几个句子。教师提的问题，大多只涉及文章的字面意思和事实理解。教师往往只关心学生回答问题的结果（是否正确），而没有注意分析学生回答问题的思考过程。

实际上，解决问题的过程就是学习的过程，应当帮助学生学会自己解决阅读中的问题。比如猜测词义，应教会学生通过同位语线索、定语线索、反义词线索、上下文线索去猜测词义。这应是阅读能力中基本的一项。但许多学生到高中毕业还没有拼读、认音标的能力，更谈不上其他阅读技能了。

在回答问题时，对选择不同答案的学生，可让他们陈述各自的理由，为什么选 A 不选 B，这样，学生的学习方法、思维过程就可以相互交流，从而学到正确的思维方法。

四、改变只有一种教学模式正确的思想

交际教学思想主张，在考虑决定教学方法时，应该根据社会的需要、学生的特点、教师的素质、教学的条件等多方面因素来选择合适的教法。交际语言教学本身就不是一种固定的模式，它只是一种教学思想，一种设计大纲的原则。它既吸收听说法的优点，也采取认知法的某些主张。在具体方法上，它更强调听说读写的综合，而不是将他们分开。亚历山大在谈到教学方法时曾指出：当我们谈到交际法时，我们不能只用一种方法。我们不能用单一的方法来教每件事情。交际法不仅包括传统教学法里的听、说、读、写四种技能，还包括其他的技能。当你在听的时候，你不仅仅在听，而且在做别的事情。在交际法中我们发现这四种技能并不是互相分隔的，而是经常互相交错的。我可以听然后写，也可能听然后读，也可以读然后说。David Alan Wilkins 也说：研究工作已经证明，看到（或同时看到、听到）的语言形式比光听更容易学会；因此，我们有各种理由认为，只要在所学语言的语音掌握得大致准确后，就应尽一切努力在学习过程中把口语和书面语结合起来。

在交际教学思想看来，听、说、读、写四种语言活动的先后顺序也是无关紧要的。没有什么直接的证据表明应该听说领先，还是读写领先。甚至认为，明显不同的教学法在学生成绩的水平和类型方面并不产生重大的差异。教师在选择教学法时，不应脱离自身的语言能力、学生的特点和学习的条件。一个自己都讲不好的教师很难教会学生掌握口语。所以，有的教师虽然采用了"好"的方法，效果却并不好。反之，有的教师虽然自己语言水平并不高，但由于采取了一些行之有效的方法，教学效果反而很好。但是，我们应该遵循一个原则：培养学生使用语言的能力。在具体方法上，可以采用各种教学方法，只要它有利于培养学生的交际能力，就是好方法。随着时代的前进，某一种方法可能会由于各种原因而发展或被否定，新的方法也会不断产生。但学外语是为了交际，教外语就要培养学生的交际能力这样的目的和原则是不会变的。

此文原发表于《山东外语教学》1989 年第 4 期。

英语教学中的文化因素（1991）

在现代外语教学大纲中,文化与语言受到同样的重视。许多国家的外语教学大纲中,都对教师应具有的社会文化背景知识和学生所应掌握的社会文化能力作出了明确的规定。

什么是文化? 文化是指一个社会中人们共同具有的传统、价值观念、文学艺术、宗教信仰、知识和技能等。更广义地说,一切风俗习惯、社交礼仪、生活习惯、道德规范、权利义务、传统节日、食品烹饪、禁忌幽默等等都是文化的组成部分。可以说,文化包括了一个社会中人们所想、所说、所做的一切事情。

那么,语言与文化有什么联系? 为什么要把社会文化能力纳入教学大纲中呢? 语言离不开文化,实际上,语言是文化的载体。不了解某种外语的文化,就无法准确地理解或正确地运用这种外语,即使最简单的日常用语也往往因文化不同而造成理解上的差异。

比如 yes 和 no,按一般中国人的习惯,初次到某人家做客或和主人不大熟时,如果主人问:"喝点茶吧?",客人通常会回答"不喝,别客气"。但一般主人都知道这是客气话,所以往往仍会为客人沏茶倒水。但一个不了解美国文化的中国人,在与美国人的交往时,却往往会按照中国的习惯行事。一个美国人提到他曾在中国香港地区某人家做客,主人问他是否喝点茶,他确实不想喝,于是照美国人的习惯,说:"No, thank you."。但这位中国人按中国的思维习惯,以为这个美国人不过是客气一下,于是仍沏了茶。而按照美国人的习惯,主人既然已经倒了茶水,则应喝掉,否则就不够礼貌。接下来主人按照中国的习惯又续上一杯茶,这位美国人只好又喝掉。结果是这位美国人喝了 12 杯茶! 一位去澳大利亚的中国青年也有相同的经验。他下飞机后住在一位本地人家里。主人问他饿不饿,是不是吃点东西。他按中国的客气方式回答"No."。结果主人信以为真,没有为他准备饭菜。因为按照英语习惯,此时不必客气,应照直回答。那个青年在饿了一夜之后,第二天早上只好痛快地答 yes,否则的话,也许连早餐也吃不上。所以,有些熟悉中国文化习俗的美国人可能会追问一句:你这样说是汉语的意思,还是英语的意思?

语言离不开文化,它是文化的一部分。若不了解一个人,往往不会理解他说的话。不了解一个人的心理和行为习惯,则不容易了解一个人。而一个人的心理和行为习惯又受其生活的社会文化环境影响。因此,理解语言也必须同时了解文化,教一种外语而不涉及这种语言的社会文化背景是不可能的。

在日常教学中,教师往往给出英语单词的汉语意思,但却很少涉及或根本不涉及这个英语单词所包含的文化内涵。如"Mr.",所有学过一些英语的人都知道是汉语"先生"的意思。但汉语的"先生"和英语的"Mr."在使用时却不尽相同。《人民日报》海外版曾刊出两篇短文。第一篇抱怨国内人不讲礼貌,说某美国教授曾到国内讲学,国内接待人员都称他为"Mr.",但他本期望人们称呼他"Dr."或"Prof."。因为按英语习惯,若某人有博士头衔或教授职称,应该称其为"Dr."或"Prof.",不应只称"Mr.",以示尊敬。而汉语中,先生已是尊称。所以不久,《人民日报》刊出第二篇短文,解释说,国内人并非不懂礼貌,先生实乃国内尊称。只有某人德高望重,学识渊博才称先生。只是由于"Mr."并不完全等同于"先生"而已。国内接待人员由于不懂"Mr."的文化内涵,所以本想表示尊敬,反而得罪了人。

又如 sofa 一词,汉语译为"沙发"。但我们现在所用"沙发"一词,其概念已比英语中 sofa 广得多。在我们概念中的大部分称作"沙发"的东西,在英语中只能叫做"chair"或"couch"。在汉语中,椅子是硬的、窄的、高的,而沙发则带有弹簧或海绵垫、较宽、较低。但英语中的 sofa 往往是指三人以上坐的,很长、很大的、靠背高的。而单人坐的,即使柔软,也只是叫 chair。

"老"在汉语表示尊敬时较常用。但在英语中则须慎用 old。一次,几位英语教师和一位美国老太太(又是"老"!)说起街心公园每天有许多 old people 遛鸟、打太极拳。这位美国人立即笑问一句:"What do you mean by old people?"说话人意识到这位美国人也算是老人了。所以对此很敏感,忙改口用 senior 一词,这位美国老太太才满意。美国是青年人为中心的社会,"老"往往有"没有用处"这样的含义,所以表示尊敬更不可用 old 一词。

不仅词语的文化内涵不同，文化不同，说话的方式、内容、范围也迥然不同。在中学课本中："— Where are you going? — I am going to ..."是必练的一个重点。但学生却不知道，这样的对话在现实英语国家人际交往中很少用到。因为在英美人看来，这样的问话，是干涉别人的私事，是忌讳问的。而"上哪去"在汉语中也往往并不是一个问题，只是一种打招呼的用语。正如"吃了吗?"这样的问题一样。问者往往并不是真正关心对方是否吃饭了没有，只是打招呼而已。

受到表扬，中国人习惯谦虚几句。当对方夸奖、赞扬时，听者往往会感觉不好意思。如对方夸奖说："Your English is quite good.",按英语国家的习惯，只需说声："Thank you."就可以了。但中国人从心理上会觉得这样有点骄傲自满之嫌，至少是不够谦虚。假如一个美国人说："This is really a nice blouse.",他所期望的回答往往是："I'm glad you like it.",而中国人则通常会说出买这件衬衫的地方或是价格等。

社会文化背景知识，不仅对口头交际的得体与否有相当重要的影响，对于阅读文章更是不可缺少。阅读能力决不仅仅取决于一个人的词汇量、语法知识等，推理能力、总结能力、判断能力等都影响理解，尤其是社会文化背景知识。曾经有中学生问，他读到一篇文章说，某个美国人很怪，这个人用凉水洗澡，却喝热水。他不明白为什么说这个美国人很怪。这显然不是词汇和语法的问题，而是由于这个学生缺乏有关美国社会文化方面的知识。如果他知道美国人大都没有喝热水的习惯，他自然就不难理解这段文字了。

在中国介绍教师情况，学校通常会说教师工作如何有成绩，如何努力。而美国有些学校介绍教师的小册子，却用不少篇幅介绍教师的业余爱好，如有人爱钓鱼，有人爱打高尔夫球，有人爱打猎、照相，有人甚至爱修旧家具，五花八门，无奇不有。这在中国人看来，岂非玩物丧志，谁还敢把自己的孩子送到这样的教师手里呢?

长期以来，中学的外语教学，一直把教会学生一些语法知识为主要目的。有些教师认为，中学是打基础的阶段，能做到语音、语调基本正确、学会一部分词汇就可以了，不必管什么社会文化背景知识。实际上，把语言与文化分割开来是不可能的。从前面提到的几个例子看，不可能只教语言而不涉及文化。问题只是教师应如何更自觉地掌握必要的文化背景知识，如何更有意识地向学生介绍。

近年来，交际教学思想越来越为广大外语教师所接受。而所谓交际能力，主要就是两条，一是有语言能力，即能说出、写出或辨认出语法上正确的句子；二是了解社会文化的惯例。就是说，不仅要达到语言形式上的正确，而且要符合社会文化的惯例。如果学生只学到了一些语法知识，掌握了一些词语的用法，而不知应该如何得体地使用，则无论是听、说、读、写，都无法正确地表达和理解。

把文化列入教学大纲和教学之中，不仅对语言教学本身十分重要，还有助于培养学生好的思想品德和面向世界、面向未来的意识。通过对英语国家社会和文化的了解，学生可以正确地理解英语国家的社会与文化，吸收其中的精华，去其糟粕，提高自身的思想文化素质。而且，当一个学生学习、了解别国文化时，就会发现自己也生活在某种文化之中。懂得了别国文化与自己国家文化的异同，学生也可以同时对自己所处的文化有较正确、深刻的理解。通过比较，学生可以知道应如何发扬中国文化的精华。

要教文化，教师首先自己应对两种语言的文化差异有所了解。虽然这方面的参考书不多，但也有一些专著和许多有关文章可供学习。如有关语言与文化、论跨文化交际，以及介绍英语国家社会文化习俗的书，都可作为教师进修的教材。

在课堂教学中，教师应随时介绍因心理、概念、习惯等的不同而可能引起的误解或错用之处。既让学生知道什么是语法上正确的句子，也让他们了解如何表达才能符合社会文化方面的惯例。尤其在现行教材的句型教学中，学生往往只注意语言形式上的正确，机械地背诵、套用句型结构，而忽视句子的深层含义。教师在介绍句型结构时，应尽量使学生明确句型、对话使用的情景、对话人的关系，同时说明这种句型结构可以表示的意念和交际的功能。

在教课文时，应利用学生已有的文化背景知识，补充新的材料和知识。如教"Pollution"一课，教师可以收集一些西方国家关于污染问题和治理方法的真实材料。同时引导学生了解自己所见所闻的污染问题。这样，学生不仅了解了有关的背景知识，也增强了环境保护的意识。其他如《林肯》《爱因斯坦》《鲁滨逊漂流记》和《百万英镑》等作品节选等，都可以讲解、补充社会文化背景知识。

另外，如能随时收集一些有关英语国家的物品，也可以使学生获得较为直接的知识，如地图、图片、邮票、广告、信函、钱币等。

有条件的，还可以请涉外人员、出国进修、考察过的教师、技术人员，或外籍教师，介绍有关国家的风土人情、社交礼仪、思维方式等等。

也可以利用电影、电视片,引导学生注意观察英语国家的社会文化等各方面情况,甚至人们说话的用词、表情、手势。

中学是打基础的阶段。但是,打基础不仅指语音、语调、词汇、语法知识,也要打下一个比较好的社会文化能力的基础。教外语,当然也要传授知识。但是,知识不仅指语言知识,也包括社会文化等其他方面的知识。只有这样,学生的基础才是全面的,学生的知识才是全面的。

此文曾在《中学英语教师教学基本功讲座》1991 年 12 月第 1 版中出版。

基础英语教育:理念、课程、教材及评价

"听读领先"教学的
理论与实践(1992)

　　南京师范大学蒋楠同志先后在《中小学外语教学》(1989 年第 6期)和《中小学英语教学与研究》上发表了题为《试论正规教学中的自然途径》《论正规教学与自然教学的有机结合》等文章。北京语言学院(现北京语言大学)陈贤纯同志更以其长篇宏论《怎样教外语——外语教学的听读领先体系》(《中小学外语教学》1989 年第 10、11、12 期)引起许多中学外语教师的注意。笔者认为,他们的许多观点源于 StephenD. Krashen 的语言习得论。因此也想就自己对 Krashen 习得理论的理解,谈谈对我国中学英语课程改革的一些看法。

一、语言学习与语言习得

　　Krashen 认为:人们使用语言的能力,包括使用外语的能力,主要不是通过学习(learning)获得的,而是习得(acquisition)的。学习,在这里指学习语法、习惯用法等。学习是有意识地了解和记忆语法规则,是不断地练习课堂上教师所教的句型、词语,并不断地由别人或自己纠正语法错误。
　　习得则是在自然的交际环境中使用语言的潜意识过程。习得者往往并没有意识到自己是在掌握语言。Krashen 说:"Acquiring a languageis picking it up."。他认为,当习得者注意别人说话或在阅读时,如果听懂了或读懂了,那么就是在习得语言。有了这"可理解的输入"(comprehensible input),学生就能掌握语言。虽然"习得"的概念并非Krashen 首创,但 Krashen 第一个认为:人们使用外语的能力,主要来自习得。也就是说,熟记语法知识和练习句型结构的肯定、否定形式对语言的掌握帮助不大。

除区别了习得与学习的概念外，Krashen 还提出了其他一些假设。

① 输入假设(Input Hypothesis)

所谓"输入"，主要是听和读。Krashen 认为，人们习得语言，是由于理解了听和读的内容，是由于注意听和读的内容，而不是注意语言的形式(The focus is on what is being said rather than on the form of the message.)。理解语言所表达意思的过程，就是习得的过程。在理解语言的过程中，人们不仅靠已有的语言能力，而且还利用上下文，利用头脑中已有的各方面知识来帮助理解听到或读到的语言。比如在初学英语时，教师通过手势和动作教学生简单的英语："Stand up. Sit down. Come to the blackboard."等。在这个阶段学生理解英语，并不是因为他们有英语基础，而是由于他们借助了非语言方面的知识，如体态语知识。虽然学生并不理解句子结构，没有语法知识，但他们却可以理解教师所表达的意思，教师说的英语就成为"可理解的输入"。而只要学生能理解，就能逐渐掌握语言。他们在理解这些句子的同时，就是在无意识地习得语言。

同时，Krashen 主张听读领先。有研究表明，新移民至美国的外国儿童和少年往往在开始一段时间不说英语，或只说一些短语和背熟的句子，不过他们能听懂读懂的则很多。Krashen 认为，人们习得语言，总有一个沉默期(silent period)。在这个沉默期里，他们靠听和读输入语言，以后会突然讲得较流利。说并不能引起语言习得。说的能力是在有足够输入的情况下，自己出现的。换句话说，说的能力来自听和读，而不是说本身(We acquire from what we hear or read not from what we say.)。所以，教说的最好方法是使学生集中精神于听和读上。他举例说，如果一个人在开汽车上班的途中自己对自己讲西班牙语并不能帮助他多掌握西班牙语。但假如他听得懂，听西班牙语的录音却极有帮助。

在课堂教学中，不一定让学生立刻模仿教师说的话。教师如果说一个问句，只要学生能理解，回答一两个单词也完全可以。甚至用本族语回答也未尝不可。当然，说也不是毫无用处。在实际生活中，与人交往当然要说。但这里说的作用主要在于引出更多的听。

他还认为，最好的输入不必按语法的顺序。在语法结构为主线的教材里，学生所见的语言材料是严格按照语法顺序的，如先教某句型的肯定式，然后是否定式、疑问式。Krashen 主张只要所提供的输入比目前学生现有的水平高出一点,学生可以理解,就不必考虑语法上的顺序。久而久之,常用的语言结构都会出现,学生也会逐渐掌握。

Krashen 近年来关于输入说的另一个假设似可译为"言犹在耳"(The Din in the Head Hypothesis)。数名心理语言学家证实,当他们在听某种外语一段时间之后,自己也能较自如地讲起这种原先学过、但没有机会使用的外语了。虽然仍不免有语法错误,但毕竟已能初步与人交流。我们也有这样的经验,当我们听了一段时间英语录音或一个外籍教师英语报告,会有一种"言犹在耳"的感觉,至少会记得某些只言片语,有时甚至可以较准确地模仿出讲话人的许多话。虽然当时你不是在刻意模仿,只是听懂了这些话,对这些话感兴趣。但如果只有输出的练习,如背诵对话、句型,则不会产生"言犹在耳"的现象。

除了多听,还要多读。Krashen 引证了一些关于阅读试验的报告:如果每天让学生默读 10 至 30 分钟,即持续阅读(Sustained Silent Reading),学生学习外语的成绩优于传统听说教学法的班。而且多读对扩大词汇量、语法结构的掌握、书面表达能力都很有帮助。即使对学生朗读英语也可以使学生获得语言能力。Krashen 认为,目前绝大多数学校教学生每周学十几个生词。一般的过程是教拼写、做练习、记定义、同义词、反义词等。这些生词学生在星期一才见到,但到了星期五就要全部记住。所以学生即使达到 C 的水平,也是很困难的。而教师对这样的学生所采取的方法是增加更多的句型练习、拼写。结果反而使学生更没有时间阅读。反之,如果我们增加阅读量,用有趣的读物使学生"上钩",那么,他们就会有足够的机会接触英语,也就能增加输入的量,从而达到语言习得。在接受性活动和表达性活动的比例上,接受性活动应更多一些。尽量扩大学生的词汇量,有些词汇和句型结构只要能认识就可以了,不必立刻要求达到说和写的水平。

② 情感过滤假设(Affective Filter Hypothesis)

一些心理语言学家确认,人的大脑中有一个语言习得机制(Language Acquisition Device)。是这个机制吸收了来自外界的语言输入,从而使人学会了语言。Krashen 认为,即使习得者可以听懂或读懂所接触的语言材料,也不一定能习得语言。换句话说,即使听和读的语言是"可理解的输入",但并不一定能被人脑的语言习得机制吸收(intake)。因为心理和情绪上的障碍,如学生缺乏自信心,或缺乏学习的动力,甚至存在抵触情绪,会出现"情感过滤",即使他们听和读的材料是可以理解的,适合他们的水平,学生仍有可能记不住。

所以,要想方设法使学生的心理障碍降到最低点,鼓励他们建立自信心、减轻焦虑情绪,使学生处于一种轻松、愉快的环境中。如暗示教学法中放音乐,让学生做松弛精神的练习等,都是很好的方法。但关键是让学生解除防御心理,不要使他们觉得课堂是一个使他们暴露自己弱点的地方,一个使他们在其他同学面前难堪的地方。对此,Krashen认为,在初学外语时,不必立刻要求学生发音极为准确。学生一时还不能开口,就以听懂和读懂为主。如果学生只能讲出单个的词或短语,教师也应予以鼓励。他认为,讲语法、背对话、做句型练习都不利于降低情感过滤。最好采用 James Asher 的"全部动作反应法"(Total Physical Response,简称 TPR。国内一般译为"全身反应教学法")。教师用外语发出指令,如"Stand up. Sit down. Come to the blackboard. Put your hand on your shoulder. Close your eyes. Pick up a pencil and put it under your book."。学生只需根据教师的指令做出动作反应,不必重复或回答教师的话(verbal response),以后逐渐过渡到只作简单回答,直到学生能开口说外语。在这个过程中,学生始终把注意力集中在语言所表达的信息上(message),而不是语言的形式上(form);集中在说的是什么意思上,而不是它是怎样说的。如在课堂上,教师手指图片说:"Who is cleaning the window?",学生这时要注意的是谁在擦窗户,而不必去注意这句话的语序是怎样的。只要学生听懂了这句话,能回答出名字就可以了。这样循序渐进,逐步增加要求表达的部分,免得学生心理负担过重。因为在说外语时,也会产生"输出过滤"(output filter)。Krashen 观察到,许多成年人讲外语时,由于紧张,发音反而不如平时好。我国自己的调查研究也表明,在进行要求迅速反应、灵活应变,并始终暴露在他人评价之下的口头表达时,学生的心理压力最大、焦虑度最高。而在阅读时,焦虑度最低。

所以 Krashen 极为主张增加阅读。他认为,当学生被阅读的材料所吸引,集中精神理解文章的内容时,他们会暂时"忘记"自己是在使用一种他们还没有完全掌握的语言,而这时情感过滤最低。

③ 监察假设(Monitor Hypothesis)

监察假设论述的是语法的作用问题。Krashen 认为,人们讲外语的流利和正确与否与语法知识的掌握程度关系不大。学习语法规则能使语言习得者在说错或写错时意识到自己犯了语法错误,并对输出加以纠正,这就是监察(monitor)。但有了语法知识并不能保证不犯语法错误。许多初学英语的人,甚至我们英语教师,仍常常在提到"她"时用 he,或谈到"他"时用 she,虽然说者显然知道应该在什么情况下使用 he 和 she。Krashen 认为,使用语法规则必须具备三个条件,而这三个条件又使得"监察"不易起作用。这三个条件是:

1. 时间(time)

在讲外语时,很难有时间去考虑语法规则。比如在想到某个男人或女人时,很难先去想应该用 he 或 she,而一说出口,虽然意识到错,但已经讲完了。

2. 集中于形式(focus on form)

即使有足够的时间去想,还要始终考虑语法的正确性。结果必然使得讲话人总是想用什么语法形式正确,而难于集中精神于表达的内容。

3. 熟悉规则(know the rule)

讲话人必须了解繁杂的语法规则,而这又相当困难。

当然,这并不意味着语法学习是无用的。Krashen 认为,语法学习是辅助习得的手段。在口头交际时,只要不妨碍交际,语法的监察作用可以帮助人们把输出的语言说得更准确一点。在写作和准备讲话时,更可以把错误修改掉。而且即使在做语法练习时,教师用外语举例,这些也可能就是可理解的输入。有些语法练习,如重编一个对话,做句型练习,看上去应划为学习一类,但也可以是可理解的输入。

实际上只要解释语言规则不成为课堂教学的主要语言活动,则对于掌握语言不会有什么坏处。而且语法知识也可以帮助输入成为可理解的输入。笔者几年前曾写信给 Krashen 教授,对他的图示提出修改意见。他的图示是这样的:

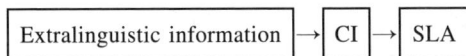

$$\boxed{\text{Extralinguistic information}} \rightarrow \boxed{\text{CI}} \rightarrow \boxed{\text{SLA}}$$

(CI 为 Comprehensible Input,可理解的输入;SLA 为 Second Language Acquisition,二语习得)。

Krashen 认为,母语水平、各方面的文化知识都有助于理解。笔者提出,只有当输入和我们已有的知识相结合,才能成为可理解的输入。

而语法知识,也是知识系统中的一部分。所以应改为:

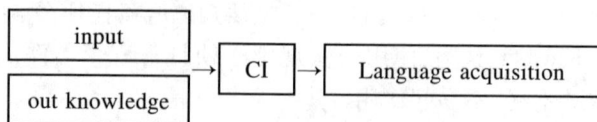

```
┌─────────────┐
│   input     │
├─────────────┤      ┌────┐      ┌──────────────────────┐
│out knowledge│ ───► │ CI │ ───► │ Language acquisition │
└─────────────┘      └────┘      └──────────────────────┘
```

Krashen 回信表示同意这种看法,并认为只是他自己的表达方式不同。可见,Krashen 并不否定语法知识的作用。

从 Krashen 的基本观点中,我们不难得出这样的结论:一个人所能达到的外语能力,在很大程度上取决于他接触外语的频繁程度。只有多听、多读,才能增加学生接触外语的机会。

近年来不少教师也反复呼吁增加学生的实践机会,尤其是要求增加阅读量。但大部分教师所主张的阅读,是课本内容的延伸和扩展。而中学生目前要同时学六七门功课,不可能把过多的精力放在英语上,挤占其他学科的课时也是不现实的。况且,虽然语言教学中最重要的因素是输入,但并非所有的输入都能被学生吸收。比如许多著名的童话故事、寓言,学生在幼儿园时就已读过,小学时又读,上了中学再读,肯定会感觉索然无味。如果我们能为中学生提供他们所感兴趣的材料,学生就会被内容所吸引,同时又能最高效地掌握英语。

然而中学大多数师生认为,课本的内容已很难完成,难道还有可能再增加吗? 实际上,笔者以为造成进度难以完成、差生多的主要原因,在于对课本内容的要求不当。目前大部分教师都要求学生几乎全部掌握课本中的词语用法、句型结构。如有大语法项目,还要花相当多的时间用于做语法练习。而教师也是不得已而为之。由于各级考试往往以语法为主,又大多较难,或用法过于冷僻。教师不知道命题者可能出什么样的题,只好尽可能把各种参考书上的例解和练习都写入教案,将能讲到的都讲到。而命题者为了不让学生猜到题,又尽量回避教参上的内容。教师再补充更多的语法知识,以帮助学生应付考试。如此恶性循环,才是造成师生感觉负担沉重的原因。

如果我们能吸收 Krashen 的某些主张,减少要求输出的比例,不强求所有见过的语法知识、词汇用法都立刻达到使用的程度,就有可能既增加输入量,又减轻学生的负担。反之,如果仅仅是减少课本中的词汇量、语法项目,而要求表达和掌握的程度增加,学生仍会感觉困难。由于每个人的领会式词汇都多于使用式词汇,所以如果学生能经常听到、读到 1 000 个单词,他也许能使用 500 个。如果学生只听到、读到 500 个单词,他能使用的恐怕就不到 500 个了。

此文原发表于《中小学外语教学（月刊）》1992 年第 4 期（总第 166 期）。

从综合课程的角度改进
英语教学(1992)

　　各个学科的知识本来是相互关联的,传统的分科教学只是为了教学的方便和保持单科知识的系统性。虽然学科课程在一定范围内的存在是不可避免的,但当今人类知识综合化的趋势,使得学校课程的综合化势在必行。我们应该从交叉学科和跨学科的角度来考虑和安排组成学校课程的内容。

　　中学开设英语课,主要是为了使学生掌握一种面向世界,学习和沟通文化、科学知识的工具。应该说,它与中学所有学科都是有联系的。所以,在考虑英语课程的设置、教材的编写和教学方法时,不仅要从英语单科考虑,也应考虑英语课在学校课程中的地位,考虑它与其他学科的联系。

一、现实

　　最近,国家教委委托中央教育科学研究所对九省市普通高中的教学状况作了一次调查。调查结果有两项看似矛盾的数字。对高中生的问卷结果表明:高中生普遍认为外语课偏难偏深。在各科难度排列中,外语名列第二,仅次于物理。但是,在问及对现行教学计划的意见时,却有61%的学生要求外语课增加内容,要求大量增加的占38.3%。一方面认为外语课偏难偏深,另一方面又要求增加内容,这是什么原因呢? 请看另外一个调查。

　　北京市教育学会外语教育学研究会也曾对部分英语成绩优秀的学生进行过问卷调查。在问到:"你认为你英语学习好与你的英语教师关系:1. 很大;2. 较大;3. 不大"时,24%的学生认为"不大",

53%认为"较大"。同时,70%的学生认为自己英语好是通过"课外多听多读",只有14%的学生认为是通过"学好课本"。看来,大部分学生认为自己英语好不是靠课内教师"教",而是靠课外自己"学",不是仅掌握课本以内的材料,而是大量课外的实践。调查的结果与近年来心理语言学家对掌握外语过程的研究结果一致。

二、理论

现在,大多数心理语言学家都承认语言学习(learning)和语言习得(acquisition)的区别,并且认为,人们使用外语的能力,主要不是通过学习获得的。学习是有意识地学习语法规则,讲解语法用法和进行表达性练习,如背诵句型和对话等;习得则主要是通过听和读等接受性活动实现的。习得是潜意识的,习得者往往没有意识到自己在掌握语言。学习语法、练习表达虽然对掌握外语很有帮助,但如果过于强调语言表达,花很多时间讲解语法规则,那么,学生在有限的时间内接触外语的机会就更少了。而一个人所能达到的语言能力主要取决于他接触外语的机会。只有多输入(input),即多听、多读,才能增加学生接触外语的机会,逐渐掌握外语。

语言习得的基础是广泛地接触外语,即使对掌握语法也是如此。学生很难通过教科书上有限的例子掌握繁杂的语法结构、习语用法。多听、多读,学生才能有机会学到教学内容以外的语法知识,也才能逐渐熟悉他们已经学过的语法知识。所以,学习外语应把理解性活动放在首位。

前面提到的调查情况证实了习得理论的正确性。我国中学生普遍认为外语课偏难偏深,正是由于我们要求教材中大部分所学的内容都达到表达的水平,学生用于表达的时间太多,结果接触的英语很少、很慢。而由于种种原因,目前大部分中学英语教师仍然把英语课当作一门语法知识来传授。语法词汇的讲解多,而学生的实践机会少,学生是在通过少量语法例句来学习英语,所以感觉英语难以掌握。而那些英语学习好的学生,靠自己课外多听、多读(按照习得理论,他们有了足够的输入),扩大了习得语言的机会,所以学习成绩突出。大概这就是他们认为自己英语好与教师关系不大的原因了。

如果上述认识是正确的话,那么,语言习得应该是教学活动的核心,语言学习则是辅助性的。教学的目的应该是促进语言习得。所以,在考虑英语课程的设置、教材的编写时，要想方设法使学生有机会多接触英语。而侧重理解性活动，多听、多读，才具有这样的可能性。实际上，近年来不少教师也反复呼吁增加学生的实践机会，尤其是要求增加阅读量。但大部分教师所主张的阅读，是课本内容的延伸和扩展，而中学生目前要学六七门功课，不可能把过多的精力放在英语上。增加英语课时和学习内容，必然会挤占其他学科课时，显然是不现实的。

况且，虽然语言教学中最重要的因素是输入，但并非所有的输入都能被学生吸收。语言习得者如果有心理和情绪上的障碍，如兴趣不高、焦虑情绪、缺乏自信等，即使能听懂、读懂所接触的语言材料，这些内容也并不一定能被大脑的语言习得机制吸收。最理想的是使学生集中在他们感兴趣的内容上，使他们暂时"忘记"自己是在使用一种他们还没有完全掌握的外语，这时学生的心理障碍最少。换句话说，如果我们为学生提供他们感兴趣的材料，而这些材料又是用英语写成的，学生就会被内容所吸引，同时又能最高效地掌握英语。

三、途径

显然，要达到上述的要求，必须脱离目前"中学课文体"的课文模式，使课文和读物符合学生的心理水平，而不只是语言水平。课文和阅读材料要有时代感，其内容要真正是当代中学生所关心的，有助于培养学生的思想品德，有助于学生养成文明的行为和习惯，有助于提高学生其他学科的知识水平，有助于他们掌握世界各国的历史、文化、政治、经济方面的知识。总而言之，我们应该把学英语和学知识，进行思想教育，以及解决学生生活中家庭和学校的问题统一起来。这样，才能使学生把思想集中在英语所传达的知识上、信息上，同时又把英语学好。我们可以按照以下五种类型编选英语课本和读物：

1. 知识型

语言离不开文化。我们不可能只教外语而不涉及文化。社会文化背景知识对于正确地理解外语和得体地使用外语都是必不可少的。即使是最简单的打招呼、告别都涉及文化，更不用说大段的文章了。因此，我们应该把英语国家社会与文化的项目列入大纲，并提供有关的材料。有关英语国家的各个方面，如社交礼仪、道德标准、价值观念、权利义务、生活习惯、民族特性、传统节日、食品烹调、禁忌幽默，以及宗教、教育等都应涉及到。同时,我们也要让学生了解中国的文化传统、风俗习惯及其表达方法。如一般的习俗礼节、生活方式、国画、气功、中餐、园艺、中医、建筑等。学到了这些知识及表达方式,在今后的国际交往中才真正具有交际能力。无论是说和写,有了思想的来源,有了知识的基础,才能言之有物。

2. 问题型

这种类型的材料以全世界普遍存在的问题为核心。大的方面如能源、污染、婚姻、环境、人口、交通、吸毒等,小的方面如代沟、电视的利弊、男女的差别、吸毒饮酒问题等。英语课虽然主要是一门工具课,但也同样有提高学生的思想境界、文化修养的作用。问题类型的教材,可以使学生在学语言的同时,增强面向未来、面向世界的意识。

3. 常识型

这种类型的内容选自更贴近学生实际生活的常识,涉及到中学生日常学校生活、家庭生活的行为规范,以及卫生健康、生活小常识等。像如何交友、饭桌上的规矩、与父母相处、家庭中的责任、如何受同学欢迎、衣着和外表、娱乐活动、名誉、竞争、个人秘密、零花钱、如何对待批评与惩处等。这些内容不易列入某一学科之内,但又是最现实、学生每天都面临的问题。可以肯定地说,学生阅读这样的材料总会产生一种内在的兴趣,而不会把它视为负担。

4. 活动型

这种类型的材料主要是指导学生如何动手"做",是遵照说明去完成一项任务,做一项小实验,手脑并用。它把物理、化学、生物等各科知识融为一体,并不需要复杂的工具和精密的仪器,只是趣味游戏,但却包含着各种学科的基础知识。当然,复杂一些的,也可以在学校的实验室做。有条件的,也可以读计算机的指令、操作方法、程序设计,边读边上机操作。

学习方法的指导也可以列入活动类型。像如何记单词、如何快速阅读、如何查词典等。学生读了这类材料,马上就可以用于改进学习方法,提高学习效率。

5. 学科型

要使学生用外语交流思想而尽量不意识到自己所用的语言形式，方法之一是以所学语言为媒介来教其他学科。由于学生需要掌握这些学科的内容，所以对听讲外语至少会有某种兴趣，这样就加强了语言的使用，也学到了必需的语言形式。但这在大部分学校还难以实行，作为变通的方法，倒不妨在数、理、化、生等学科中加以定理、原理、元素发明人或有关科学家的小传、趣闻轶事等。有些概念和原理也可以配有英语写成的简单表述。用汉语对照的方法往往可以加深理解，或融合数、理、化、生、地理等知识，提出一些思考题、练习题。历史、地理中的人名、地名、国名，也可以同时给出英语。还可以从国外中学课本中选择材料和习题。

同时，应该为兴趣不同的学生提供不同的阅读材料。除数、理、化外，体育、音乐、计算机等，都应该有相应独立的课外丛书，以补充课内的不足，提高学生的兴趣，扩大其知识面。

编写这样的教材，需要各个学科的横向联系和国际合作。我们一时还很难编出综合课程的教材，讲授综合课程教材的教师也有待培养。但如果各个学科都考虑和其他学科的联系，改变各自独立、互不往来的状况，一定会有助于学生的全面发展。如果把英语课作为交叉学科，将有助于减少各科间为自己争课时、添内容的矛盾，使各科相互补充、相互配合。这也是减轻学生负担，提高学生成绩的一种办法。

可能有人担心照以上所述的方法选材，会由于生词太多而使学生望而却步。其实不会，笔者自己就收集了相当一部分原文的材料，内容涉及到以上提到的各种类型。但语法结构的复杂程度却低于现行中学高中英语课本，生词率也不高。而且，一旦学生真正找到了自己所喜爱的内容，是不会被个别生词所阻拦的。如一个患有失眠症的学生读到治疗失眠的方法时，即使有很多生词，他也会全部查出来！

当然，首先要改变教学目标，以培养接受性语言能力为侧重点，课堂教学的中心要转移到以提高学生思想境界，增加学生各方面的知识上来。教师的角色也应作相应的调整，对于不影响理解的语法现象可以少讲或不讲，而留大部分时间让学生去实践。考试和测验也应以考查学生使用语言的能力为主。

如果我们能为学生提供大量知识性强、趣味性高，而生词量又较少的听、读材料，改变以传授语法知识为中心的课堂教学，学生就能通过运用这个工具学习他们感兴趣的知识。那么可以相信,学生一定会把英语列为他们最喜欢的学科之一。

　　此文原载于《课程发展与社会进步国际研讨会文集》1992 年 7 月第 1 版。

初中英语测试四原则 (1996)

笔者最近收集了一些英语同步单元练习、达标检测以及中考样题等。从这些练习题和试卷看,其编者还没有确切理解新大纲、新教材的指导思想,甚至可以说,某些习题和考题与大纲所规定的教学目的和教学方法是相违背的,没有按照新大纲所要求的考试原则和教学要求来设计。笔者认为,在编制练习题、测试题时,至少有以下几个原则是需要遵守的。

一、测试内容要限制在新大纲所规定的教学范围内

要注意的是,过去各级教研部门和教师在命题时,通常依据的是统编初中英语教材的内容。凡是教材中出现的单词、短语、句型结构都可以作为命题的材料,而且其用法往往超过课本的范围。显然,如果现在仍然这样做,就不符合新大纲的精神,也不符合新教材的编写意图。

现代外语教学界普遍认为:人们在掌握语言的过程中,接受性语言能力,即听和读的能力,要强于表达性语言能力,即说和写的能力。学生在学习时所接触的要求听懂和读懂的语言材料要相应多一些。换句话说,学生应该听得多一些,读得多一些。因此,新教材在减少了语法知识、词汇量的同时,使学生接触到的语言材料多于旧教材。但这绝不意味着凡是课本上出现的内容都在测试考查的范围之内。即使大纲规定范围之内的语法和词汇,也要分出层次。这样,就要求命题者认真研究新大纲、新教材,把握住考试的范围与深度。特别要防止出现这样的恶性循环,即教师和学生为了应付不知范围大小及程度深浅的考试不得不扩展教学内容,而教研部门为了增加难度或不让教师和学生猜题、押题,又选择某些不应要求学生掌握的语言点;扩展、引申某些词

汇、语法的用法；选择某些冷僻的惯用法和含义。结果教师不得不再扩展知识讲解的范围，以应付考试。

今年①中考是依据新大纲、新教材命题的第一年，需要命题者自己首先明确：哪些单词和语法是大纲所要求掌握的，哪些是要求理解的。教学管理部门应公布考试说明，这个说明应包括：

1. 要求掌握的词汇及词义；
2. 要求理解的词汇及词义；
3. 要求掌握的语法结构；
4. 要求理解的语法结构；
5. 日常交际用语的范例；
6. 听力测试的要求；
7. 阅读能力的要求；
8. 书面表达的要求；
9. 考试的题型及样题。

二、测试应符合语言学习规律，正确指导教学

试题对教学的反拨作用不可低估。它不仅影响教师的教学内容、教学方法，同时也影响着学生的学习方法、思维方式。如在许多测试中都有的翻译词组、汉英互译等题型，在很多情形下容易给学生以错误的导向，给英语学习带来消极的影响。

语言学习者容易犯的一个错误是过度概括（over generalization），以至形成错误的概念（false concept hypothesized）。一个词、一个词组，只有用在某个具体的句子中，甚至要在一个文段中，才能确定它的确切含义。而一对一的汉英互译往往会给学生造成错误的概念。在一本单元练习册里，有道题的要求是让学生从三个选项中选择与其汉语词组意思接近的选项。其中"吃早饭"的三个选项分别是：have a breakfast、have breakfast、have the breakfast。显然，在不同情景的句子中，三种表达法都是可能使用到的。

在一些同义词、反义词的练习中，其意义与概念也令人费解或能引起歧义。如要求写出 right 的反义词，不知 right 的意思究竟是"正确"还是"右"。hard 的反义词则更难确定。究竟 hard 在这里是"硬的"

---

① 编者注：指出版当年，1996 年。

"困难的",还是"努力地"？这种试题不仅是科学性上的问题,它还会给学生一种错误的印象,以为汉语可以和英语对应而不需由上下文来决定。

三、语言形式的考查应尽量与语言的实际运用相结合

笔者认为,我们的测试应让学生明确:他们学习外语的最终目的不是为了记住一些语法结构和词汇用法,而是为了能在今后的工作和生活中运用英语来获取信息、传递信息,是实际运用语言。

能否运用英语应是我们衡量一个学习者成绩的唯一标准。既然如此,我们为什么不直接考查学生实际运用语言的能力呢？这如同教学生跑百米一样。在体育课上,体育教师要向学生讲解跑步的要领,如何起跑、如何摆臂、如何冲刺等。但考试时,不会让学生坐在教室里笔答跑百米的要领。显然,我们在测试时不应仅仅考查有关语言的知识与语言的形式,比如句型转换这类题型:

I am American.（改为一般疑问句）

→Are you American?

要完成这道试题,学生首先必须知道什么是一般疑问句以及一般疑问句的构成。但恐怕我们在想知道对方是不是个美国人时,没有人会先想到应该问一个一般疑问句。这种试题或练习与实际使用语言没有多大关系。在没有任何语境的情况下,这种试题只能考查学生专做这种形式的练习的能力,而不是使用英语的能力。然而,这种形式的测试却会造成让学生去死背语法条文的结果。正如著名的美国外语教学法专家 Wilga M. Rivers 说的："If we become addicted to fill-in-blank tests and mutiple-choice items, we must not be surprised if our students think that this is what performance in a foreign language really is."。

语言知识的考查,不应限于一些零碎的句子,而应该有一个情景。即使是词汇的考查,也应该放在一个能揭示这个词语意义的情景之中,而不仅仅是孤立的词形变化等。例如:

When we get sick, we go to a _____.

A. hotel   B. zoo   C. bank   D. hospital

Let's go out for lunch now. I'm very _____.

A. hungry   B. angry   C. sick   D. lucky

Dick is looking at a _____ to find his friend's house.

A. newspaper　　B. diary　　　C. textbook　　D. map

不难看出，以上几个例题都是考查词汇用法，但却是通过上下文来确定选词。学生只有读懂整个句子，才能选出正确的答案。又如：

Yesterday, he got on the wrong bus. So today he was _____ to find the right one.

A. careless　　B. careful　　C. easy　　　D. difficult

My sister is an artist. She can _____ .

A. help sick people　　　　B. make clothes

C. draw pictures　　　　　D. fly a plane

以上两道试题是把语言的形式与语言的意义结合起来。它不是考查究竟哪一个选项在语法上是正确的，而要学生确定哪一个选项是更符合逻辑的。它所考查的不是孤立的、零碎的语言知识，而是整体理解与运用英语的能力。

在编制听力测试题时，我们要首先考虑今后学生在使用英语时"听"什么。他们的"听力"对他们有什么帮助。显然，他们在今后听英语时，不可能听几个毫不相干的、孤立的单词，并来辨别究竟听的是哪一个单词。比如：

cap cat can cup

而问路却是学生今后使用英语时可以实际运用的。如下题：

听录音，边听边在地图上找出行走路线，直至找到 police station 为止。（图略）

You are at the Xinhua Bookstore, next to the park. Leave the store and walk down Heping Street to the Bank of China. And go on along this street past the train station. Turn right just before the post office and you will find the police station.

有些教师为了改革测试而创造出一些新的题型，这当然是值得称道的。实际上，即使是选择填空，也可以考查学生在运用英语时多方面的能力。比如：

Bob isn't any heavier than George.

A. Bob is heavier.　　　　B. George is heavier.

C. They weigh about the same.　　D. Bob is shorter.

正确答案为（C）

Mary isn't coming.

_____ .

A. But she has
B. But she should

C. But she does
D. But she can

正确答案为（B）

— Can I borrow this book?

— Yes, certainly.

— How long can I keep it?

— For three weeks.

Where are these people?

A. At the library.
B. At the police station.

C. At the bank.
D. At the post office.

正确答案为（A）

从以上例题不难看出,把语言形式与语言的实际使用结合起来,教师在教学时,一定会把更多的时间用来培养学生实际运用语言的能力,从而达到大纲所要求的:"在训练的过程中,不要过多地做语言形式的练习,而使语言形式与语言意义相联系,要使语言形式与学生生活实际相联系,使语言技能发展成运用语言的交际能力。"

四、测试应包括考查学生"为交际初步运用英语的能力"

新大纲把"培养学生为交际初步运用英语的能力"定为九年义务教育初中英语教学的目的。显然,要评价初中英语教学是否达到了大纲的要求,就要考查"学生为交际初步运用英语的能力"。尽管英语教学的专家们对"交际""交际能力"的定义各有自己的界定,但"初步运用英语的能力"至少应体现在大纲所规定的教学要求上,也就是大纲所规定的关于听、说、读、写的一级要求和二级要求中,并应包括词汇和语法结构属大纲规定范围以内的日常交际用语项目。这一点,大纲在"教学内容"中已有明确的表述。为了达到上述教学目的和要求,初中阶段应教授下列方面的内容:《日常交际用语简表》(见大纲)。遗憾的是,从笔者收集到的试题和练习题看,包含这方面内容的并不多。我们建议测试和练习可采取以下方式:

例1. A:"May I speak to Susan, please?"

　　　B:"_____"

A. This is Susan.

B. Yes, you may.

C. I'm glad to speak with you.

D. I'm Susan.

例 2. A："You look so nice in that jacket."

B："_____"

A. I don't mind.　　　　B. It's all right.

C. Thank you very much.　D. So so.

例 3. A："Would you like some more tea, Peter？"

B："_____"

A. It's my pleasure.　　B. I like tea.

C. Yes, please.　　　　D. Oh, not at all.

例 4. A："_____"

B："I forgot to do my homework."

A. What are you doing?　B. What's wrong?

C. What can I do for you?　D. How's everything?

这类考题侧重考查学生运用语言的能力。我国中学班大、人多，考查口语不易操作。采用这种试题，是否可以在一定程度上了解学生的口语表达能力，还有待进一步研究。但至少有一点是可以肯定的，那就是这些试题与实际使用英语中的会话场景是吻合的。同时，这样的对话还可以考查语言的得体性，即跨文化交际的能力。如例 1 和 2 中，这里命题者有意考查学生是否按汉语的习惯回答。如打电话时，许多初学者会习惯用汉语的表达方式说：我是某某（I'm so and so），而不知用英语的习惯用法（This is Susan）。同样，在听到别人夸奖时，按英语的习惯表达应该是表示感谢（Thank you very much）。

众所周知，运用语言的能力当然不仅仅是口语会话。高考试题近年来把阅读理解称为"英语应用"，也含有考查语言运用能力的意思。一般测试和练习都把阅读作为固定的试题形式。不过，大多数阅读只限于短文这样一种体裁。实际上，如果考虑到实际运用英语进行阅读会涉及各种体裁，特别是应用文体，那么，增加信函、便条、通知、时间表等这些教材中已编入的形式是完全应该的。

以上的四个原则，从测试理论上讲，实际涉及构卷效度（construct validity）和内容效度（content validity）问题。构卷效度是指编制的试题与编制试题者所声称要遵循的教学理论是不是一致。内容效度则是指试题是否能充分地测出我们所要测量的东西。如果能够测出我们要测的技能，则效度就高；如果不能有效地测出来，则效度就低。要测出学生跑百米的速度，自然要让学生到跑道上去跑，而不能用测跳高或跳远的方法，更不能笔答跑步要领。如果我们的教学理论要求学生有初步运用英语的能力，就要研究如何才能检测学生运用英语的能力。显然，若检测的内容只是一些分散的、零零碎碎的语言知识（discrete linguistic knowledge），如果试题形式只是语言结构的形式变化，那就不能测出学生"为交际初步运用英语的能力"。这样的试卷从构卷效度和内容效度上也就是不合格的。更为糟糕的是，如果教师和学生从试题得到的反馈是只要背记语言规则就算有了"为交际初步运用英语的能力"，那么，教师仍会把大部分课堂教学时间用来教语言的知识。而这样教，教师必然会觉得完不成教学任务，进而否定新大纲新教材的教学思想。

当然，我们强调考查"为交际初步运用英语的能力"，并不是认为不要教必要的语言知识，不要考查语言的准确性。对于东方人学习英语来说，基本的语言规则应该掌握。实际上，语言能力也是交际能力不可缺少的组成部分。而且，即使测试语言能力的题型也要有所改革。例如：大纲要求"能熟练地运用基本的拼读规则读出单音节词""能根据所学的构词法判断和记忆派生词和合成词的词义和词类"。遗憾的是，从来没有任何考题测试过学生的这些能力，使得学生长期为记英语单词苦恼。即使传统的辨音练习题也对培养语言能力无多大帮助，更谈不上有助于培养交际能力了。

我们在前面提到，目前已有许多不符合新大纲精神的练习册、达标检测在学校使用。现在各地又在准备中考试题和复习题了。人民教育出版社外语室英语组已于 1995 年 9 月底在北京召开了一次英语中考研讨会，与会者有来自二十几个省、十几个单独命题地市的教研人员，就考试的范围、难度、题型及听力测试等问题进行研讨并决定成立测试协调小组，以加强信息交流和统一思想，尽可能给学生和教师以正确的引导。我们的教学目的已经改变，教材已经改变，教学方法也已经改变。现在，是我们来共同研究试题改革的时候了。

此文原发表于《试题研究》1996 年第 3 期（总第 195 期）。

新高中英语教学大纲
"新"在何处？（1996）

　　1990 年,国家教委基础教育司考虑到九年义务教育英语教学大纲与现行的大纲有很大的区别,实验新教材的学生在升入高中时如果仍然使用现行高中教材会有很多困难。因此决定立即开始制定新的高中英语教学大纲。今年①九月,全国使用九年义务教育教材的学生又要升入高中,人民教育出版社编写的新高中英语教材也要在全国(除上海外)普遍使用。新高中英语教材在编写思想、选材、体例以及教学方法等诸多方面,与现行高中英语课本差别很大。而这些变化又与新高中英语教学大纲的指导思想、教学目的、教学原则密切相关。因此,了解高中英语新大纲的教学目的、教学要求和原则,对即将使用这套教材的教师来说,无疑是非常重要的。在大纲编订时,笔者作为联络召集人,有幸与专家、教师一起参与大纲的编写。在多次讨论修改大纲的过程中,我逐渐加深了对新大纲的理解。现在谈谈自己个人的理解,与大家共同学习。

一、大纲编写指导思想的变化

　　普通高中开设英语课的目的究竟是什么? 过去高中教学主要考虑的是单一模式,即升学模式。现在国家教委认为,基础教育主要是素质教育。目前全国高中毕业生只有 30% 能升入大学,而 70% 的毕业生要直接走入社会,有的做工,有的务农。所以,英语作为高中的一门学科,就具有双重任务。首先是素质教育的功能,要为社会各行各业培养有

---

① 编者注: 指出版当年,1996 年。

一定外语基础的人才。同时,也要为高校培养合格的学生。这个指导思想的变化,直接影响着普通高中英语学科的教学目的、教学要求的确定。新高中英语大纲关于教学目的是这样表述的:

> "全日制高级中学英语教学的目的,是在义务教育初中英语教学的基础上,巩固、扩大学生的基础知识,发展听、说、读、写的基本技能,培养在口头上和书面上初步运用英语进行交际的能力,侧重培养阅读能力,并使学生获得一定的自学能力,为继续学习和运用英语切实打好基础;使学生在学习过程中受到思想品德、爱国主义和社会主义等方面的教育,增进对外国,特别是英语国家的了解;激发学生的学习兴趣;发展学生的智力,提高他们观察、注意、记忆、思维和想象等能力。"

而原《全日制中学英语教学大纲》关于教学目的是这样表述的:"中学英语教学的目的,是对学生进行听、说、读、写的基本训练,培养在口头上和书面上初步运用英语的能力,侧重培养阅读能力,为进一步学习和运用英语切实打好基础。"不难看出,新的高中英语大纲不仅仅包括语言教学目的,而且也加入了思想情感教育、文化素养教育和智力开发的目的。外语水平是一个民族文化素质的组成部分,但中学的外语教学不仅担负着语言教学的任务,同时也担负着思想情感教育、提高学生文化素养、发展学生智力的任务。所以,大纲在教学目的中,除了语言教学目的,又增加了思想情感教育和发展学生智力的目的。

提到思想情感教育,一些教师可能会联想到过去某些极"左"的做法,比如用外语学政治口号等。实际上,在英语教学中对学生进行思想情感教育,并不一定如同上思想政治课。我个人认为,思想情感还包括待人处事、自我激发、克服困难以及其他许多方面。目前许多学校只重视智力培养,而不重视这些方面的教育。在英语教学中,让学生读国外优秀历史人物的传记以及有关环保、人口等文章,无疑是一种思想情感教育。而学习如何与人相处、协调人际关系、自我激发、培养快乐的心理、抗拒忧虑等,同样是非常重要的思想情感教育,而且往往决定着一个人在事业上的成败。

这种提法的变化并不是为了追求表面文章,不是空泛的提法,它对教材的编写有非常实际的影响。比如,既然大纲规定有双重目的,在教材的选材上就要考虑如何使大部分不上大学的学生在今后的工作中能使用自己学到的英语。选材的面要比以前宽,体裁和题材要更多样化。为达到大纲要求的目的,在选材上就要增加实用性的应用文体。因为大部分毕业生今后使用英语可能是读说明书、看广告、写信、看新闻、读报纸等。

大纲教学目的的双重性也同时体现在教学要求上。新大纲把教学目标和要求分为两级。高中二年级要达到一级目标，高中三年级（文理科选修）达到第二级目标。这两个目标的确定，为高中生在高中分流提供了实施的标准。这样，高中毕业生就不再以高三水平为毕业标准，不准备升大学的学生在高三年级可以学习更实用的英语或不学习英语，以接受职业技术教育，适应今后工作的需要。

二、关于教学中应该注意的几个问题

这一部分实际上是过去大纲中的教学原则部分。为什么现在不叫"教学原则"，而改为"应该注意的几个问题"？编订小组认为，如果称为"原则"，好像是不可改变、必须遵守的。这里虽然谈的是教学原则问题，但也允许有不同的观点。这一部分涉及一些教学思想、教学方法的变化，其中最主要的是吸收了交际教学的思想。

（一）关于交际教学思想

与九年义务教育初中英语教学大纲一样，新高中英语大纲也吸收了当今为世界各国外语教学界普遍认同的交际教学思想，提出了要培养学生在"口头上和书面上初步运用英语进行交际的能力"。这一教学思想的变化，将使教材编写、教学方法以及考试等都发生很大的变化。在这里要指出的是，目前对于交际教学思想有一些误解。一种误解认为交际教学思想只重视口语和听力，而不重视读写；另一种误解认为交际教学思想反对教语法。就我个人的理解，交际教学思想并非仅重视口语和听力，而是主张听、说、读、写四项技能的相辅相成。交际教学思想并不排斥或反对语法教学。所以大纲在强调培养学生交际能力的同时，特别提到在义务教育初中英语教学的基础上"巩固、扩大学生的基础知识"，以防止理解上的偏差。

国外倡导交际教学思想的专家，如英国的 John E. Littlewood，认为交际能力的组成有三条：

——懂得语言结构和词汇的能力；

——懂得语言形式中潜在的交际功能；

——能把语言形式与适当的非语言知识结合起来，以便理解说话人所表达的特殊含义。

可以说,交际能力由三个方面的能力构成。一般把语言能力（linguistic competence）,也就是能听得懂、说得出、读得懂、写得出语法结构上正确的句子,作为交际能力的第一条标准。可以说目前大部分高中学校的英语教学是在培养学生这方面的能力。

交际能力的第二条标准是功能意念方面的知识。比如"Where are you going?"这句话。如果学生能说、能听得懂这句话的汉语意思,就算有了语言能力。但"Where are you going?"这句话并不一定等同于汉语中的"你去哪儿?"。汉语中的"你去哪儿?"往往是作为熟人见面打招呼的用语。也就是说,它的功能是打招呼。在英语中,"Where are you going?"一般并不具有 greeting 的功能,反而有关心别人 privacy 之嫌疑。所以只有语言能力,即能正确说出这句话,并不一定等于懂得它的功能。

交际能力的第三条可以概括为社会文化方面的知识。社会文化方面的知识可以包括社会生活的各个方面。比如初次见面时,我们中国人对主人的邀请往往是客气地回绝一下。如对方问我们是否喝点什么,我们一般会说:"别客气,不渴。"但如果对方为我们泡了茶或送上饮料,我们也会喝。按英语国家的习惯,主人往往期待客人照直回答是否要喝。一般情况下,如果客人说了"No, thank you.",主人就不会坚持为客人提供饮料。如果我们按中国的习惯,则可能喝不上饮料。

由此可见,交际教学思想并不是全盘否定以前的教学方法,而是对原有的教学内容进行扩展,对原有的教学方法进行改革。

十几年前,当交际教学思想介绍到我国的时候,许多人为之欢呼;而当国外有的人对交际教学产生一些非议时,许多人又开始对交际教学持否定态度。其实,我们大可不必人云亦云。交际教学思想的核心是把语言作为一种交际的工具来教、来使用。可以说,一切有利于把语言作为交际工具来使用的教学内容都应该吸收,一切有利于培养学生运用英语进行交际的教学方法都属于交际教学思想。

（二）关于阅读能力的培养

新高中英语教学大纲中关于阅读是这样表述的：在高中英语教学中,听、说、读、写要进行综合训练,在进一步提高听、说、写的能力的同时,要侧重培养阅读能力。阅读是理解和吸收书面信息的手段,它有助于扩大词汇量,丰富语言知识,了解英语国家的社会和文化。

在这里首先想强调一点：有些教师以为交际教学思想就是重视口

语和听力，而不重视书面语言，这实在是一个极大的误解。交际教学思想同样重视阅读。但关于阅读的主张与我们以前大部分高中教师教阅读的方法不同。交际教学法关于阅读的核心思想是强调：为获取信息而阅读（reading for information）。

新高中大纲在强调高中教学要侧重培养阅读能力的同时，也强调了"阅读是理解和吸收书面信息的手段""为获取信息而阅读"，强调阅读的目的是为了获取信息。在以往的高中英语教学中，并不是所有教师都非常清楚阅读的目的以及阅读在中学英语教学中的作用。所谓获取信息，就是说，大部分人今后使用英语往往出于一些很实用的目的，如读报纸、杂志，看英文资料，读来信，看说明书、时刻表、布告、广告、报告等等。当然也有一部分人要读科技、历史、政治、经济、社会学的文章和阅读英语文学作品，但同样都是为了获取信息。

显然，要达到上述目的，阅读的教学活动，就要朝这个方面努力。而要达到这一目的，至少有几个问题需要研究：

1. 要获取信息，需要哪些方面的阅读能力和技巧？
2. 影响阅读理解的因素是什么？
3. 怎样培养学生的阅读能力？

我们过去高中的英语教学，往往只把课文当成一篇语言材料来对待，没有认识到课文的双重功能（dual function），要使学生通过课文既学习英语语法、词汇、句型，又学习用英语阅读的方法和技能（learn to read in English）。针对这种现状，新大纲把"使学生逐渐获得独立阅读的能力"也列入"教学应注意的几个问题"中。这是要使教师明确：我们的教学目标是培养有独立阅读能力的人（an independent reader），不能只把课文当成一篇语言材料来教，不能只教语法、词汇、句型，同时也要教学生阅读的方法和技巧。

现代阅读理论研究提出这样一个问题：用外语阅读是阅读问题还是语言问题（Reading in a foreign language is a reading problem or a language problem?）？一般认为，阅读不仅涉及外语水平问题。阅读的技能、方法、途径，在各种语言中是相通的。在外语水平相当的情况下，母语水平高的人在阅读外语时的水平也相应地高。

因此，国外一些教学法专家把以下这些非语言因素（nonlinguistic factors）列入考查阅读能力的范围：

找出文段的中心思想（main ideas）

推测判断（inference）

时空顺序(spacial and chronological order)

评价观点(evaluation)

图示图表(charts and maps)

语气情绪(tone and mood)

不难看出,我国高考英语测试已吸收了国外这些理论。国家教委考试中心制定的高考考试说明,就规定了以上的考试内容。这次修订大纲时,编订者也把这些阅读技巧纳入大纲的教学要求中。这样,教材的编写者在教材编写时要考虑如何把这些阅读技巧设计进教材练习中,教师在教学时也要考虑如何培养学生这些阅读技能(详见教学要求),并在测试时考查这些内容。比如在教一篇文章时,教师应该首先让学生了解文章的主旨和大意,也就是文章的中心思想。同时要让学生对作者的观点进行评价和推断。

近年来一些研究阅读的学者认为,除了语言水平、阅读技巧以外,还有一个因素影响着阅读理解,即背景知识的作用。这种叫做schemata(图示)①的理论认为,阅读是一个对文章的意思进行积极预测、选择、确认的过程。这个过程不仅涉及到读者的语言知识,同时也涉及读者过去的生活经验以及头脑中对事物所固有的抽象概念。Frank Goodman 认为:背景知识的作用构成图式理论。换句话说,任何一个文段,无论是口头或书面的形式,本身都没有意义。它只为听者或读者提供一个可供猜测的范围,以使他们根据以往获得的知识来提取或构筑一个意思。这种知识即为读者的背景知识。以前获得的这种知识结构称为图式。

这种说法听起来似乎有点玄,但仔细想来却很有道理。曾经有一个学生问我,他读了一篇文章,说一个美国人很怪,这个人用热水洗澡,却喝凉水。他问这有什么可奇怪的。这个学生从南方来。在他的家乡,因为天气热,人们用冷水洗澡,而我们中国人从南到北都有用开水沏茶的习惯。他不知道一般美国人没有喝开水的习惯,通常只是喝自来水或饮料。即使喝茶,也往往喝冰茶。学生读不懂并不是因为英语语言水平问题,而是因为缺乏关于美国的文化背景知识。由此可见,人们的生活经验和背景知识同样决定着理解能力的高低。所以,要提高

---

① schema 同 scheme 源自哲学用法,如康德(Immanuel Kant)的先验图示即为 schema, schemata 是 schema 的复数形式。此术语被借用为篇章语言学(TEXT LINGUISTICS)和话语分析学(DISCOURSE ANALYSIS)用语。

学生的英语阅读能力,不仅要教语法、词汇、阅读技巧,还要尽可能多地让学生了解英语国家的文化背景知识。实际上,我国许多中学教师在20世纪80年代进行的课文整体教学研究与实践,与交际教学思想中把篇章作为一个整体进行理解的做法是相同的。可以说,有相当一部分教师已经在自己的实践中这样做了,只不过没有从理论上阐述得十分明确而已。

（三）关于语言习得的理论

大纲也部分地吸收了语言习得的理论。笔者以为,语言习得理论也是交际教学思想的理论基础。其核心思想恰如唐代大诗人杜甫说的：读书破万卷,下笔如有神。语言习得理论的基本主张,是认为人们掌握语言的最佳途径,主要是通过"可理解的输入"。输入越多,掌握语言越好。而语言知识在使用语言的过程中,仅起"监察"作用。因此,语言习得研究者特别重视增加阅读量,认为每天坚持10至30分钟泛读,让学生读那些能吸引他们的材料,对于掌握语言极为有益。

同时,语言习得论认为,人们在掌握语言的过程中,其接受性语言能力（听和读）,要远远高于表达性语言能力（说和写）。因此,应该首先发展"输入",即听和读。只有达到足够的输入量,才能掌握语言,也才能有说和写的"输出"。

高中英语新大纲至少在两个方面体现了语言习得的思想。一是分级要求。大纲在教学要求中,对词汇、语法都分为要求"掌握"的与要求"理解"的两个层次。高中英语教材具体实现这一思想的方法是：词汇和语法不要求一次性掌握,而是循环出现,不断由"理解"变为"掌握"。课本中出现的单词、语法现象,不要求全部一次性掌握,有的直至高三年级也不要求掌握。简单地说,考试的范围,不以课本中出现的语法和词汇为准,考试的范围,永远少于课本的内容。见下图：

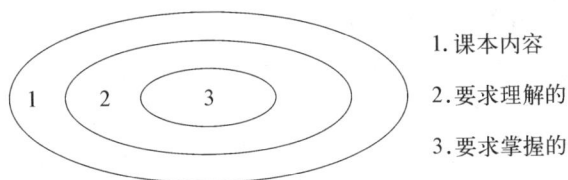

1. 课本内容
2. 要求理解的
3. 要求掌握的

可以预见,教学要求的改变对实际教学和测试都会有积极的影响。二是大纲增加了对阅读量的要求。大纲提出："听和读是输入,只有达到足够的输入量,才能保证学生具有较好的说和写的输出能力。"大纲在教学要求中规定一级水平要补充阅读 10 万词;二级水平要补充阅读 20 万词。目前中学课本所提供的输入量远远不够。有的教师会认为,现在学生已感到负担很重,怎么还有时间阅读呢? 其实教师和学生感觉课本内容难以完成,主要是由于考试。目前的日常测试,大都以语法知识、词汇用法为检查目标,所有见过的语言材料几乎都要求达到表达或熟练掌握的水平。教师为此不得不花大量时间指导学生进行各种练习。学生也不得不花绝大部分精力去记语法、词汇的用法,有些甚至是极冷僻的用法。这样师生双方怎能不感觉负担过重呢? 降低要求掌握的词汇和语法与增加泛读量,可谓相辅相成。这样,学生就有可能多少从繁杂的语法练习中解脱一点,多用一点时间来阅读他们感兴趣的材料。笔者曾对北京市部分英语成绩较好的学生进行过问卷调查。调查表明,所有学习好的学生无一不在课外增加阅读量和听力练习。而只有几个学生回答同时还包括做语法练习。

十几年来,语言习得理论在英语教学界引起了强烈反响,褒贬不一。我国也有一些学者对其持否定态度,认为语言习得理论是对人们掌握母语的研究,与外语学习不可相提并论。他们觉得,如果按照语言习得的理论,那么,外语就是可以自生自长而不用教的了。其实,语言习得论者,如 Stephen D. Krashen,认为:学校对于初学者来说是最理想的习得场所,比他自身在国外学习还好。因为教师可以根据学生的水平来保证学生接触的都是"可理解的输入",教师会放慢语速,解释生词。这种 teacher talk 是一种 caretaker speech。这些都是在目的语国家中与说母语者接触所不易达到的。Krashen 所主张的,不过是让学生在游泳池中自己逐渐体验到游泳的奥妙,找到那种感觉,而不是只在岸上学习游泳的要领罢了。他并非主张把学生一下扔到大海里去任其自生自灭。

另一种误解是以为语言习得理论反对教语法。其实 Krashen 早就提出,即使是用外语上语法课,也可以是一种"可理解的输入"(A grammar lesson taught in the target language provides supplementation as well as comprehensible input, if it is understood.)。笔者 10 年前曾就此事写信给 Krashen,说我认为语法知识是知识系统中的一部分,只有当输入和我们已有的知识相结合时,才构成可理解的输入。Krashen 回信表示同意这种看法,只是他的表达方式不同。可见习得理论并不反对语法教学。

（四）发挥教师的指导作用，充分调动学生学习的主动性和积极性

旧高中大纲中这一段原话为：发挥教师的主导作用。现在改为"指导作用"。一字之差，却反映出新高中英语教学大纲在教学观念上的改变。主导作用仍然是以教师为"主"，学生为辅。而当今外语教学普遍强调"以学生为中心的课堂"（students centered class），而不是以教师为中心。所以大纲在这一段首先讲怎样使学生能学好英语，如排除心理障碍、改进学习方法。特别强调教师的指导作用是指"组织好课内外各种活动和指导学生学习英语的方法"。我想这一段包括两层意思。一是指教师上课时不要总是独占讲台，用大部分课堂时间去讲解语法规则、词汇用法，要"精讲多练"。但练也不是完全机械性地练习、背诵。教师要指导学生主动参与各种机械性的、有意义的、交际性的语言活动。"指导"不是唱主角，而是好像戏剧、电影里的导演。教师指导学生做各种活动，真正的演员是学生。而现在，相当普遍的情况是教师如同演员，大多数学生则只是观众而已。

这句话的第二层意思是要求教师研究学习方法。我们已经有相当多的教师在研究教法。但在学习方法上，也就是说从学习者的角度如何掌握英语的方法和技巧上，教师们研究得还不多，还不够深入。比如，我们至今尚未见到中学英语教师关于英语学习好的学生和学习差的学生在方法上差异的研究。明年①中国教育学会外语教学研究会的年会将把学习方法的研究列入年会的议题。相信会有更多的教师研究英语学习成功者的共同特点，找出不成功者在学习方法上的失误之处。

（五）关于考试和考查

新高中大纲明确规定考试"既要考查学生的英语基础知识，更要考查学生运用英语进行交际的能力"。这是一个很重要的改革。这意味着我们要减少以考查语言知识为目的的测试题，增加考查学生运用英语进行交际的能力的试题。实际上，近年来的高考英语试题已逐渐向考查学生交际能力的方向改变。但是笔者以为，有关什么是交际能力、怎样才能考查出学生的交际能力等问题尚待研究。目前从各地中考的试题看，大部分对交际能力的考查还只是限于口语对话。其实对

---

① 指1997年。

交际能力在听、说、读、写各个方面都有许多考查的方法。就笔者收集的许多英语试题看,大部分试题虽有听力测试、阅读和笔试,但测试的内容仍是孤立地考查语法知识、词汇用法,没有把对语言形式的考查与语言的实际应用结合起来,更谈不上考查学生的交际能力了。

考查运用英语进行交际的能力,不完全在于形式,而在于考查的内容和试题的编制。比如选择填空这类试题,既可以只是考查语言的知识,也可以考查运用语言的能力。但考查运用能力显然不同于考查孤立的、零碎的语言知识。这如同考驾驶执照,不能分开地考学员换挡、刹车、踩离合器等,而是要考查学员一系列动作的整体配合和反应能力。

比如这样的考题可视为纯粹的考查语言知识。

He is an American student.（改为一般疑问句）

Mary _____ hard last year.

A. studies   B. studys   C. studied   D. study

而在一个语境当中考查学生对词汇的理解则能较全面地考出学生的语言运用水平。如下题:

Dick is looking at a _____ to find his friend's house.

A. newspaper   B. diary   C. textbook   D. map

另外,大纲在考试这一部分还明确要求考试要有口试和听力测试。近年来,全国许多省市已陆续在初中毕业升学考试中增加了听力测试。有的省还对听力问题进行专门研究。如湖北省的研究表明:听力水平与口语水平有一定的相关性。听力水平高的学生口语也相应地好。国家教委考试中心也很关注听力的测试问题。1995年在人教社初中英语教材培训会上,与会代表通过了一个呼吁书,并上报国家教委有关部门。呼吁书要求在全国高校入学考试时加试听力。相信将来听力也会逐渐加到高考中。

三、教学目标和要求

新大纲除了将高中教学目标分为一级目标和二级目标,最大的变化在于教学要求的明细化。大纲分别对听、说、读、写各项技能提出较为详细、具体的要求。

这次修订教学目标和要求,借鉴了美国外语教师协会制定的英语能力大纲和澳大利亚英语作为第二语言的能力大纲。在确定具体标准时,曾请北京市中学英语教师培训中心组织教师到北京远郊平谷县①的普通高中按这个标准做了实地测验,以验证各项标准是否过难或过易。同时,也广泛征求了各地教研室对此标准的修改意见。

以前的大纲对教学要求的表述较为模糊,难以检测。如规定阅读为"能独立阅读难度略低于课文,有少量生词的材料",这样的目标和要求是不易考查的。这次修改,重点在能力的具体要求上,要求也是逐级由低向高递进。比如听的要求,首先是听懂词汇和短语;其次是听懂教师讲的课堂用语;然后是听懂日常对话;最后是听懂一个语段。

大纲在这些要求方面,补充了许多限定的条件,划定了范围。比如一级目标对"说"的要求最后一条是:经过准备,能够用简单的语句介绍本人、家庭、班级和学校等基本情况,能基本表达主要的意思。不难看出,这里对说的范围已作了规定,只限于"本人、家庭、班级和学校",条件是可"经过准备",水平是达到"基本表达主要的意思"。应该说,经过5年的英语学习,这个要求是可以达到的。

教师最关注的,恐怕主要是大纲对语法和词汇的要求。这次修改大纲,编订小组基于减轻学生负担的指导思想,减少了词汇量和降低了对语法的要求,并对词汇表中的词义作了限定。有些传统语法项目,如动名词与现在分词,现在统一称为"动词-ing形式",不再要求学生区分动名词和现在分词。有些较难的语法项目如虚拟语气不再列入教学要求。虚拟语气的用法可通过某些情态动词如could、wish、should等来掌握,而不必再作繁琐讲解与练习。有些语法项目只要求理解,而不要求"掌握"。

词汇量在这次修订时做了两项大的改动。一是减少了要求掌握的词汇量,二是对词义加注了汉语意思。加注的汉语意思参考了国内外几种较权威的词表,汉语意思按词汇使用的频率排列,使用频率高的列在前面。

总的说来,大纲虽然对语法知识和词汇量的要求降低了,但对运用语言的能力却提高了。如果今后教师能按照大纲的要求进行教学,各级命题人员都按照大纲的要求命题,学生实际使用英语的能力一定会比以前有长足的进步。

此文原载于《全日制普通高级中学英语教学大纲(供试验用)学习指导》1996年12月版。

---

① 编者注:现平谷区。

正确理解交际教学思想(1999)

最近看到一些文章,对交际语言教学提出了种种批评。如有的赞扬张思中教学法的文章中,把交际语言教学作为张法的对立面加以批判,其中许多观点集中反映了目前对交际语言教学的片面看法。笔者愿就自己对交际教学的肤浅认识,谈一谈如何正确理解交际教学思想,以就教于同行。

一、交际语言教学已形成一种教学思想

交际语言教学形成于20世纪70年代末、80年代初。经过近20年的发展,交际语言教学已逐渐发展成为一种为世界语言教学界所普遍认同的教学思想,一种教学方向。交际教学思想的核心,就是要把语言作为一种交际的工具来教、来学、来使用,而不是把教会学生一套语法规则和零碎的词语用法作为语言教学的最终目标,要使学生能用所学的语言与人交流,获取信息。要达到这样的目的,必须具备"交际能力"。关于交际能力的界定,各类定义不同,但比较集中的有以下几点:

- 语言能力(linguistic competence)即具有语法、词汇的知识,能听、说、读、写语法上正确的句子。
- 社会语言能力(sociolinguistic competence)即能在不同场合下得体地使用语言的能力。
- 话语能力(discourse competence)即能懂得词与词之间、语法现象之间的逻辑联系,以及句与句之间的连贯关系。

其他还有一些能力标准,如策略能力(strategic competence)等等。

交际语言教学的最初倡导者,在提出交际教学思想的同时,也提出

了一些有关交际语言教学的原则和具体的方法。如 Keith Morrow 提出了五个原则：

1. 知道你在做什么(know what you are doing)，即不仅应知道语法的形式是怎样构成的，还应知道这些形式是用来做什么的，表达什么样的思想。

2. 整体并不是部分的总和(The whole is more than the sum of the parts.)。这个原则意思是人们交际时，不是说一句一句互不相干的话，而是上下文连贯的句子。因此人们应学习连贯的句子，而不是孤立的句子。

3. 过程和形式一样重要(The processes are as important as the forms.)。这条原则是强调语言形式的掌握可以寓于各种交际性活动之中，如通过信息差(information gap)，角色扮演(role-play)等。

4. 要掌握语言，必须实践(To learn it, do it.)。这个原则是要求学生积极参与，让学生尽可能多地用所学的语言表达自己的思想。可以说是以学生为中心的课堂教学。

5. 错误并非总是错误(Mistakes are not always a mistake.)。这个原则涉及两个方面，一是作者肯定语言错误会影响交际；二是认为有些学习者之所以犯语言错误是因为还没有掌握某些语法规则，而这类错误并非是错误。教师在强调语言准确性的同时，要注意学习者掌握语言有一个过程，否则会影响学习者的积极性。

其他的应用语言学家，也提出了一些不同的教学原则和教学方法。可以说，在交际语言教学思想的旗帜下，有各种各样的交际教学法。而交际教学思想并不排斥在其他教学思想指导下的教学法，所以在进行交际语言教学时，各种教学法可以交叉使用。实际上，没有一种教学法在实际教学时是可以绝对排斥其他教学法的，而总是你中有我、我中有你。这种交叉在 method 和 techniques 的层次上，更为明显。

交际语言教学在不断发展的同时，也在不断地修正自己、完善自己，逐渐形成一种教学思想。这种教学思想是对语言本质的认识；是对人们掌握语言的规律的认识；是对人们使用语言时心理过程的认识；是对语言教学目的的认识。国内国外的学者，都有人把交际语言教学作为一种理论。国内学者如贵州师范学院金惠康教授、广西师范大学王才仁教授，都在自己的著作中使用"交际教学理论"的概念。国外有些学者也使用 communicative language teaching trends 的说法。交际语言教学作为一种教学思想、一种理论、一种教学的方向，已被各国语言教学界所接受。在这种教学思想下,有各种各样交际教学法的主张。有的人强调直接培养交际能力;有的人主张先教语法再培养交际能力;有的人主张语法教学要在语段(discourse)的层次来教,才能培养出交际能力;有的人认为起始阶段根本谈不上交际能力……总之,有关如何培养学生交际能力的主张是多种多样的。

国内的情况也是如此。许多学者,虽然都赞同交际教学思想,但在具体的看法上也不尽相同:如上海华东师大章兼中教授认为交际能力与交际的能力不同;四川西南师范大学张正东教授从全国大多数学生在农村这样的实际出发,主张拼读入门的教学方法;人民教育出版社在教材中采用结构—功能法等等。

在我国,不仅中小学外语教学界吸收了交际教学的思想,而且大学的外语教学大纲、对外汉语教学等,也都采用交际教学思想。国际上英语作为外语或第二语言的教学界,现已不讨论究竟是语法翻译法还是听说法,或是交际教学法正确,而是在培养学生交际能力的总目标下,确定若干交际语言教学的原则,研究推广各种合适的课堂教学方法。因此有人提议,交际语言教学作为一个总的教学途径(general approach),可称为 principled communicative approach。可以说,英语教学研究和实践正处于一种超越"方法"的状态中。

二、国内对交际教学思想认识的误区

交际教学思想传入我国始于 20 世纪 80 年代初,但对交际教学思想的理解却如同盲人摸象。笔者认为:目前我国中小学英语教学界对于交际语言教学的理解存在一个误区,曲解了交际语言教学和错误地批判交际语言教学。它们表现在以下几个方面:

1. 认为交际语言教学就是功能意念教学法

既要教语言的形式又要教语言的功能,的确是交际教学思想的一个重要原则。但是,这并不意味着功能意念教学法即是交际语言教学的全部。看一看 Keith Morrow 提出的几个教学原则,就不难得出:交际语言教学即使在形成之初,也有着比功能意念教学法更多的内涵和更广的外延。可以说,功能意念法只是交际教学思想下的一种教学方法,一种设计教学大纲的方法。

2. 认为交际语言教学就是强调口头语言而不重视书面语言

有的人认为：在交际教学中，尤其在其起始阶段，似乎只有教口语、教听说，才是教交际，而教书面语、教读写，则不是教交际。这种认识完全是对交际语言教学的曲解。交际语言教学的倡导者，从来强调的都是听、说、读、写之间是相辅相成的关系。即使是最激进的交际教学理论家，或最初的交际教学法的提倡者，也没有人反对教书面语。交际语言教学最早的倡导者之一 Louis G. Alexander 来华讲学时就曾说过：听力并不是简单的听，听的同时还要做别的：边听边译，边听边模仿，边听边记录，边听边写，边听边报告等，并没有一种单独的听（Alexander，1982）。交际语言教学学派代表人物之一 David A. Wilkins 也曾说过：说到底，说和写之间的次序孰先孰后可能是无关紧要的，既然研究工作已经证明，看到（或同时看到、听到）的语言形式比只是听更容易学会，因此，我们有各种理由可以认为，只要对所学的语音掌握大致准确后，就应尽一切努力在学习过程中把口语和书面语联系起来。在学习开始阶段突出书面语言，在以后阶段加强口语，其效果与把这种顺序倒过来可能是一样的。实际上，交际语言教学对阅读和书面表达不仅十分重视，而且有自己独特的认识，提出"为什么阅读"的问题，并指出：为获取信息而阅读（reading for information）的阅读目的，主张阅读真实性的材料，改变了过去只让学生读经过改写的"课文体"类型的文段，从而使我们对阅读教学有了更深刻的认识。交际语言教学关于如何培养学生阅读能力、写作能力的著作可谓汗牛充栋，怎么能说交际语言教学不重视书面语呢？我想，有些教师可能是看了一些有关交际教学理论的介绍文章，其中许多例证都是口语方面的，所以得出了交际语言教学只强调口语的印象。其实，交际语言教学从来没有坚持必须"听说领先"。笔者认为，"听说领先，读写跟上"是在交际语言教学原则指导下的某一教学方法，而并非交际语言教学的原则。主张"听读领先，说写跟上"也是如此。在这里需要补充一点：交际语言教学关于"读"的概念，并非狭义地指阅读文章的默读。"读"，从语言教学的第一天起就开始了，它包括认读字母以及有声的朗读和无声的默读。

3. 认为交际语言教学反对教语法

交际语言教学一向认为：语法知识，包括词语的用法，是交际能力的组成部分。虽然交际语言教学主张把培养学习者的交际能力作为语言教学的最终目标,但所有交际语言教学的理论家在为交际能力下定义时,无一不把语言能力(linguistic competence),即掌握语言的知识,作为交际能力要具备的首要条件(Littlewood, 1981),并且认为:交际需要以适当的方式使用适当的语言形式,而不适当的表达方法或不准确的语言形式都会影响交际。所以掌握语言的形式是语言教学的核心部分(Morrow, 1981)。至于说交际语言教学打破了语法教学的系统性,这也不完全正确。的确,有些完全按功能意念路子设计的教材在语法上是不系统的。但也有相当一部分交际语言教科书是按结构-功能思路编写的,如《新概念英语》、《新视野英语》(New Horizons in English)、《SBS 新英语教程》(Side by Side)等,都是在系统的语法结构基础上再设计与交际功能相结合的教材。当然,也有一些人认为:语法教学不应该按传统语法中的系统,因为这种语法系统与人们实际使用语言的情形相距甚远,主张按题目教语言,而语法系统会最终成为完整的。如按"自然途径"(natural approach)编写的教材即按题目而不是按语法系统。

4. 认为交际语言教学只教浅层文化

所谓文化,现代人一般认为文化分为浅层文化和深层文化。浅层文化指一个社会的社交礼仪、行为准则、生活习惯、禁忌幽默、体态语言等等。而深层文化则是指历史、地理、经济、政治、教育、宗教、文学、音乐等等。

把语言教学与文化联系起来,这恰恰是交际语言教学对语言教学的另一个贡献。跨文化交际(inter-cultural communication)的研究是交际语言教学的重要组成部分。教语言必须涉及文化是交际语言教学的原则之一。仍以大家熟悉的《新概念英语》为例。该书中的文章涉及历史、地理、经济、交通、教育、美术、音乐、宗教、文学,可以说涵盖了深层文化的各个方面。

5. 认为中小学外语教学照搬交际教学法

实际上,我国的专家学者吸收了交际语言教学的核心思想,并根据我国的国情,制定了目前的《九年义务教育初中英语教学大纲》和《全日制普通高级中学英语教学大纲》。这是国家教委为中学教学制定的教学指导文件。在这两本大纲中,都没有使用"交际能力"一词,而是在教学目的中,分别使用"为交际初步运用英语的能力"和"初步运用英语进行交际的能力"。在高中英语大纲中,为防止教师对大纲的理解偏差,还特意提出:全日制高级中学英语教学的目的,是在义务教育初中英语教学的基础上,巩固、扩大学生的基础知识……另外,功能意念项目使用的是"日常交际用语",而没有用"功能意念"这一术语。这些都充分体现了我国专家学者对交际语言教学采取了吸收其核心思想,但又并非完全照搬交际教学法的态度。

遗憾的是,国内一些教师把这些对交际语言教学的错误认识,当成"假想敌"来进行批判。而所批判的那些所谓"主张",实际上完全不是交际教学思想的主张。至少到目前为止,笔者还没有听说过国内有哪位专家、学者提出反对教语法的主张,提出只教口语不教书面语的主张。可以说,有些文章批判的那种"交际教学法"至少在国内还没有听说过。据笔者在国家教委教材审定办工作时了解的情况看,国内几种主要的初中英语教材,人教版、上海版、广东版、四川版、北师大五四制版等,都没有一版教材声称自己只教交际,不教语言(语法),或只强调口语,而轻视书面语的。

三、怎样认识我国中小学交际语言教学的现状

目前,人们对我国交际语言教学的批评,主要是关于语法教学。对于这一点,我们应该做具体的分析。

我们首先要确定以前那样细抠语法、词汇用法的教学方法是否必要。交际语言教学的确强调整体使用语言的综合能力,不主张过细地、孤立地考查个别语法、词汇用法。因此教师在教学中,有些词语的区别讲得不及以前的细。但是,由于许多地区的各级各类测试题以及粗制滥造的习题集、练习册,仍然以考查个别语言知识和孤立的、缺乏上下文的词语用法为主。学生不适应这样的考试,因而成绩偏低。这种状况只能说明命题人员和练习题的编者还不真正了解交际语言教学的真谛,用了不适当的测量工具和方法来衡量教学。换句话说:如果考查的内容不是学生所学的,怎么可能指望学生得高分呢?目前交际语言教学的思想在中学贯彻还不到一轮,还没有足够的证据证明现在的学生比以前学统编教材的学生整体使用语言的能力差。而从湖北宜昌等地实验初高中新教材的实验看,其学生的高考成绩还高于非实验地区。

另一种状况是由于对交际教学思想理解的偏颇。西安外国语学院[①]在陕西省对初中英语教师新教材教学适应性的调查证明：有51%的教师认为新教材对听说读写四项技能的要求是听说领先、兼顾读写。41%的教师认为是突出口语。可见，有相当一部分教师对新大纲、新教材的理解不正确，因而有些教师在实际教学时的确有意无意地忽视了语法教学，没有对笔头练习给予充分的重视，以至于有些学生书面表达时出现较多错误。这种状况应当纠正。至于说我国教师外语水平低，无法推行交际语言教学，或者说我国目前中学教学还是以升学目的为主的"应试教育"，与交际语言教学的思想不相吻合，那么，我们应当做的是提高教师的语言水平和增加社会文化背景知识；是改应试教育为素质教育，而不是批判交际教学思想。

当然，应当指出的是：和世界各国的交际语言教学发展一样，目前我国的中学外语教学都还不能说已取得了非常成功的经验。各种根据交际教学思想编写的教科书还有待完善和改进，从目前几套初中教材的情况看，都或多或少地存在着有些内容功能与结构未能有机地自然结合的问题。结果容易使缺乏经验的教师顾此失彼。另外，教师的水平和素质亟待提高，教学条件和教学环境也需进一步改善。好的教学方法和经验也需要大力宣传和推广，各类的测试也需要改革。应该说，我们对交际语言教学的实践还处于"初级阶段"。但是我们也应该充分肯定近年来中小学外语教学的进步与成绩。我国目前中小学外语教学从整体水平来说较之前些年有了很大的提高，这是有目共睹的事实。

四、对教学法的研究应持科学的态度

在教学法的研究上，似乎总有这样一种轮回：一种教学法出来之后，许多人为之欢呼，好像终于找到了一种能解决所有问题的灵丹妙药。但随之而来的是对这种方法的疑问，继而否定。其实，中国地域之辽阔，城乡差异之巨大，师资水平之悬殊，任何一种方法都不可能适合所有的条件，适合所有的教师，适合所有的学生。事实上，不可能有一种"最好的"方法。有时，明显不同的教学法在学生的水平和成绩方面并未产生重大的差异。先教听说也好，先教阅读也好，先教音标也好，不教音标也好，都各有成功的经验，也有人极力反对。不仅外语教学如

---

① 编者注：现西安外国语大学。

此，我国的语文教学也如此。有的教师采用集中识字，反映很好；有的教师用过了，认为不好。所以 David A. Wilkins 曾说过：如果有谁声称，我们对学习已经有了充分的认识，已能够准确地预见在任何情况下学习将遵循的规律，那将是轻率的。最好的办法还是提出若干可供遵循的一般性原则，即使在教师为了适应学生的不同情况和根据自己在教学过程中对学生的观察而决定调整教学方法时，这套原则也同样适用。笔者认为，交际教学的原则就是这样可以供各种方法共同遵循的原则。

这里涉及如何看待外国教学法的问题。那种认为贯彻交际教学思想，请外国人参与教材的编写，就是国格意识薄弱，是认为"外国的月亮比中国的圆"的观点，在改革开放的今天，恐怕不会引起多大的共鸣。

关于中国教学法与外国教学法问题，正确的观点应该是：既不能对外国的教学法不加分析地全盘吸收，也不能把借鉴国外的外语教学法说成是国格意识薄弱，缺乏爱国主义。众所周知，马克思主义、列宁主义是中国共产党的指导思想。而马克思和列宁都并不是中国人。可见一种思想正确与否，并不取决于是来自中国人还是外国人。这里有一个吸收、继承和发展的问题。稍有一点马列主义常识的人都知道，马克思并没有说过社会主义可以在一个国家取得胜利，而列宁这样做了。马克思和列宁也没有说过社会主义可以在一个半殖民地半封建的国家产生，而中国共产党这样做了。我想，我们应该像中国共产党那样，吸收国外教学思想中合理的部分，同时认真考虑中国的国情，研究中国人学习英语的特殊环境、特殊的困难，发展完善交际教学思想。在交际教学思想的基本原则下，可以使用各种各样的教学法，编写各种教材。无论这种教学法来自外国，还是来自中国，我们都应当以实事求是的态度去研究、分析、修正、完善，而不应该为了推广一种教学法，就要否定其他教学法，甚至为其他教学法人为地杜撰出一些错误的主张来再加以批判。

参考文献

［1］Brumfit C J, Johnson K. The Communicative Approach to Language Teaching ［M］. Oxford：Oxford University Press, 1979.

［2］Johnson K, Morrow K. Communication in the Classroom：Applications and

Methods for a Communicative Approach[M]. London：Longman，1981.

[3] Littlewood W. Communicative Language Teaching[M]. Cambridge：Cambridge University Press，1981.

[4] McCarthy M, Carter R. Language as Discourse：Perspectives for Language Teaching[M]. London：Longman，1994.

[5] Munby J.（1978）. Communicative syllabus design：a sociolinguistic model for defining the content of purpose-specific language programmes[M]. Cambridge：Cambridge University Press，1978.

[6] 金惠康. 中学英语新教材教法[M]. 贵阳：贵州民族出版社，1996.

[7] 亚历山大 L. G. 语言教学法十讲[M]. 张道一，朱文俊，袁凤珠，张薇，译. 北京：科学技术文献出版社，1983.

[8] 王才仁. 英语教学交际论[M]. 南宁：广西教育出版社，1997.

[9] 威尔金斯 D. A. 外语学习与教学的原理[M]. 刘幼怡，李宝琨，译. 北京：国际文化出版公司，1987.

此文原载于《外语教学理论和实践》1999 年 6 月第 1 版。

英语课程改革需要研究的
一些问题(1999)

教育部基础教育司正在制定新的课程标准。这个课程标准将是指导我国中小学在 21 世纪培养一代新人的文件,自然会受到各方面的关注。笔者曾有幸参加现行英语大纲的制定。通过几年的观察与实践,感到有些问题需要在制定新的课程标准时加以研究。现提出几个问题,以期引起同行的讨论,并供课程编写小组参考。

一、语言目标与评估改革

交际语言教学所遇到的最大挑战之一,是如何解决评估学生的学习成果。在语法教学法流行时,教学最终的目标是翻译文章的能力。在结构主义时代,零碎的语言知识和单句的理解是检测的内容。而交际语言教学所要解决的问题要复杂得多。但是,如果不解决好这个问题,教学改革就难以进行。Celce-Murcia, Dörnyei & Thurrell(1997)指出:由于缺乏详细的内容说明,交际语言教学特别有一个方面已构成突出的问题,即检测教学成果。任何语言教学法都应有检测其教学成果的相应的语言测试,否则,根据其他教学途径或教学法设计的测试所带来的反冲影响,将会削弱教学项目的效果。

所以人们说,许多教学的改革都是因为没有改革测试而失败。我国中小学英语教学目前面临的难题之一是教与学几乎完全为各类测试和竞赛所左右,相当一部分教学活动不是在教学生使用语言,而是教试题(teach the test),或者说是在教测试语言(teach the test language)。英语测试与大纲的指导思想不相吻合。造成这种状况的原因是多方面的,由于大纲教学目标阐述的不够详细,缺乏具体明确的表述和范例,也没有对评估和测试作出任何规定,结果各级命题人员可以根据自己的理解来决定测试的内容重点,使得试题的有效性毫无保证。

测试应该与教学的活动近似甚至相同,同时,又是一次学习的经历(Mendelson,1989)。要达到这样的效果,必须对教学目标和要求作尽可能详尽的描述。从目前国外的外语教学大纲看,都是尽量把语言的要求详细地分类,分层描述。如澳大利亚第二语言技能分级评估标准(Australian Second Language Proficiency Ratings),美国外语教学研究会制定的语言技能标准(Proficiency Guidelines),加拿大(安大略)英语作为第二语言教学的中小学大纲(English As a Second Language and English Literacy Development),都对语言能力作了非常详细的描述。以前中学英语大纲对语言教学目标的描述非常笼统,如"借助词典可以阅读相当于课文难度的短文"。但那时命题者和教师头脑中都有一个"隐藏"的大纲,即语法书和教科书。实际上,目前仍然有不少命题人和教师根据这个"隐藏"的大纲来命题。现在人们越来越倾向于把英语的能力作为教学和评估的标准,这就需要把语言能力尽量描述得详细。正如 Richard(1990)所说的:当语言教学项目未能把目标细化时,教师和学生都只能从大纲、教材以及教学活动中去推测。没有对教学目标的明确阐述,内容问题、教学问题和评价问题都无法系统地研究讨论(p.8)。

理查德还提出了另外三种大纲可以包括的内容,或者说英语目标的分类方法:即行为目标(behavioral objectives)、技能目标(skill-based objectives)和内容分类目标(content-based objectives)。

1. 行为目标

我们知道,人们使用英语的能力(competence)是通过语言行为(performance)来体现的。语言行为的目标是通过描述行为的特征来确定教学目标和评估的。Mager(1962)提出三个特点:

——它们应该毫不含混地描述人们所表现出来的语言行为;

——它们应该描述在何种条件下发生这些行为;

——它们应该阐明这些行为表现应达到何种标准。

这种标准的确定有助于教师确立教学目标,使教学的重点突出,同时能使教学质量有所保证,并且易于评估。

2. 技能目标

这些目标是通过听、说、读、写的活动来体现的。语言技能目标可分为宏观技能(macro-skills)和微观技能(micro-skills)两种。目前我们的中学英语教学大纲已经对听、说、读、写的各项技能作了一些描述,但是还不够具体。义务教育初中英语大纲对语言能力的表述比高中大纲的表述更含混一些。我们应该研究国外的大纲对语言技能的分类和表述,根据我国国情对语言技能作尽量详细的描述。否则,无论教材编写,还是辅助练习,都随意性很大。比如听力与阅读训练,目前国内的听力和阅读训练材料可谓五花八门。但有多少能真正地系统训练学生的听力和阅读技能?这自然与编者的水平有关,但是如果我们的大纲能尽量详细一些,至少可以起到引导的作用。

3. 内容分类目标

这些分类目标是对教学可能涉及或必须包括的题目(topics)进行分类。比如欧洲委员会的"初级水平英语"(Threshold Level English)就规定了14种题目范围。现行义务教育大纲对此没有任何明确规定。高中大纲也只是笼统地列举了"人物传记、故事、记叙文、生活文化、文史知识、科普小品等"。人民教育出版社的教材设计了16个"题目"。可惜大纲没有对此作出规定,似乎只是一些建议。

如果大纲的目标太笼统,教学质量和评估标准都难以统一。应该说,大纲的任务就是把教学目标细化,应该明确地说明哪些是需要做到的,应该达到什么水平和标准。正如 Richard(1990)说的,这就像与施工队签订合同一样,从地基、钢筋水泥、玻璃到内部装修的细节,都应该包括在内。目前中学的大纲很像我国的一些住宅建筑工程,外部看起来好像是一样的,但内部的装修由于各种原因可能有天壤之别。

而评估测试问题,更是大纲必须包括的,而且应该在大纲中占有中心的地位。比如很多人都主张大纲对能力进行分级。但笔者以为,如果不相应地改革评估和测试,则分级是没有实际意义的。试想:如果所有的教学最终仍由升学考试的成绩来决定,那么教学只能以这个目标来确定成败,分级又有什么意义呢?初中的大纲分了两个级别,但没有听说什么学校是按照一级水平教学的。因为那样做就等于学生从入学开始就被剥夺了升入高级中学的希望。显然,如果升学测试与大纲的分级目标紧密相关,则分级只能作为评分的标准,而不能作为最终教学目标的分类。

从目前我国的人事制度、高等教育体制等情况看,基础教育的问题可能不是基础教育界本身可以完全解决的,本文不拟在此展开议论。但基础教育也可以"从我做起"。

评估的改革有两个问题应该研究。先界定一下评估的含义。这里指的评估(assessment)是指对学习者各方面学习情况的评估。评估的方法有许多种,测试仅仅是其中的形式之一。如果大纲能详细地规定语言的知识与能力、教学的内容、行为的目标,就可以建立标准参照式测试(criterion-referenced test)和诊断性测试(diagnostic test)。这里,标准参照式测试是指根据某个特定的标准来衡量学生行为的测试,学生应达到某种水平才能通过测试。学生的成绩是根据标准判断,而不涉及与其他学生成绩的关系。只有建立了标准参照式测试,才有可能使大纲内的分级有实际的意义。可以说,测试的改革与大纲对语言能力的要求紧密相关。前者制定得越详细,后者内容的有效性(content validity)就越有保证。这里涉及到语言使用能力与测试成绩相关性的研究。目前国外也强调测试的系统有效性(systematic validity)。笔者认为这种研究和我国中学教学的情况比较吻合,我们应该借鉴。

评估改革还应该改变目前纯粹由外部测试,即升学等测试,决定教学活动的状况,应增加校内评估的方法,比如观察、学习档案(portfolio)、行为评定等等。评估可能是持续性的,同时能反映出学习中的不足,并对学生的问题进行分析,以便改进。因为教学内容和教学活动是逐项地分类进行的,为了及时了解学生不同阶段的学习情况,还应该进行诊断性测试研究,比如测试可以详细地反映出学生各方面的语言能力。教师和学生都可以在检测后收到一份详细的报告,说明什么地方应该改进,采取何种步骤,以及需要什么材料等。这种评估只有通过若干小型测试才能进行,不是从一次性大规模的测试中可以反映出来的。国外十几年前就已经开始进行关于个体化评估(individualizing the assessment, Jong, 1990)的研究。在我国目前似乎还是空白。另外,还要研究如何把成就型测试与能力型测试结合起来。只有这样,学校的教学才能逐渐走上正常的轨道。总之,在大纲的编写时,决不能仍然像以往那样,仅仅对测试轻描淡写地提一下,而应该在研究的基础上作出较为详细的说明。

二、教育培养目标与教学目标

显然,如果需要确定详细的教学目标与技能标准,首先必须确定培养目标与教学目标。现行中学英语教学大纲把中学英语教学的目的分为三个方面:一是语言知识与能力;二是思想情感教育;三是智力智能培养。实际上,这三个方面最终都要通过语言教学来实现。在制定英语教学大纲时,我们需要进一步从英语语言本身与基础教育培养目标相结合的角度,来考虑大纲的设计与教学目标的确定。

比如,基础教育阶段英语教学的语言目标是什么? 有些人认为:基础教育的英语语言目标应该是语言的知识,而不应是现行大纲提出的"为交际使用英语的能力"。究竟基础教育阶段英语语言的目标是什么,看来还有研究的必要。从宏观上看,基础教育英语教学目标应该是统一的。但是如果把教学目标与教学要求联系起来,问题似乎并非那么简单。众所周知,中国地域广,地区发展不平衡,城乡之间、经济发达地区与贫困落后地区之间的差别巨大。一种教学要求显然难以适应这种差别。大中城市、沿海经济较发达地区由于师资条件、教学设备、语言环境等多种因素,家长完全有可能要求学生用英语直接学习文化知识。笔者在深圳等地听过一些小学的英语课,用英语教授数学或自然等学科,其学生的语言听说能力恐怕已经超过某些地区的中学英语教师。显然,用一种教学目标、教学要求以及一种语言技能目标来要求所有的学生是很困难的。目前有些城市重点中学的教师认为现行教材偏易,而很多边远地区则认为教材难度太大。这其中不仅有教学条件、师资等因素,还有生活环境等。比如教学中的"问题",对于一个生活在没有马路的山区学生来说,很难理解什么是 two blocks、on the corner 和 around the corner。

国外在制定大纲时,非常重视"需求分析"(needs analysis)。我们应该就中国的国情来分析学习者的需求。比如,在基础教育阶段,有没有必要区分学习者的需求,如何区分学习者的需求,不同需求与共同基础之间的关系,以及语言教学上的异同等。

Cummins(1984)提出两种不同的语言技能。一种是基本人际交往技能(basic interpersonal communicative skills),一种是认知/学术语言技能(cognitive/academic language proficiency)。简单地说,所谓"基本人际交往技能",是指人们日常面对面交谈时使用语言的能力,而"认知/学术语言技能"是指人们学习科学文化知识时所要具备的语言能力(Cummins,1981)。基本人际交往技能比较容易掌握,因为有情景,人们还可以要求解释和使用手势等。而学术语言就比较难理解和掌握,因为涉及到认知能力,如推断、分析、综合等。虽然这两种语言技能并非是截然分开的,而是一个连续的统一体(continuum),但前者向后者的过渡也并不容易。国外的研究认为,青少年移民到英语国家,口语能力可以在一两年内达到与本族语人接近的水平,但要达到本族语的同龄人学习科学技术的语言水平,则要4至7年,或5至9年。比如词义,学生即使知道 products 的意思,不等于知道它也代表数学中"积"。国外的一些研究表明,基本人际交往技能的高低与能否有效地使用语言学习科学文化知识并不是相关的(Brown,1984)。Mohan(1986)认为:任何教学法如果只考虑语言教学而忽视学科教育都是不恰当的。应该把语言的学习和学科内容的学习结合起来,把语言作为学习的媒介,认识具体内容在交际中的地位。

这个问题的提出可能会使我们从另外一个角度来思考外语教学的目标、大纲的设计以及教材、教法等。基础教育阶段英语教学的目的,是为学生继续学习打下基础,同时又要使以后走上工作岗位的学生掌握一定的外语能力。显然,我们不能把教学的目标仅限于培养个人交往的语言能力上。在我国,大部分人使用英语,并不是,也不大可能是进行个人的、面对面的交往,而是为了通过英语来获取国外信息、学习科学文化知识。中学虽然是打基础的阶段,但是这个基础,也应该从中国人使用英语的目的这个总目标来考虑。比如,中学的词汇量一直是个争议比较大的问题。为什么中学的词汇量定为 2000 个?据笔者了解,主要的依据是源于一种说法,认为 2000 词可以占英语国家人们在交往时日常词汇的 80%。所谓常用词就是日常生活的口语词汇。再细读中学英语大纲,不难发现,这 2000 词的词义也是取日常生活的词义,而很少涉及科学技术的意义。如果我们的目标是培养涉外的服务人员,以这 2000 词汇打基础是足够了。但是,如果用这些词汇去阅读任何科学文化书籍,恐怕都是难以做到的,这就涉及到两个问题:一是 2000 词究竟够不够,二是选择什么词义。这些问题的答案需要科学的统计数据来支持,需要一些研究工作。这些研究不仅涉及英语教学的目标,还涉及大纲的教学要求。比如,目前的学生能用英语做些什么,与社会对他们的需求有没有差距。如果有,差距在什么方面? 这 2000 词可以作什么,多少词可以达到使用英语真正获取信息的水平,中学生可以掌握多少,等等。

人们常说以前的中学生英语水平高,因为那时许多中学直接用英语授课,学生用英语学习科学文化知识、读文学著作。实际上那就是现在国外所谓的 content-based 教法。或者相当于加拿大学校的法语沉浸式教学(French immersion program)。用现代的说法来解释,他们学习的就是认知/学术语言。

比如"以学科内容为核心"的大纲,是以目的语教授学科内容的设计,是通过外语来学习科学文化知识,而不以语言本身为教学目标。如加拿大的法语沉浸法,所有学科的教学都是用法语进行,学生不仅学习了科学知识,还达到很高的法语水平。Widdowson(1987)提出:我认为,外语可以和学校那些其他学科所代表的应用领域结合起来,这样不仅可以保证现实社会与学生自身的经验相联系,而且可以向我们提供最有保证的方式以把语言作为交际的工具,而不仅作为一种用法知识。我设想的这种语言课程涉及从其他学科中选择若干题目,如简单的物理、化学试验,动、植物的生长过程,绘制地图,对历史事件的描述等等。不难看出,假如我们采用这样的教学过程,其讲授这种课的难度不过和教这种课本身的教学法难度大致相同(p.16)。

学科内容型大纲有以下一些优点:

1. 既学知识又学语言。知识的概念是跨越语言的(Cummins,1984)。由于有本族语的学科知识,所以学生学习起来反而比完全依靠外国文化背景知识的材料容易理解。如学生已有本族语的学科知识,再学习 square 和 foot,很容易记住"平方根",并理解数学知识。

2. 学科内容即是教学目标,因此易于检测。

3. 学生的关注点在学科内容上,符合语言习得的规律。Krashen(1982)认为,人们把注意力集中在语言的内容上时,心理压力最低。

4. 学生的学习动机非常明确,同时也符合中国人的学习习惯和风格。

5. 有助于解决各科争课时问题,使英语成为交叉学科。

但这样的大纲也有缺点,比如:

1. 教师缺乏语言水平或学科知识,可能语言、学科两头落空。

2. 学生的语言错误可能由于重内容而固化(fossilization)。

当然,目前我国还不具备大规模使用这类大纲的条件。但是我们可以在有条件的地区和学校进行试验研究。同时各类大纲是可以相互渗透的。国外也有混合型大纲,如语言-内容型(language-and-content curriculum, Ashworth, 1992)。笔者(1992)曾提出几种类型的选材标准,并提出可以把英语作为跨学科的科目。人民教育出版社的英语教材也在这方面作了很多工作,如尽可能包括各类各种题材的材料。至少我们应该在统一的大纲中考虑增加学科学习所需要的语言技能与认知能力。

Chamot & O'Malley(1986)提出以下一些建议:

——增加各个学科内容的特殊词汇和专业术语;

——练习学术交流所需要的语言功能,如解释、通报信息、描述、分类、评价等;

——提高对不同学科中语言结构和语篇的理解与运用能力;

——练习在不同学科内容的课堂教学中所需的语言技能,如听解释说明、以阅读获取信息、参加学术讨论、写报告(p. 15)。

这样的要求并不是高不可攀的。Widdowson(1987)建议可以是完全的学科内容型,也可以是混合型。即使我们不采用完全的学科内容型,也应该研究如何在大纲中加入学习策略、研究方法、获取信息的方法和评判思维能力(critical thinking)以及推理论证能力(reasoning)等,这些要求在国外的英语作为第二语言的大纲中都已包括在内。同时,必须指出,提出学科内容语言能力,并不是反对口语教学,特别是在起始阶段。但是,如果我们能从用英语来学习科学文化知识、获取信息、进行国际交流这个大目标来研究基础教育的英语教学,至少可以使我们的眼界更开阔一些,考虑得更全面一些。

实际上,我国一些地区或某些地区的一些学校已经具备使用这类大纲的条件。但是,一些条件非常差的边远地区,却对执行目前的大纲也感到困难。这些地区对于英语教学的需求显然和经济发达地区的要求不一样,或者说,由于条件的限制,暂时达不到这样的水平。可以看出,在制定具体教学要求和语言技能目标时,如果只采用一种标准,难以使两种极端的地区和学校都适应。结果可能是经济发达地区和大中城市的某些学校为了升学等因素而不能充分发展;贫困、边远地区或条件差的学校却为达不到标准而困惑。解决问题的办法之一,可以是把课程标准与大纲分开。这样的分类与英国某些学者的分类比较接近。[顺便提一下,一些英国的学者把 curriculum 与 syllabus 区分开来。课程(curriculum)涉及的是宏观的指导性文件,大纲(syllabus)则包括具体的水平标准及行为目标(Dubin & Olshtain, 1986)。而北美学术界中 curriculum 的概念可能是宏观的,也可能是具体的。]换言之,就是在课

程之下再分出若干种大纲，以适应不同地区的不同需求和水平。对于
大多数地区来说，可能采用结构-功能型大纲比较适宜，对于少数经济
发达地区或边远、贫困地区，则可以使用其他大纲。

我们知道，交际语言教学经过 20 多年的发展，创造出许多不同的
教学途径，或称为教学法（approaches），如功能/意念（functional/
notional），结构-功能（structural-functional）；以任务为核心的（task-
based）和以学科内容为核心的（content-based）大纲等。近年还有
process 和 procedural syllabus 的分类方法，我们都应该加以研究。同
时，我们也应该研究任务型大纲（task-based syllabus），这是近年外语大
纲设计中被广为采用的。David Nunan 认为，不应该把任务理解为只是
一些宏观的技能。因篇幅关系，本文不详细介绍。总之，我们应该对各
种大纲的分类方法进行讨论和研究，比较利弊，达成共识。当然，如果
这样设计课程、大纲，就要改革测试和评估，不仅是测试的方法，而且还
有改变测试的组织方法。课程大纲的改革是一个系统的工程，任何变
化都应该是整体的，其中包括教材和教师培训。

三、教材改革与教师培训

这两个问题乍看起来与大纲的制定没有直接的关系。但是如果我
们从课程改革的整体看，教材和教师是在制定大纲时必须考虑的主要
因素。

随着大纲的改革，我们越来越感到在教材的看法上应该改变观念。
首先，要改变一本教材可以适应所有学生的观念。应该说，任何一本教
材，无论是中国或外国人编的，都不可能适合所有学校、每一个学生。
想寻求一本教材，以适应各种情况，正如同想寻求一种可以适应各种不
同教师的教学法一样，都是不现实的。一本教材也不可能提供学生语
言活动所需要的全部材料。英语国家虽然在英语作为第二语言或外语
的教学上历史很长，有丰富的经验，有大量的资料，但也很难从中选出
一本十分令人满意的教材。人们甚至认为用一本教材是不可思议的。
加拿大一位著名的 ELS 教学法专家 Ashworth 在一本教师指导手册里
就明确地说：如果你买了一本对非英语为母语的儿童教英语的书（这
样的书在市场上很多），你恐怕不愿意按照课本一页一页教下去，而只
是在学生语言发展的特定阶段，选用学生需要的某些章节（1992）。当
然，国外的学者也认为一本核心教材可以省去教师自己选材的负担，尤

其在英语为外语的国家,缺乏可选的材料(Nunan, 1991)。

解决上述矛盾,大纲应尽量详细地提供教学活动和教学要求的范例,以便教师选材。同时,教材的编写者应提供更广泛、更方便的选材来源。应该认识到,教材的概念不仅仅是一本书,而是一系列有关的材料。仅靠一本书恐怕难以达到大纲要求的"初步运用英语进行交际的能力"。我们可以从开发"教学包"(teaching kit)开始,既包括教师备课资料、学生活动手册,又有检测资料以及多种媒体产品。近年来,随着国际互联网的发展,虚拟图书馆(virtual library)和虚拟课堂(virtual classroom)逐渐成为现实。

在制定大纲时,我们决不能忽略教师的因素。说到底,大纲实施是通过教师的教学活动来实现的。他们对外语教学理论了解多少? 语言素质如何? 熟悉的教学方法是什么? 教学的条件和环境如何? ——诸如此类的问题都是制定大纲时需要考虑的。我们毕竟不能脱离中国的国情去设计大纲和编写教材,但也应该积极提高教师水平,改善教学条件。国家已启动教师继续教育工程,相信经过几年的努力,我国基础教育的外语教学还将会有一个较大的发展。

总结

以前大纲只是笼统地列出了教学的目标,而没有详细地阐明教什么和如何教的问题。目前看来,不仅目标问题还需要讨论,更要明确内容(content)和任务(tasks)的问题,否则语言能力的要求就无法细化。教师们不仅希望知道目标(What do I teach for?),也希望知道内容(What do I teach?),同时,更希望知道了解语言教学活动(How do I teach it?)的范例。所以,应该先开展调查研究和科学实验,解决一些大的理论问题,比如,交际语言教学近十几年来的发展、经验和教训,今后的趋势,语言习得的研究成果等(关于这些问题还有许多曲解)、语法教学的发展及如何在课程中体现,课程、大纲设计的理论,大纲的类型,大纲内应该包括什么,评估的方法以及与我国文化相同国家开设英语课的情况(不是指课时等,而是他们的问题和困难),等等。

另外,课程、大纲还要有灵活性,以便适应多种不同的需求和现实情况;了解各类地区、各类学校的不同条件和需求,以确定到底在多大程度上能保证国家的统一标准,又能充分兼顾到全国各地区以及城乡的差别、师资的水平;要对国内外现有的研究成果进行分析、比较,广泛地比较各种资料和进行研究;要对各种已有的大纲及不同类型进行研究,并对照相应的教材范例,以取各家之长——这些问题如果没有解决好,则大纲的框架难以确定,而且出台后的改革也难以达到预期的效果。同时,建议课程标准编写完成之后,配以较为详细的教学活动建议和测试方法说明。相信我们未来的课程标准,一定能在科学试验和充分研究大量资料的基础上,为我国 21 世纪的人才培养描绘出美丽的蓝图。

参考文献

[1] Ashworth M. The first step on the longer path[M]. Toronto: Pippin Publishing Limited, 1992: 110.

[2] Book L, Dubin F, Olshtain E. Course Design: Developing Programs and Materials for Language Learning [J]. Modern Language Journal, 1987, 73(1): 76.

[3] Breen M P. Process syllabuses for the language classroom[J]. In Brumfit. Brown, J. D. & Hudson, Thom. The alternatives in language assessment. TESOL Quarterly, 1998, 32(4): 653-675.

[4] Celce-Murcia M, Dörnyei Z, Thurrell S. Direct approaches in L2 language instruction: A turning point in communicative language teaching? [J]. TESOL Quarterly, 1997, 31: 141-152.

[5] Chamot A U, O'Malley J M. (1986) A cognitive academic language learning approach: An ESL content-based curriculum [M]. Rosslyn, VA: National Clearing House for Bilingual Education, 1986: 15.

[6] Cummins J. Language proficiency, bilingualism and academic achievement. In Bilingualism and special education: Issues in assessment and Pedagogy[M]. San Diego, CA: College-Hill, 1984.

[7] Don D, Chapelle C. Foundations and Directions for a New Decade of Language Testing Research[M]. In Douglas D E, Chapelle C E. A New Decade of Language Testing Research(Eds). San Francisco, CA: TESOL, 1993.

[8] Johnson J S, Newport E. Critical period effects in second language learning: The influence of maturational state on the acquisition of English as a second language[J]. Cognitive Psychology. 1989, 21(1): 60-99.

[9] Johnson R K. The second language curriculum[J]. Modern Language Journal, 1989, 74(4): 34-36.

[10] Jong J H D, Stevenson D K. Individualizing the assessment of language abilities[M]. Multilingual Matters Ltd., 1990.

[11] Krahnke K. Approaches to syllabus design for foreign language teaching[M]. Prentice-Hall, 1987.

[12] Mager R F. Preparing instructional objectives [M]. Belmont, California: Pitman, 1962.

[13] Markee N. Managing curriculum innovation [M]. Cambridge: Cambridge University Press, 1997.

[14] Mendelsohn D J. Testing Should Reflect Teaching[J]. TESL Canada Journal, 1989, 7(1): 95.

[15] Mohan B A. Language and Content [M]. Reading, MA: Addison-Wesley, 1986.

[16] Norris J M. et al. Designing second language performance assessments[J]. Second Language Teaching & Curriculum Center. University of Hawaii, 1998.

[17] Nunan D. Designing tasks for the communicative classroom[M]. Cambridge: Cambridge University Press, 1989.

[18] Nunan D. Language teaching methodology [M]. Prentice-Hall International, 1991.

[19] Richard J C. The language teaching matrix [M]. Cambridge: Cambridge University Press, 1990.

[20] Scovel T. Foreign accents, language acquisition, and cerebral dominance[M]. Language Learning, 1969, 30(4), 245-254.

[21] Tickoo M L. Task-based teaching for acquisition-poor environments: Forward and away from Bangladesh[M]. In B Kenney & W Savage(Eds.) Language and development: Teachers in a changing world. London: Longman,1996.

[22] Widdowson H G. Teaching language as communication[M]. Oxford: Oxford University Press, 1978.

[23] Yalden J. Principles of course design for language teaching[M]. Cambridge: Cambridge University Press, 1987.

此文原载于《中小学英语》1999 年第 7、8 期(总第 71、72 期)。

2000 年—2007 年

外语教学的目标与
评价的改革（2001）

在制定课程标准或教学大纲时，人们通常把教学目的与教学目标分开阐述。目的（goals）一般是课程或大纲的制定者希望学习者能达到的总体目标。这种目标通常是较为概括的。而教学目标（objectives）则是依据教学目的，并对教学目的进行更详细的描述。教学目标往往包括教学内容，如各种话题（topics）、功能。国内的大纲还包括语法项目等。也有的大纲按听、说、读、写分类，详细描述各项技能。有的大纲则按语言行为目标（behavioral objectives）来描述。

但是无论语言教学目标如何描述，这种描述都应该是尽可能详细具体、清楚明了的。Mager（1962）认为语言行为目标有三个特点：1. 它们必须毫不含混地描述应表现出来的行为；2. 它们应描述这种行为在何种条件和环境下应表现出来；3. 它们应当对可接受的行为表现的标准进行说明。Richards（1990）认为：没有对目的与目标的详细描述，无论是教学内容，还是教学方法或评价，都无法系统地进行。

1999 年我们对中学英语教师进行的一次问卷和访谈调查表明：66.7%的教师认为：目前的测试并不能反映出学生实际的语言能力。同时，教师们在谈到当今中学外语教学存在的问题时，有两个涉及到大纲的教学目标与测试，一是认为教学目标不够明确，二是大纲的教学目标与测试的内容不一致。

2000 年修订的九年义务教育初中英语教学大纲和高中英语教学大纲关于英语教学的目的分别是这样阐述的：

义务教育阶段英语课程的目的是激发和培养学生的学习兴趣，帮助学生树立自信心，养成良好的学习习惯，发展自主学习的能力，形成有效的学习策略；使学生掌握一定的语言基本知识和基本技能，建立初步的语感,获得初步运用英语的能力,为真实交际打下基础;开发智力,培养观察、记忆、思维、想象和创造能力;了解文化差异,培养爱国主义精神,增强世界意识;使学生初步形成健全的人格,为学生的可持续发展打下良好的基础。

全日制高级中学英语教学的目的是:在义务教育初中英语教学的基础上,使学生巩固、扩大基础知识,发展听、说、读、写的基本技能,提高初步运用英语进行交际的能力,侧重提高阅读能力;使他们在英语学习过程中,受到思想品德、爱国主义和社会主义等方面的教育,增进对外国文化,特别是英语国家文化的了解;在学习中,发展学生的智力,培养创新精神和实践能力,形成有效的学习策略,为他们的可持续发展奠定基础。

两份大纲关于教学目标则是按听、说、读、写各项技能分类描述的。但是这些描述不够详细具体,尚没有达到 Mager 所说的标准。而语言行为的目标通常都非常具体。比如 Findlay & Nathan (1980)关于语言行为的目标有这样的描述:

Given the first and last names of 10 persons, five with Spanish surnames and five with English surnames from a local dictionary, the learner will locate the names and write down the telephone numbers in 5 minutes with 90% accuracy.

Given an oral request, the learner will say his/her name, address and telephone number to a native speaker of English and spell his/her name, street and city so that an interviewer may write down the data with 100% accuracy.

不难看出,这样的语言行为目标是非常详细具体的。教师可以很明确地知道应该达到的目标,可以知道自己的教学重点,应该培养学生掌握哪些语言的技能,各种能力应该达到何种程度。同时,教师也可以知道评价的标准是什么。

目前,中学外语教学的问题是:由于大纲中缺乏更具体详细的语言行为目标,各类测试的考查重点完全由各级命题者仅凭自己的主观判断而决定。而这种判断往往又并不是基于大纲中对各项语言技能的描述,而是基于命题者以往的教学经验与语言知识结构。可以说命题者头脑中有一个"隐蔽的大纲(hidden curriculum)"。这个大纲是由许许多多零碎的有关语言的知识构成的。比如说在 stop 后面可以接 to do,也可以接 doing;在树上长的东西介词用 on,而外边来的,介词应该用 in。许多命题者和教师认为，考查这样的用法，就是评价学生的最佳内容。教师最感困惑是不知教什么才能使学生取得好成绩。教师只能根据自己的"隐蔽的大纲"来教学，教研员或命题人员根据自己的"隐蔽的大纲"来命题。为了揣摩命题人员心中"隐蔽的大纲"，教师不得不将自己了解的所有语言知识都给学生讲解清楚，以应付考试。

为了让教师明确"考点"，许多地方的教研部门都公布复习提纲，详细地列出要考的语言知识内容。但这些"考点"基本上是语言知识的细目，而没有包括对听、说、读、写各项技能的综合运用能力的说明，没有列出在各种情况下何种语言行为是可以接受的。换句话说，这样的提纲只涉及学生能"知道"什么语言知识，而很少或不涉及学生能用语言来做什么事情。

结果，这样的测试并不能全面反映出学生使用语言的能力。如果从评价的角度来看，目前中学英语测试，至少存在以下几个问题：1）以考查零碎的语言知识为主，未能评价学生实际运用语言的能力；2）试题缺乏语境，缺乏真实的情景；3）考查单句语法结构的多，而考查语段能力的少；4）很少涉及学生评判性、创造性思维能力；5）只有终结性评价，没有形成性评价。

虽然自 20 世纪 90 年代以来，我国中学英语教学大纲都强调要培养学生为交际运用语言的能力，在九年义务教育大纲的培训会和各种有关英语教学的报刊上，人们都在反复强调不要把语言知识的讲解与传授作为外语教学的最终目标。但是可以说，在实际教学中，教师并没有完全，甚至完全没有按照大纲的教学目标来进行教学。难怪 Nunan（2001）把大纲分为三类：一种是计划的大纲（Planned Curriculum）；二是实施的大纲（Implemented Curriculum）；三是实现的大纲（Realized Curriculum）。实现的大纲是学习者真正掌握的语言知识与技能。他认为，人们一直以为教的都是按照计划的，而教的是什么学会的就是什么。这种想法是太简单化和天真了。那么如何才能使实现的大纲与计划的大纲尽可能吻合呢？显然，目前的评估方式和工具都无助于实现这样的目标。标准化测试的优势是客观与方便。但它给教学带来的负面影响也是相当严重的。它使得课堂教学的活动集中在语言知识的讲解和语法结构的分析上，而不是在语言技能的运用和交际能力的培养上。正如 Brown & Hudson（1998）指出的：假如一个大纲设定了一系列交际语言运用的目标，但却在最后采用选择填空的方式考试，其负面影响是学生都不会按照大纲的目标来学习，而坚持考什么就学什么。

这样的例子是不胜枚举的。

那么,如何使评价对教学产生积极的影响呢? Brown & Hudson (1998)总结了现代外语教学评价的 11 个特点,其中包括:

1. require students to perform, create, produce or do something;

2. use real-world contexts or simulations;

3. are nonintrusive in that they extend the day-to-day classroom activities;

4. allow students to be assessed on what they normally do in class everyday;

5. use tasks that represent meaningful instructional activities;

6. focus on processes as well as products;

7. tap into higher level of thinking and problem-solving skills;

8. provide information about both the strengths and weakness of students;

9. ensure that people, not machines, do the scoring, using human judgment;

10. encourage open disclosure of standards and rating criteria;

11. call upon teachers to perform new instructional and assessment roles.

从以上几条标准不难看出,现代外语教学评价的发展趋势至少可以归纳为两点:一是更注重通过学习者语言行为的表现,即语言运用来对学习者进行评价(performance assessment);二是强调形成性评价与终结性评价并重。何为语言运用评价? Brown & Hudson (1998)认为,语言运用评价可归纳为 3 个特点:

1)受试者应能完成某些任务;

2)这些任务应该尽可能真实;

3)任务是否成功应由有资格的评判人来测定。

Brown & Hudson 归纳了语言运用评价的几个优点:

1)可以测定学生对真实生活中语言任务的反应能力;

2)比传统选择填空式的评价方式更有效地判断出学生的真实语言能力;

3)能预估出学生将来在真实语言情境中的表现。

显然,采用语言运用评价可以避免标准化测试所带来的负面影响。

语言运用评价可以采取多种形式,如传统的写短文、面试和近年来发展起来的交际任务、小组讨论、角色扮演、解决问题等。可以说，语言运用评价即是任务型的评价活动（task-based assessment）。如果我们从评价的角度看任务型语言教学的各种特点，不难发现，任务型语言教学与现代评价的理念可以说是相同的。

任务型语言教学（Task-based Language Teaching/Task-based Language Learning）是交际语言教学近年来发展起来的一种教学方法。主张采用任务型语言教学的人认为：人们使用语言的过程就是一个完成各种各样任务的过程，如订机票、填表格、写支票、买一双鞋、到图书馆去借一本书、听天气预报并决定穿什么衣服，等等。任务就是人们在日常生活、工作、娱乐中所做的各种各样有目的的活动。

Nunan（1989）认为：The communicative task is a piece of classroom work which involves learners in comprehending, manipulating, producing or interacting in the target language while their attention is principally focused on meaning rather than form.

任务活动与语言练习有着本质的区别。任务是一种有目的的活动，而不仅仅是为了练习语言的形式。做任务活动是为了培养学习者在交流中发展语言的能力，重视学习者在完成任务过程中的参与和在交流活动中所获得的经验。

Nunan（1991）列出任务型语言教学的几个特点：1）强调通过交流来学会交际；2）将真实的语言材料引入学习环境；3）可使学习者不仅关注语言本身，也关注学习的过程；4）把学习者个人的经历作为课堂学习的重要因素；5）把课堂内的语言学习与课堂外的语言活动结合起来。

在任务型语言教学中，学习目标被分解为一项一项的任务。这样，无论是教师还是学生，都可以知道完成一项任务需要何种技能或哪几种技能，需要使用什么语言知识和语言功能，需要使用哪方面策略等等。

我国香港地区的中小学在推行一种"目标为本课程（Target Oriented Curriculum）"。香港地区教育局在阐述目标为本课程的推行目的时提道：目标为本课程的总目的就是要改善香港地区教育的质素（原文如此），这目的拟通过下列各点达成：

为所有学生在各学习阶段拟定共同的学习目标，使施教、学习和评价都有明确的依据。

为了改善学生的学习方法,以迈向学习目标,必须在各学习阶段,为施教、学习、评价及运用教学资源等方面编订详细有效的指引(如"学习纲要")。

学生的进步,或大或小,都必须加以珍视,以激励他们进一步地学习。

改善评价及报告的方法,使学生的学习进度、学业成绩能清楚显示出来,以便向学生、教师、家长、学校、雇主和政府提供更多资料。

我国香港地区的大纲把学习目标分为 A、B、C 三类。A 类是 Forms and Functions。其中包括语法、词汇和功能等;B 类是 Skills and Strategies,其中包括听、说、读、写各项技能及学习策略;C 类是 Attitudes。在阐述课程设计的原则时,课程中首先阐述了"目标为本"的原则:

To ensure that learners spend their time and effort meaningfully and for maximum benefits, there must be a plan for them to work according to specific learning targets which are geared towards the aims of the curriculum. All learning and assessment activities, including the contents and strategies for such activities, should be geared towards maximum learning effectiveness for achieving the learning targets.

在目标之下,还有模块(modules)、单元(units)和任务(tasks)。每个模块包含若干有相同主题的单元,每个单元的教学目标又通过若干不同的任务来实现。

加拿大安大略省公布了新的 ESL 课程标准之后,多伦多教育局的教研部门编制了一个 course file,这个文件非常详细、具体地列出了各种话题。此话题的总教学时间以及学生需要完成的任务。如在"学校"的话题下,教学活动是 180 分钟。学生需要访问学校的校务人员,学会简单的正式打招呼的用语,能与主要的教务人员进行简单的交际。同时,这个 course file 还把这些活动涉及到的语言教学目标也列出来。换句话说,就是让教师清楚地知道大纲中的语言教学目标可以通过什么具体的语言任务活动体现出来。看来,任何教学的改革仅仅靠政府制订教学大纲或课程标准是远远不够的。作为一个国家课程或大纲,要面对全国的各类情况,不可能把语言任务规定得那么具体。这就需要各地有志进行外语教学改革的教研员、教师根据自己的教学实际,制订适合本地的语言目标细目,并制订相应的语言任务和语言行为(或称为语言表现,语言运用)评价目标。

目前在基础教育外语教学和课程的改革中,人们谈论比较多的是增加形成性评价。但是,评价什么,通过什么方法和工具来评价,却是更重要的。我们不能孤立地谈语言教学的目标。在教学目标确定之后,重要的是关注这些目标可以通过什么教学方法来实现,应该采用什么方式来评价这些目标是否已经实现。从目前的实践看,教学目标应该制定得越具体越好、应该尽可能对学习者所能表现出来的语言行为进行详尽的描述。在教学活动中,任务型语言教学可以使教师与学生都明确教学的目标以及实施这些目标的具体任务,被认为是培养交际能力比较理想的途径。在评价中,无论是形成性评价还是终结性评价都应该增加语言运用能力的试题。当然,近年来现代外语评价往往还包括非语言的因素,如态度、合作精神、创造性、独立性等等。

参考文献

[1] Brown J D, Hudson T. The Alternatives in Language Assessment[J]. TESOL Quarterly, 1998, 32, 653-675.

[2] Harris M, McCann P. Assessment[M]. London: Macmillan Publishers Ltd., 1994.

[3] Noris J, Brown J, Hudson T, Yoshioka J. Designing Second Language Performance Assessment[J]. Second Language Teaching & Curriculum Center, University of Hawaii, 1998.

[4] Nunan D. Designing Tasks for the Communicative Classroom[M]. Cambridge: Cambridge University Press, 1989.

[5] Nunan D. Traditional and Changes in the ELT Curriculum Plenary Presentation [R]. Beijing, 2001.

[6] Richards J C. The Language Teaching Matrix[M]. Cambridge: Cambridge University Press, 1990.

[7] Syllabuses for Secondary School English Language[S]. The Education Department, Hong Kong, 1999.

此文原载于《基础教育英语教学评价研究与探索》2001 年 8 月第 1 版。

如何教小学生学英语（2001）

　　许多小学将要开设英语课。家长们关心的是：怎样才能使孩子学好英语？教师们关注的是：应该如何教小学生学好英语？要回答这些问题，首先要了解语言习得的基本理论，并对其进行深入研究。多年来，外语教学研究人员一直在不断探索这样一个问题：人们是如何掌握语言的？

　　语言习得的研究发现，人们掌握语言的过程，能理解的总是比能表达的要多。换句话说，人们所能听懂的，永远比能说的要多；而所能读懂的，又比所能写的多。我们能欣赏小说和散文，但我们自己并不一定能写得出来。另一方面，我们读的东西越多，我们的表达能力也会越强。正如唐代诗人杜甫说的："读书破万卷，下笔如有神。"为什么每个人都会讲母语？为什么一个中国的小孩子到了说英语的国家很快就学会了英语。其实无非是他们有大量接触语言的机会。所以，学习语言、接触语言的频度比长度更重要。想一想我们自己的孩子在学习母语的时候，不到一岁就已经能听懂许多话了，到一岁时，能逐渐断断续续地说出一点话，其原因就是，孩子有机会频繁地接触母语。

　　所以，教儿童学习英语的时候，应尽可能地让他们多接触英语，而不必一开始就要求他们表达，或者非常正确地表达。这里所说的"尽可能多的接触"，包括听、说、读、写等各方面。要想让儿童尽快地学会英语，就要尽可能多地让他们接触英语。无论是从小学三年级开始也好，还是更晚一些，关键是接触语言的频度。但是学习外语和学习母语毕竟不同。在学习外语的时候，不一定在口头上说得很流利之后，才能接触文字。语言习得的研究证明，学习第二语言的儿童在说好之前，就可以读懂书面的语言。但是有一个前提，就是他们读的东西一定要与他们的生活经验有关，而且越是与他们的生活经验接近，就越容易懂。

所以在让学生尽可能多地接触语言的同时，还应该考虑学生的接受能力和语言的难易程度。心理语言学家提出一个说法是"可理解的输入"（comprehensible input）。也就是说，只要学生能理解的，就可以让他们听，让他们读。而且，还可以只要求学生理解，而不必立刻要求他们用说和写的方式来表达。因为人们发现，只要学生理解了听到和读到的东西，即使暂时不说不写，也是在掌握语言。国际上有一种比较流行的教学方法，叫"全部动作反应法"（Total Physical Response），就是让学生边听边做各种动作。只要学生理解教师的指令，并做出相应的反应，比如教师说摸鼻子，学生可以照教师的指令做，实际上也是在掌握语言。这种方法对儿童和初学者非常有效。

有些人认为学习外语越少越好，要"少而精"，而且凡是书上有的就都要详细地讲，一定要学生全部掌握。其实外语学习完全可以"泛而杂"。如果人们能够明白在掌握语言的过程中理解的总是多于表达的，而且理解本身也是在掌握语言，这样就会放心地让孩子多接触一些语言材料，无论是听的还是读的，都不必急于要求他们表达。在生活中，尤其是大中城市中，每天都会接触到许多英语，比如在文具、衣服、道路标志、电器等上面就有许多英语，如果我们能利用这些，学生们就会轻轻松松地学到英语。

不过，完全依靠"可理解的输入"还是不够的，还需要模仿，还需要有表达的练习。20世纪五六十年代，对外语教学影响最大的是行为主义的观点。这种观点认为人们掌握语言主要靠模仿。许多人相信，语言的掌握就是一个习惯形成的过程，这种观点一直到现在都影响着外语教学，比如有些教师在课堂上只组织学生进行大量的机械性语言练习，或者只是要求学生反复背诵句型结构。学习语言的确需要模仿，但关键的问题是如何模仿和模仿什么。语言习得的研究证明，如果只是机械地模仿，只注意语言的形式，并不能保证学习者能在生活中真正地使用语言；只要求学生注意语音、语调的准确，只要求死记硬背句型结构，也不能使学生真正了解这些句型结构所表达的含义，学生也不能在课外使用。模仿最好是模拟生活中的真实情景，注意语言结构所表达的内容，这种模仿才是有效的。换句话说，语言活动最好和做某些事情联系起来，让学生身临其境地去使用所要模仿的语言。尤其是结对练习（pair work）、小组练习（group work）的时候，让学生根据实际的情况使用所学习的语言，他们才能把声音和语言的意义结合起来。比如在学习关于颜色的单词时，如果让孩子们一边听关于颜色的词，一边让他们把书上的一幅图画按老师所说的颜色画出来,他们对于颜色的记忆就比单纯口头说要好。另外,如果我们在学习关于食品的单词时,让孩子在小组中说出他们喜欢吃的食物,并且让其他同学把大家说的记录下来,他们就会注意其他同学所表达的内容,这时他们记忆得最好。所以外语教学研究人员还提出,不仅要有"可理解的输入",还要有"可理解的输出"(comprehensible output)。

有些教师在组织小组练习或结对练习时,总是担心学生会表达错误,担心学生的语言错误如果没有及时纠正,可能会影响学生掌握英语,今后会不断地犯相同的错误。实际上,学生并不是仅仅能模仿所接触到的语言。语言习得的研究证明,人们在掌握语言的过程中,并非像鹦鹉学舌那样只能机械地模仿、重复所接触到的语言,人们是有创造语言的能力的。在学习语言的时候,无论是母语还是外语,人们都会说出他们以前没有听到或读到过的句子。换句话说,人都有创造、发挥的能力。人们在学习母语和外语的时候,都会说出一些不正确的句子,比如学生在学习了"He is a student."之后又学习实义动词的时候,可能会说出:"He is goes to school everyday."这样的句子。但这是人们学习语言过程中必然要经历的一个阶段。经过一定的错误时期,这些语言的错误就可能被改正了。如果大家能理解,人在学习语言的时候,必然要经历这样一个不断犯错误的过程,那么对于学生的语言错误,就应该采取比较宽容的态度,不一定有错必纠,而应该采取鼓励的办法,让他们尽可能多地实践。笔者在教学的时候,经常对学生说:"The more mistakes you make, the better student you will be. (你犯的错误越多,你将来就越是好学生)"。在这里要特别注意的是,千万不要因为纠正语言的错误而挫伤了学生学习英语的积极性,否则教师就会犯下一个最大的错误! 对于任何勇于实践的尝试,教师都应该采取鼓励的态度。要明确地告诉学生,错误是不可避免的。要在课堂上创造一种轻松、幽默、宽容的气氛,让学生们对任何人犯的语言错误都一笑了之。心理语言学家认为,当人们的心理压力小的时候,他们学习语言的效果就会非常好。如果人们的心理压力很大时,甚至紧张、焦虑的时候,即使他们表面上看起来好像在做练习,但是所学的语言却不会进入头脑中,而是被"过滤"掉了。

另外,许多教师认为学生在学习语言中之所以犯错误,主要是由于不明白语法的规则,所以他们在教学时,往往倾向于详细地讲解语法规则。他们认为,只要学生明白了语法的规则,就可以讲正确、写正确。

实际上,语言习得的研究证明,明白语法规则和能说出、写出正确的语言是两回事。换句话说,即使一个人非常了解语法规则,也不能保证不犯语法错误,甚至可能会把某项语法规则讲得头头是道,而在实际使用时仍然说错或写错。许多人都会有这样的体会,比如我们都知道 she 与 he 的区别,但是在使用时仍然免不了会说错。归根到底,还是要有足够的实践机会。从某种程度上讲,学习语言就像学开车和游泳一样,主要靠练习,而不是靠记忆规则。另外,孩子在学习母语时,并不是先明白了语法规则,才能说出正确的语言。比如在让小孩子做一件事情时,不可能先和他们讲语法,再让他们去做这件事。当然,学习外语,不学习语法显然也是不行的。我们并不是反对学习语法,而是提倡让学生在实践中去体会语法的用法,去归纳语法的规律。同时应该明白,儿童毕竟和成年人不同,他们理解抽象语法的能力远远不及成年人,而且对于语法的关注点与成年人也是不同的。因此,教儿童了解一些简单的语法也是必要的,特别是当他们意识到一些语法的区别时,比如为什么复数时有些词要加-s 或-es。可以让他们自己归纳一下所见过的语法现象,但是不宜讲得太复杂,否则反而使他们更糊涂。

另外,儿童学习外语的内容与成年人应该是不同的。他们喜欢玩,喜欢唱歌、画画,喜欢表演和游戏,喜欢动手操作,喜欢探究和想象,所以为儿童编写的教材应该充分考虑到儿童的这些特点,否则他们学习起来就会感到枯燥无味,反而会降低他们的兴趣。

【摘　要】　教小学生学习英语的时候,应尽可能地让他们多接触英语,包括听、说、读、写等各个方面。语言习得的研究表明,人们掌握语言的过程,总是能理解的比能表达的要多。所以学习语言、接触语言的频度比长度更重要。

【关键词】　小学英语;教学;语言习得

此文原发表于《教育实践与研究》2001 年第 11 期。

课程理论、社会建构主义理论与
任务型语言教学(2003)

任务型语言教学越来越受到中小学英语教师的关注。人们通常从语言习得研究的角度解释任务型语言教学的必要性,而本文则从课程理论与社会建构主义理论两个方面来理解任务型语言教学的教学理念,帮助教师从学习者的角度反思自己的教学思维方式。

一、课程理论

Van Lier(1996)在自己多年实践研究与反思的基础上,创立了一种设计课程的理念。他从学习者的角度,将学习理论、课程理论和教学实践综合为 3A 课程观,即 Awareness(意识)、Autonomy(自主)与 Authenticity(真实)。这使我们可以从一个新的角度来理解任务型语言教学的理论依据。

下表为 Van Lier(1996)的 3A 课程框架。

	Epistemology(knowledge base) 学术知识基础	Axiology(ethical issues) 伦理价值
Awareness 意识	■ Focusing attention 关注点 ■ Role of perception 悟力	■ Know what you are doing, and why 知道自己在做什么和为什么做 ■ Conscious engagement 有意识的参与 ■ Reflection 反思

Autonomy 自主	■ Self-regulation 　自律 ■ Motivation 　动力 ■ Depth of processing 　信息处理深度	■ Responsibility 　责任感 ■ Accountability 　义务感 ■ Free choice 　自由选择 ■ Democratic education 　教育民主
Authenticity 真实	■ Language use in life 　语言运用 ■ Relevance 　相关联系 ■ Communication 　交际交流	■ Commitment to learning 　对学习的承诺 ■ Integrity 　诚实 ■ Respect 　尊重

Van Lier(1996)认为可以从知识基础和伦理价值两个角度来看课程的三个方面。

意识：强调只有当学习与学习者现有的知识产生联系时，学习才成为可能。要学习新东西，首先要注意到它的存在，而这种注意必须建立在人们头脑中已有的知识结构与外部事物相关联的基础之上。如果头脑中已有的概念系统与外部事物不能建立某种联系，学习就难以发生。

因此，教师在外语教学中呈现新语言知识时，一个主要任务是使所要教的内容（无论是话题，还是语法或词汇）与学生已有的知识结构、生活经历联系起来，并让学生明确学习这些内容的目的是什么，用这些语言可以做什么事情。只有当学生有了这样的意识，知道自己在做什么和为什么这么做，才可能有意识地参与。从人们习得语言的规律看，在掌握母语的过程中，幼儿在与成人的交流过程中，也是有明确目的的。如：当他们饿了需要食品时，当他们需要有人抚抱时，他们就会用所知道的方式——哭叫、身体语言、简单的语言等来表达自己的要求。而这种要求往往又是有结果和回报的。所以他们的表达方式就是一种有意识的参与（conscious engagement）。而幼儿正是在这样不断地有意识的参与过程中逐步学会了语言。任务型语言教学模拟生活中人们使用语言的情景，通过各种有明确目标的活动，使学生能有意识地参与语言的交流，从而掌握语言。

自主：涉及学生的自我调整、动机、责任感与义务感。自主的两个主要方面是"选择性"（choice）与"责任感"（sense of responsibility）。如果学习者只是被动地接受所传授的知识，学习者的注意力就会减弱，并且不能真正关注所学的知识。任务型语言教学主张在设计任务时，要充分考虑学生的需求。任务的设计和提出不仅可以是教师的思想和思路，也可以是学生的想法。我们应该给予学生自主选择任务以及决定完成任务方式的权力。

当教师布置任务时，可以让学生单独或分组完成任务。各人/各组可以自主选择他们所确定的某种任务以及最终的成果形式是什么等等。小组成员有明确的分工：谁来协调，谁负责查找哪方面的资料，最终的产品是什么形式等等。学生在做这些项目时，相互交流、主动学习和查找资料，不断调整自己的学习和研究方法，主动地学习。学生通过完成这些任务，学会自我指导和调控自己的行为。有强烈的学习动机，并且自觉地关注学习过程。由于有了自主选择的权力，他们学会了为自己的学习负责，并对自己的学习有了责任感和义务感。

真实：并不仅仅是指语言材料与生活中语言使用真实的相关性，更重要的是人的"真实行动"。他认为人的真实行动是内部动机驱动的。换句话说，学习者在语言活动时做的事情是他们自己想做的。他们的行动是经过自主选择的，他们所说的语言是他们想表达的，这才是真实。而不真实的行动是因为大家都这样做，或是被要求这样做，自己才这么做。这种做事的动机是由外部因素引起的。

因此，真实性与前面的"意识"与"自主"紧密相关。如果一个学习者不愿意学习，或所学的内容与他的生活经历不相关，他们就不会对所学的东西产生任何意识，因此也就很难理解所学习的内容。只有当学生知道自己在做什么和为什么做，才能在学习时把注意力集中在学习目标上，有意识地参与，并且能够对自己的学习进行反思。

我们希望我们的学生能自主学习，学习时能自我调控，有强烈的学习动力，对所获信息能做有深度的处理。他们知道自己是学习的主人，对学习有责任感和义务感。学习语言的目的是为了交流思想、文化和感情，所以所学语言必须真实，使我们在实际中不仅能够运用它，而且可以与学习者自己的生活与经历产生关联，进行有效的交流。在这个过程中，学习者正直的人格、对学习的承诺、对所学语言文化的尊重，都是非常重要的。无意识的被动学习者就不会是自主的学习者。一个自主的学习者应该能决定学习什么、怎样学以及何时学。只有这样，学习者才能对自己的学习产生责任感。而产生了责任感，有了学习的内部动机,学生在课堂上的行动才是真实和有效的。

二、社会建构主义理论

Williams & Burden(1997)将维果斯基(Vygotsky)的社会建构主义理论(social constructivist theory)与 Piaget(1952,1972,1974)、Bruner(1960,1966)和 Kelly(1955)的认知发展心理和教育理论(cognitive development)结合起来,运用到外语教学课堂中。社会建构主义理论认为,学习和发展是社会合作活动。这种活动是无法被教会的,知识是由学习者个人自己构建的,而不是由他人传递的。皮亚杰强调整体教学法。学生可以通过多种渠道,如听、说、读、写等活动,发现和感知他们的生活环境,以让他们在头脑中构建自己独到的理解。这种建构发生在与他人交往的环境中,是社会互动的结果。它强调学习者个人从自身经验背景出发,对客观事物的主观理解和意义建构,重视学习过程而反对现成知识的简单传授。它强调人的学习与发展发生在与其他人的交往和互动之中。而教师是学习者最重要的互动对象。教学应该置于有意义的情景中,而最理想的情景是所学的知识可以在其中得到运用。在学习过程中,有四个主要的因素:即学生(知识建构的主体)、教师、任务和外围因素——环境。其中最主要的是教师与学生。

学生个人的发展是教学的核心。所以教师在组织教学的过程中,要特别注重学生的主体作用,教师应尽可能多地为学生提供丰富的语料和语境,将学生的校外经历与校内经历联系起来。图片、报刊文摘、个人生活经历与课堂教学活动相结合可以给学生提供所生活的环境与学习是一体的感觉。这样,由学生自己进行意义的建构,而不是令其接受现成知识,直达结果。学生参与越多,就越会有自主的感觉与体验。学生越具有自我控制的感觉,他们就会参与得更多,也就有了更多的内在动机,从而更好地促进他们的语言发展。

以学生为主体并不意味着教师无所作为。教师最重要的角色是为学生提供一个可同时进行探究的环境。课堂应该充满对学生具有挑战性的各种真实的机会,要给予学生按自己的节奏、按自己设计的发展过程去发展的自由。教师要使外语教学富有教育性,就必须理解学习者个人,了解他们的个人特征和个人需求。要帮助学习者理解任务的意义和目标。同时,要为学生创造适合外语学习的心理环境,促进学生形成控制自己行为的意识、信心和能力。教师只有充分了解整个学习和发展过程的心理机制,才能给学生创造出具有挑战性的课堂环境,从而促进学生的学习和发展。

学习是一个充满活力的过程,在这个过程中失误是不可避免的,也会有解决问题之道。学习也是一个社会互动过程。这个过程应该是在尽可能的自然环境中,同伴间互动、合作下发生的。

社会建构主义理论支持下的任务型语言教学使学习过程充满真实的个人意义,要求外语教师学会促进学习者的全人发展、学习能力的发展、积极的情感因素和健康人格的发展。这样的思想对外语教师自身的学习提出了新的要求:教师在自身经验中形成关于学与教的认识和信念,并以此支配自己的教学行为。

我们尝试将社会建构主义学习理论归纳为六个方面,即自律、自我、自信、自主、自择和互动。笔者以为任务型语言教学正是在这些方面显示出自己的特性。

自律:自律学习者有明确的学习目标,具有强烈的学习动机和良好的学习策略。当学生积极地参与到学习过程中时,他们就是自律学习者。Zimmerman(1989:4)认为,自律学习有三个相关的心理过程:自我观察、自我判断和自我反应。Paris & Cross(1983)则认为自律学习是认知、动机和情感的整合。自律学习有如下四个特点:1. 自律学习者会不断调节自己选择的任务所带来的挑战。不论是讲故事、写报告,还是做展示,他们都会把任务的难度控制在他们的能力范围内,并使这些任务具有挑战性和趣味性。2. 自律学习者能自如地调控自己的学习计划、分配资源、寻求帮助、自我评价等。他们了解自己的学习策略并有效使用这些策略。3. 自律学习者遇到困难时知道如何充分利用学习资源,寻求教师和同学的帮助。4. 自律学习者能够很好地与他人合作。他们不仅愿意与自己水平相当的伙伴合作,也愿意与高于或低于自己水平的同伴合作,他们愿意互相交换和分享学习成果(Van Lier, 1996:11, cited in Kumaravadivelu, 1993)。

自我:建构主义的学习理论认为,学习者会积极地根据自己的想法来理解所提供的信息并建构意义。也就是说,即使我们给所有学习者提供同样的语言材料,每个人关注的侧重点也不同。有的注重口语,有的喜欢记单词,有的对语法比较感兴趣,也有的更重视阅读。学习者会选择那些他们认为对自己有意义的知识。他们会根据自己的判断来决定和选择所关注的知识并重新组织这些知识。即使大家都听同一个讲座,听众的关注点和记忆的东西也因人而异。正如 Williams &

Burden(1997)所说：学习者学习和掌握对他们有意义的东西(Learners learn what is meaningful to them.)。这和 Van Lier(1996)提出的意识是一致的。因此，教学中教师首先要充分意识到学生的这种"自我"心理状态。如果我们只是让全体学生不断地做同样的事情，学生就会逐渐失去兴趣。

自信：心理学家认为，学习者的自我感觉(self-concept)会对学习产生重要的影响。如果学习者对自己有信心，他们就会确定乐观的目标；反之，如果学习者感觉焦虑、紧张、害怕，那么，他们即使表面上看起来在学习语言，也在做各种语言活动，但这些语言并不能真正进入其头脑中的语言习得机制(Language Acquisition Devise)。学生需要有自信心(self-confidence)，那么这种自信心建立在什么基础上呢？建立在他们能逐步地用所学的语言知识做成一些事情、完成一些任务的基础上。社会建构主义者认为，课堂活动的意义在于学生通过完成各种任务，看到自己的学习效果和新建构的意义，取得成就感并获得自信心。因为这种成就是对他们的想象力、理解力、学习策略和努力程度的反映，这同时也提高了他们的自我效能感(sense of self-efficiency)和作为学习主人翁(owner of learning)的责任感。所有这些对他们学习语言是非常关键的。可以说，任务型语言教学追求的正是最大限度地发挥学生的个性，最大限度地调动学生的积极性，使学生建立自信心，从而增加学生主动学习的机会。

自主：心理语言学家认为：学习者在感到他们可以控制自己的学习过程时学得最好(Learners learn better if they feel in control of what they are learning.)。当学习者能根据自己的意愿确定适合自己的学习目标，能自己确定学习内容，能自主选择他们喜欢的学习材料时，他们的积极性和主动性就会大大增加。国内一些教师在实行任务型教学时，让学生自己确定学习目标，而且这些目标还是可以协商的。学生根据自己的情况，制定出自己的发展目标并用书面形式写下来。这样，他们就会根据自己的选择，实现自己的承诺。同时，他们也可以根据自己的意愿选择自己喜欢的补充读物。学生由于自己确定了学习目标，并朝着自己的目标努力，就获得了自主学习的感受。正如 Van Lier (1996)指出的，当学习者有了自主的感觉时，才能有责任感。

自择：虽然学生的个性、学习方法、学习策略、做事的方式不同，但所有学生都很清楚自己有很多事情要做，因此他们需要自己去规划时间和精力。我们经常会看到教师为了丰富课堂活动，一节课又放录音，又放录像，又有表演和唱歌，小学的活动更丰富一些，还有诗歌、韵律歌谣、TPR 活动、游戏等等。但是，在组织各种课堂活动的同时，我们不能忽视学习以及课堂学习的重点，还要意识到学生对这些活动的反应并不完全相同。有的对视觉或听觉敏感，有的喜欢动作，有的善于交往。因此，在布置任务时，学生应该有自己选择的机会以吻合他们的兴趣爱好。通常自律学习者都会选择与提高自己能力水平和满意感有关的学习目标，并能最大限度地发挥自己的能力，努力追求成功。教师不仅要给学生提供各种各样的语言活动，同时也要注意帮助学生形成自己的学习风格、学习策略，按照自己喜欢的方式学习，找到自己的长项，改进自己的弱项。

互动：建构主义理论在教学应用方面一个重要的主张就是社会互动理论（social interaction theory）。社会互动理论是建立在 Vygotsky（1962，1978）心理学概念中的中介作用理论和 Feuerstein（1979，1980，1991）的动态评价以及他与 Vygotsky 的中介学习理论基础之上的。社会互动理论强调人的学习和发展发生在与其他人的交往互动之中。

心理语言学的研究表明：人们掌握语言主要是通过互动，或者说交流。对外语学习的研究也表明学习者的语言系统是通过有目的的交流活动发展起来的。因此，课堂教学能否为学生提供大量互动/交流的机会就成为掌握语言的关键。

任务型语言教学的特点之一就是大量的结对练习（pair-work）和小组活动。学生在完成各种各样任务的时候，语言的运用机会大大地增加了。在这里要说明的是，互动和交流的含义指不是机械的练习。正如 Rivers（1987）所说：当学生的注意力集中在运用语言传递与接受真实的信息时（双方都认为此时的交流很有必要，交换的信息双方都感兴趣）就是互动。

如果两个学生表演一段对话，但彼此都知道对方要说什么，这种活动还不是真正意义上的交流。互动或交流是为了交流信息、完成一个任务、做成一件事情。比如两个学生各假设自己是某人，教师可能会给每个学生各一张名片。名片上可能是这样的：

学生 A

Name：Nora White Class：One B Telephone Number：3641.5817

学生 B

Name：Jack Green Class：Two A Telephone Number：8622.3519

　　学生需要通过相互提问，得知对方的名字、班级以及电话号码等，并把对方的这些信息记下来，然后向其他同学介绍。这种活动有着明确的目的——即获得对方的某些信息。这样的活动才是"互动"。

　　这种互动至少有以下几种作用。

　　1. 可以使学生在模拟真实交际的情景中进行语言活动。所谓"任务"，就是人们生活中最常需要做的事情。如果学生在语言活动中，逐一模拟生活中人们交际时所要做的事情，他们今后就会在真实的交际活动中使用他们所掌握的技能和交际所需要的各种语言知识、表达方法等。

　　2. 可以使学生增加语言输入与输出的量。教师们的困惑是在有限的课堂教学时间内如何保证足够的活动量。Krashen（1985）认为，人们掌握语言主要靠大量的"可理解的输入"，即大量的听与读。而Swain(1985)则提出不仅要有足够的输入，还应该有"可理解的输出"。在任务型语言教学过程中，学生分小组或结对完成各种任务。通过这种小组活动，学生的语言活动量得以成倍地增长。

　　3. 可以使学生学会创造性地使用语言。人们有创造语言和创造性地使用语言的能力。创造并不是高不可攀的事情。创造性地使用语言就是把学习过的词汇、语法结构、固定用法重新组合，来表达以前没有表达过的意思。在小组完成任务时，学生为了完成任务，如讨论出一个结论、进行调查、制定一个计划、询问并记录所需要的信息等，他们需要结合使用以前学过的语法、词汇和句型，这就是创造。

　　任务型语言教学通过学生之间的互动过程，大量增加语言输入与输出的量，这不但可以激发学生学习的主动性和积极性，还给学生提供了综合使用语言的机会，使学生有可能成块地掌握语言，综合地运用语言，并将以前所学过的语言重新组合，创造性地使用语言。换句话说，小组完成任务时，需要不断使用（包括听到同伴使用）以前学过的词汇、语法以及句型结构。他们在这种创造性地使用语言活动中，语言能力得到了发展。

　　可以说，任务型语言教学所追求的正是语言习得所需要的理想状态：即大量的语言输入、语言的真实使用、学习者的内在动机。从语言的使用方面看，任务型语言教学所采用的各种各样的任务，可以使学生有自主学习的意识，有机会综合运用他们所学的语言，并在此基础上自主建构新的知识，在互动中学会交际，创造性地学习和使用语言。

　　任务型语言教学也可最大限度地激发学生的学习动机。由于有了明确、具体的课程和任务目标,为了完成某个任务而使用语言,学生不再是被动地跟随教师的指挥做各种活动。他们有更多的机会选择他们感兴趣的话题,表达他们自己的想法,描述他们熟悉的事情,选择他们自己喜欢的材料,构建自己的知识领域。在完成任务的过程中,他们有机会体验成功,认识自己的不足。这些体验与认识会促使他们继续努力,成为真正的自主学习者。

参考文献

[1] Bruner J S. The Process of Education [M]. Cambridge, MA: Harvard University Press, 1960.

[2] Bruner J S. Towards a Theory of Instruction [M]. Cambridge, MA: Harvard University Press, 1966.

[3] Feuerstein R, Klein P, Tannenbaum A J. Mediated Learning Experience: Theoretical, Psychological and Learning Implications [M]. London: Freund, 1991.

[4] Feuerstein R, Rand Y, Hoffman M. The Dynamic Assessment of Retarded Performers [M]. Glenview, Illinois: Scott Foreman, 1979.

[5] Feuerstein R, Rand Y, Hoffman M, Miller R. Instrumental Enrichment [M]. Glenview, Illinois: Scott Foreman, 1980.

[6] Kelly G. The Psychology of Personal Constructs [M]. New York: Norton, 1955.

[7] Krashen S. The Input Hypothesis: Issues and Implications [M]. London: Longman, 1985.

[8] Kumaraviadivelu B. The Name of the Task and the Task of Naming: Methodological Aspects of Task-based Pedagogy [M]//Crookes G and Gass S M (Eds.) Tasks in a Pedagogical Context. Cleveland, UK: Multilingual Matters, 1993.

[9] Paris S G, Cross D R. Ordinary Learning: Pragmatic Connections among Children's Beliefs, Motive, and Actions [M]//Bisanz J, Kail R (Eds.). Learning in Children. New York: Springer-Verlage, 1983: 137-169.

[10] Piaget J. The Origins of Intelligence in Children [M]. New York: International Universities Press, 1952.

[11] Piaget J. The Principles of Genetic Epistemology [M]. New York: Basic Books, 1972.

[12] Piaget J. To Understand is to Invent [M]. New York: Viking Press, 1974.

[13] Rivers W M. Interactive Language Teaching [M]. Cambridge: Cambridge

University Press, 1987.

[14] Swain M. Communicative Competence: Some Roles of Comprehensible Input and Comprehensible Output in Its Development[M]//Grass S M, Madden C G (Eds.). Input in Second Language Acquisition. Rowley, MA: Newbury House, 1985: 235-256.

[15] Van Lier L. Interaction in the Language Curriculum[M]. New York: Pearson Education, 1996.

[16] Vygotsky L S. Mind in Society[M]. Cambridge, MA: MIT Press, 1978.

[17] Vygotsky L S. Thought and Language [M]. Cambridge, MA: MIT Press, 1962.

[18] Williams M, Barden R. Psychology for Language Teachers: A Social Constructivist Approach[M]. Cambridge: Cambridge University Press, 1997.

[19] Zimmerman B J. Models of Self-regulated Learning and Academic Achievement [M]//Zimmerman B, Schunk D. (Eds.). Self-regulated and Academic Achievement: Theory, Research, and Practice. New York: Springer-Verlage, 1989: 125.

【摘　要】　从课程理论与社会建构主义理论来理解任务型语言教学理念，有助于教师从学习者的角度反思自己的教学思维方式。Van Lier 的课程观从学习者的角度,将学习理论、课程理论和教学实践综合为 3A 课程观,即意识、自主与真实；Williams 和 Burden 的社会建构主义理论认为知识是由学习者个人自己构建的,这种建构发生在与他人交往的环境中,是社会互动的结果。社会建构主义的学习理念可归纳为六个方面,即自律、自我、自信、自主、自择和互动。这些理念正是任务型教学所追求的。

【关键词】　课程理论;社会建构主义理论;任务型教学

此文原发表于《课程·教材·教法》2003 年第 1 期。
作者: 龚亚夫,罗少茜。

外语教学研究中的知识、
能力与运用能力*(2005)

教育部颁布的《全日制义务教育普通高级中学英语课程标准(实验稿)》(以下简称《课程标准》)提出英语教学的目标是"培养学生综合运用语言的能力"。究竟何为语言运用能力,它与语言能力、交际语言能力之间的关系是什么? 国外外语教学界对此论述颇多。但是,因为英语中 knowledge、competence、ability、performance 等四个词都有"能力"的意思,在阅读文献时容易将这些概念混淆。究竟这些词语的确切概念是什么,它们之间的关系如何阐释? 为了更明确地理解这些概念,以便更好地理解《课程标准》提出的目标,笔者提出以下两个需要研究的问题: 1. 国外语言教学界如何界定这些概念并论述它们之间的关系? 2. 如何理解知识、能力到运用能力形成的过程?

一、国外语言教学界的讨论

从词典的定义来看,美国《韦伯斯特词典》(2003)对于 competence 有如下解释:"competence ... 【is】the knowledge that enables a person to speak and understand a language. "。《朗文语言教学及应用语言学辞典》(Richards 等,1998)关于 competence 的解释是:语言能力,(转换生成语法中)指一个人语言语法的内化知识,指人能够理解并说出句子,包括从来没有听过的句子。在这本辞典中,关于 performance 的定义

---

* 本文写作得到中国社会科学院楼劲先生、北京师范大学胡春洞教授、香港中文大学孔宪辉教授、Jackson 教授、McNeill 博士以及人民教育出版社刘道义编审和陆锡钦的帮助,特此鸣谢。

是：语言运用［语言行为］，（转换生成语法中）指人对语言的实际使用。一个人的语言知识（语言能力 competence）不同于他用这种知识来组成句子和了解句子的方式（语言运用）。从以上的解释中可以看出：knowledge 与 competence 的概念是互释的。《牛津语言学词典》（2000）对该词的解释是：能力，Noam Chomsky 在 20 世纪 60 年代提出的术语，（转换生成语法中）指说话人或听话人的语言知识（competence, Chomsky's term in the 1960s for a speaker-bearer's knowledge of his language; as represented by a generative grammar.）。

（一）Chomsky 的"知识—能力"观

语言学界及应用语言学界讨论语言能力大都基于 Chomsky（1965）关于"语言能力"（language competence）与"语言运用"或译为"语言行为表现"（performance）的概念。根据 Chomsky 的理论，所谓语言能力或知识是指"说话人或听话人关于语言的知识"；而语言运用/语言行为表现则是"在具体情景下语言的实际使用"。但 Chomsky 当时提出 competence 与 performance 的概念时，是从第一语言的角度，在哲学与心理学的层面上来界定 competence 与 performance 的，并未直接涉及语言教学或外语教学。正如 Widdowson（1989）所说，Chomsky 并不想涉及语言运用层面。对于 Chomsky 来说，competence 就是语法知识，是在语言层次之下，深存于大脑中的一种状态，不涉及实际交际语言活动。虽然 Chomsky（1980：59）后来也提出了语法能力和语用能力，以及恰当使用一种语言的能力的说法。但他最初关于 knowledge/competence 的论述仍然为后人广泛引用，成为经典。

（二）Hymes 的"知识—能力"观

Hymes（1971a）所谈的 competence，已经不局限于抽象的语言能力，他是从社会语言学的角度来考虑语言的应用。我们从 Cazden（1967）和 Hymes（1971, cited in Huxley & Ingram, 1971：26）就能力和行为的讨论中可以看出，Hymes 认为："在能力的概念之下，必须包含文体知识规则以及社会互动原则等等。"Hymes（1971：10）的一句名言是：没有运用规则，语法规则是没有用的。他（1971）同时提出应区分 knowledge, competence 和 ability for use。在他看来，competence 基于两个方面，有意识与无意识的知识和运用能力［（tacit）knowledge and ability for use］。运用的能力包括非认知的因素，如情感因素、自我定位(self-identity)等等。也就是说,能力包含了知识与技能以及其他在特定情景下正确运用语言的能力。正如 Widdowson(1989)所说的,对于 Chomsky 来说,能力是知识,而对于 Hymes 来说,能力是知识与能力运用。Hymes 在两个方面扩展了 Chomsky 关于 competence 的概念:一是包括了语言的其他方面,如得体性等;二是提出了语言运用的概念。

(三) Canale 和 Swain 的"知识—能力"观

Canale & Swain(1980)在 Hymes 的理论基础上进一步完善了能力的论述,补充了交际能力(communicative competence)的内涵,并增加了策略能力(strategic competence)。他们(1980)提出交际能力由三个方面构成,即语法能力(grammatical competence)、社会语言能力(sociolinguistic competence)和策略能力(strategic competence)。Canale(1983)又将社会语言能力分解为两个方面,即社会文化能力(socio-cultural competence)和话语能力(discourse competence)。他们的交际能力既包括有关语言的知识,又包括功能的知识、社会语言学方面的知识以及策略的知识,并能在交际活动之中综合运用这些知识。在《朗文语言教学及应用语言学辞典》(Richards 等,1998)中对于交际能力就有如下解释:a. 有关语言的语法与词汇的知识;b. 说话规则的知识;c. 知道如何运用及对不同类型语言行为作出反应,如请求、抱歉、感谢和邀请;d. 知道如何得体地使用语言。他们关于交际能力构成的论述也成为交际语言教学的核心思想。

(四) 其他学者的"知识—能力"观

其他学者,如 Bachman(1990),Bachman & Palmer(1996),Skehan(1998),Johnson(2001)等,所论述的 competence、ability for use、performance 都是对 Dell Hames 和 Michael Canale,与 Merrill Swain 交际能力意义的补充与扩展。

Bachman(1990)明确说明,他或多或少将知识与能力作为同义词使用,用以指假设在语言使用者头脑中的一种存在体。同时他也说明,他使用的 competence 的概念与 Dell Hames 的概念是相同的,而不是局限于 Noam Chomsky 所指的语法知识。实际上,他又扩展了关于能力的论述,提出了"交际语言能力"(communicative language ability)。他(1990)认为,交际语言能力包括知识或能力,以及能在有情景的交际语言使用时得体地运用能力的本事。他的交际语言能力模式有三个组成部分：语言能力、策略能力和心理—生理的作用过程。这个模式比前人的更为复杂，每一项能力又由若干微观的能力组成，但主要是两大类：组构能力（organizational competence）和语用能力（pragmatic competence）。

Johnson（2001）在论述不同层次的知识分类时指出：competence 这个用法是语言学家用来指知识与技能的。其他的著名学者，如 Ellis（1994：13），也把知识与能力作为同一概念。Ellis 说，第二语言习得研究的主要目的就是描述学习者第二语言的潜在知识（underlying knowledge）的特点，即描述与解释他们的能力（competence）。

由此可见，在国外语言学界，competence 的概念应是由 Chomsky 提出，并用以区分 performance 的。后人又不断增补、修订并将这些概念加以扩展和重新分类。但是，大多数学者仍然沿用 Chomsky 的概念，knowledge 和 competence 两个词的涵义往往相通并可以互换，两者作为概念存在着明显的互含关系。概言之：大多数西方应用语言学家使用 knowledge 的概念，通常涵盖了汉语中"能力"的概念，或英语中"competence"的意思，也包含了"知识"。

（五）知识与能力的区分

值得注意的是，虽然西方学者的 knowledge 或 competence 包含了汉语中的知识与能力，但对于知识与能力两者的特点仍然加以区分。如 Anderson（1976，1980，1983），Johnson（2001）将知识分为陈述性知识（declarative knowledge）和程序性知识（procedural knowledge）。所谓陈述性知识，就是我们通常理解的"知识"，是有意识地掌握的事实和概念等，是"知道应该如何做"；而程序性知识则相当于汉语中的"能力"，是"会做"，这种知识并不一定是有意识掌握的。Johnson（2001）认为：语言教师都知道，有语言陈述性知识，亦即知道语法的规则，与能够说出这种语言完全是两回事。这个世界上有许多人知道大量有关英语的知识，却连说出一句话都很困难。同时，Johnson（2001：104－105）还认为，要将陈述性知识转为程序性知识，必须通过"自动化"（automization）与"重构"（restructuring）过程。"自动化"只有通过实践才能发生，"自动化"过程也是学习者将陈述性知识转化为程序性知识的过程，也就是把"知道应该如何做"变为"会做"。

（六）能力与运用能力

一些西方学者,如 Hymes(1971)和 Skehan(1995, cited in Cook & Seidlhofer, 1995),亦主张将"能力"与"运用能力"分开。他们认为,有了各方面的知识或能力,并不一定就能在交际时达到理想的效果。语言使用者还需要有把这些能力综合起来运用于交际的能力——运用能力,即 Hymes(1971)和 Skehan(1995)所称的"ability for use"。Skehan(1995)认为:所谓的"运用能力",既不是能力(competence),也不是能力表现(performance),而是能把各种能力系统地调动起来用于实际交际活动的能力。它与其他属于潜在知识系统的能力,如语言能力、社会语言能力、语篇能力等,不是并列的关系,而是属于实际交际过程这个层面上的能力。语言运用能力在各种内在的能力、交际情境与心智活动过程之间起协调的功能,具有核心的组织作用。Skehan 对于语言运用的定义是:各种能力(知识)被调动起来,以一种系统的方式综合地运用于交际。他在 1998 年的著作中进一步解释道:各种能力如果不与语言运用结合是没有意义的,只有当第二语言学习者的这些能力被集结、调动起来,才能有出色的行为表现。这些运用能力远远超越策略能力的范围。他提出,对于第二语言学习者,不仅仅要评估其能力,还应该评估其实际运用这些能力的"运用能力"(Skehan, 1998)。

同样,Bachman(1990)也认为,ability 这个术语包括知识与能力以及在使用语言时能运用能力(知识)的本领。在 Bachman 看来,这样的能力也被称为"交际语言能力"。他在界定交际语言能力时说:我相信我描述交际语言能力的方式可以为语言测试的设计、运用与研究提供一个广泛的基础,即认识到交际地运用语言的能力会涉及语言的知识或者说能力以及运用这些能力的本领。从以上的论述中可以看出,Bachman 也认为在 competence 之后,还有一个能力的层次。因此,我们也可以认为,Bachman 描述的"交际语言能力",相当于 Skehan 的"运用能力"。笔者在 2004 年与 Bachman 本人当面确认此看法时,也得到他的认同。

需要说明的是,随着人们对语言能力的研究逐步深入,国外语言学者对于 performance 的概念已经与 Chomsky 最早描述的概念有了区别。Chomsky 的 performance 相当于运用能力。而现在学者们(Skehan, 1998; Brown & Huson, 1998)讨论 performance 时,通常涉及的是如何考查学习者语言运用的能力,即能力表现。对这种能力表现的评价通常称为 performance assessment（也可译为"行为表现评价"）。在研究能力表现评价时，往往讨论的是由于一些语言能力以外的因素，如疲劳、神经紧张、注意力不集中等因素，人们在使用语言的过程中可能不一定会准确地反映出他们的真实能力。因此，现在更多的是讨论人们如何表现出他们的知识、能力和运用能力以及如何评价这些能力。由于篇幅的限制，我们不在本文中对能力表现及能力表现评价作更进一步的探讨。

二、"知识—能力"的形成过程

立足于我国外语教学的实际，笔者认为应当将知识（knowledge）与能力（competence）区分开来。在这里，知识的内容包括语音、语法、词汇、句型结构、功能的知识、社会语言学方面的知识、交际策略、资源策略等知识以及各种有关世界的知识，以上知识可以称为陈述性知识。没有知识就没有能力，但有了知识不一定就有能力。知识与能力的掌握不是同步的，他们的发展也不是成正比或反比的关系。知识是可以传授并记住的，而能力则需要通过实践活动及教师指导，由学生自主掌握。即使学习者有了各方面的能力，还需要把各种能力与知识集合起来用于交际活动，这就需要运用能力或交际语言能力。最后，还需要通过适当的活动，即能力表现，使学习者展现出自己的能力。这是一个理想化的能力发展过程模式。如图：

知识（knowledge）—能力（competence）　运用能力（ability for use）—能力表现（performance）

当然，在实际语言发展与语言活动时，情况要复杂得多。下一节进一步探讨语言能力内化，即语言能力发展为语言运用能力的过程。

（一）"自动化"过程

我们可以认为，学习外语的人有两种知识。一是记忆了的知识（memorized knowledge），这些知识是有意识的知识。记忆的知识通常是通过书本和教师讲解语言的知识，如语音、语法、词汇、句型结构、功能的知识获得的。另外还有非语言的知识，如交际策略、背景知识、跨文化交际的知识等。当然也可以是学习者通过反思、总结经验或自学等获得的知识。学习者可能会陈述这些知识，但并不一定会在真正交流时使用。也就是说,这类知识并没有转化成为能力。许多语言习得研究表明,知识的记忆并不能保证学习者在使用语言时不犯语言错误,许多人即使可以背诵语言规则,而在真正交际时仍会"违反"这些规则(Nunan,1989)。只有通过一定的真实语言使用,通过大量的互动活动,才能使这类知识转变为能力。

另一类知识可以称为内化了的(internalized)知识。这类知识可能是通过有意识的语言学习之后,又通过大量使用语言的机会,最后被(无意识地)存储在语言习得机制中(LAD)。这一类知识实际上已经变为能力。另外,正如Johnson(2001:111)所说的,这一类知识在转变为过程性知识(即我们认为的能力)时,陈述性知识就可能失去了。比如我们掌握了某种语法的用法时,可能不一定能再陈述它了。当然,这一类知识仍然可以是陈述性的,是有意识的知识。外语学习者往往仍然需要用语言的知识来"监察"语言的使用(Krashen,1985)。简单地说,我们可以从使用者是否能使用语言进行听、说、读、写的交流来区分知识与能力。如果可以进行交流,哪怕是最简单的交流,也可以认为他具有了一定的能力。

而能力也可能从一开始就是无意识地获得的(Krashen,1985)。这如同我们讲母语一样,我们可以运用语言,但却不知其所以然,使用者并不一定可以用语言来陈述清楚语法的道理,或者不能完全陈述清楚。这一类知识往往是通过大量的语言运用获得的,却又是意识不到的。这些能力既可能是无意识习得的,也可以像Skehan(1998:166)所说的,是通过有意识地根据语法规则练习,而逐步在大量实践中获得的。当然,第一类知识也可以转化为能力,但是必须经过学习者的实践,即使用,在使用的过程中,逐步转化为能力。

不过,能力并非仅仅包括语言方面的成分,实际上还包含许许多多其他方面的成分,除了以上提到的诸方面因素,还有情感与个性,如本人原有的个人交往能力、冒险精神,以及其他各方面的知识,如推断能力、评判性思维能力等。换句话说,有些能力是通过学校的正式学习培养出来的,而有些则是学习者本人特有的,或在其他环境中获得的。可以说,能力不仅包括各方面的知识,也包括各方面的素质以及天资。

区分知识与能力的意义在于,可以更清楚地认识到:1. 有意识的语言知识学习并不能确保学习者具有运用这些知识的能力;2. 能力并不一定全部源于有意识的知识,而可能是在语言实践中无意识地获得的(虽然我们也可以像大部分西方学者一样将其称为知识);3. 能力不仅仅由知识构成，还有许多其他的成分；4. 如果承认语言实践在知识转变为能力过程中的决定性作用，那么，研究这个过程，也即是 Johnson（2001）提出的"自动化"过程，是外语教学研究的重点之一。

（二）"重构"过程

Johnson（2001）和 McLaughlin（1987）认为，仅有自动化过程仍然是不够的，自动化过程仅仅涉及简单的能力、单项的能力，而要将这些单项的能力组合运用，完成更为复杂的任务，则需要"重构"。这个重构实际上也就是 Skehan（1995，1998）所指的运用能力的形成。知识与能力平时是分散的、静态的、各自独立的。而在人们交际时，则需要调动各个方面的知识和能力去理解与表达，去处理所接受到的各种信息，这就是语言运用能力。可以说，人们在运用已有的能力去进行交际时，需要一种特殊的心智能力来处理信息，包括调动本族语的知识以及其他相关的知识。按照 Skehan 的观点，能力并不能直接变为运用能力而表现在交际活动中，只有当学习者能够融会各方面的知识、贯通各方面的能力，调动情感因素、素质以及天资，并将其运用于创造性的语言交流活动，用于解决交际时的各种问题，完成各种任务，能力才可被称为"运用能力"。

（三）"知识—能力—运用能力"的运作过程

学习者的各种能力需要通过运用能力在实际语言交际时有机地调动组合，这种组合通过能力表现显露出来。而考查能力表现，最好的办法是通过各种各样的任务。不过，能力表现受许多其他因素的影响，如疲劳、语言的复杂度、时间压力、精神状态等（Skehan，1998）。应该说，让学生完成各种各样的任务，是培养学生综合运用各种能力与知识，将能力转化为语言运用能力的最佳途径。学生在完成任务的过程中，需要达到语言的准确性、流利性与复杂度的综合目标，需要运用各种功能、词汇、语法、文化的知识，也需要利用情感、态度等其他非语言的因素。

总之，外语教学的目的应该是使学生掌握语言知识并发展他们的能力，逐步学会在真实的情境中综合运用这些能力并表现出具有这样的能力。近两年来，一些中小学教师在采用任务型语言教学方法的时候，出现了一些理解的偏差，甚至以为任务型教学是反对讲授语言知识的。从本文的文献中可以看出，西方外语教学界对于知识与能力的概念实际上通常是可以互换的。在几位最具影响的西方学者有关知识与能力的文献中，并没有主张用语言做事情可以不以知识为基础。反之，发展语言运用能力，通过语言完成听、说、读、写各方面的任务，即是综合运用知识、能力以及情感的心智活动。准确地说，这些学者只是认为，假如单纯传授有关语言知识而没有提供给学生足够运用语言知识的机会，学生难以真正运用所学的知识进行听、说、读、写的实际交际活动。比如，研究语言习得的著名学者 Ellis 在他的《任务型语言教学》一书中就谈到，要实现语言教学的目标，需要研究三个问题：1. 学习者的语言知识是如何体现出来的？2. 这些知识是在怎样的运作过程中被表达出来的？3. 在语言产生的过程中这种知识对于语言习得有什么作用（Ellis, 2003：103）？显然，要研究这些问题，一定要研究知识与能力之间的关系。因此，明确知识、能力与运用能力的概念，对于我们认识外语语言运用能力的发展，思考外语学习的各种问题，是非常有意义的。

参考文献

[1] Anderson J. Cognitive Psychology and Its Implications [M] 2nd ed. San Francisco：Freeman, 1980.

[2] Anderson J. Language, Memory, and Thought[M]. Hillsdale, NJ：Lawrence Erlbaum, 1976.

[3] Anderson J. The Architecture of Cognition [M]. Cambridge, MA：Harvard University Press, 1983.

[4] Bachman L F. Fundamental Considerations in Language Testing[M]. Oxford：Oxford University Press, 1990.

[5] Bachman L F, Palmer A S. Language Testing Practice [M]. Oxford：Oxford University Press, 1996.

[6] Brown J D, Hudson T. The Alternatives in Language Assessment[J]. TESOL Quarterly, 1998, 32：4.

[7] Canale M. On Some Dimensions of Language Proficiency [A]//Oller J W. Issues in Language Testing Research. Rowley, MA：Newbury House, 1983：333-342.

[8] Canale M, Swain M. Theoretical Bases of Communicative Approaches to Second Language Teaching and Testing [J]. Applied Linguistics, 1980 (1)：147.

[9] Cazden C B. On Individual Differences in Language Competence and

Performance[J]. Journal of Special Education, 1967(1): 135-150.

[10] Chomsky N. Aspects of the Theory of Syntax[M]. Cambridge, MA: MIT Press, 1965.

[11] Chomsky N. Rules and Representations[M]. Oxford: Basil Blackwell, 1980.

[12] Cook G, Seidlhofer B. Principles and Practice in Applied Linguistics[C]. Oxford: Oxford University Press, 1995.

[13] Ellis R. Task-based Language Learning and Teaching[M]. Oxford: Oxford University Press, 2003.

[14] Ellis R. The Study of Second Language Acquisition[M]. Oxford: Oxford University Press, 1994.

[15] Huxley R, Ingram E. Language Acquisition: Models and Methods[C]. London: Academic Press, 1971.

[16] Hymes D. Competence and Performance in Linguistic Theory[A]//Huxley R, Ingram E. Language Acquisition: Models and Methods. London: Academic Press, 1971a: 328.

[17] Hymes D. On Communicative Competence[M]. Philadelphia, PA: University of Pennsylvania Press, 1971b.

[18] Johnson K. An Introduction to Foreign Language Learning and Teaching[M]. Beijing: Pearson Education Limited, 2001.

[19] Krashen S. The Input Hypothesis: Issues and Implications[M]. London: Longman, 1985.

[20] Mclaughlin B. Theories of Second-Language Learning[M]. London: Edward Arnold, 1987.

[21] Merrian-Webster. Merrian-Webster's Collegiate Dictionary[M]. 11th ed. Merrian-Webster, 2003.

[22] Nunan D. Designing Tasks for the Communicative Classroom[M]. Cambridge: Cambridge University Press, 1989.

[23] Richards J C, Platt J, Platt H. Longman Dictionary of Language Teaching and Applied Linguistics[J]. Addison Longman China, 1998.

[24] Skehan P. A Cognitive Approach to Language Learning[M]. Oxford: Oxford University Press, 1998.

[25] Skehan P. Analysability, Accessibility, and Ability for Use[A]//Cook G, Seidlhofer B. Oxford: Oxford University Press, 1995: 91-106.

[26] Widdowson H G. Knowledge of Language and Ability for Use[J]. Applied Linguistics, 1989, 10(2): 128-137, 1.

[27] 牛津语言学词典[M]. 上海: 上海外语教育出版社, 2000.

【摘　要】　清晰具体的语言能力目标是语言教学和评价的基础，

而界定语言知识、语言能力及其相关概念则是制定能力目标的前提。通过对 Chomsky，Hymes，Canale 和 Swain，Widdowson，Ellis，Bachman 以及 Skehan 等数位西方语言学者关于知识、能力、运用能力和能力表现的论述，我们可以进一步深入理解这些概念的主要涵义及其演变，并从语言教学的角度认识它们之间的异同。作者综合各家对于知识、能力、运用能力以及行为表现的相关看法，提出了一个外语语言运用能力形成过程的模式，旨在帮助设计教学活动、确定教学评价的内容和选择恰当的评价学生语言能力的方式。

【关键词】 外语教学；知识—能力；运用能力；能力表现

此文原发表于《课程·教材·教法》2005 年 06 期。
作者：罗少茜，龚亚夫。

《任务型语言教学》结束语(2006)

在前言中我们提到,无论采取什么教学途径,主要还是要看其是否最有利于语言的习得,或者说语言的学习。国际上提倡与反对任务型语言教学的讨论,也是围绕是否有利于语言习得这个核心问题。如Ellis(2003)的《任务型语言教与学》中,10个章节中分别用6个讨论任务与语言习得的关系,比如听力与语言习得、互动与语言习得等等。正如Ellis所说:无论语言学习的理论基于何种学习的观点,语言学习应被看作是一个为语言学习者提供各种需要交流机会的过程。在这个过程中,学习者应该以表达有意义的交际为主。任务则是一种为使学习者参与有意义的活动而创造语言习得条件的工具(2003:319)。我们希望本书的读者也能从发展学生语言运用能力的角度来理解和审视任务在促进学生语言能力发展中的作用。

社会文化理论中的"参与"(participation)是任务型语言教学的重要理论支柱之一。社会文化理论(Vygotsky,1978)着重建构性的对话(constructive dialogue)和社会互动中的合作对话(collaborative dialogue)。任务型语言教学中的"扶助性原则"(scaffolding)是社会文化理论中一个十分重要的理念,它不仅强调建构语言结构,还包括教师与学习者相互间给予的互动、社会以及情感的支持(Ellis,2000:216-217)。实际上,Lantolf(1994)的"中介理论"(mediation theory)及Swain(1985,1995,2000)的"输出假设"都是在社会文化理论基础之上建立的(Ellis,2000)。

语法教学历来是中小学英语教育界一个争论不休的话题,核心的问题还是怎样学习更有利于学生掌握语言。在这方面,心理语言学研究对于知识与能力构成与发展的研究可以给我们许多启示。语言使用者既要注意语言的形式,也要注意语言的意义。也就是说,我们需要

FonF(focus on form)，即注意力在语言形式上和语意的实现上，也需要 FonM(focus on meaning)，即试图运用语言，在语境中传达信息。我们希望再次强调：语言的准确度、流利度、复杂度以及得体性是衡量语言教学的主要标准，也是任务型语言教学追求的目标。这里，我们希望能比较明确地传递这样一个信息：虽然任务型语言教学强调语言意义与互动的重要，但是并非否定语法教学。Long(1985)主张"注意语言的形式"；Peter Skehan 提出准确性、流利性与复杂度的三个目标；Nunan (1999)反复强调语言形式与语言功能的统一。Ellis 在《任务型语言教与学》中多次提到，仅有语言交流活动并不能保证学习者达到语言的准确。在该书的结尾，他说：如果不学习语法，学习者的中介语言会固化。学习者在运用交际策略，克服了语言水平限制而成功地表达了他们的意思后，可能会失去学习的积极性。因此，教育的目的不仅要为学习者提供交流的机会，还要促使学习者注意语言形式的准确(2003：319)。

> Language learning is seen as a process that requires opportunities for learners to participate in communication where making meaning is primary. "Task" is a tool for engaging learners in meaning making and thereby for creating the conditions for language acquisition.
>
> The various theories are agreed on another point — in addition to, and in the process of making meaning, learners need to attend to and become aware of linguistic form .... Without attention to form learners' inter-languages may stabilize and fossilization set in. Learners who use their strategic competence to overcome their linguistic limitations and who are thereby able to participate adequately in meaning-making situations may lose the motivation to learn, and thus cease to learn. Thus, the goal of pedagogy is not just to provide opportunities for meaning-making but also to ensure that learners are motivated to attend to form — to notice new linguistic features in the input and to work with their interlocutors to construct new zones of proximal development.
>
> (Ellis, 2003: 319)

不难看出，任务型语言教学的倡导者并没有把已有的教学方法描述得一无是处。或者说，这些专家学者并没有否定语法教学，如句型操练、词汇讲解和语法用法。我们要防止过分追求任务的"热闹"，而忽略基本语言知识和语言技能的掌握。正如我们在本书中一再指出的，任务型语言教学的倡导者并没有反对基本知识的传授。

　　毋庸讳言，任务型语言教学在世界范围内产生越来越大影响的同时，也引起不少的批评。许多人发表了对于任务型教学的不同观点。其中主要是认为其不符合英语作为外语教学的环境。如 Swain（2005）就针对"强任务派"的观点提出了强烈的质疑。他认为，所谓"即时注意语言形式"（online focus on form）与"注意"（noticing）都缺乏令人信服的实证研究，而"内置大纲"的假设也只是局限于对于掌握语法，特别是词素的研究，没有包括对整个中介语言发展进行研究，尤其是语言技能发展的研究。针对"强任务派"反对按语言顺序设计大纲的主张，Swain 认为，假如按语言顺序设计的教学大纲有违语言习得的规律，那么，即使"即时注意语言形式"也难以确定学习者应该掌握哪些语言形式，同样是徒劳的。他也赞成 3P（presentation，practice，production）方法的有效性，认为有控制的语法练习非常必要。如果学习者不经过这个阶段，仅仅靠大量自然接触语言，无异于缘木求鱼（Swain，2005：386）。Swain 特别提出在常规教学时间之内实施任务型语言教学的困难。他认为，全世界大部分外语教学条件是在语言习得条件差的地区，学习限于所谓的"3hpw"（3 hours per week），即每周 3 小时的学习时间。必须集中有效教学时间解决主要的问题（ibid：393）。

　　国内学者，如张正东（2006）等，也对中国外语教学的环境做过类似的分析。张认为，外语教学有 10 个方面的困难。归纳起来，有以下几个主要方面：1. 由于远离目的语的社会，无法体验在这个社会中人们究竟怎样运用目的语，而在虚拟的时空中的模拟交际活动不是真实的。由于接触的时间少，一般不足以学会目的语。2. 生活无使用需要，学习动机主要以升学为主，难以结合生活。由于没有使用的需求，难以坚持。3. 母语及其文化的第一地位对外语学习的影响。母语的负迁移作用会影响外语学习。同时，学生的思维发展超前于目的语，学习者思维活动方式及其内容的复杂性，远非学习到的有限目的语及其文化所能承载。学习者思维丰富而掌握的目的语形式极为有限，难以用目的语结构形式表达他们的思想。因此，缺乏目的语的结构形式是学习的主要矛盾。4. 情感态度。由于以上各个方面的原因，学习者的情感因素不稳定，往往是造成厌学、弃学（张正东，2006：21 - 22）。Swain 与张正东谈到的问题的确是限制外语教学的瓶颈。实际上，从前面的章节中，我们可以看出，任务型语言教学的倡导者正是在寻求能使学习者最大限度接触语言、使用语言交流的机会，希望学习者能通过完成任务，尽可能多地使用所学习的语言表达自己的思想情感，提高学习的积极性。

当然,我们也知道,一些任务型语言教学的倡导者(如 Ellis),认为 Swain 严重地曲解了他的观点。我们从本书中也可以看出,"弱任务派"的观点正是考虑到 Swain 提出的问题。由此可见,我们在讨论任务型语言教学时,切忌针对个别人的某些观点,以偏概全。比如,虽然任务型语言教学主张以学生为中心,但是也不排斥大班教学和全班的活动;虽然任务型语言教学主张以意义为主,但是也不否定注意语言的形式与语言的准确。

在 20 世纪 80 年代末,我国中小学开始接触、采用交际语言教学的思想,在教学思想、教材、教法等方面都发生了很大的变革。但当时许多教育者就认为这场变革不是一场革命,而是渐变。经过多年的实践,广大教师对于新思想、新方法的态度也日趋成熟。大家不再追求发现一种可医治百病的灵丹妙药,一把可以适合各种条件的万能钥匙。大家总是在吸收新思想、借鉴新方法的同时,仍保留以前那些行之有效的方法。我们希望,读者能从理论的视角,如互动理论、认知理论、社会文化理论、交际效率以及社会建构理论、课程理论等来认识任务型语言教学。这样,我们才能不受限于某一家之言,教条地盲目照搬某一种方法,也不必针对某一个观点而否定一种理念,或攻其一点,不及其余。这样,我们才有可能根据其核心思想,参照本地的情况加以改造,这才是创新。正如 Nunan(1999)所说:我们面临的最大挑战不是抛弃以往行之有效的方法,而是把新的与现有的做事方式结合起来。

实施任何一种教学方法都要考虑学生的个体差异和地域差异。中国地区差别大,学习者接触语言的条件与思维、生活方式等几乎可用天壤之别来形容。去大型超市购买食品,甚至网上购物对于大中城市的学生可能是司空见惯,而对于偏远农村的学生则可能闻所未闻。有些中学生已经可以阅读英语原著,而另一些学生还在为记忆课本上的词汇而发愁。学校的情况也差别巨大,所以教学方法也会完全不同。正如 Purpura(2004:30)所说,**教学涉及太多的不同变量,以及它们之间的相互关系。语言习得太复杂了,根本不可能全部靠教学法来解决。**我们认为,侈谈适合中国的外语教学路子并非良策。我们需要实证的研究去探究和发现各种各样适合不同情况的教学方式。

任务型语言教学对于教师与学生都提出了新的挑战。据我们观察,实施任务型教学对于只习惯于语法分析的师生来说,大约需要几个月的适应时间。对于教师来说更有相当的难度和压力。Van Lier (1996)提出的任务型教学的两个阶段,"计划"(planning)和"应变"(improvisation),对教师都提出很高的要求。"计划"阶段,涉及课堂(或一个单元)的设计、任务设计、选择任务、实施任务;在"应变"阶段,课堂教学进展有时难以预测。随着任务的展开,课堂会出现各种各样的问题,如语言上的、学科上的、互动上的(包括教师与学生间、学生与学生间)、评价上的(自评、互评、教师评、学习档案等)。教师如何"应变"这些"突发事件"呢? 是否有所准备能应变自如呢? 这给教师发展、培训带来了新课题。最重要的一点是教师如何面对我们的学生:我们真的是了解他/她们的思维方式、理解他们的需求吗? 我们的教学走入他们的生活和学习了吗? 我们知道他们在思考什么吗? 我们可不可以更多地从他们的角度去考虑我们的教学?

最后,我们希望读者可以从以下几个方面来认识任务型语言教学:

1. 任务型语言教学主张培养学习者的语言运用能力,达到语言流利性、准确性与复杂度的综合目标。

2. 任务型语言教学意在为学习者提供在课堂内模拟自然语言学习环境的各种条件,但并不否定语言知识与集中在形式上的练习活动。

3. 任务型语言教学强调语言的意义,但同样重视语言的形式。它主张形式、意义与功能的结合。

4. 任务型语言教学的理念是调动学习者的情感因素,使他们的潜能得到最大限度的发挥,但同时强调教师的指导作用。

5. 任务型语言教学可以与所谓的传统语言教学方法同时使用。

在本书写作过程中,我们对英语教学中的任务难度、任务设计以及课堂教学做了一些数据收集和实证研究,如课堂实录、观摩、教师、学生访谈或焦点访谈、测试等。但是,外语教学中的很多假说、理论、观点、现象还需要大量的实证来证明,如我国环境下的语言习得的顺序,任务型语言教学的原则与特点在我国课堂中的体现,课程标准与课程目标的实施过程,任务型大纲的设置和实践,在不同地区、不同学生中进行任务型语言教学的方式与课堂教学活动的比较等课题,不仅需要理论知识和实践经验的支撑,还需要大量时间和精力去精心设计并脚踏实地地进行长期的探索。最重要的是,我们怎么真正以学生为出发点和重点进行实证的研究。

参考文献

[1] Ellis R. Task-Based Research and Language Pedagogy[J]. Language Teaching Research, 2000, 4(3), 193-220.

[2] Lantolf J. Sociocultural Theory and Second Language Learning: Introduction to the Special Issue[J]. The Modern Language Journal, 1994, 78, 418-420.

[3] Long M H. A role of instruction in second language acquisition: Task-based language teaching[A]//Hyltenstam K, Pienemann M. (eds.). Modeling and assessing second language acquisition. Clevedon, UK: Multilingual Matters Ltd, 1985: 77-99.

[4] Nunan D. Second Language Teaching & Learning [M]. Boston: Heinle & Heinle Publishers, 1999.

[5] Nunan D. The Impact of English as A Global Language on Educational Policies and Practices in the Asia-Pacific Region[J]. TESOL Quarterly, 2003, 37(4): 589-613.

[6] Swain M. Communicative competence: Some roles of comprehensible input and comprehensible output in its development[A]//Gass S, Madden C. (eds.). Input in second language acquisition. Rowley, MA: Newbury House, 1985: 235-253.

[7] Swain M. Three functions of output in second language learning[A]//Cook G, Seidlhofer B. (eds.). Principle and practice in applied linguistics: Studies in honour of H. G. Widdowson. Oxford: Oxford University Press, 1995: 125-144.

[8] Swain M. The Output Hypothesis and beyond: Mediating Acquisition through Collaborative Dialogue [A]//Lantolf J P (ed.). Sociocultural Theory and Second Language Learning. Oxford: Oxford University Press, 2000: 97-114.

[9] Swain M. The Output Hypothesis: Theory and Research [M]. London: Routledge, 2005.

[10] Van Lier L. Interaction in the Language Curriculum[M]. New York: Pearson Education, 1996.

[11] Vygotsky L S. Mind in Society[M]. Cambridge, MA: MIT Press, 1978.

[12] 张正东. 外语是把双刃剑[J]. 基础教育外语教学研究, 2006, (1): 19-22.

此文原载于《任务型语言教学》2006年7月第2版。

作者：龚亚夫，罗少茜。

2008 年—2023 年

语言习得与第二语言习得研究中的几个概念(2008)

一、引言

关于"语言习得"(language acquisition)与"第二语言习得"(second language acquisition)研究的理论在我国中小学英语教学界一直是个颇有争议的问题。比如,有些学者质疑,在我国目前中小学英语教学的环境下,第二语言习得研究的理论是否适合中国的国情;有的讨论英语学习应该是"学习"还是"习得";抑或是"学得"加"习得",即究竟英语学习是在自然状态下无意识地获得,还是经过有意识地学习而形成的,或是两者互相补充。还有一种观点认为,国外第二语言习得的理论是研究在英语国家学习英语的情况,这样的研究结果根本不适合中国的学习环境,因为英语在我国是"外语",而不是"第二语言"。

笔者认为,要讨论清楚这些问题,首先需要界定"语言习得"与"第二语言习得"的概念,了解国外对第二语言习得研究的内容与范畴。从国内报刊上所发表的大量文章和谈话看,我国中小学外语教学界对以上术语在国外文献中通用概念的理解上,存在诸多偏差,并由此而导致对第二语言习得研究的种种误解。这些误解至少涉及五个方面:(1)以为第二语言习得只是一种单一的理论;(2)以为第二语言习得研究不包括外语学习的环境;(3)以为语言习得研究领域只有Stephen Dalrymple Krashen 一家之言;(4)以为第二语言习得研究的内容只是在自然状态下掌握语言;(5)以为第二语言习得研究者反对语法教学。如此种种在与中小学教学有关的报刊文章中屡屡出现,以讹传讹,造成了理解上的混乱。笔者不揣浅陋,希望通过本文扼要介绍第二语言习得研究的一些基本情况,澄清一些混淆的概念,帮助读者了解第二语言习得研究的大致轮廓，以便更好地思考和研究我国的外语教学。

二、关于"语言习得"

按照《朗文语言教学及应用语言学词典》(2000)的定义，语言习得（language acquisition）指一个人语言的学习和发展。母语或第一语言的学习称为"第一语言习得"，第二语言或外语的学习称为"第二语言习得"。"习得"这一术语通常比"学习"更为可取，因为后一术语有时与行为主义学习理论连在一起。语言学家、心理学家和应用语言学家研究语言习得以便了解语言学习所运用的方法，指出其发展过程中的阶段并更好地了解语言的本质。采用的方法包括对语言学习者的纵贯研究及实验方法，并着重研究音位、语法、词汇及交际能力的发展。

从以上的定义中我们可以了解到，语言习得的概念实际上就是学习和掌握语言。换句话说，语言习得和语言学习实际上可以视为同义语。那么，为什么我国中小学外语教学界关于这个问题却要区分"习得"和"学习"，并为此而争论呢？笔者以为，这主要是由于我国中小学关于语言习得的讨论，几乎全部集中在 Krashen 一个人关于"习得"与"学习"的理论上。那么，我们就先从 Krashen 的理论谈起。

1. 关于"习得"与"学习"

可以说，Krashen 的理论主要是建立在区分"习得"与"学习"之上。Krashen 认为：习得是无意识的过程，如同第一语言掌握的过程。当习得发生时，习得者不一定总能意识到这个过程，他/她也不一定能意识到这个过程的结果。他同时认为，学习是掌握有意识的知识，是"知道这种语言"（know about the language）。在日常用语中，当我们谈论"语法"或"规则"时，我们说的是学习，而不是习得。根据这种理论，纠正错误这个活动属于学习，而不是习得（Krashen，1987）。他进一步认为，习得似乎比学习对第二语言的掌握更重要。我们使用第二语言的能力主要来自我们习得，而不是学习的结果。有意识的语法规则只有一种作用，就是"编辑"（editor）或"监察者"（monitor）。当我们说话或写作时，我们可以用已经掌握的语法规则对所说的话或写的文章进行纠正（Krashen，1987）。Krashen（1987）认为，这样的监察作用是非常有限的，因为人们在说话时不可能时时想自己应该使用何种语法。

第二语言的运用能力，无论是准确性还是流利性，主要源于习得而不是学习的结果。

国内一些文章据此认为：（1）Krashen 反对语法教学；（2）习得是在自然状态下无意识地掌握语言，因此课堂教学不是习得而是学习。有些学者进而提出，我国中小学的外语学习应该是"学得"加"习得"，也就是正规课堂教学加课外的自然接触语言，或者说是讲授语法，同时提供大量输入。这样的推论有一定的道理，却并不完全准确。

需要澄清的是，Krashen 并没有认为课堂教学只是学习，而没有习得。反之，他明确提出：这种理论并不认为课堂教学是浪费时间。相反，课堂教学可以非常有用。实际上，对于初学者来说，甚至比直接到说那种语言的国家还好（Krashen，1987）。他甚至认为，用目的语教授语法，如果学生能懂的话，也是可理解的输入，而且是一种补充（supplementation）。所以，他在谈到"自然途径法"时说，我们可以提出很多种理由在自然途径法中包括语法的学习。首先，在输出时，有效地监察可以使学习者利用有意识的规则提高几分准确性。这在不影响交流的情况下当然是难能可贵的（Krashen，1987）。由此可见，Krashen 自己的主张是"习得"加"学习"。

在这里还需要指出的是，Krashen 认为，仅靠学习不能使得学习者达到实际使用语言的能力。所以在他看来，只有"习得"，而不存在"学得"。换句话说，按照他的观点，仅靠知识的传授和记忆，而没有听与读的语言实践过程，人们无法达到运用语言的程度。国内翻译时，大概为了与"习得"语音对称的原因，创造出"学得"这个概念。但是，如果在 Krashen 区分"习得"和"学习"的理论基础上展开讨论，"学得"这个概念是不成立的。因为按照他的观点，仅依靠"学"，是学不"得"的。

当然，笔者并非完全同意 Krashen 的观点。实际上，在 1987 年，笔者曾就他的输入与语言习得中语言发展顺序和教科书编写等问题，与他本人有过数封书信往来，请他澄清一些概念，并对他的主张提出质疑。至于在课堂教学有限的时间内，是以讲授语法知识为主还是以运用活动为主等问题，由于本文的目的只是澄清一些概念，这里不作进一步的讨论。

2. 学习等同于习得

正如我们前面提到的，作为一个通用的概念，在国外的文献中，语言习得与语言学习基本上是可以置换的。关于"习得"与"学习"的区分,只是 Krashen 的一家之言。比如,有"第二语言习得研究之父"美誉的 Rod Ellis,就曾明确地在关于语言习得的专著中提到,他使用的语言习得的概念等同于语言学习(learning)。在介绍第二语言习得的概念时,他说:"第二语言习得有时用于与学习对比。这种对比是基于存在两种不同过程的假设。用习得这个术语是指通过接触而无意识地掌握语言,而'学习'则是指有意识地学习第二语言。然而,我对于是否真正存在这样的区别持开放的态度,所以我把'学习'与'习得'这两个词交替使用,而不考虑它们是否涉及有意识与无意识的过程。"(Ellis,1985)

其实,如果我们略微浏览有关语言习得的原著,不难发现,西方第二语言研究者的许多著作的内容虽然是关于语言习得的研究,但是题目用的却是"学习",比如 Ellis(2001)主编的 Form-focused instruction and second language learning 与 Robinson(2002)主编的 Individual differences and instructed language learning。在 Ellis(1990)出版的 Instructed second language acquisition 一书中,每章的题目用的都是"learning"一词。实际上,国外大部分有关语言习得研究出版物,在行文当中也可以随处发现大量这样的例子。

至此,我们希望澄清的第一个问题是:习得与学习的概念,对国外大多数第二语言习得研究者来说,是不加以区分的,除非涉及 Krashen 的理论,特别讨论这个问题。因此,当我们看到国际上有关研究文章中提到"语言习得"这个用语时,我们知道,一般情况下实际上是指一个人学习和掌握语言。

在这里需要指出的是,国内中小学界讨论的所谓"习得"还是"学得"相关的研究,在国外第二语言习得研究中叫做"隐含"的与"外显"的知识(implicit and explicit knowledge)。另外还有"陈述性知识"(declarative knowledge)和"程序性知识"(procedural knowledge)等。国外在这方面有大量的研究成果,建议感兴趣的同行读一读这方面的文章。

3. 自然状态学习与正式教学

下面,我们来讨论自然状态学习与正式教学的区别。《朗文语言教学及应用语言学词典》(2005:367),对语言习得增加了如下的解释:有些理论家把"学习"和"习得"作为同义词使用。而其他人则保持着两个术语的区别,用"学习"指一个有意识的过程,涉及语言外在的研

基础英语教育:理念、课程、教材及评价

究和个人行为的监控,这是外语课堂教学背景下的典型形式;而用"习得"指当学习者的注意放在意义而不是形式的时候,对接触到的可理解性输入进行的无意识的规则内化过程,这是第二语言背景下的常见模式。

由此看来,国内一些文章认为,所谓"学习",就是在课堂内的语法教学,而"习得"则是在自然状态下接触语言,也是有根据的。按照这样的看法,所谓"学习",就是在课堂内的语法教学;而"习得"则是在自然状态下接触语言。但是实际上,关于"习得"的概念,并不像词典上解释的那么简单。国内关于"习得"与"学得"的讨论,实际还涉及另外两个概念,即"正式的学习"(formal learning)与"非正式的学习"(informal learning)。Ellis(1990)在他的《课堂教学中的语言习得》中就这个问题有一段非常清楚的解释。他认为有必要区别正式学习和非正式学习的不同。他说:正式的学习涉及学习者的某种活动——比如,试图通过了解明确的语法规则学习有关语言的知识;非正式的学习则可以通过观察和直接参加交流获得。但是,把课堂教学等同于正式学习和将自然状态等同于非正式学习同样是错误的。事实上,课堂教学可以,而且肯定涉及非正式的学习——比如,当学习者有机会参与以注意语言意义为主的交流活动的时候。同样,自然状态下的学习也可以涉及正式的学习,比如,当学习者在对话中询问一个有关语言形式的问题时。当然可以说,课堂教学环境下的学习更多的是正式的学习,而在自然状态下更多的是非正式的学习(Ellis, 1990)。

如果我们要按照Krashen"学习"与"习得"的定义来区分的话,可以说,在自然使用语言过程中如果关注语言的形式,就是"学习";而在正规课堂教学时,如果人们关注交流的内容,就是"习得"。所以,我们在讨论"习得"与"学习"的区别时,还要加以解释、界定这些概念。到此为止,我们解释了"习得"与"学习"的概念,即实际上在国外文献中一般是不加区分的。这一点对理解后面的讨论非常重要。下面我们来谈谈"第二语言习得"的概念。

三、第二语言习得

"第二语言习得"在我国语言教学文献中也简称为"二语习得"。我国中小学外语教学界对第二语言习得研究的一个误解,是以为第二语言习得研究只是局限在目的语国家学习目的语,比如外国人在英语国家学习英语,而不包括外语教学的研究。有些文章因此认为,我国的英语学习是把英语作为外语来学习的,其学习条件、目的、师资、学习者的动机等皆与外国人到英语国家学习英语不同。这些文章的作者从而断言,第二语言习得研究的成果不能用于外语教学。在英语国家学习英语与在中国学习英语不同是不争的事实。但是要讨论"第二语言习得"和"第二语言习得研究",则首先需要界定"第二语言"。

关于第二语言,我们还是看《朗文语言教学及应用语言学词典》(2005)关于 second language 的定义:广义上来说,一个人学了母语之后所学的任何语言。Larsen-Freeman & Long(1991)在他们介绍第二语言习得研究的书中,也对此有一段论述,他们说:甚至"第二语言"这个术语也不是像看上去那么一清二楚,因为有时它指的并非是顺序上的第二种语言。"第二语言习得"实际意思是任何在母语以外的一种或多种语言。由此可见,国外第二语言研究者关于"第二语言"的概念,可以有两重含义,一是指母语这个"第一"语言之后的、顺序上的"第二种"语言,也可以指任何第三、第四种语言。它既包括在目的语国家学习目的语,也指在外语环境下学习外语。第二语言还涉及一个国家的语言政策中的第一语言或第二语言等,在此我们只讨论语言教育中的概念。

当然,如果与外语进行对比时,这个概念可以专指在目的语国家学习目的语。其实,第二语言习得研究者早在 20 年前,就将这样的问题澄清了。Stern (1983)详细地描述了"第二语言"与"外语"在目的、环境、语言政策等方面的区别。Chaudron (1988)也明确地描述了第二语言习得中的外语与第二语言在语言教育中的区别。为方便读者,我们把 Chaudron 这段话抄录如下:第二语言教学包括两种环境。第一种是"外语"环境,这种环境可能与大多数二语的学习者都有关。如在周围社会几乎没有使用语言的环境下,一个学习者掌握第二语言(比如在日本学习英语,在美国学习法语,在坦桑尼亚学习汉语)。在这种情况下,第二语言只是作为一门学科,像地理与数学一样,既要教授术语、概念与规则,也要做作业、考试。当然,他们对目的语的文化和态度与学习者在校外与目的语文化和人的接触有关。而"第二语言"则不仅是教学的内容,也是教学的媒介。从以上的介绍中,我们可以归纳三点:一是国外"语言习得"的概念并不局限在自然状态下掌握语言;二是"第二语言"的概念,在不特别区分与"外语"的不同时,不仅包括在英语国家学习英语,也包括在非英语国家把英语作为外语的教学。或者说，"第二语言"的含义是指除母语以外的其他语言；三是课堂教学既可以包括自然地、无意识地掌握语言，也可以包括有意识的语法学习。我们不能在片面理解国外文献中"第二语言"概念的基础上，进而批判第二语言习得研究，认为第二语言习得研究只涉及在自然状态下的语言学习，或者只涉及在目的语国家学习目的语，并据此认为这样的理论不适合中国的外语教学。

从对于这些概念的误解上，又产生了另外一个误解，即认为"第二语言习得研究"只是一种单一的理论。下面，我们就谈谈"第二语言习得研究"涉及的研究领域。

四、关于第二语言习得研究

国内中小学外语教学界对"第二语言习得"的另外一个误解，是以为第二语言习得研究是一种单一的理论，而且这种理论只是一家之言。在这样片面的理解上，对第二语言习得研究引发出来的种种批判自然也是可以理解的。实际上，如果我们明白"语言习得"的概念就是学习和掌握语言，那么，"第二语言习得研究"其实就是研究除母语以外的语言学习以及与学习者有关的各个方面。这些研究既包括在目的语国家的教学，也包括在外语环境下的教学。下面就第二语言习得研究的一些领域略微介绍一二。

1. 第二语言习得研究是一个内容广泛的研究领域

首先我们希望澄清的是，"第二语言习得研究"是一个内容广泛的研究领域。可以说，国际上所谓第二语言习得研究，实际就是有关语言学习的理论与方法的研究。比如 Mitchell & Myles（2004）的书，虽然是对语言习得理论的介绍，但是名字却是 Second language learning theories。第二语言习得理论，有的属于基础的研究，比如关于语言的本质与特性的模式，属于质性理论（property theory）；有的是研究掌握语言的过程，是量变的理论（transition theory）（Mitchell & Myles, 2004）。这些研究涉及范围非常广泛，如语言的内在规律、第一语言对第二语言的影响、学习环境对语言掌握的影响等。最近报刊上发表了许多讨论我国小学开设英语课是否适当的问题的文章，其中大部分引用的文献就来自国外关于儿童掌握第二语言的规律的研究，如"关键期假设"等。关于这个问题，国外出版有大量的专著，如 Muñoz

（2006）、Mayo & Lecumberri（2003）。又如，德国的 Pienemann（1985，2005）研究语言的内在发展规律问题。他认为，语言的内在发展规律不受外在教学的干涉。这样的研究直接涉及到课程的设置和教材的编写。比如认知学派中有人（Anderson，1983）认为，语言学习就是把陈述性知识（declarative knowledge）转化为程序性知识（procedural knowledge）。这些研究涉及的就是语法知识与语言使用能力之间的关系，还有人研究学习的态度与动机（Gardner，2001；Dorñyei，2005）。这些研究的问题也同样涉及中小学生的外语学习，他们的著作在国内也有出版。还有人研究语言学习的潜能（Skehan，1991；Dorñyei，2005）。这样的研究对如何预测学生的学习困难和学业发展都是非常有用的。我们的中小学经常对学生进行各种测试和选拔，但是试题的构建却缺乏关于学习者语言学习能力方面的理论依据。语言习得研究还包括对听、说、读、写等各方面技能的研究，以及词汇的学习。比如国内中小学教学界经常谈论的词汇学习，国外关于这方面的研究非常广泛深入，许多是值得我们重视和借鉴的。如国内谈论较多的关于学习外语的条件与环境问题，国外第二语言习得的研究中也有大量的文献，如对语言接触频度（frequency）的研究等（Ellis，2002；Ellis，2002；Gass，2002；Larsen-Freeman，2002）。Long（2007：4）对"第二语言习得研究"有这样一段描述：第二语言习得是一个宽泛的、不断扩展的和内容丰富的领域。它至少包含了以下研究领域，如对第二语言（包括第三或第四语言）的即时的与连续的学习与丧失的研究，也包括对方言、成人与儿童语言的研究，其中包括学习者的不同动机、能力和目的。它也包括个体与不同群体接触语言的各种条件的研究，如正式的与非正式的、混合的以及外语的、第二语言的、通用语言的各种环境。

简而言之，凡是涉及教育的、语言发展的研究都会影响语言的教育，所以第二语言习得研究会涉及各个方面。在国外大学中，第二语言习得是一个学科或是一门课程。

2. 第二语言习得研究有各种流派

第二语言习得研究中的理论有各种流派，不同的研究者从不同的角度研究语言学习。比如有认知派、生成派、环境派、互动派等。在每个学派中还有若干不同观点。同时，第二语言习得研究也受其他各种相关研究的影响。有人从心理语言学的角度研究语言的掌握过程，有人从社会语言学的角度研究，还有的人从社会文化的角度看语言的发展,研究学习者之间的相互作用。如我们中小学英语教师比较熟悉的"扶助性"（scaffolding）原则、最近发展区（zone of proximal development）等,都依据社会文化理论。

我们不能误以为第二语言习得的研究只是一种观点、一种流派。或者一提到第二语言习得的研究,所谈的理论观点全都是来自Krashen,甚至以为目前任务型语言教学的主张全是来自 Krashen。其实,早期的任务型语言教学的倡导者,如 Long（1985）等,对 Krashen 的许多观点是持否定态度的。实际上,"第二语言习得研究"是一个研究领域,而不是一种单一的理论,里面流派众多,内容广泛,来源丰富。比如,近年来,比较流行的社会文化理论（socio-cultural theory）的倡导者并不同意某些心理语言学家的观点。有些社会文化理论倡导者就质疑 Manfred Pienemann 所谓"内在语言发展系统"不能通过教学改变的观点①,其中很多学者的观点与国内流行的看法是相同的。比如,认知学派中,有人认为学习第二语言是一个技能积累与发展的过程（McLaughlin, 1987）,通过不断控制的反复练习,就能达到自动化的程度。还有人研究学习的方法和策略（Oxford, 1990; O'Malley & Chamot, 1990）。这些研究包括成功的学习者是如何学习的、各种不同的学习者与学习风格等。各种学派相互批评、辩论,各种研究方法也不断地产生。可以说,Krashen 的观点刺激了 20 世纪 80 年代许多相关的研究和新的第二语言学习理论的产生,相当一部分理论是在质疑 Krashen 的理论基础上产生的。比如 Swain（1985）的"可理解的输出"（comprehensible output）就是观察了加拿大使用"沉浸法"的学生学习法语的状况后,针对"可理解的输入"而提出的。

3. 外语和语言知识教学的研究

还应该指出的是,第二语言习得研究不仅包括在英语国家学习英语,也包括在其他非英语国家学习英语,其中还涉及在英语国家学习汉语。如 Leaver, Ehrman & Shekhtman（2005）出版了 Achieving success in second language acquisition 一书,其中主要内容都是关于在英语作为外语条件下的学习策略、动机的研究。再如 Pienemann（2005）主编的"可变化性理论"（processability theory）中,大部分研究的是在外语环境下的语言学习,比如美国人在夏威夷学习日语、澳大利亚英语为母语

---

① 笔者与 Lantolf 个人交流,2007 年 5 月 31 日。

的儿童在澳洲学习汉语的研究等。我国大学一些第二语言习得研究者，如桂诗春（1991），发表了许多有关的论文和专著。王初明（2006）也根据自己的研究提出"补缺假设"。文秋芳（2004）等研究中国学习者的语言学习策略等。高一虹（2007）等研究过中国学习者的英语学习动机与认同感等。

　　对于第二语言习得研究的最大误解，恐怕是以为第二语言习得研究者反对语法的教学。其实，第二语言习得研究对语法形式的研究文章与书籍可谓汗牛充栋。有相当一部分是有关语言形式的教学，特别是课堂中的语法教学。在文献中可通称为"以语法为重点的教学"或"集中在语言形式上的教学"（form-focused instruction，简称 FFI）。这些研究既包括有计划的语法教学，也包括临时性的关注语言形式，比如 Schmidt（1993）提出"注意"（noticing）这个概念。他认为，如果学习者没有有意识地注意语言的形式，就不可能使输入转变为"吸收"（intake）（这与 Krashen 的观点恰恰相反，Krashen 认为掌握语言形式是无意识的）。而 Long（1985）认为，在有意义的交流中，注意语言形式对于掌握语言形式有促进的作用。他提出的"专注语法系统"（focus on forms）与"专注语言形式"（focus on form）的区别在研究领域引出许多争论。Swain（1985）则认为，仅依靠"可理解的输入"不足以使学习者的语言形式到达准确的程度。Doughty & Williams（1998）主编有 Focus on form in classroom second language acquisition，其中包括 Michael H Long、Robert M DeKeyser 和 M Swain 等许多研究者对语言形式掌握的研究成果。

　　Ellis（2001）曾对 20 世纪 80—90 年代有关这方面的研究作了总结。归纳起来，关于语言形式的教学有两方面的共识：一是大部分研究者认为语言形式的教学有助于提高学习者语言的准确性；二是大部分研究者相信"内在大纲"（build-in syllabus）的假设，即认为人们有一个语言习得的自然顺序，教学也无法改变这样的顺序。如果与这个顺序近似，或者略先于这个顺序的话，对语言的发展有利。Norris & Ortega（2001）对于各种研究方法进行了"元分析"（meta-analysis），也得出结论，认为语言形式的教学有助于语言的掌握。Ellis（1997）在他的另一本专著中，也有几个章节是讨论语法教学的。由此可见，国外关于语言习得研究的课题有相当一部分是关于语言学习中准确性、流利性与复杂度的（Skehan，1998）。可以说，学习第二语言需要语言知识的教学，已经成为西方学界的一个共识。不过他们研究的是对何时，采取什么方式等作更为深入的讨论。实际上，如果我们的学者有机会读一读国外《第二语言习得研究》这本期刊，就会知道，几乎每期都有关于语法学习的研究文章，如时态、词汇、动词短语、各种从句等。国内一些文章误以为语言习得只是自然状态下无意识地掌握语言，进而认为第二语言习得研究者反对语法教学，实在是一误再误。

五、结语

综上所述，第二语言习得研究涉及广泛的领域。对国外大学情况稍有了解的人都知道，第二语言习得研究在国外是一门课程，是一个研究领域。第二语言习得作为一个国际语言教学界通用的概念，实际上就是学习和掌握母语以外的语言。

由于本文篇幅所限，只能从中选择其中极少的一部分作些粗浅的介绍，所提到的人名也只是其中的部分代表人物，难免挂一漏万。在这里需要声明的是，本文的目的，在于介绍国外文献中关于"第二语言"以及"第二语言习得研究"的概念。虽然"第二语言"的概念可以包括外语，但这并不是说，在非英语国家把英语作为外语的教学与在英语国家学习英语不需要加以区分。在设计中国的外语教学课程，推行教学方法的时候，当然需要考虑中国学习者学习与使用语言的环境。

国内的学者敢于质疑那种不考虑中国国情，照搬西方研究成果的精神是值得肯定的。但是，这样的讨论应该建立在全面了解国外关于第二语言习得研究的基础上，吸收其研究成果，以实事求是的态度与严谨的科学方法，认真探讨适合中国的外语教学的理论。无论批判国外的理论也好，提出自己的理论也好，都需要有根据的实证研究，至少首先要真正理解国外文献中有关术语的一些基本概念。不能以为国外某种观点即代表整个西方学术界的观点，攻其一点，不及其余，甚至否定一个研究领域。我们需要全面了解语言习得研究领域的范围、性质、内容等等，并进行科学的研究和分析。在国内外已有的研究成果上，针对其中不符合中国国情的问题，进行踏踏实实的研究，才能逐步建立起适合中国的外语教学理论。

参考文献

［1］Anderson J R. The architecture of cognition［M］. Cambridge：Cambridge

University Press, 1983.

[2] Chaudron C. Second language classrooms: Research on teaching and learning [M]. Cambridge: Cambridge University Press, 1988.

[3] Dörnyei Z. The psychology of the language learner[M]. Mahwa, NJ: Erlbaum, 2005.

[4] Doughty C, Williams J. (eds.). Focus on form in classroom second language acquisition[M]. Cambridge: Cambridge University Press, 1998.

[5] Ellis N. Frequency effects in language processing[J]. Studies in second language acquisition, 2002, 24: 143-188.

[6] Ellis R. (ed.). Form-focused instruction and second language learning[M]. Oxford: Blackwell Publisher, 2001.

[7] Ellis R. Instructed second language acquisition[M]. Oxford: Blackwell Publishers, 1990.

[8] Ellis R. SLA research and language teaching[M]. Oxford: Oxford University Press, 1997.

[9] Ellis R. Understanding second language acquisition[M]. Oxford: Oxford University Press, 1985.

[10] Gardner R C. Integrative motivation and second language acquisition [A]// Dörnyei Z, Schmidt R. (eds.). Motivation and second language acquisition. Manoa, Hawaii: Second Language Teaching & Curriculum Center, 2001: 119.

[11] Gass S. Frequency effects and second language acquisition — A complex picture?[J]. Studies in second language acquisition, 2002, 24, 249-260.

[12] Krashen S. Inquiries & insights[M]. Hayward, CA: Alemany Press, 1987.

[13] Larsen-Freeman D. Making sense of frequency[J]. Studies in second language acquisition, 2002, 24, 275-285.

[14] Larsen-Freeman D, Long M H. An introduction to second language acquisition research[M]. London: Longman Group UK Limited, 1991.

[15] Leaver B L, Ehrman M, Shekhtman B. Achieving success in second language acquisition[M]. Cambridge: Cambridge University Press, 2005.

[16] Long M H. A role of instruction in second language acquisition: Task-based language teaching[A]//Hyltenstam K, Pienemann M. (eds.). Modeling and assessing second language acquisition. Clevedon, UK: Multilingual Matters Ltd, 1985: 77-99.

[17] Long M H. Problems in SLA[M]. Mahwah, NJ: Lawrence Erlbaum Associates, Publishers, 2007.

[18] Mayo M D P G, Lecumberri M L G. (eds.) Age and the acquisition of English as a foreign language[M]. Clevedon, UK: Multilingual Matters LTD, 2003.

[19] McLaughlin B. Theories of second language learning[M]. London: Arnold, 1987.

［20］ Mitchell R, Myles F. (ed.). Second language learning theories［M］. 2nd ed. London：Arnold, 2004.

［21］ Muñoz (ed.). Age and the rate of foreign language learning［M］. Clevedon, UK：Multilingual Matters LTD, 2006.

［22］ Norris J, Ortega L. Does type of instruction makes a difference? Substantive findings from a meta-analytic review ［M］//Ellis R. (ed.) Form-focused instruction and second language learning. Oxford：Blackwell Publisher, 2001：157-213.

［23］ O'Malley J M, Chamot A U. Learning strategies in second language acquisition ［M］. Cambridge：Cambridge University Press, 1990.

［24］ Oxford R. Language learning strategies：what every teacher should know［M］. Rowley MA：Newbury House, 1990.

［25］ Pienemann M. (ed.). Cross-linguistic aspects of processability［M］. Amsterdam：John Benjamins Publishing Company, 2005.

［26］ Pienemann M. Learnability and syllabus construction［A］//Hyltenstam K, Pienemann M. (eds.), Modelling and assessing second language acquisition. Clevedon, UK：Multilingual Matters Ltd., 1985：23-75.

［27］ Robinson P. Individual differences and instructed language learning［M］. Amsterdam：John Benjamins Publishing Company, 2002.

［28］ Schmidt R. Consciousness, learning and interlanguage pragmatics［A］//Kasper G, Blum-Kulka S. (eds.), Interlanguage pragmatics. Oxford：Oxford University Press, 1993：21-42.

［29］ Skehan P. A cognitive approach to language learning［M］. Oxford：Oxford University Press, 1998.

［30］ Skehan P. Individual differences in second language learning［M］. London：Edward Arnold, 1991.

［31］ Stern H H. Fundamental concepts of language teaching［M］. Oxford：Oxford University Press, 1983.

［32］ Swain M. Communicative competence：Some roles of comprehensible input and comprehensible output in its development［A］//Gass S, Madden C. (eds.). Input in second language acquisition. Rowley, MA：Newbury House, 1985：235-253.

［33］ 高一虹."想象共同体"与语言学习［J］.中国外语,2007,(5)：11.

［34］ 桂诗春.认知和语言［J］.外语教学与研究,1991,(3).

［35］《朗文语言教学与应用语言学词典》(中文第2版).北京：外语教学与研究出版社,2000.

［36］《朗文语言教学与应用语言学词典》(中文第3版).北京：外语教学与研究出版社,2005.

［37］ 王初明.从补缺假说看外语听说读写［J］.外语学刊,2006,(1).

[38] 文秋芳.影响外语学习策略系统运行的各种因素评述[J].外语与外语教学,2004,(9).

【摘　要】　关于"语言习得"与"第二语言习得"研究的理论在我国外语教学界争议颇多。本文作者认为,这主要是由于对以上术语在国外文献中通用概念的误解。这些误解至少涉及五个方面:(1)以为第二语言习得只是一种单一的理论;(2)以为第二语言习得研究不包括外语学习的环境;(3)以为语言习得研究领域只有Krashen一家之言;(4)以为第二语言习得研究的内容只是在自然状态下掌握语言;(5)以为第二语言习得研究者反对语法教学。本文简明地阐述了有关国外文献中有关"第二语言习得""习得与学习""第二语言习得研究"等概念。笔者提出,探讨适合中国的外语教学理论应该首先真正理解有关术语的基本概念。

【关键词】　习得;第二语言;第二语言习得;第二语言习得研究

此文原发表于《英语教师》2008年第1期。

用新思路审视基础英语
目标定位（2008）

　　长期以来，我国的基础英语教育属于外语教育已经是一个不争的事实。但是近年来，有关英语应该是第二语言还是外语，又引起了理论界与实践领域的广泛关注和争议。强调我国英语教育属于"外语"而不是"第二语言"的观点认为，外语学习环境与第二语言（指在英语国家学习英语）学习环境不同。这样的看法是不辩自明的。但是，我国的基础英语教育究竟该如何定位？笔者认为，以发展的眼光来看，我国基础英语教育定位应该不同于传统意义上的外语教学。

　　近年来，国内外许多学者在分析英语的作用和目前使用英语的状况基础上，提出了一些新的看法，如"语言领域的帝国主义""世界英语""英语作为国际的语言""英语作为通用的语言""本族语主义"，等等。这些观点讨论的背景，不是在所谓内圈英语国家（如英国、美国、加拿大）学习英语的情况，而主要是指在不以英语为母语的国家，即我们通常所谓的"外语"环境下学习英语的情况。

英语教学领域也存在"帝国主义"？

　　英语在当今国际上的众多领域占有绝对优势，已经成为一种通用语言。这种"优势"不可避免地降低了其他国家语言和文化的价值，并由此而出现了"语言领域的帝国主义"现象。在英语教育界，人们普遍接受把英语为本族语人的语言水平作为评价的参照，把熟悉英美等国家的文化作为教学的目标。Michael Halliday 把这样的现象称为"本族语主义"（native-speakerism）。"本族语主义"在英语教学中反映的是人们根深蒂固的思维定式，如认为只有英美等"本族语"的教师才是教英语的最佳人选，认为教学就是让学习者达到本族语人的语言熟练程度。"本族语主义"的做法和认识可能使得其他国家英语学习者感觉自己的语言与文化低人一等。

英美文化影响着各个领域，英语词汇越来越多地通过其他行业进入汉语，这是不争的事实。同时，英语文化也对我国社会生活的各个方面产生了巨大的影响。客观地说，这不是英语教育所能控制的。但是，以西方文化为标准的英语教育必然会对学生的思想观念和文化意识产生影响，这种影响正面和负面兼有。笔者在各地的一些学校进行访谈时，问初二学生在英语课上，除了语言还学到了什么，学生们都说还学到了文化。当笔者问到他们具体的文化问题时，他们谈到，"西方文化中的做人方法和我们中国人的做人方法不一样。我们中国人夸奖别人，别人都是特别谦虚，都说'哪里，哪里。'，外国人则直接说'Thank you.'。"他们还提到西方文化中不问女士的年龄，不干涉别人的隐私，等等。当问到他们认为哪一种文化好一些时，他们中的许多人都认为西方文化好。笔者在一个贫困县访谈时了解到，那里的初二学生认为英语比汉语好写。这样的看法当然有其错误的一面，但笔者在此只是希望说明，英语教学的确会对学习者的思想意识、本族语言和文化认识产生影响。

英语可以由所有使用它的人共有?

针对英语在国际上的优势，另外一些西方学者则采取了比较积极的看法。他们认为，既然英语几乎成为进入"国际村"的前提条件，那么英语教学就必须满足人们争取发展的实际需要。而正是由于越来越多的民族和国家使用英语，英语本身也发生了许多变化，因此英语已经成为国际通用的语言。另外也有一些学者提出"世界英语"的概念。他们认为，"世界英语属于任何讲它的人，但它不是任何人的母语"。也有学者更愿意使用"第二语言"的概念。这里所说的第二语言已经不是指在英语国家学习英语，而是把英语作为另一种语言，是指母语以外的第二种语言。有统计表明，在使用英语的交流中，65%是在英语为非母语的人之间发生的。这些学者认为，英语不再属于少数西方英语国家独有，而成为所有使用者的共有财产。

把英语作为国际语言的思维脱离了传统的英语教学理念，认为英语属于任何使用它的人与任何教授这种语言的地方。这样的主张有以下几个主要的理由：以前人们把本族语的人作为语言熟练程度的标杆,大多数认为学习英语是为了和以英语为本族语的人交流,而现在的情况是,英语用于大多数母语为其他语言的人之间的交流。随着英语在各国的不同使用,英语本身也本地化了,各国使用者正在创造包括语音、词汇、句法和语用等方面的新方式。David Crystal 举例说,在埃及的英国人,使用英语时也会受当地人的影响,并效仿当地的用法。当他到埃及时,接站的埃及人说:"Welcome in Egypt!"（欢迎来埃及!）。而标准英语的说法应该是:"Welcome to Egypt!"（欢迎来埃及!）。后来当地的司机也这样说,他还不以为然。最后到了英国文化委员会驻埃及办事处,英国人也这样说。这些事实证明,英语本身也是在不断发展之中的,它会受到各国使用者的影响而产生变化。任何国家或民族,无论英国或美国,都不能成为英语发展的监护人。在这样的思维下,人们自然会质疑传统英语教学观念中一些根深蒂固的看法,比如:以少数"内圈英语国家"为语言规范的参照标准是否得当? 以达到英语为母语的人的语言能力为教学目标是否合适? 以"内圈英语国家"的文化常模为文化目标和评价语言得体性的标准是否合理?

学英语是否要以西方文化为主要文化目标?

在脱离了"本族语"为参照点的思维模式后,一些学者对于目前的英语教学模式和教学目标提出了质疑。比如,一些学者在研究了人们学习英语时两种语法系统的思维状态和变化后提出:第二语言习得研究的重点应该转到研究掌握第二种语言的人独特的思维方式,而不是以英语为母语的人为目标,研究如何达到母语者语言水平的过程。摈弃本族语的思维后,Cook(2003)根据前人有关双语、中介语言、语音和语法等三个方面的研究指出:无论第二语言使用者的语言水平有多么高,也与本族语人的不同。第二语言使用者是在运用两套复合的不同的语法系统。

持有这类主张的学者认为,既然英语作为一种通用语,是独特的、自成一类的,那么就应当摈弃外语的模式。因为外语是他人的,与自己无关的。因为不是外语,自然也不需要达到他人的语言水平,所以也就不存在什么中介语言。这样的理念可以说颠覆了许多外语教学界认为理所当然的标准。比如,Tomlinson(2005)提出,我们既然达不到、也不必要达到所谓本族语人的语音发音标准,我们还需要花那么多的时间追求语音的完美吗? 既然英语是一种国际语言,总会有许多不同的英语,我们还有必要去区分英式或美式英语吗? 那么,反观我国的课程目标,在教学内容的设计上,我们还有必要以介绍西方英语国家的文化为主要文化目标吗?

英语教学需超越"实用"目标定位

在这些新概念的基础上,一些学者又提出了有关教学目标、教学内容、评价标准等各个方面的不同的看法。Cook(2003)提出英语教学的"外在目标"与"内在目标"的概念。外在目标指的是学校外,个人人际交往的目标;而内在目标则是学生内心世界,思维、思想发展等自身发展的目标,如培养不同的思维方式,成为一个优秀的公民。通过英语的学习,学生可能学会从不同的角度思考,学会不同的学习语言方式。用英语与人交流只是这些国家英语教育的目标之一,而不应该是全部的目标。他同时还提出了以下几个方面的目标:个人发展、新的认知思维方法、对于母语的理解、与不同母语的人交流、对于其他文化的理解与鉴赏、促进跨文化的交流、维护和平,等等。也就是说,使学生能运用另外一种语言,不仅仅是使他们掌握用另外一种语言交流的工具,而且是通过各种途径使他们改变自己的人生和心智。

我国学者张正东也曾指出:"教育目标包含文化教养目标和品德教育目标,它包括世界观、价值观、审美观以及智力开发、方法论诸方面的追求,这是各个学科都要涉及的目标,也是各国都很重视的外语课程目标。"

我们在谈论英语教学的重要性时,通常从社会发展对于英语的需求出发,如英语是国际通用的语言,学生需要通过英语获取信息和与世界各国交流,等等。但是,作为基础教育的一个学科,英语教学也同样应该具有培养学生素质、思想情感、正确思维方法、学习策略和获取信息能力等其他目标。

笔者认为,从这些角度思考问题,我们可能会有新的思路。Philipson(1992)认为,英语教学界的人习惯把英语教育看作他们的职业,而没有从更广泛的社会、政治和经济等方面去分析问题。实际上,这些看法的潜在思维还是以达到英语为本族语的人语言能力和文化常模为参照。在这样思维的基础上讨论我国的基础英语教学,可能会发现一百种问题,却又难以找到可解的方案。

我们需要跳出外语思维模式的窠臼，挑战传统的英语教学模式。我们要通过英语学习帮助学生进入"国际村"，让学生能用英语表达自己的价值、身份和思想，传播中国的优秀文化，与各国使用英语的人交流。可能我们需要重新思考教学的目标、教学内容和评价标准，考虑是否需要重新建构英语语言教育的多元知识系统，是否需要重新规划原有课程目标的内涵或补充新的内容。笔者认为，确定我国基础英语教育目标时，需要考虑的因素至少有以下几个方面：社会和国家对于基础外语教育的需求、外语教育对于学习者思想、文化和意识形态形成的影响、学生的素质教育和个人发展需求、基础外语教育的环境与条件、地区差异与教育的公平性、教育体制的特殊性。这些问题还有待于我们今后作进一步讨论。

参考文献

[1] Cook V. Introduction：The changing L1 in the L2 user's mind［A］//Cook V.（eds.）. Effects of the Second Language on the First. Clevedon：Multilingual Matters Ltd. , 2003.

[2] Phillipson R. Linguistic Imperialism［M］. Oxford：Oxford University Press，1992.

[3] Tomlinson B. The future for ELT materials in Asia［J］. Electronic Journal of Foreign Language Teaching，2005, 2(2)：513.

【摘　要】　当前，在国际上的众多领域，英语具有语言上的绝对优势。英语会对学习者的思想观念和文化意识产生重要影响。同时，英语也不再属于以其为母语的人专有，许多不以英语为母语的人也在使用并改造着英语。因此，我们有必要对我国以往的英语教学目标定位进行反思：我国的英语教学要培养什么样的人？是熟练运用外语、通晓外国文化的"香蕉人"，还是会用英语表达自己独特声音的中国人？

此文原发表于《基础教育外语教学研究》2008 年第 9 期。

课程、大纲与核心大纲(2009)

英语新课程实施以来,其新的教育理念、课程设计方案给我国的基础英语教育带来了诸多积极的变化。但是,教师们在肯定课程进步的同时,也反映了一些问题。笔者在调查中发现,教师、教研员和学生比较集中地反映了两个方面的问题:一是教材编者、教师和命题者对于教学目标的理解不完全一致,许多教师不清楚教学的目标,因而难以设计教学活动,这也使得一些地区测试的内容与教学内容差距较大;二是有些教学内容不适合部分学生,特别是农村地区的学生。从表面看,这些问题似乎与课程没有直接的关系,实际上,这些问题却反映出课程本身构念上可能存在的缺失。本文试图从教育公平性的角度审视课程设计,分析问题的原因,提出可以选择的一种解决方案,即增加教学大纲,其中包括核心大纲与扩展大纲。

一、课程与大纲

在英语中,课程(curriculum)与大纲(syllabus)常常是可以置换的概念,而在强调它们之间的区别时,也会分开。有时,课程与大纲的设计者并不特别区分它们之间的不同,而是把课程与大纲的功能合二而一。如 Nunan(1988)在书中就把课程和大纲的功能与内容综合,其中包括选择教学内容,对内容排序,也包括教学方法与评价。而 Dubin & Olshetain(1986)则对于课程与大纲的区别作出如下解释:

> 课程包括对于总体目标的宏观描述,指明课程的教育与文化的哲学理念。对于语言与教育作一般的理论阐述。课程通常反映民族与政治的取向。大纲则较为具体,描述对教与学的实际运作内容,这些内容是把课程目标的理念体现在一系列有计划的步骤中,变为分级的、更为详细的目标。

Yalden(1987)也认为,大纲的特性之一就是"清楚明确",只有提供详细的内容描述,测试命题才能有依据。大纲是课程的组成部分,其中应该包括四项内容:目标,内容,方法与评价。大纲的主要作用是确定教师与学生应该教与学什么内容,才能恰当地实现课程的目标。Breen(2001)提出:1. 大纲应该选择那些能体现总体目标的知识与能力,提供一个知识与能力的清晰的框架;2. 大纲应该为教师与学生提供一种能持续发展的方向感;3. 在其他教师接手时,能知道课程中哪些内容已经完成;4. 能为评价学生发展状况提供参照;5. 能评判课程设置是否符合教学目标与学生需求。设计大纲的几个原则可以用问题的形式体现(Breen,2001):1. 应该选择什么知识与能力?2. 应该选择何种适当的内容?3. 这些内容如何进一步细化,以成为可以操作的教学单位?4. 这些内容应该如何按照语言的发展顺序排列?正如Finney(2002)指出的,无论是广义还是狭义的概念,课程应该涉及计划、实施和评价的各个方面,其中包括,为什么(why)、如何(how)、达到何种程度(how well),以及什么样(what)的教学过程。显然,目前我国的英语课程还没有达到这样的标准。

二、问题的提出

笔者2007—2008年对我国中部地区省会城市的教研员,沿海经济发达地区,中部地区的市、镇和国家级贫困县的一些乡中学,以及大城市某初中普通学校的学生和教师做过18次访谈调查(所有访谈均有录音或录像)。师生们对于英语课程有诸多困惑,其中两点较为突出:一是难以把握教学目标;二是部分教材内容不适合学生实际。某省会城市教研员反映,由于课程目标不够明确,各地教研室在理解课程目标上有很大差异。比如有些地区的中考试题与学校的测试题仍然以考查零碎的语言知识为主,试题没有完全反映课程标准提倡的教学理念。"全国初中毕业学业考试评价课题组英语学科组"认为:全国中考试题存在的一个主要问题是"对课程标准教学目标与要求的理解与把握"。可见这位教研员反映的情况在全国普遍存在。

在学校层面,据笔者对某沿海经济发达地区的一个国家级贫困县重点、普通和民办学校的访谈发现,对于新课程的实施,即使是重点学校,教师仍感觉困难极大。县重点学校教师反映,目前每班只有几个学生可以勉强在地区的统考中及格,其他学生皆对英语学习失去信心。

他们认为教材的内容过多、过难，既不敢擅自删减，也不知讲授的深度。当问及他们是否可以降低要求，有选择地处理教材时，他们认为没有可能。一是地区统考不会降低难度；二是教师无从把握地区考试的难度与范围；三是学校统一购买的练习题大部分是有关语法知识的练习，所以课堂时间主要用于讲解语法知识。他们用"苦海无边"来形容无奈的心情。某直辖市学校教师也同样反映难以把握教学目标、教材的难度与深度。同时，在全国各地听课时，专家也常常指出教师对于教学目标缺乏清晰的了解，没有设计清楚的教学目标。当然，这些现象反映出的不完全是课程设置本身的问题。但是，从课程的角度反思深层的原因，不难发现，目前课程关于语言能力的目标比较笼统，缺乏对能力表现的具体描述，唯有知识的罗列比较详细、具体，如语法、词汇和功能等。结果，教材编者只能根据自己的理解决定教材的内容，难度与范围多凭主观经验与直觉。这往往造成编者在理解上的重大偏差，甚至不得不在出版后，对教材内容进行大幅度修改，这种现象并非个别出版社的情况。

而设计试题时，话题的内容与范围、能力的要求等等，均由命题者根据自己的理解决定。教师在制定课堂教学计划时，由于缺乏明确教学目标的引导，又无从了解命题者所理解的测试目标，只能通过教材的内容来推断。结果难以对教材的内容进行取舍，也无从确定讲授的深度与广度，唯有把教材中的内容全部讲授完。显然，这在很大程度上是由于在教材编者、教材审查者、教师与评价者之间，缺乏明确的、理解一致的课程目标。实施九年义务教育英语教学大纲时，大纲的教学目标也是要培养学生"为交际初步运用语言的能力"。但实际上，由于目标描述比较笼统，结果大部分测试仍然以考查零散的语言知识为主。这种状况并未因新课程实施而得到根本的改善。笔者在 2008 年访谈时的目的是了解教材的问题，但是教师几乎每次都不断把话题转到测试的问题上。他们认为"中考跟我们平时上课绝对是脱节的"，"连我们这些当了几十年英语教师的都不知道应该选什么"，认为"中考是错误地引导我们"。教师抱怨"教师教的不考，学生对教师失去信心了，书上有的不考，学生对教材失去信心了"。笔者认为，这在很大程度上是由于课程目标过于笼统造成的。

三、目标的能力描述

目前国际上解决这个问题通用的一种思路是详尽地描述可以观察

到的能力表现,用清晰的目标来陈述应该达到的水准,并把学习者的能力分为若干等级,规定在不同级别中应该用语言能力完成的任务（Breen, 2001）。近年来,比较流行的是"以标准为基础的"（standard-based curriculum）评价标准,如影响广泛的《欧盟共同体语言教学大纲》（*Council of Europe*, 2001）。

能力描述方法是"以标准为基础的课程",是对于学生语言运用能力的准确描述（precise statements）。这种描述也被称为 can-do-statement,清楚地说明学习者在课程结束时可以做的事情。这样的描述方法不仅在英语为第二语言的教学环境下是必要的,在外语教学的环境下也是如此（Richards, 2001; Nunan, 2007）。语言课程设计专家Richards（2001）认为,"以能力为基础的"标准具有以下的特点：1. 它们以描述更具体、更细微的学习单元体现总体目标；2. 它们为组织教学活动提供参照的基础；3. 它们用可以观测到的能力表现描述教学。这样的标准不仅使学习者对于在课程结束时应该学会的东西,具有更清晰、实在的概念,而学习可以被视为一个通过循序渐进、不断累加即可以实现的目标,学生有可能进行自我评价（Nunan, 2007）。

实际上,目前英语课程标准对于能力的描述,也是以能力表现为基础的。但是,其中对于任务的描述仍然不够详细。比如,第三级别关于说的技能有如下要求："能提供个人情况和个人经历的信息"。然而,个人情况的信息可能包括许多方面,究竟是什么方面的信息,能达到什么标准,课程标准中没有说明。这虽然给教师留出很大的自由空间,但是也使得教材编写者、命题者与教师可能各自依照自己的直觉和经验解释这条标准,结果教师需要承担他们难于解决的任务,如根据学生的实际决定教材的增减、教材与测试的错位等等。所以课程设计研究者都非常重视教学目标要尽量详细。Brown（1995）在关于课程设计的专著中,详尽地介绍了总体目标与教学目标之间的区别,以及如何设计教学目标。他同时提出有效教学目标应该包括：1. 能力表现（performance）,即教学目标应该列出学习者需要能够做什么；2. 条件（condition）,即能力表现的条件与环境；3. 标准（criterion）,即目标应该描述学习者什么样的表现是可以接受的。Nunan（2007）也认为,在能力描述的标准中,目标通常包含三个组成部分：一是能力表现或任务描述（performance or task statement）,这一部分主要描述学习者能够做的事情；二是对于语言能力表现或完成任务条件的描述,即在何种情境（circumstances）下和条件（conditions）下学生能完成这些任务；第三部分是对于完成任务标准的描述。比如,在《欧盟共同体语言教学大纲》中,有这样的一个要求:可以在旅馆的登记表上写出数字、日期、自己的姓名、地址、年龄、出生日期和到达国家的日期。

Findlay & Nathan(1980)(cited in Richards, 1990)在"有关个人情况和个人经历的"的目标中,把任务细化为:

> 在要求完成一个口语任务时,学习者要能对一个以英语为母语的人说出他/她的名字、地址和电话号码,能拼写出自己的名字、街道和城市的名称,使得考官能记录下来,达到100%的准确。

从以上的范例中我们可以看出,如果课程标准的教学目标进一步细化,那么,教材编写者在选择学习材料和设计活动时,就清楚选材的范围。而各级试题命制者也有了参照的依据。教师在处理教材时可以设定明确的目标。那么,是否我国的基础教育英语课程只要增加更为细致的目标描述就可以解决问题呢? 我们在下面对这个问题进一步讨论。

四、能力描述需要考虑的问题

从有关能力描述的范例中,可以看出,能力描述模式的特点,是以学生在真实生活中可以完成的任务为基础的(Long, 2005)。由于目前国外语言教学研究主要是基于学习者在英语国家学习和使用英语的情况,因此目前国际上这种能力的描述通常是以所谓"内圈英语国家"(inner circle countries),即美、英、澳、加、新等主要英语国家进行语言交流为目的(Philipson, 1992),为了使学习者内化以英语为本族语人的文化常模(McKay, 2003)。显然,我国的基础英语教学的目的与此不同。但是,由于目前课程目标没有对话题内容和语境做更详细的规定,结果,大部分的教材和试题的内容,或多或少以"内圈英语国家"的文化常模为基础,虽然也增加了少量中国和部分其他国家的文化。这样的基本思路不可避免地涉及内容适当性的问题。内容的适当性又可以分为两个方面:一是内容的熟悉度;二是内容的正确性。

Ellis(2003)在提到任务的主题内容(thematic content)时指出,课程设计者必须决定究竟希望学习者交流什么。因此,选择适当的内容就成为任务设计的一个主要的组成部分。其中,话题的熟悉度(topic familiarity)是设计任务的一个特别需要考虑的问题。国内外研究者在这方面已经做了许多研究,如 Skehan(1998)、Skehan & Foster(2001)、Norris(1998)和 Luo(2007)。他们的研究表明,话题的熟悉度是影响任务难度的一个主要因素。如果学生对于话题不熟悉,输出的就少,完成任务就会困难。换句话说,如果学生对于话题内容不熟悉,自然无话可说,互动也难以实施。

研究还表明,话题的选择还会影响学生的表达和学习兴趣等(Ellis, 2003)。课程、教材也会影响学生的态度与动机(Gardner, 2001)。2007 年某次会上,一位教师当场提出教材内容的适当性问题。他指出,许多学生来自农村或贫困地区,能吃饱饭已经很不容易,而教材中有关各种食品种类等话题使学生感到非常反感。此说立即得到在场其他教师的呼应。笔者 2007 年在沿海山区的贫困县调查时了解到,当要求学生谈论周末的计划时,所有学生的回答都是"看电视"。因为那个山中小镇没有公园,甚至连条像样的马路也没有。一位女学生直率地问,"你们的教材不是为我们编写的吧? 肯定不是的"。在问到学生感觉最大的困难时,这个山区学校的学生首先提到的即是内容的适应性问题。2008 年,笔者在中部一个贫困县调查时,问到学生周末做什么,他们的回答是"上山采蘑菇""挖竹笋""在村边的河里钓鱼"。2008 年一位苏北的教师说,有些学生一天只吃一顿饭。2007 年,湖南一位县中学教师给笔者写信说:"教材内容与实际生活严重脱节。譬如,目前农村很多家庭连饭都吃不饱,很多孩子从未离开过自己的家,从未见过电脑,而教材内容介绍漂流、夏令营、网上查资料等,这样给教学带来了严重不便。一方面引起他们的自卑心理,另一方面引起他们的敌视心理,认为社会不公平。"这位教师说的情况也许并非普遍现象。但是,笔者从 2004—2006 年多次与农村地区教师的座谈中了解到,不仅学生,即使教师对于什么是"热狗""汉堡包""比萨饼""西兰花"等也不是很清楚。农村学生在统一考试中达不到城市学生同等水平的原因,也许并不是他们的语言能力差,而是由于不熟悉任务的内容。显然,这样的试题内容就产生了测试的偏倚性(test bias),对于一些农村地区学生来说是不公平的,也是缺乏效度的。McKay(2007)谈到以标准为取向的评价时指出,不涉及语境的目标描述对于教师来说是没有什么帮助的。在实际运用中,语境(即支持的性质与程度、有关背景知识的要求)对于学生能否表现出自己的语言能力至关重要。因此,课程标准应该对于文化的内容做出比较细致的规定,这样对于教材内容的选择和教材评价均会起到指导作用。至于表现性目标的一些局限性,国内外课程专家有许多论述(如 Stenhouse, 1975;张华,2000),在此不详细讨论。

五、分级目标设置中的问题

英语课程标准提倡灵活性和开放性,目的是给不同的地区、不同的学校以发展的空间。按照英语课程设计的思路,学校会有更多的自主权,各地可以根据自己的实际情况实施校本课程。目前英语课程标准设定级别的假设是,所有学生按照一个垂直的方向,从低向高发展,但是对于语法、词汇等的要求有所不同。如果一个学生各方面条件好,可以向上发展,而较差的学生则可以只达到较低的水平。这样的构想从表面看是正确的,但如果不解决话题内容的适当性问题,恐怕仍然难以解决目前中国环境下基础英语教学面临的实际问题。比如,高中课程的目标中,七级和八级中的话题内容基本是相同的,都有个人、家庭和社会交往以及日常生活等方面的话题。什么是"社会交往"、"一般社会生活"或"日常生活"? 英语课程标准没有进一步规定。但是,根据《中考白皮书》和《高考白皮书》的统计,目前各省的英语测试题,阅读题中既有 46% 涉及社会文化的内容,又有 11% 的内容涉及广告,两项内容共占试题比例的 57%,其中许多话题是农村学生不熟悉的,如周末野餐、机场接人、求职应聘、网络聊天、去欧洲旅游的计划、爵士音乐等等。这些还不包括选择填空和其他题型中的话题。

其实,现行几种使用比较广泛的中小学英语教材和大部分英语试题中的话题,都涉及现代经济、文化发达的城市生活,如快餐文化、西洋节日、网络文化,以及音乐、美术、服饰、交通工具、通信设备等等。显然,这些任务的语境及背景知识对于一些农村地区的学生比较陌生。而由于学生缺乏发展语用能力所需要的质与量(McKay, 2003),他们很难根据自己的经验与常识去推断任务中人物与事件的逻辑关系,必然会造成理解的困难。

目前农村地区学生在学习英语方面与城市的差别,有起点问题、师资问题、学习条件等,而一个主要问题是生活环境与文化背景知识问题。不是农村的学生认知能力低,而是目前学习内容涉及的许多文化背景知识是他们所不熟悉的。换言之,农村地区学生与城市学生的差异不在智力,而在环境、文化背景知识和生活经历。同时,本文前面提到,国内外的研究表明,如果学习者熟悉话题,难度就会降低,兴趣就会提高。假如目前学生学习的内容是他们比较熟悉或者感兴趣的，他们也许并不一定学不好英语；如果话题内容和词汇含义是农村学生熟悉和感兴趣的，也许他们也可以掌握和城市学生同样的词汇量。

这种问题不仅在中国存在，美国也有许多少数民族学生由于语言和文化的差异而退学或降级。因此，美国的学者认为，教育机会的均等不在于仅仅向所有学生提供相同的学校硬件和教师，还在于向他们提供能成功的机会，所以不应该以白人英语单语人为唯一标准（white English-speaking monolinguals）（Reeves，2004）。澳洲移民学生也存在对于主流文化的理解困难而被认为是差生的问题（McKay，2000）。反思中国的情况，可以说，大部分农村地区的学生并不熟悉英语国家文化。如果农村地区的学生仅仅因为不熟悉英语国家的文化知识而没能学好英语，在级别的梯度上处于劣势，结果失去与城市学生同等的机会，那也是不公平的。如果我们不考虑这个问题，等于不知不觉中在城市与农村学生之间制造同样的不公。因此，关注教育的公平、均衡发展，不仅要注意硬件，如办学条件、师资配备，也要注意软件，即课程的设置和教学内容的问题。

六、解决问题之道

综上所述，如果教学目标笼统，则教材内容、试题内容都难以控制，教师难以确定教学重点，而课程设计留有发展空间的目的也难以实现。但是，详细的目标内容描述则必然以某些话题内容为基础，如果把握不当，会使部分学生受到歧视，这些问题不是仅仅减小语言的难度，压缩教材的内容，或者降低词汇的数量就可以解决的。让农村地区的学生在同样内容的基础上降低水平不仅不公平，也没有触及困难问题的实质。我国的国情是，即使同一地区，从省、地、市、州和县，城镇和农村的经济条件也是天壤之别，每个地区都有办学条件非常好和非常差的学校，根本不可能"一刀切"地让某个省或地、市降低标准，这样既不公平，也不现实。如果考虑内容的适当性，课程中的话题内容应该分类，有核心内容和扩展内容（Ellis，2003）。可行的方法可以根据话题与学生联系的紧密程度，把课程内容分为若干圈，话题内容从内圈向外圈逐步扩展。无论从教学目标和教学内容，课程设置与中国国情的适切性看，课程设置都需要探索新的思路。笔者认为，在课程之下，设置教学大纲，划定对于绝大部分学生都适合的核心话题与教学内容圈，是解决以上问题的可选策略之一。

无论设定何种名称,从目前的实际出发,我们需要有一个比目前课程更为详细的文件。这个文件必须设计明确的目标,包括语言与非语言的目标,内容应该包括核心的知识与能力。对于能力的描述又需以任务的形式体现(Candlin,2001)。这种核心的内容不仅可以细致到内容的单元,甚至是单元中的活动(Breen & Candlin,1980)。内容应该是分级的和排序的(Markee,1997)。笔者设想,在目前的课程之下,应该补充制定大纲,划定核心话题内容,可称为"核心大纲"(core syllabus)。而核心词汇(张正东,2006)的选择,也应该首先参照话题的内容。在核心大纲的基础上,再设计"扩展大纲"(extended syllabus)。除了核心内容,扩展内容是组合式的,学校可以根据不同的情况自主选择,是协商式的(Breen & Littlejohn,2000)。同时,课程应该对于大部分学生都能掌握的核心内容,划定既考虑大部分农村地区当前现状,也预估今后社会发展的目标,还应该对于城乡学生都熟悉的内容范围有所规定,划定基本话题内容的范围,或者是核心子话题的范围,包括 Ur(1996)和程慕胜(2006)提到的中性文化。目前国家英语课程标准有大的主题和话题,考虑到我国的环境,还需要确定一些核心子话题。这样,农村学生才能在已有背景知识的基础上学习不熟悉的知识。

课程或大纲设计有三种不同的模式:一是语法大纲,主要以传授系统语法知识为目标;二是能力大纲,即我们前面介绍的;三是发展性大纲,按照发展性大纲的理念,教育的目标不在传授知识和技能,而是提供个人的发展空间(Finney,2002)。Finney 主张一种灵活的课程模式,既包括能力性的标准,也包括个人经历、体验等。无论课程还是大纲,都可以增加其他方面的评价内容。Cook(2007)从"内在目标"(internal goals)与"外在目标"(external goals)的角度讨论课程内容的设计,认为目前英语教学较少考虑学生学习的内在目标,即个人成长和发展等问题,而过多追求达到英语为本族语人的标准。与此相关的,还有语言领域的帝国主义和英语作为国际通用语言等涉及英语教育定位的问题以及英语课程设计的理论基础,拟另文讨论。

从课程设计与实施的理论上讲,课程本身应该是一个动态的、形成性的评价过程。因为学习环境、教师与学生都是在不断地变化,所以课程也应是不断对于环境、教师与学生需求进行分析的循环过程(continuing cycle of needs analysis),而不是一劳永逸、一成不变的(Brindley,1989)。

参考文献

[1] Breen M, Candlin C N. The Essentials of A Communicative Curriculum in Language Teaching [J]. Applied Linguistics, 1980, 1 (2): 89-112.

[2] Breen M, Littlejohn A. (Eds.). Classroom Decision-making: Negotiation and Process Syllabuses in Practice [M]. Cambridge: Cambridge University Press, 2000.

[3] Breen M. Syllabus Design[A]//R Carter, Nunan D. (Eds.). The Cambridge Guide to Speakers of Other Languages[M]. Cambridge: Cambridge University Press, 2001: 87-99.

[4] Brindley G. The Role of Needs Analysis in Adult ESL Programme Design [A]//Johnson R K. (Ed.). The Second Language Curriculum [C]. Cambridge: Cambridge University Press, 1989: 63-78.

[5] Brown J D. The Elements of Language Curriculum: A Systematic Approach to Program Development[M]. Heinle & Heinle Publishers, 1995.

[6] Candlin C N. Afterword: Taking the Curriculum to Task[A]//Bygate M, Skehan P, Swain M. (Eds.). Researching Pedagogical Tasks: Second Language Learning, Teaching and Testing[C]. Harlow, England: Pearson Education. 2001: 229-243.

[7] Cook V. The Goal of ELT: Reproducing Native-speakers or Promoting Multicompetence among Second Language Users? [A]//Cummins J, Davison C. (eds.). International Handbook of English Language Teaching[C]. New York: Springer, 2007: 237-248.

[8] Dubin F, Olshetain E. Course Design[M]. Cambridge: Cambridge University Press, 1986.

[9] Ellis R. Task-based Language Learning and Teaching[M]. Oxford: Oxford University Press, 2003.

[10] Finney D. The EFL Curriculum: A Flexible Model for A Changing World [A]//Richards J C, Renandya W. (Eds.). Methodology in Language Teaching: An Anthology of Current Practice. Cambridge: Cambridge University Press, 2002, 69-79.

[11] Gardner R C. Integrative Motivation and Second Language Acquisition [A]//Dörnyei Z, Schmidt R. (Eds.), Motivation and Second Language Acquisition [C]. Manoa, Hawaii: Second Language Teaching & Curriculum Center, 2001: 119.

[12] Long M H. (Ed.). Second Language Needs Analysis [M]. Cambridge: Cambridge University Press, 2005.

[13] Luo Shaoqian. Re-examining Factors That Affect Task Difficulty in TBLA [D]. Unpublished Doctorate Dissertation. The Chinese University of Hong Kong, 2007.

[14] Markee N. Managing Curricula Innovation [M]. Cambridge: Cambridge University Press, 1997.

[15] McKay P. On ESL Standards for School-age Learners[J]. Language Testing, 2000, 17(2): 185-214.

[16] McKay P. The Standards Movement and ELT for School-aged Learners: Cross-national Perspectives [A]//J Cummins, Davison C. (eds.). International Handbook of English Language Teaching. New York: Springer, 2007: 439-456.

[17] McKay S L. Toward an Appropriate EIL Pedagogy: Re-examining Common ELT Assumptions [J]. International Journal of Applied Linguistics, 2003, 13 (1): 121.

[18] Norris J, Brown J D, Hudson T D, Yoshioka J K. Designing Second Language Performance Assessments [M]. Honolulu: Second Language Teaching & Curriculum Center, University of Hawaii Press, 1998.

[19] Nunan D. Standards-based Approaches to the Evaluation of ESL Instruction [A]//Cummins J, Davison C. (eds.). International Handbook of English Language Teaching. Springer Vlg Kluwer Academic, 2007.

[20] Nunan D. The Learner-centered Curriculum: A Study in Second Language Teaching[M]. Cambridge: Cambridge University Press, 1998.

[21] Phillipson R. Linguistic Imperialism [M]. Oxford: Oxford University Press, 1992.

[22] Reeves J. "Like Everybody Else": Equalizing Educational Opportunity for English Language Learners[J]. TESOL Quarterly, 2004, 38(1): 43-66.

[23] Richards J C. Curriculum Development in Language Teaching [M]. Cambridge: Cambridge University Press, 2001.

[24] Richards J C. The Language Teaching Matrix[M]. Cambridge: Cambridge University Press, 1990.

[25] Skehan P. A Cognitive Approach to Language Learning[M]. Oxford: Oxford University Press, 1998.

[26] Skehan P, Foster P. Cognition and Tasks[A]//Robinson P. (Ed.). Cognition and Second Language Instruction. Cambridge: Cambridge University Press, 2001.

[27] Stenhouse L. An Introduction to Curriculum Research and Development[J]. London: Heinemann, 1975.

[28] Ur P. A Course in Language Teaching[M]. Cambridge: Cambridge University Press, 1996.

[29] Yalden J. Principles of Course Design for Language Teaching ［M］. Cambridge：Cambridge University Press，1987.

[30] 程慕胜.外语教学"新"理念辨[J].基础教育外语教学研究,2006,(1).

[31] 全国初中毕业学业考试评价课题组英语学科组.中考白皮书——2007年中考英语试题研究报告.西安：未来出版社,2007.

[32] 张华.论课程目标的确定[J].外国教育资料,2000,(1).

[33] 张正东.外语是把双刃剑[J].基础教育外语教学研究,2006,(1):19-22.

[34] 甄强.外研社,借船出海走出去[J].出版参考,2007,(8).

[35] 中华人民共和国教育部.全日制义务教育普通高级中学英语课程标准(实验稿)[S].北京：北京师范大学出版社,2001.

[36] 中华人民共和国教育委员会.九年义务教育全日制初级中学英语教学大纲(试用).基础教育外语教学研究,2000,(02)：4-12.

【摘　要】　英语新课程实施以来,其新的教育理念、课程设计方案,给我国的基础英语教育带来了诸多积极的变化。但是,教师们在肯定课程进步的同时,也反映了一些问题,如教材编者、教师和命题者对于教学目标的理解不完全一致,有些教学内容不适合部分学生,特别是农村地区的学生。从表面看,似乎这些问题与课程没有直接的关系,实际上,这些问题却反映出课程本身构念上可能存在的缺失。从教育公平性的角度审视课程设计,本文提出可以选择一种解决方案,即增加教学大纲,其中包括核心大纲与扩展大纲。

【关键词】　英语课程;大纲;核心大纲

此文原发表于《课程·教材·教法》2009年第1期。

重新思考基础教育英语
教学的理念（2009）

关于建立"具有中国特色的外语教学路子"有许多争论，但焦点似乎主要是途径和方法的问题，很少涉及英语教育目标与政治、文化、经济等问题的关系，很少讨论英语教育的基本理念。什么是理念（ideology）？Holliday（2009）认为，理念是决定人们行为选择的思想系统。Tollefson（2007）认同Woodlard（1992）的定义，认为理念在语言教学中是指人们对于语言的本质、交际的本质与目的以及得体的交际表现等观念的共识。按照《朗文语言教学与应用语言学词典》（第三版）的定义，理念是"形成一个政治体系、教育体系或者经济体系基础的一系列概念、学说和信念（a set of concepts, doctrines and beliefs that forms the basis of a political, educational or economic system）"（pp. 315–316）。该词典列出的英语课程理念有：强调学科内容固有价值理念（academic rationalism）、注重服务社会经济发展理念（social and economic efficiency）、以学习者为中心（learner-centredness）的理念、"社会重建"（social-reconstructionism）理念和文化多元主义（cultural pluralism）等。这些信念和价值观是我们思考课程目标、讨论教学方法的理念，或者说是基本依据（ibid：pp. 180–181）。

本文试图从英语语言的影响、英语教育的定位等几个方面，讨论我国基础教育英语教学（以下简称基础英语教育）的理念和目标。笔者认为，应该摒弃"英本主义"的思维定式，重新构建基础英语教育的理论框架，重新审视英语教育的目标，并相应地调整课程的内容。

1 服务社会经济发展与文化多元主义

英语教学研究者习惯把英语教育看作职业,只是把英语作为一种外语来教,没有从更广泛的社会、政治等方面去分析问题(Phillipson,1992)。但国际上越来越多的学者指出,英语教学既是教育行业,又属文化与思想意识领域,认为英语教育只是教授一门外语的看法正受到国外学界的强烈质疑(Pennycook,1989;Holliday,1994;McKay,2003;Cummins & Davison,2007)。正如Ellis(2008)指出的,一种语言教学课程是以一系列社会与政治价值体系为基础的,任何课程的设置都要论述这些价值体系,达成共识,说明以何种价值体系引导课程的设计。当设定基础英语教育目标及课程内容时,不仅取决于国家宏观的语言政策,也取决于对于英语语言的作用和影响、对于英语教育有关理念的认识。

众所周知,英语是当今国际上使用最广泛的语言,在科技、经济和教育等领域占有绝对优势。85%的国际组织以英语为官方语言,而90%的学术文章是用英语发表的(Crystal,2003)。事实上,英语已经成为国际通用的语言(Crystal,1997)。诚如Phillipson(1992)所言,"大英帝国已经让位于英语帝国"。随着我国改革开放和社会不断发展,英语词汇通过各个行业进入汉语,是不争的事实。从某种程度上说,英语已经成为我们日常语言使用中的一部分,西方文化也对我国社会生活和思想理念产生巨大的影响。客观地说,这不是基础英语教育所能控制的。掌握英语几乎成为进入国际科技、教育、经贸与娱乐等各个领域的前提条件。基础教育必须满足国家和个人争取发展的实际需要(Modiano,2001)。这就是服务社会经济发展的理念。可以预见,在今后很长一段时间内,英语仍会是基础教育的一门主课。然而,外语教学是"双刃剑",既有有利的一面,也可能对国家、民族文化、经济和学生思想意识带来负面影响,并不一定符合国家的长远利益(张正东,2006;Blake & Kramsch,2007)。因此,国际上对英语教育有着不同的理念。

1.1 标准规范观

"标准规范观(N-bound perspective)"主张把英语为本族语者的口头语言、价值观念、文化常模等作为教学标准(Sifakis,2004),如:

（1）教学目标以英语为本族语者的能力水平为标准；（2）教学内容以核心英、美文化为参照的常模，认为教学中的文化目标最重要的是介绍英语为本族语者思考问题的角度，学习英语国家主流社会的生活方式（Stern，1992）。国内论述文化教学的文章，举例也大都是英美国家文化。Holliday（2005）把这些理念称为"英本主义"（native-speakerism）（这里的"本族语"实际是指"英语为母语"，故译为"英本主义"。下同）。他指出，"本族语主义"反映的是人们根深蒂固的思维定式。比如，学习者母语的语法和发音被认为是有碍于学习；语言评价参照本族语的熟练程度；以英语国家的习惯用语、俚语和语法用法为准；在观念上，英语是"外国"的，本族语者是文化与习惯用法的专家。

但是，由于英语的强势地位，英语教育对于各国的影响已不仅是某种外语学习的作用，而带来的是一系列思想意识、价值观念与行为准则（Pennycook，2001），可能使得英语学习者感觉自己的语言和文化低人一等，不可避免地降低了本国语言和文化的价值（Phillipson，1992），这种负面的影响使本地文化边缘化（Modiano，2001；McKay，S.，2003）。同时，这也使得英语学习者的文化属性与个人观点边缘化了（Kumaravadivelu，2003）。这就是 Phillipson（1992）所说的"语言领域的帝国主义"（linguistic imperialism）和"文化帝国主义"（cultural imperialism）。推动英语教育的背后还包含有巨大的利益关系，经济是驱动英语教学的发动机（Kumaravadivelu，2003）。所以 Pennycook 强调，知识是"interested"，即有利益关系的（Pennycook，1989）。他告诫人们，我们永远要把教育的社会环境、政治和经济因素考虑进去。

1.2 沟通理解观

有统计表明，使用英语的交流中，74% 是在英语为非母语者之间发生的，而不是与英语本族语人交流（Graddol，2008①）。英语的突出作用在于，持不同语言的人之间交流的第一选择是使用英语（Crystal，2003）。虽然使用同一语言，实际上却沟通多元文化（刘润清，2008）。因此，一些学者持"沟通理解观"（C-bound），认为重要的是交流双方要有共同的理解基础，了解对方的背景和文化，不需以英语国家文化为标准。正如 House（1999）和 Holliday（2005）提出的，地区性的俚语、习惯用法等与国际交往无关。英语作为国际语言，不应该以某种单一的文

---

① 北京国际小学英语教学研讨会上的主旨报告。

化为标准（McKay，2003）。按标准规范观，"理解"的内涵是以英语为本族语人能够理解为标准、以英语为母语者的文化常模为参照；而沟通理解观是以国际交流的场合，双方相互理解为标准（Sifakis，2004）。

同时，正是由于英语事实成为国际上通用的一种语言，不同民族和国家使用英语，已使英语本身发生了许多变化，各种用法和各国文化也影响着英语的发展。David Crystal[1]举例说，当他访问埃及时，接站的埃及人说"Welcome in Egypt![2]"。后来当地的司机也这样说，他还不以为然。最后到了英国文化委员会驻埃及办事处，那里的英国人也这样说。事实证明，英语本身也在不断发展之中，会受到各国使用者的影响而产生变化。Rajagopalan（2004）认为，英语不是静止的，而是处在不断变化的过程中。他甚至宣称，英语已经没有本族语者。如果把英语作为国际语言，英语的正确性就不取决于传统的所谓英式或美式用法。所以 Seidlhofer（2005）认为，英语作为国际通用语言（Lingua Franca），是各国的共同财产。正如 Widdowson（1994）所说，一种国际语言一定是独立的，没有任何民族，无论英美，都不能成为英语发展的监护人。英语在世界上本身的发展是难以预料的，谁也无法控制它，英美人也没有决定权，英语应该属于在一切地点，所有使用它的人（Holliday，2005）。

因此，一些学者提出"世界英语"（World English）和"世界各种英语"（World Englishes）的概念，海外还有以此为名的杂志 World Englishes，专门探讨英语作为一种通用语言方方面面的问题。研究者用语料库统计何种"语言错误"是不影响交流的，比如第三人称的单数不再加"s"（Kuo，2006；Harmer，2008[3]）。Rajagopalan（2004）为"世界英语"下的定义是："世界英语属于所有使用它的人，但不是任何人的母语。"这些学者认为，英语不再为少数西方英语国家所独有，而成为所有使用者的共同财产。Holliday（1994）指出，英语的实力地位是一种生活的现实，但它也是一种商品，所有人都有权力以适当的社交方式使用它。英语属于一切使用它的人和任何教授这种语言的地方，不一定是所谓"英语本族语"的语言环境（Holliday，2005）。这样的主张有以下主要的理由：（1）以前人们把本族语者作为语言熟练程度的标

---

① 在中国香港应用语言学协会 2007 年会上的主旨发言。

② 按标准英语的说法是：Welcome to Egypt!

③ 在剑桥大学暑期学习班的讲座。

杆，主要认为学习英语是为了和英语为本族语者交流，而现在大多数使用英语是英语为非母语者之间的交流（Rajagopalan，2004）。（2）随着英语在各国的使用，英语本身也本地化了。各国使用者正在创造包括语音、词汇、句法和语用等方面的新方式。

持这类主张的学者认为，既然英语作为一种通用语，是通用工具，就应摈弃"外语"的思维定式，没有必要以英语为母语者的社会文化常模去判定语言和交际的得体性。因为它不再是"外语"，自然也不必追求达到英语为母语者的语言水平，也就不存在什么"中介语言"或"石化"现象①（Jenkins，2006）。在这样的思维下，国际上一些学者质疑传统观念中一些根深蒂固的看法。比如：是否继续以少数内圈英语国家②为语言规范的参照标准；是否以达到英语为母语者的语言能力为教学目标；是否以内圈英语国家的文化常模为文化内容和评价语言得体性的标准。Knapp（2002）认为，不应把达到本族语的水平设定为评价非本族语者学习成功与否的评价模式和参照标准。

至于文化的内容，Holliday（2009）吸纳 Said 的思想，用研究显示，不能简单地把某种现象全部归结为民族的文化，比如西方的个人主义和东方的集体主义等。文化的属性是复杂的。正如 Said 在《东方学》（2003）序言中指出的：无论是"东方"这一用语，还是"西方"这一概念，都不具有本体论意义上的稳定性，二者都由人为努力所构成，部分地在确认对方，部分地在认同对方。实际上，目前日益增长的多种语言、多元文化全球交流的现状，正在挑战语言教育中单一文化、单一语言的传统定位（Kramsch & Whiteside，2008）。我们需要清醒地认识到，英语教学不是中立的活动，无论有意识还是无意识，教师都会帮助学生构成一种看待自己和世界的方式（Peirce，1989）。近年来，韩国、伊朗和日本等国学者已意识到把英语本族语者的语言熟练程度作为教学目标的潜在问题（Shin，2007；Kanno，2007；Taki，2008）。伊朗的Taki（2008）研究了 4 套国际大出版社的英语教材，发现其中只有 7.4%的内容涉及本地学生的文化背景知识。但我国基础英语教学还在强调学习"目的语"文化，显然，这样的文化目标理念需要改变。

---

① 中介语是指外语学习者在语言发展过程中一些不规范的用法。"石化"则是指语言学习者一些不规范的语言用法由于长期没有得到纠正而固定了。

② "内圈英语国家"指英国、美国、加拿大、澳大利亚和新西兰等，"外圈英语国家"指一些以英语为官方语言的国家。

2 学科固有价值与语言知识系统

英语教育就是教会学生使用英语与外国人交流似乎是不言自明的。但是，这种看法正在国际上受到越来越多学者的质疑（McKay，2003；Cook，2007；Cummins & Davison，2007）。英语作为基础教育的一门学科，人们往往关注它的实用性，近来社会上关于英语是否应作为必修学科有很多争论，基本是从工具性和实用性方面讨论。从教育哲学层面上看，这是注重学科实用功能的唯实主义（钟启泉，2006）。而从人文主义的观点看，英语教育还具有影响学生思想意识、文化属性和思维发展等作用。下面首先讨论英语作为基础教育学科的目标与作用问题。

2.1 基础教育目标与教育公平

Cook（2007）认为，语言交流只是语言学习的一个目标，而不是全部的目标。他把外语教育分为"外在目标（external goals）"和"内在目标（internal goals）"。外在目标是实用的语言运用目标，如今后出国使用英语。Cook（1999）说，内在目标关注语言教学作为教育活动使学生可能受益的诸多方面，而不仅是学生毕业后可能使用语言的状况。换句话说，内在目标关注学生内心世界等自身的素质，如培养学生用另一种认知的方法思维，涉及的是智力和心灵以及思想的发展（mental development）。他（2007）提出了 7 种内在目标，如培养不同的思维方式、理解不同的文化和宗教、发展优秀的公民素养、通过英语学习，学生从不同的角度思考、学会不同的学习语言方式、理解各国的文化、提高个人素质，成为既有民族特性，又有国际意识的公民等。他使用"多元能力（multicompetence）"的说法。多元能力不仅包括学习时的动机和态度等，而且有更深刻的思想内涵和对于具体认知能力的描述。这种理念从学生自身发展的角度考虑课程目标，其实就是我国提倡的"素质教育"。从课程角度说，这是强调学科内容固有价值的理念。韩宝成、刘润清（2008）指出，"基础教育的基本任务是素质教育，而素质教育的核心是人的教育。外语（英语）教育作为基础教育的一部分，其目的应该是使学生通过外语（英语）来学习文化，认识世界，培养心智，为终身发展打下基础。"因此，当我们讨论基础英语教育的理念时，不仅要考虑实用的价值，更要思考其对于学生思想和素质建构方面产生的作用,也就是基础教育课程的基础性、全面性和发展性(裴娣娜,2005)。虽然目前课程也倡导关注学生素质,但从目标描述看,缺乏具体内容。

同时,学校应该为社会的公平提供平台,为学生的发展创造机会,这是社会重建理念。从这个角度思考基础英语教育,可以更清楚地分析英语教育可能产生的更深层的问题。张正东(2003,2006)提出了外语学习环境下10个方面的问题,如远离通用语社会,课堂学习难以达到真实性交际;思维受母语第一性地位的控制;难以结合生活,不能学用一体;由于时间和精力的限制,难以学会目的语;由于难以学习,所以学生情绪不稳定;另外,对于西方文化的认同感也会引起学习者的情感波动等等。这些的确是外语学习的障碍。曾有海外华人学者对中国学生进行调查,发现农村的学生没有使用英语的机会,但结论却是质疑农村和西部的孩子是否应该学习英语(Hu, 2005)。如果仅仅把英语作为"外语"来学习,目标是理解英语国家文化和与英语为母语者交流,按照他人的思维与行为准则处事,交流的话题以发达国家生活的"他人"为主,任务的场景是陌生的(这个问题对于农村的学生尤为突出)。在情感与文化的方面,种种远离学生实际生活的"外国"内容让学生感觉自己在文化上处于从属地位。

美国也有许多少数族裔学生由于语言和文化的差异而退学或降级。因此,Reeves(2004)认为,教育机会的均等不在于仅仅向所有学生提供相同的学校硬件和教师,还在于向他们提供能成功的机会,所以不应以白人英语单语人的语言能力为唯一标准。反思中国的情况,可以说,大部分农村地区的学生并不熟悉英语国家文化。据中国教育新闻网文章,厌学英语已成农村娃辍学的重要原因。假如农村地区的学生仅因为不熟悉英语国家的文化而没能学好英语,在升学上处于劣势,甚至辍学,失去与城市学生同等的机会,那也是不公平的。因此,关注教育的公平、均衡发展,不仅要注意硬件,如办学条件、师资配备,也要注意软件,即课程的设置和教学内容的问题。

2.2 语言知识与语言能力

如前所述,传统语言知识与能力的评价标准通常以考查受试者出国学习或工作所需的语言能力为标准(Iwashita, Brown, McNamara & O'Hagan, 2008),并且以本族语者的能力为参照。但是,Cook(1999)根据前人有关双语、中介语言、语音和语法等三个方面的研究,提出应该从新的角度研究二语知识和能力。他认为二语使用者[①]有着单语人所不具备的双语语法思维系统,这两种系统同时存在,相互重叠(1999, 2007),是"会使用两种语言的人所具有的复合的心智状态"(Cook, 1999)。他认为,二语者的语言知识与单语人的截然不同(2003),无论二语者的语言水平有多么高,也与本族语者的语言系统不同。会两种语言的人思维更加灵活,可以从新的角度理解认知的过程,对于语法更敏感,如在语言转换任务时的准确性和速度以及对于语义的意识都比单语人强等等。他同时认为,学习二语会对母语产生正面或负面的影响(Cook, 2003)。他的主张已被列为语言习得研究的一种理论模式(Block, 2003)。Hall et al.(2006)研究人们学习英语时母语与英语这两种语法系统的思维状态和变化,如何相互影响以及带来的困难。他们认同 Cook 的看法,认为二语者的母语思维与外语是同时存在,相互交叉的,并提出二语习得研究的重点,应转到研究二语者具有的独特思维方式和知识系统。因此,他们主张重构有关第二语言知识的理论。这些理念促使我们重新思考基础英语教育的目标、语言能力的内涵和相应的评价测试标准以及可能给外语教育带来的一系列变革。

另外,一些学者(McKay, 2003;Swan, 2005;Cook, 2007)认为,大多数学习英语的人处在非英语国家环境,接触语言的机会很少,缺乏与英语为本族语者交流的机会,几乎不可能达到英语为本族语者那样的语法、语音和语篇能力。因此,人们质疑以英语本族语者的能力水平为参照的恰当性(McKay, 2000;Cook, 2007)。批判教育学(critical pedagogy)研究者认为不能脱离教学环境研究语言习得,不涉及社会环境与社会心理的干扰因素去讨论意义协商(Okazaki, 2005)。英语教学,包括语法教学,也需要借助社会文化理论来重新分析(Lantolf, 2006)。近年来语言习得研究也注重从社会认知的角度(socio-cognitive perspective)把语言习得与学习者的经验、文化知识、情感、自我定位等因素结合起来研究(Collentine & Freed, 2004)。

---

① 这里的"第二语言使用者"并非指在英语国家学习英语的移民学生,而是除母语外也会使用另一种语言的人。这里的"第二语言"是顺序上的第二个,不是指学习的环境。

3 小结

这样的理念可以说颠覆了外语教学界认为理所当然的教学目标与评价标准。归纳起来,这些观点包括:(1)英语教学的目标是能使学习者与他人交流自己的思想和文化,而不仅是与英语为本族语者交流;(2)以国际交流为目的的使用者不需要内化英语国家的文化常模;(3)英语应该被用来反映和表达本地人的文化特性;(4)学校教育有内在与外在目标,需要重新建构英语教育的多元知识系统;(5)需要根据学生的环境与文化背景重新规划原有课程目标的内涵或补充新的内容;(6)要使学习者了解不同类型的英语,而不仅仅是英式或美式英语。可以说,这些新的英语教育观脱离了传统的"外语"教学理念,对英语教育的认识发生了本质的变化,动摇了传统教学目标与评价标准的思维定式。这些观点也为思考我国外语教育政策和确定英语教学的目标、选择教学内容提供了新的理论视角。

4 讨论

国内中小学热衷讨论如何创造"有中国特色的外语教学",并提出各种解决问题的方案。但是,大部分观点却仍未摆脱"以本族语者语言能力为参照""与本族语人交流"以及"以英语为本族语者的文化模式为标准"的思维框架。显然,我们必须跳出原有的思维定式,否则,在这样的思维框架内讨论我国的基础英语教学,虽然会发现许多问题,却难以找到可解的方案。我们应从深层次的理念方面思考外语教育政策及英语教育目标的定位,讨论适合我国经济与社会发展、价值体系、文化传统、语言特点、教学环境的教学目标、教学内容、测试标准,而不仅仅从语言学习过程的角度探讨不同的教学路径和方法。我们需要调整英语教育的理论基础和教学目标,使目标的权重向多元方向转移,话题内容与学生的真实世界建立更多的联系,制定适合中国环境的核心话题与扩展内容(龚亚夫,2009)。如果英语教学能使学生学会用英语表达自己的价值、身份,谈论中国的文化,表达自己的思想,毕业后能使用所学习的英语,对于个人的发展起一些作用,那么,许多在"外语"教育思维环境下的难题就有可能得以解决。如果语言习得研究更多地注意中国学生学习英语时特殊的思维方式和学习途径,可能会在学习方法和策略上探索出新的领域;如果重构基础英语教育的知识和能力的内涵,可能更符合国家利益和社会需求,更有利于学生发展,减少教学的困难,促进教育公平。

当跳出"本族语主义"的思维定式后,需要重新思考许多相连带的问题,比如,许多发音的细微区别并不影响理解和交流,而既然大部分人达不到,也不必要达到所谓本族语者的发音标准,就没必要花过多的时间追求语音的完美,这样可以节约原本有限的教学时间(Seidlhofer,2005)。既然英语会随不同的使用者而变化,就没必要去刻意区分英式或美式英语(Tomlinson,2005)。而在习惯表达上,本土的用法(localized norms for language use)也应该成为教学的内容(Richards,2006)。适当使用学生的母语教学不仅不应禁止,反而有很多好处,如学生的背景知识有助于增进理解(Tollefson,2007)。又如,英美国家词典主要依据英美国家环境交流的词频,在选择我国基础英语教育的词汇时,不宜完全依据这些词典的词频统计。另外,很多学校评价中小学生的英语能力往往以国际流行的测试作为证明,但这些测试主要是以考查在英美国家学习的语言能力为目的,其基本的理论构念并不适合于评价我国中小学生的语言能力。

文化是随着社会发展不断变化的,英语国家文化和思想理念很多是社会发展的产物,我国社会文化和人们的思想理念也在随着社会发展不断变化。提倡注意中国的国情和社会价值,并不是反对社会发展和吸收国外优秀文化。东西方价值观念有许多相同之处,目前教学内容注重表层文化差异太多,而关注深层共同道德与价值的内涵较少。同时,英语教育工作者需要认真对待英语全球化对本地社会、经济、文化、语言所带来各种影响(Taki,2008),防止被边缘化的人们在懵然不知的状况下,让自己由控制方掌控的状态合法化(Kumaravadivelu,2003)。我们应对英语教育可能产生的种种问题有比较清醒的认识,注意这把"双刃剑"对国家、社会、经济和学生的身心发展可能造成的负面影响,认识到英语教学是影响学生思想意识、确认身份定位、认识周边环境、理解文化属性、构建价值观念以及未来发展的政治过程(Okazaki,2005)。我们可能需要讨论的不仅是知识与能力的关系或者学习的途径,而是再思考英语教育的基本理念,讨论学习什么知识,发展何种能力的问题。英语教育不是教会学生一种内圈英语国家人使用的"外国语",而是一种用以吸收信息,发展思维,与世界各国交往,传递本地文化和表达个人思想的国际通用语言。学生通过学习英语开阔视野，了解各国文化，学习优秀的思想观念，发展不同的认知思维能力、学习策略，构建对于生活、人生和世界的看法。

支撑英语强势地位的原因是其背后的经济实力和历史，语言的使用必须遵循一定的规律，语言的评价自然也要有可靠和相对统一的标准。理念上的转变并不意味着实施起来容易，改变目前的状况不可能一蹴而就，反对"英本主义"并非要马上推翻目前"英语帝国"的现时系统。对于各种不同观点，也要有所取舍。但是，随着国际政治、经济格局的渐变，英语语言的使用及其所传递的文化内涵也会逐步变化。我们不应被动地置身其外，而应积极推动这种变化，并从政治、经济、文化等宏观方面，从战略的高度规划可以立刻着手做的事情，比如研究学生的需求，修订课程的目标，增加社会文化、本地文化和有助于发展学生思维与认知的内容等等。

5   结语

在讨论英语教学时，人们往往关注如何提高学习效率，使用何种方法。这些都是应该讨论的问题。但是，正如 Cummins & Davison（2007）指出的："仅局限于教学的层面是不恰当的，如果不考虑环境、目的、语言政策等等，这些问题的讨论就显得天真和无益，英语教学不仅是一种教育事业，也涉及思想意识等等。"确定我国英语教育的基本理念时，我们可能需要考虑的因素至少有以下几个方面：（1）社会和国家对于基础外语教育的需求；（2）英语教育对于学习者思想、文化和意识形态形成的影响；（3）中国的英语教学环境与学习规律；（4）学生的素质教育和个人发展需求；（5）地区差异与教育的公平性。

国内外已有许多学者对传统外语教育理念和目标提出了质疑。笔者认为，我国语言教育的决策者和基础英语教育界需要跳出"外语学习"思维模式的窠臼，重新思考英语教育的理念，修订英语教学的理论框架，研究、设计适合我国国情的多元能力目标，调整课程的内容，细化教材的话题并重新设定测试的内容。

参考文献

[1] Blake R, Kramsch C. The issue: National language education policy[J]. The Modern Language Journal, 2007, 91: 247-249.

［2］ Block D. The Social Turn in Second Language Acquisition［M］. Edinburgh: Edinburgh University Press, 2003.

［3］ Collentine J, Freed B. Learning context and its effects on second language acquisition［J］. Studies in Second Language Acquisition, 2004, 26: 153-171.

［4］ Cook V. Going beyond the native speaker in language teaching［J］. TESOL Quarterly, 1999, 33(2): 185-209.

［5］ Cook V. Introduction: The changing L1 in the L2 user's mind［A］//Cook V. (eds.). Effects of the Second Language on the First. Clevedon: Multilingual Matters Ltd. , 2003.

［6］ Cook V. The goal of ELT: Reproducing native-speakers or promoting multicompetence among second language users? ［A］//Cummins J, Davison C. (eds). International Handbook of English Language Teaching. New York: Springer, 2007: 237-248.

［7］ Crystal D. English as a Global Language ［M］. Cambridge: Cambridge University Press, 1997.

［8］ Crystal D. English as a Global Language ［M］. 2nd Ed. Cambridge: Cambridge University Press, 2003.

［9］ Cummins J, Davison C. The global scope and policies of ELT: Critiquing current policies and programs ［A］//Cummins J, Davison C. (eds.). International Handbook of English Language Teaching. New York: Springer, 2007: 237-248.

［10］ Ellis R. Regional studies［J］. Language Teaching Research, 2008, 12 (2): 285-286.

［11］ Hall J K, Cheng A, Carlson M T. Reconceptualizing multicompetence as a theory of language knowledge ［J］. Applied Linguistics, 2006, 27 (2): 220-240.

［12］ Holliday A. Appropriate Methodology and Social Context［M］. Cambridge: Cambridge University Press, 1994.

［13］ Holliday A. Complexity in cultural identity ［J］. Language & Intercultural Communication, 2010, 10(2): 165-177.

［14］ Holliday A. The Struggle to Teach English as an International Language［M］. Oxford: Oxford University Press, 2005.

［15］ House J. Misunderstanding in intercultural communication: Interactions in English as a lingua franca and the myth of mutual intelligibility ［C］//Gnutzmann C. (ed). Teaching and Learning English as a Global Language. Tubingen: Stauffenberg, 1999: 73-93.

［16］ Hu G. Contextual influences on instructional practice: A Chinese case for an ecological approach to ELT［J］. TESOL Quarterly, 2005, 39(4): 635-660.

［17］ Iwashita N, Brown A, McNamara T, O'Hagan S. Assessed levels of second language speaking proficiency: How distinct? [J]. Applied linguistics, 2008, 29, (1): 24-29.

[18] Jenkins J. Points of view and blind spot: ELF and SLA [J]. International Journal of Applied Linguistics, 2006, 16(2): 137-162.

[19] Kanno Y. ELT policy directions in multilingual Japan [A]//Cummins J, Davison C. (eds). International Handbook of English Language Teaching[C]. New York: Springer, 2007: 63-73.

[20] Knapp K, Meierkord C. (eds). Lingua Franca Communication [M]. Frankfurt: Peter Lang, 2002.

[21] Kramsch C, Whiteside A. Language Ecology in Multilingual Settings. Towards a Theory of Symbolic Competence [J]. Applied Lingus, 2008, 29 (4): 645-671.

[22] Kumaravadivelu B. Critical language pedagogy: A postmethod perspective on English language teaching[J]. World Englishes, 2003, 22(4): 539-550.

[23] Kuo I. Addressing the issue of teaching English as a lingua franca[J]. ELT Journal, 2006, 60 (3): 213-221.

[24] Lantolf J. Sociocultural theory and L2 [J]. Studies in Second Language Acquisition, 2006, 28: 67-109.

[25] McKay P. On ESL standards for school-age learners[J]. Language Testing, 2000, 17(2): 185-214.

[26] McKay S L. Toward an appropriate EIL pedagogy: re-examining common ELT assumptions [J]. International Journal of Applied Linguistics, 2003, 13 (1): 121.

[27] Modiano M. Linguistic imperialism, cultural integrity, and EIL [J]. ELT Journal, 2001, 55(4): 339-346.

[28] Okazaki T. Critical consciousness and critical language teaching[J]. Second Language Studies, 2005, 23(2): 174-202.

[29] Peirce B N. Toward a pedagogy of possibility in the teaching of English internationally: People's English in South Africa[J]. TESOL Quarterly, 1989, 23(3): 401-420.

[30] Pennycook A. Critical Applied Linguistics: A Critical Introduction [M]. Mahwah, NJ: Lawrence Erlbaum Associates Publishers, 2001.

[31] Pennycook A. The concept of method, interested knowledge, and the politics of language teaching [J]. TESOL Quarterly, 1989, 23(4): 589-618.

[32] Phillipson R. Linguistic Imperialism [M]. Oxford: Oxford University Press, 1992.

[33] Rajagopalan K. The concept of "World English" and its implications for ELT [J]. ELT Journal, 2004, 58(2): 111-117.

[34] Reeves J. "Like everybody else": Equalizing educational opportunity for

English language learners［J］. TESOL Quarterly, 2004, 38(1)：43-66.

［35］Richards J C. Materials development and research — making the connection
［J］. Regional Language Center Journal, 2006, 37(1)：526.

［36］Seidhofer B. English as a lingua franca［J］. ELT Journal, 2005, 59(4)：
339-341.

［37］Shin H. English language teaching in Korea［A］//Cummins J, Davison C.
(eds). International Handbook of English Language Teaching［C］. New York：
Springer, 2007：75-86.

［38］Sifakis N C. Teaching EIL — Teaching international or intercultural English?
What teachers should know［J］. System, 2004, 32：237-250.

［39］Stern H H. Issues and Options in Language Teaching［M］. Oxford：Oxford
University Press, 1992.

［40］Swan M. Legislation by hypothesis［J］. Applied Linguistics, 2005, 26(3)：
376-401.

［41］Taki S. International and local curricula：The question of ideology［J］.
Language Teaching Research, 2008, 12(1)：127-142.

［42］Tollefson J W. Ideology, language varieties, and ELT［A］//Cummins J,
Davison C. (eds). International Handbook of English Language Teaching
［C］. New York：Springer, 2007：25-36.

［43］Tomlinson B. The future for ELT materials in Asia［J］. Electronic Journal of
Foreign Language Teaching, 2005, 2(2)：513.

［44］Widdowson H G. The ownership of English［J］. TESOL Quarterly, 1994, 28
(2)：377-389.

［45］龚亚夫. 课程、大纲与核心大纲［J］. 课程·教材·教法,2009,(1)：8.

［46］韩宝成,刘润清. 我国基础教育阶段英语教育回眸与思考(一)政策与目的
［J］. 外语教学与研究,2008,40(2)：6.

［47］朗文语言教学与应用语言学词典(第3版)［M］. 北京：外语教学与研究出
版社,2005.

［48］裴娣娜. 论我国基础教育课程研究的新视域［J］. 课程·教材·教法,2005,
(1)：6.

［49］萨义德. 东方学［M］. 北京：生活·读书·新知三联书店,2007.

［50］张正东. 我国英语教学的属性和内容［J］. 课程·教材·教法,2003,(5)：6.

［51］张正东. 中国外语教育政策漫议　外语是把双刃剑［J］. 基础教育外语教学
研究,2006,(1)：21-26.

［52］钟启泉. 现代课程论［M］. 上海：上海教育出版社,2006.

【摘　要】　本文试图从英语语言的影响、英语教育的定位等几个
方面,讨论我国基础教育英语教学的基本理念和目标,并认为我国基础

英语教育定位应该摈弃"英本主义"的思维定式,重新构建理论框架,重新审视英语教育的目标,并相应地调整课程的内容。

【关键词】 基础教育;英语教学;理念

此文原发表于《中国外语》2009 年第 11 期。

重构基础教育英语教学目标[*]（2010）

2001 年教育部颁布的《全日制义务教育普通高级中学英语课程标准（实验稿）》对于素质培养方面的内容则明显增加了，在课程的性质中提到：英语课程的学习，既是学生通过英语学习和实践活动，逐步掌握英语知识和技能，提高语言实际运用能力的过程；又是他们磨砺意志、陶冶情操、拓展视野、丰富生活经历、开发思维能力、发展个性和提高人文素养的过程。从这个描述看，新课程比较明确地把素质培养的内容列为重要价值取向。但是，在课程目标的细节描述中，有关素质的内容却缺乏明确的描述，在课程结构图中，其他目标主要还是为实现语言学习目标服务，附属于语言运用目标。笔者认为，为了真正实现基础教育素质教育目标，英语课程标准应明确多元目标的要求。笔者从 2007 年开始，分别对 9 个省市的部分普通中小学校和两个国家级贫困县普通中小学的学生及教师做了 22 次访谈（有关数据和分析拟另文报告）。本文结合这些访谈，提出对于国家英语课程标准（以下简称"课标"）的修改建议，认为有必要再思考基础英语教育的核心理念，设计"多元目标"的课程理论框架，并相应调整教学内容。

一、重构目标观

在许多人的潜意识里，英语教学就是为了使学习者能用英语与人交流，所谓交流，就是与英语为母语的人交流。但是，越来越多的学者认为，人们对于英语教学任务的看法过于狭窄（Candlin，1987，2001；

---

[*] 本文是全国教育科学规划单位资助教育部规划"十一五"课题："中国环境下基础教育英语教学思想创新研究"课题（批准号 FFB90691）的阶段性成果之一。

Cook，1999；Kohonen，2001；Davison & Cummins，2007）。认为英语教育就是教会学生使用英语与英语国家人士交流的看法在国际上正受到越来越多的质疑（Candlin，1987；McKay，2003；Cook，2007；Cummins & Davison，2007；Magnan，2007）。Cook（1999，2007）指出，语言交流只是语言学习的一个目标，而非全部目标。他把学校英语教育分为"外在目标"（external goals）和"内在目标"（internal goals）。外在目标是实用的语言运用目标，如今后出国使用英语；内在目标关注学生的内心世界，如培养学生通过另一种认知的方法思维，涉及的是智力和心灵以及思想的发展。他（2007）提出7种重在学生整体发展的教育内在目标，如培养不同的思维方式，理解不同的文化和宗教，发展优秀的公民素养，成为一个既有民族特性、又有国际意识的公民等。Candlin 早在20世纪80年代就指出：语言学习设定的目标往往是从学习者外部考虑的，而很少从总体教育价值方面考虑学生的发展。他提出的教育目标包括：（个性与社会角色）意识、（学习者的）责任感与自主性、（对于不同看法的）宽容度与容忍性、自我实现、自信心等。Candlin 指出，表面看起来，几乎所有的课程都声称要实现这些理念，但任务的内容往往不能有助于实现这样的目标，反而打击了学习者的自信心（Candlin，2001）。

调查使我们思考外在目标在英语课程中的权重。从访谈的九个省市看，小城市、农村地区的师生都强烈反映课标教材中有些话题不适合。在问到教学中最大的困难时，甚至珠海郊区的学校也首先提出话题的适应性问题。不少学生反映，并非不想用英语交谈，但教材的话题离他们生活太远，没什么可说的。虽然"课标"提倡提高学生素质，但"课标"只对语言技能目标设计了相对具体的标准，教材编者只能凭主观判断编写内容；教师只能凭自己的理解设计教学活动，这就使得"课标"提倡的理念成为表面文章（rhetoric）（Nunan，2003），难以落实。

众所周知，我国大部分中小学生在实际生活中鲜有使用英语进行人际交往的机会，致使学生用最多的时间学习最少用到的知识，以最少接触的机会去发展较少用到的能力。对教育内在目标的再分析使我们思考：如果英语教育不限于今后生活需求的交流，课程应明确培养学生素质的具体目标内容，如学会学习、学会生活、学会与人交往、具有创造性、评判性思维等等，即"社会文化目标"（socio-cultural goals）与"思维认知目标"，涉及的是学生内在思想、思维能力与情感世界、知识世界。这样，学习英语就有可能与他们的真实世界建立切实的联系，使语言学习与思维培养和情感表达密切结合。

设立社会文化目标有三个方面的好处：一是话题内容对于城市和农村学生在认知上都易理解；二是教学任务涉及个人情感、人际交往、做人处事等话题，有助于实现培养学生思想和品质的教育目标；三是内容涉及学生的思想和内心世界，使学生"言之有物"。

二、重构交流观

传统交流观往往把"交流"或"交际"理解为与英语为本族语者交流，学习英语国家的文化、思维方式和价值观念。"课标"提出的"综合语言运用能力"并没有规定"语言运用"是与何人交流，但目前大部分初中英语教材围绕个人日常生活，如问路、购物、去快餐店选食品的话题居多，基本是为在英语国家生活设计的话题。这种以"在英语国家环境""与英语为母语的人交往""谈论英语国家生活"为核心目标的理念被 Holliday（2005）称为"英本主义"（native-speakerism）。

但是，这样的交流观与当今世界多元文化、多极世界全球交流的现实不相吻合（Kramsch & Whietside，2008），也不符合交际语言教学的原意。交际语言教学最早的倡导者之一 Widdowson（1998）强调，真实性的交际一定要把学生的兴趣、态度和行为方式考虑进去，而这些必须与他们自己熟悉的文化环境以及他们关心的事情建立起联系，而不是与他们生疏的外国社区环境相联系。他认为，交际语言教学如果真要讲求语用的话，就要遵从学习者的现实，创造出适合当地环境条件的话语，按照学习者的真实情况使用语言。他（2007）再次强调，交际语言教学要学生仿照英语为本族语者的常模去发展交际能力是一种误解，也违背了 Dell Hymes 的原意。

因此，新的交流观应该有两层含义：一是交流不限于与英语为本族语者交流，而是与各国英语使用者交流。要使学生学会如何表达自己的文化属性和本地文化，学会理解不同文化，尊重不同文化的思维方式。二是交流不限于以出国学习或工作为目的的个人日常生活交往，如问路、点菜等，还应包括思想、情感的交流。交流的内容应该将语言的学习与其他作为人类的生活经验结合（Breen & Candlin，1980）。设立社会文化目标有助于学生的思想交流，只有当学生言之有物，有思想内容的时候，才能实现真正意义上的交流。这样的交流不是仅仅在课堂内模拟与英语为母语的人交流，而是使用另一种语言与任何人交流，表达真实思想活动,涉及的是智力、情感和思想的发展。这种目标应是一种体验性目标,如果"课标"中增加具体的目标描述,教材编者和教师才能在教学中有意识地选择相关材料和设计教学活动。

三、重构文化观

外语教学中的"文化"一般是指所学语言国家的历史、地理、风土人情、传统习俗、生活方式、文学艺术、行为规范、价值观念等。这种源于"同化主义"(assimilationist language teaching)的观点,目的是帮助学习者融入说这种语言的国家(Cook,1991),以"目的语"国家文化常模为教学目标的做法在国际上受到政治和文化公平性的挑战。首先是政治上的正确性。有学者指出,以英语国家文化为教学目标降低了其他国家语言和文化的价值,对其文化和语言产生负面的影响,是语言和文化领域的帝国主义(Philipson,1992;Modiano,2001)。我国英语教育也存在这样的问题:有些教材中涉及过多英语国家流行文化的内容,或明或暗地使学生认为这就是现代社会的标准生活方式,而在课堂教学中,学生则模仿英语国家人士的行为举止、说话方式、生活习惯等等。正如郭宝仙(2004)指出,学生谈起外国文化时滔滔不绝,谈起中国文化却张口结舌,甚至哑口无言。这就需要我们重新思考教学内容在思想和政治上的正确性。近年来,我国社会吸收了许多发达国家的思维方式、价值观念、生活习惯、社交习俗等。虽然没有研究证明这种状况与英语教学有直接的联系,但语言是文化的重要载体,不可能学习语言而不涉及文化。张正东(2005)认为:在学习跨文化交际时,如果只求适应英语民族、国家使用英语的习俗,就有可能有形无形地损伤中国学生的审美观和自尊心,从而损伤我国英语教育中的人文内容。

英语国家或西方国家文化当然应当学习,但要在课程设置上保持适当比例。跨文化交际不应片面理解为只理解英语国家文化,而应包括能传递本族文化以及理解其他文化。Kirkpatrick & Chau(2008)指出:既然是跨文化交际,亚洲国家的学生就需要知道如何用英语谈论他们自己的文化价值,英语课程内容应大幅度调整。

调查显示,以西方和大城市生活为主的内容给我国农村和偏远地区的师生在教与学时带来了相当大的困难,而这些地区的学生人数占了全国学生的大多数。对于我们这样一个地区经济和文化差异巨大的国家,在设计基础教育课程时,需要特别考虑内容的普遍适应性、熟悉度和文化恰当性。教育是引导学生从已知世界到未知世界的过程。农村学生也应学习现代文化和科技知识。如果认定这些内容是适当的，学生必须学习的，应先从学生已知的、熟悉的文化内容开始。

有统计表明，在使用英语交流的国际活动中，74%的交流是在与其他国家的人，而不是与英语国家的人交流（Graddol，2008①），为此，就不应以英语国家文化作为唯一文化教学目标，而应设立多元文化目标（Slavin，2003），其中一个主要内容是学生应学会用英语表达自己的文化（Richards，2006）。课程设置时需要综合考虑国家的利益、社会的需求、民族文化的保护与发展等等问题。新文化观主张不仅要学习英美等英语国家文化知识，也应有中国（包括少数民族）和其他国家文化的知识。学生应该学习如何谈论中国的文化、本地的文化，包括世界其他民族的文化。我们也应该自信地在英语中加入中国文化元素，促进文化的平等。

目前中小学英语教材都不同程度地增加了中华文化的比重，但大部分内容还局限于介绍节日等知识性内容。近年跨文化交际理念不只是表层地介绍各国地理与文化，而是学会不同国际交往场合的跨文化交际策略。这些交际策略不是以英语为本族语人的文化常模为参照，而是与使用英语的不同民族人士交往，谈论各自的文化特征、禁忌语习俗，介绍国际上通用的社交礼仪和文明规则，也包括一些特殊的社会习俗和文明，引导学生注意文化的偏见（Slavin，2003）。这些观念使人们重新思考语言能力与跨文化交际的概念，以及如何培养"多元文化的人"（multicultural person）（Alptekin，2010）。

四、重构知识观

传统外语教学的"知识"主要是指语言的知识，如语音、词汇、语法等，而近年外语教学文献中的"知识"则包括很多方面。Waters（2006）指出，英语教学往往关注的只是学生的语言知识，如语法等，他认为知识的构建就是通过思维从已知到未知的过程，即是鼓励学生运用认知和思维的过程，如记忆、转换、解释、分析、应用、综合等。学生完全可能用有限的语言知识进行创造性的思维活动，越是语言水平低的学习者越需要认知上具有挑战性，而语言上具有可驾驭的活动。

---

① 2008 年国际小学英语教学研讨会上的主旨报告。

调查发现，学生普遍反映，一些英语阅读材料虽然简单，但内容却与学生的心理水平不对称，包括情感复杂度和认知难度。这往往是由于引进的原版阅读材料语言水平较低，而且都是针对年龄低的学生。许多阅读材料只考虑语言的简单性，却把学生的心理降低到幼稚状态（Waters，2006）。从更高层面上思考，这实际涉及英语教育的人文性问题。蓝仁哲（2009）在谈到大学英语专业定位时认为，外语专业只有明确了自身的人文学科属性，才能找到专业的学科定位。基础英语教育也需要思考通过教学提高学生的人文素养，并研究哪些人文知识是中小学学生可以通过英语学习而获得的。

"课标"将学习策略列入课程是个很大的进步，但只是为语言学习而设计，如记忆单词，"学习时集中注意力""积极思考""尝试阅读英语故事"等。以研究学习策略著名的 Chamot & O'Malley（1987）认为，认知策略也是一种知识。如果把"学习策略"提高到"思维认知"的层面，能使教材编者和教师把学习策略提高到认知与思维的高度，系统设计各种培养学生认知能力以及创造性思维和评判性思维能力的活动。

Snow et al.（1989）指出，在儿童学习第一语言时，认知与语言是同步发展的，而在第二或外语学习时，语言学习却没有与认知或学科知识建立起横向的联系。显然，学生通过英语不仅可以学习语法知识，也可以学习其他知识，如社会文化知识、学科知识。比如，"课标"中有 foot 和 square，如果知识目标中有学科的联系，学生可以学会"英尺"的表达法，否则可能只是学会了"脚"和"广场"。Cook（2002，2007）提出，应该使学生增加一种理解和学习本族语言的途径和学习各种认知过程的方法，把英语教学与大脑的训练和思维以及人的发展结合起来。正如钟启泉、李雁冰指出的，在学科教学中几乎忽略了这些"价值知识"的形成。只有课程包含这些目标，教材编写和教学才有依据。因此，有必要在课程中将"学习策略"目标改为"思维认知"目标。

社会文化知识、认知思维的知识属于 Jim Cummins 提出的"概念的知识"（conceptual knowledge），有些是已存在于学生头脑中的知识。Cummins（1984）认为，让儿童用外语学习自己原本不知道的概念比较难，而已经通过母语掌握的学科知识、综合思考分析能力、阅读技能等，可以较容易地转换为第二语言。实际上，目前中小学教学材料也部分包含了认知的内容，学生可以通过语言学习发展分类、推测、归纳、区分等各种认知能力。但是由于这些内容没有明确地被设定为课程目标的内容，策略目标也不够全面和具体，所以教学时往往只是分析语言的结构和词汇的区别,难以培养学生的思维能力和社会文化能力。正如陈宵和何安平(2009)所说:英语教材的内容如何真实地反映现实世界、体现时代特征? 如何宣扬民族文化和正确的价值观? 这些非语言知识的因素又如何与语言知识及能力的培养目标相结合? 这些都有待课程设计者进行深入的思考。

新知识观主张除语法知识外,要按照学生年龄段、思维与知识系统设计认知和社会文化知识目标。这就要求课程设计者、教材编写者超越语言难易度的单一维度去考虑学科知识(Chamot & O'Malley,1987),并在课程和教材设计时设定分段的综合目标。

五、多元目标理念的设想

"课标"的目标是培养学生"综合语言运用能力"。"综合语言运用能力"由五个部分组成,即"语言知识、语言技能、文化意识、学习策略、情感态度","综合语言运用能力的形成建立在语言技能、语言知识、情感态度、学习策略和文化意识等素养整合发展的基础上。语言技能和语言知识是综合运用语言的基础,情感态度是影响学生学习和发展的重要因素,学习策略是提高学习效率、发展自主学习能力的先决条件,文化意识则是得体运用语言的保障"。从这一段表述可以看出,无论是情感态度目标还是文化意识目标,都是为了实现语言运用目标服务,是以促进语言学习为核心而设定的,可以说,这个目标是一个多维的目标,核心目标只有一个,但具有几个不同的维度,其他目标围绕这个目标,附属于这个目标。

多元目标的理念是:基础英语教育不仅应设定语言学习的目标,还有其他独立的目标,如"社会文化目标"与"思维认知目标"。学生通过语言的媒介(through the language use)学习其他有关的内容,实现其他目标,不是其他成分只是为了语言学习(for the language use)而设立。"社会文化目标"不仅包括学习动机和态度等,还涉及世界观、人际交往、公民与世界意识等等。多元目标与多维目标的不同之处在于:这些目标是单独成为一个系统的,是同等重要的,而非处于附属、边缘的地位。每一项目标都有实质性的内容,而不只是作为辅助,围绕语言运用目的、为语言运用服务。换句话说,多元目标之间是并列关系,而多维目标之间是主从关系或隶属关系。

多元目标的理念从课程设计上可以说是一种综合目标取向的课程

理念。课程的设置可以包括四个主要目标："语言运用目标"仍然处在中心地位,但是交流并不局限于与英语为本族语者交流;"思维认知目标"应根据学生年龄与认知特点逐级系统设计,这个目标不仅包括学习策略,也包括其他与学习和思维有关的目标;"文化目标"不仅包括英语国家文化,也要求用英语表达中国(包括少数民族)的文化、了解其他主要文化,要设计用语言表达这些内容的话题和任务;"社会文化目标"可包括情感、公民意识、责任感与自主性、对于不同观点的宽容度、具有自信心等等,这类目标不是行为表现性目标,而是一种体验性目标。

多元目标的观点把基础教育的目标作为设定英语教育的基础,不仅考虑学科的工具性,也包括人文性,符合中国国情。多元目标理念与国际上英语作为通用语言的现实和今后英语的发展结合起来,摆脱了英语国家为移民青少年设计的所谓 ESL 课程模式,跳出"英本主义"的思维框架。随着国际政治、经济格局的渐变,我们需要认识到:既然英语作为一种事实的通用语,就不应再循"外语"教育的陈规,要从国际政治、经济格局的变化预见英语的发展。随着我国在全球多极化进程中的角色日益重要,应从宏观战略高度重构一种新的英语教育理念和价值取向,调整教学目标,重辟英语教育的门径。

参考文献

[1] Alptekin C. Redefining Multicompetence for Bilingualism and ELF [J]. International Journal of Applied Linguistics, 2010, 20(1): 95-110.

[2] Breen M, Candlin C. The Essentials of A Communicative Curriculum in Language Teaching[J]. Applied Linguistics, 1980, 1(2): 89-112.

[3] Candlin C N. Afterword: Taking the Curriculum to Task [A]//Bygate M, Skehan P, Swain M. (Eds.). Researching Pedagogical Tasks: Second Language Learning, Teaching and Testing[M]. Harlow, England: Pearson Education, 2001: 229-243.

[4] Chamot A, O'Malley J. The Cognitive Academic Language Learning Approach: A Bridge to the Mainstream[J]. TESOL Quarterly, 1987, 21(2): 227-249.

[5] Cook V. Going beyond the Native Speaker in Language Teaching[J]. TESOL Quarterly, 1999, 33(2): 185-209.

[6] Cook V. The Goal of ELT: Reproducing Native-speakers or Promoting

Multicompetence among Second Language Users? [A]//Cummins J, C Davison C. (Eds.). International Handbook of English Language Teaching [M]. New York: Springer, 2007: 237-248.

[7] Cummins J, Davison C. The Global Scope and Policies of ELT: Critiquing Current Policies and Programs [A]//Cummins J, Davison C. International Handbook of English Language Teaching [M]. New York: Springer, 2007, 1: 237-248.

[8] Cummins J. Language Proficiency, Bilingualism and Academic Achievement [J]. Bilingualism and Special Education: Issues in Assessment and Pedagogy. San Diego, CA: College-Hill, 1984: 136-151.

[9] Holliday A. The Struggle to Teach English as An International Language[M]. Oxford: Oxford University Press, 2005.

[10] Kirkpatrick A, Chau M. One Country, Two Systems, Three Languages: A Proposal for Teaching Cantonese, Putonghua and English in Hong Kong's Schools[J]. 2008 Asian Englishes, 2008, 11 (2): 32-45.

[11] Kohonen V. Experiential Language Learning: Second Language Learning as Cooperative Learner Education [A]//Nunan D. (Ed.). Collaborative Language Learning and Teaching[M]. 1992: 14-39.

[12] Kramsch C, Whiteside A. Language Ecology in Multilingual Settings, towards A Theory of Symbolic Competence[J]. Applied Linguistics, 2008, 29 (4): 645-671.

[13] Magnan S S. Reconsidering Communicative Language Teaching for National Goals[J]. The Modern Language Journal, 2007, 91(ii): 249-252.

[14] McKay S L. Toward An Appropriate EIL Pedagogy: Re-examining Common ELT Assumptions [J]. International Journal of Applied Linguistics, 2003, 13 (1): 121.

[15] Modiano M. Linguistic Imperialism, Cultural Integrity, and EIL[J]. ELT Journal, 2001, 55(4): 339-346.

[16] Nunan D. The Impact of English as A Global Language on Educational Policies and Practices in the Asia-Pacific Region[J]. TESOL Quarterly, 2003, 37(4): 589-613.

[17] Phillipson R. Linguistic Imperialism [M]. Oxford: Oxford University Press, 1992.

[18] Richards J C. Materials Development and Research — Making the Connection [J]. Regional Language Center Journal, 2006, 37(1): 526.

[19] Slavin R. Educational Psychology: Theory and Practice [M]. Pearson Education Inc, 2003.

[20] Snow M A, Met M, Genesee F. A Conceptual Framework for the Integration of Language and Content in Second/Foreign Language Instruction[J]. TESOL

Quarterly, 1989, 23(2): 201-217.

[21] Waters A. Thinking and Language Learning[M]. ELT Journal, 2006, 60(4): 319-326.

[22] Widdowson H G. Context, Community and Authentic Language[J]. TESOL Quarterly, 1998, 32(4): 705-716.

[23] Widdowson H G. Un-applied Linguistics and Communicative Language Teaching: A Reaction to Keith Johnson's Review of Notional Syllabuses[J]. International Journal of Applied Linguistic, 2007, 17(2): 214-220.

[24] 陈宵,何安平.语料库视角下的高中英语教材与教法研究[M].北京:人民教育出版社,2009.

[25] 邓炎昌,刘润清.语言与文化——英汉语言文化对比[M].北京:外语教学与研究出版社,1989.

[26] 郭宝仙.英语课程内容的选择与组织[M].太原:山西人民出版社,2004.

[27] 蓝仁哲.高校外语专业的学科属性与培养目标——关于外语专业改革与建设的思考[J].中国外语,2009,6(06):4-8+16.

[28] 张正东.中国外语教育政策漫议我国外语教育的国情特点[J].基础教育外语教学研究,2005(12):16-21.

[29] 中华人民共和国教育部.全日制义务教育普通高级中学英语课程标准(实验稿)[S].北京:北京师范大学出版社,2001.

[30] 钟启泉,李雁冰.课程设计基础[M].济南:山东教育出版社,2000.

【摘　要】　英语作为学校基础教育的一门学科,与英语作为实用工具的课程目标和内容应该有较大的区别,不仅需要有明确的外在目标,也要有清晰的内在目标。这些目标既要包括语言目标,也要包括社会文化、思维和认知的目标,使英语学习与发展学生思想品德、世界公民意识以及其他学科内容建立起更切实的联系。多元目标可以比较清晰地界定英语教育的功能,更有效地落实基础教育提倡的"素质教育"整体目标,也符合我国国情。

【关键词】　重构概念;基础教育;英语教学目标

此文原发表于《课程·教材·教法》2010年第12期。

创建我国中小学英语教师知识与能力体系

——中小学英语教师专业等级标准的制订（2011）

一、问题的提出

自从 1993 年英语成为义务教育必修学科以来，中小学英语教学发展突飞猛进。根据 2009 年《中国教育统计年鉴》的数据，我国有中小学英语教师 1 079 427 人，其中小学 311 323 人，初中 542 633 人，高中 225 471 人。但如果要达到教育部制定的从小学三年级逐步开设英语课的目标，估计小学英语教师至少还需要 30 万人，教师的数量短缺在近期仍是突出的问题。

从质量上看，目前高中英语教师中只有 40% 左右毕业于全日制学校，拥有本科学历，有 60% 以上通过函授、电大、夜大、网络和自考等方式获得本科学历。初中和小学英语教师中只有半数教师具备本科学历。同时，教师的实际英语语言水平、教学能力参差不齐，地区差异明显。整体上，中小学英语教师不仅在基本的英语语言知识和语言能力（如听、说、读、写等各种微技能）方面，而且在语言教学的知识和文化素养方面都有待加强。

《国家中长期教育改革和发展规划纲要（2010—2020 年）》（以下简称《教育规划纲要》）提出的目标之一是"建设高素质教师队伍"，要"严格教师资质，提升教师素质，努力造就一支师德高尚、业务精湛、结构合理、充满活力的高素质专业化教师队伍"。显然，要实现这一点，目前中小学英语教师无论在数量上还是在专业素养上都有待加强。而现实中，教师培养、培训和评价至少存在以下三个问题。

第一,职前培养缺乏统一的课程标准。各类师范院校和其他综合院校等大都参与中小学英语教师的培养,但其课程设置却没有统一要求。部分院校的英语教师教育课程和教材与基础教育课程改革对教师的知识、能力和素质要求尚有一定差距,课程设置急需更新。例如,虽然现在已进入后教学法时代,但是部分院校仍只开设"英语教学法"课程,而涉及语言教育的"应用语言学"、有关语言学习规律和学习者的"第二语言习得"课程较少。部分师范院校毕业生缺乏英语学习规律、学习策略、跨文化交际以及听、说、读、写等语言技能方面的教学基本知识。每年各地新增教师仍有相当一部分不能满足教学的实际需求。虽然近年来外语教育研究有很大进展,但是教师教育课程却大都沿袭传统,不能适应教师专业化的要求。

第二,在职进修和继续教育课程缺乏系统性。虽然国家近几年投入大量专款用于教师培训,但由于缺乏统一的培训课程和考核标准,其效果并不理想。据教师反映,英语教师培训主要存在以下问题:培训机构多但高质量的培训少;培训缺乏系统和连贯性;内容选择随意性较大;培训结果难以评估与检测。在职教师进修和培训往往只是介绍教材使用,而有关教师教学的知识讲授却零散混乱。

第三,教师评价缺乏信度与效度。国内外各类培训和商业认证机构组织了大量中小学英语教师培训和评价活动,颁发各种教学能力证书。其中,有些测试只涉及语言教学理论,没有涉及语言教学知识在课堂中运用的考查,与教学实际要求联系不紧密;有的只有口语测试,主要考查个人人际交往能力,涉及教师所应具备的课堂语言教学能力的较少。但是教师个人的语言素质和理论知识不能直接转换为实际课堂教学的能力,获得高分的教师未必在教学中表现优秀。

另外,由于在职英语教师的职称评定和教师准入缺乏明确、具体的专业标准和科学的评价方法,教师评价机构难以全面、准确地评价教师的实际教学能力;教师调动时,其原有职称难以获得移入地区教育行政部门的承认。同时,各地吸纳新教师和教师转岗也没有可参照的具体标准。因此,我国有必要制订中小学英语教师专业标准,而制订标准需要研究其利弊、内容和评价及实施等诸多方面的问题。

二、教师专业标准的作用与争议

国内外对于教师标准的制订和作用,以及可能带来的问题一直存在争议。赞同者认为，教师资格制度作为国家法定的职业准入制度，与教师整体素质和教师教育的改革、发展密切相关。它所确定的教师入职条件和相关法规影响着职前师范教育课程的设置以及教师培养的质量标准，也影响着在职教师进修学习的内容和教师评价的标准，直接关系到国家能否培养和保持满足社会发展与国民受教育所需要的高素质教师资源。

但也有学者认为，制订教师标准可能会限制教师的发展和自主性，影响教师创新，甚至成为操控和制约教师发展的机制。不过，Jack Croft Richards 指出，近年来人们越来越多地提出要重新认识标准的作用，认同教师行业是以知识为基础的，有必要设定其标准，国内不少学者也支持这种观点。教师教育领域著名学者 Donald Freeman 也认为，标准不一定要成为强制性的规定，而可以是对于教与学的共同认识，教师在这个认识下各自按照自己的方式教学。他指出，如果没有一个达成共识的框架，教师难以理解或改进教学，那么受损的则是学生，而往往这些学生是在条件较差的学校。反对标准实际是反对公平的教育机会和共同认可的专业知识基础。

研究人员一般从两个维度来理解教师职业化，即政府、专业组织规定的专业化（institutionally prescribed professionalism）和教师自主职业发展（independent professionalism）。前者是指政府和组织通过规定教师所应了解的知识和所应采取的行动来保证教学质量；后者是指教师基于价值观、信仰和对教学的独特理解，通过反思教学，不断摸索教学方法的专业发展过程。这两种职业化可以并行不悖，我们在设计教师标准时要同时考虑这两个方面。

从我国现实情况看，大部分教师实际具备的知识和能力与新课改对于教师的要求尚有一定差距，教师培训者往往注重转变教师的理念，而对教师具体能够做什么指导不够。如果有一套系统全面、科学、实用的中小学英语教师专业水平等级标准，描述不同级别的英语教师在教学以及专业发展方面所应具备的知识与能力，指导教师发展，那么教师的专业水平就能逐渐提高，自主创新才有基础；各地各类培训机构可以依据标准设计课程内容，教师的考核与聘任也有章可循。可以预见，制订中小学英语教师专业等级标准至少有以下益处：它可为在职教师继续教育课程提供参照目标，使其更具有科学性和系统性，有助于教师整体水平的提高和长远发展；可为在职教师职称评定提供统一、明确、客观的专业标准和科学的评价方法；可为教师准入资格认证提供依据；可为各类院校英语教育专业的课程设置提供参照。

由政府和行业组织通过制订教师专业标准保证教师的资质和专业水准是国际教师教育的发展趋势。制订我国中小学英语教师专业标准不仅是推进教师专业化、提升教师素质、提高教学质量的需要，也是保证教育公平的需要，是在学科中贯彻落实《教育规划纲要》战略目标的实际措施。

三、设计英语教师标准的理念与基本思路

国际外语教育领域对于教师和外语教师的知识有一些共识，其中几位从事教师教育研究的专家提出的知识包括：语言知识(subject-matter knowledge，如语法和词汇)、教育知识(pedagogical knowledge，如如何进行教学与评价)、教学内容知识(pedagogical content knowledge，如怎样教听力与写作)、学习者的知识(knowledge of the learners and their characteristics，如学习者的共同点与不同的特点)、教育环境的知识(knowledge of educational contexts，如教师所处的教学环境以及整体教育体制)、课程与教学目标(knowledge of the curriculum and educational ends，如怎样使教学内容与教育目标结合)。① 国内学者吴一安也提出优秀英语教师的十条标准。

英语教师是专门职业，应该具备不同于一般英语人才的特定的专业知识和能力。制订我国基础教育英语教师标准有许多问题需要探讨。我国中小学英语教育的目标不同于英语国家主要为移民学生开设的"第二语言"课程目标，那些课程偏重于语言的工具性，主要描述移民和留学生在英语国家学习和生活应具备的语言能力。而《教育规划纲要》提出，"坚持以人为本、全面实施素质教育是教育改革和发展的

① 参见 SHULMANLEE. Knowledge and teaching: foundations of the newreform [J]. Harward Educational Review，1987(1)：1-22；JOHNSTON BILL, GOETTSCH KARIN. In search of the knowledge base of language teaching: explanations by experienced teachers [J]. Canadian Modern Language Review，2000 (3)：437-468；FREEMAN DONALD, JOHNSON E K. Toward linking teacher knowledge and student learning [G]//DIANE J TEDICK. Second language teacher education: international perspectives. New Jersey: Lawrence Erlbaum Associates, Inc. , Publishers，2004：73-95；BORGSIMON. The distinctive characteristics of foreign language teachers [J]. Language teaching research，2006 (1)：3-31.

战略主题",强调"学会生存生活,学会做事做人",要提高学生的学习能力、实践能力、创新能力。作为基础教育的一门主要学科,英语教育既有工具性,也有人文性,教师也需要具备相应的知识和能力。但一些教师只是把英语作为一种语言来教授,而很少从更广泛的社会、政治等方面去分析问题,这已受到国外学界的强烈批评。英语学习不仅仅是学习一种外国语,它还会影响学习者的思想意识、价值观、思维方式以及对所学语言所承载的文化和自身文化的认同等。教师要认识到语言教学课程是以社会与政治价值体系为基础的。因此,英语教师也要知道英语教育的作用和可能产生的影响,要明确培养什么人并通过教学实现素质教育的目标。素质教育包括发展学生思维认知与社会文化知识目标,涉及学生内在思想、思维能力与情感世界、知识世界。通过英语学习,学生能够从不同角度体验、思考不同的语言学习方式,理解各国文化,提高自身素质,成为既有民族特性又有国际意识的公民。

目前,我国教师培训侧重语言能力、教学能力,较少关注思维认知、社会文化知识、批判性思维能力和创新能力;教师主要以传授语言知识和培养学生语言交际能力为主,很少教授思维认知方面的知识。因此,制订我国中小学英语教师标准,有几个不同于国际上其他同类标准的特点。除了作为教师共同遵守的职业道德外,标准的内容应比较全面地描述基础英语教育所涉及的知识与能力,不仅要涉及语言知识、语言教学知识,还要有思维认知和必要的社会文化知识。

教师需要懂得不同环境下外语学习的过程、条件和策略;教师授课语言要采取特殊的课堂交流方式;教师要熟悉各种教育资源,懂得使用现代教育技术,尽可能扩大学生在课堂内外接触和使用英语的机会。教师也要知道语言运用能力考查的特点与途径。此外,教师不仅要了解英语国家以及其他国家的历史地理、政治经济、民族文化和社会生活习俗等,还要了解本国文化,要懂得如何通过英语教学提高学生的思维、认知能力和文化素养,尤其是培养学生正确的价值观和批判性、创造性思维等。

目前,国际上还没有被普遍认同的把英语作为外语教学的教师专业水平等级标准,而现有的标准尚有许多缺失之处。例如,教师专业化的一个重要组成部分是教师的反思能力与终身学习能力,对于教师的评价应包括专业化发展基本要求,所以,设计教师标准应对此有所体现,但国际上教师标准中可供参考的不多。因此,我们既要参照目前国际上英语教师发展的研究成果,又不能照搬英语国家现成的英语教师标准。

另外,我国是二元社会,标准的设计应符合教师知识与能力的实际情况。教师标准既要针对大部分教师的现实状况,也要为今后教师的发展提出逐步实现的目标。我国还具有多民族、地域辽阔的特点,各种民族语言、地域方言等要求英语教师应具有独特的知识结构,这些都是制订中小学英语教师标准时应该考虑的因素。

四、英语教师专业标准的范围与内容

设计英语教师专业标准,要系统解析构成我国中小学英语教师专业素质的核心知识与能力要素,并将这些要素分为若干主要部分,进而构建我国中小学英语教师的能力模型。具体来讲,英语教师专业标准应包括以下几种核心知识和能力。

(一)语言能力

英语教师的语言不仅为学生提供正确的输入,还有在课堂上与学生交流、指导学生学习的功能,所以它应该侧重于在教学中需要的获取教学资源、终身学习和学术交流等方面的语言能力。教师作为课堂活动组织者与课堂语言输入者,他们应能够在课堂上熟练运用英语授课,有效组织英语课堂教学活动,能与学生进行互动交流,能指导学生掌握听、说、读、写等各方面的微技能,能够听懂、读懂与专业发展需求相关的资料。小学英语教师还应具备简笔画、唱歌、朗诵和使用体态语言演示等其他教学展示才能。在我国语言环境下学习英语,对教师还有一些特殊的要求,如教师要了解不同地区学生学习英语语音的困难和特点,要把握方言和少数民族语言对于学习英语的利弊等。

(二)语言知识

语言知识的讲解是教学中不可缺少的部分。教师必须具备比较系统的英语语言知识以及在教学中运用这些知识的能力,要比较系统地掌握英语语音、词汇、语法的知识体系,对英语语义、语用特点有一定了解。教师必须能够在教学中用通俗易懂的方式正确、清晰地讲解、示范、举例说明教学内容所涉及的语言现象和规则,包括常见的英语语音和拼写规则,英语词汇的正确发音、拼写、词义和用法,英语语法的规则和用法。教师还需要更新英语语言知识,了解英语语法用法的变化。

(三)教学途径与方法

我国中小学外语教学界近 30 年来产生了很多"教学法",其中却少有能产生长久影响的。这与教师对于教学理念、途径、方法和教学技巧等概念的理解和对国际相关研究的了解程度有很大关系。国外教学理念和教学途径通常有哲学、心理学、语言学、教育学等方面的研究支持,而我国教师对于这些研究成果知之甚少,容易片面理解、盲目追随、不加分析地采用或批判某种所谓"教学法"。从各类座谈会和文章中可以看出,很多教师和教研员,甚至教师培训者,对于外语学习理论,如第二语言习得、交际语言教学的理解是零碎、片面的。教师要能根据教学对象、环境、内容等客观条件合理选择和运用适当的教学途径和方法,创造出符合我国环境要求的教学模式。

(四)学习过程与学习者

教师应当具备一定的第二语言习得知识,懂得语言的本质特征和外语学习过程涉及的各种因素。例如,教师需要理解外语使用以及潜意识的外语能力形成过程、显性语言知识向自动化能力转化的过程,以及它们对外语学习所产生的影响;了解学生外语能力构成的特性;了解涉及学生年龄、学习能力倾向、学习风格、学习策略以及影响学生学习动机、态度的诸多因素。如果教师能理解这些,那么就不仅能关注自己的教学过程,还能关注学生掌握外语的学习过程。

(五)课程与教学过程

教师还应具备课程与课堂教学的知识。课程的目标需要通过教师的教学才能实现,课程也需要经过教师实践的检验,在实施中不断修订、完善。因此,教师既是课程的实施者,也应是课程修订的参与者。教材是课程的组成部分,教师需要根据学生需求、本地环境选择适当的教学材料或设计校本课程,所以教师应具有课程设计的知识,能理解课程目标与教学目标,懂得如何选择教学材料。教师要了解教学材料的目标、内容和缺失,能对教材进行取舍。教师还需要掌握教案设计的基本知识,能根据教学目标设计教学任务。因此,英语教师专业标准应从课程设计、教学目的与教学目标、需求分析与校本课程、教材使用、教学设计和教学过程管理与评价等几个方面描述教师应该具备的知识与能力。教师还需要懂得补充教学资源的重要作用,具备选择各种学习资源的能力。

（六）测试与评价

测试与评价是教学过程的重要环节，其主要作用在于促进学生学习。测试与评价要以不同的考查方式展现学生的语言能力，要能够使学生的学习兴趣得以保持和提高。测试与评价不仅涉及对学生日常学习过程的监测与诊断，还包括对其整体发展的评估。因此，教师要掌握有关知识，能设计有利于教学的测试题，采取合适的分析方法，进行有效的评估。教师必须了解不同类型测试的功能、目的及不同类型测试的利弊。同时，教师还要懂得信度与效度的基本概念，能选择适合我国学生背景知识、文化、生存环境的试题，防止测试内容的片面性。

（七）教育技术

教育技术能力也是教师应具备的能力，它有助于改善英语教学环境、发展学生的语言运用能力、弥补课堂教学的局限。在我国缺乏英语语境的情况下，教师更要学会有效应用教育技术。教育技术有助于教师扩展教育资源和学生学习途径。英语教师专业标准应描述英语教师教育技术能力的特征和评价量规，列出教师教育技术运用中应具有的意识与态度、应具备的基本知识与技能，以及在技术辅助课堂教学、教学管理和评价等方面应具备的知识与能力。

（八）社会文化

传统上，外语教育的文化教学只是要求学生理解所谓"目的语"国家文化，似乎文化就是传统节日、饮食习惯、餐桌礼仪等。近年来，在社会多元化的趋势下，人们对于跨文化交流的理解又有所发展。许多学者提出，英语作为一种国际通用语言，不应以英语为母语国家的文化规范为标准，而应提倡多元文化。跨文化交际不是仅去适应、理解英语国家文化，也不仅是加入中国文化的内容。学习者不应只把不同文化分别放入不同的类别中记忆，而是要学会吸收不同文化的优点，发展其对于不同文化的包容和理解，培养真正跨文化沟通的策略。[①] 文化包括

[①] Common European Framework of Reference for Languages: Learning, Teaching, Assessment (CEFR)[EB/OL]. (2008 - 07 - 02)[2011 - 05 - 30]. http://www.coe.int/t/dg4/linguistic/Source/Framework_EN.pdf.

价值观、信仰、道德品质的选择,所以英语教师应该掌握社会文化知识,以培养学生对于教学内容的批判性思维能力,引导学生树立正确的思想观念,培养多元文化的人。

(九)思维认知

外语教学不仅使学生学会一门外国语,还可以使学生增加一种理解和学习本族语言的途径以及各种认知过程的方法,要把英语教学与心智发展和人的素质发展结合起来。因此,教师还要能通过语言学习发展各种认知能力,包括批判性思维与创新能力。教师不仅要了解学习策略,也要学习有关思维认知的知识,以在教学中发展学生的认知能力、批判性思维能力和创造性思维等。教师要按照学生的年龄段、思维特点与知识系统,设计认知和社会文化知识目标,超越语言的范畴去考虑学科知识,并在课程和教材设计中设定分段的综合目标。国际上英语教师标准对思维认知、社会文化的要求中可供借鉴的不多,我们需要在此方面有所创新。

五、教师评价与教师专业发展

教师评价是一个非常复杂又敏感的问题。考查英语教师可以从三个基本方面来进行,即他/她知道什么、能做什么和已经做了什么。首先是教师本身的语言技能以及有关教学知识、社会文化知识以及对于学生的了解,涉及一系列知识与综合技能;其次是教师课堂实际操作能力以及有效组织课堂和沟通能力等;最后则是教师专业发展的成长记录。

纸笔知识测试加听、说测试可以检测教师具备的基本知识和语言素质水平,但不能准确反映其在课堂上的教学表现。课堂行为是学科知识和能力的体现,教师知识和能力在教学实践中是整体性的,难以清晰地划分出上述板块,而这些不是完全可以通过纸笔描述出来的。国际上通用的方法是用"能……"来描述教师应该具备的知识与能力。这种描述方式也称为"能力表现目标"(behavioral objectives)。这样描述的好处是可以防止由于目标过于笼统、抽象而导致对每条目标有多种不同的理解和解释,避免结果形同虚设。

但是,能力表现也有其弊端,它有可能限制教师的自主与创新。教师从事的是创造性活动,过于细致的标准不利于教师的自主发展。教师应该是对课程提出批评建议的人，是补充课程内容的人，强加于教师的目标往往难以实现。教师可能会有更好的办法组织教学，而不一定非按照规定要求来做。此外，有些目标实现途径并非唯一。与能力表现目标不同，"体验性目标"（experiential objectives）或"表达性目标"（expressive objectives）并不规定教师在实施一个或多个学习活动中所表现出的具体行为，而是描述一种教育实践际遇，教师参与其中，通过活动去解决一个问题，完成一项任务。这一类目标不是规定性的，而是唤起式的。

教师评价还要包括课堂外的诸多成分。教师的专业知识转化为专业技能需要经过一定时间的实践，尤其是课堂教学的经验积累。教师专业技能只有通过实践反复磨炼才能达到炉火纯青的地步，形成自己独特的教学风格。专业素质与专业发展不可分割，前者蕴含后者，后者是前者的依托。优秀教师会不断追求更好的教学效果，提高自身素质，并具备在课后自我反思、与同行切磋的意愿和能力。教师不仅要完成教学任务，还应进行一定的教学研究，并积极参加各种学术活动，提高自身的科研素质与能力，实现自主发展。

大多数情况下，教师通过校本教研、校本进修提升其专业水平，如相互观摩评课、小组学习、非正式研讨等。因此，要全面评价教师的职业能力与发展潜力，还需收集教师课后工作信息，包括教学研究文章等。纸笔测试、课堂观察和教师课后专业发展相结合，就能比较全面、准确地判断教师的专业素质和能力，同时又为教师的自主活动和教学创新提供足够空间。综上所述，评价英语教师，除共同的师德外，至少还应包括以下三个方面，即教师自身具备的知识和能力、教学过程中的能力表现以及课外的学习与发展。

设定教师标准并不是为了立即用来对现在的教师进行专业职务评定，因此，有些要素的要求应该略高于目前师资状况，以便为师资培训搭建一个可持续发展的框架。

在内容上，英语教师专业标准的模式应既不同于国外现有的英语教师标准，也不同于一般英语使用者的知识与能力体系。英语教师专业标准不能仅限于一个层面，还要有更上位的理论层面的内容供各级教师培训机构参照，否则就会成为"课堂技能培训"模板。英语教师专业标准应能基本勾勒出我国中小学英语教师专业知识与能力的模型，能为教师培养提供课程设置的参考；能为在职教师的学习和培训提供系统内容和目标；能为教师的专业职务评定、晋升提供具体的、统一的参照标准。

在实施上,英语教师专业标准应首先用于培训者的培训,再逐步进行大面积教师培训,经过若干年,教师的整体水平得到提高后再开展测试。同时,英语教师专业标准的设计者必须认识到,任何课程或标准,都是一个不断循环修改和完善的过程。该标准本身应该是动态的,要根据社会需求、教师发展水平、语言研究的最新成果来对"标准"加以不断改进,特别是要听取教师的意见,在不同的教学条件下分步实施标准,并在试验中不断调整和完善它。

我们还需要看到,目前已经有许多教师的教育理念和实践已经超越了课程和教材。因此,任何标准都不应成为制约教师创造性、自主性的障碍。这不仅需要标准制订者以谦虚和务实的心态深入一线体察教师实践,倾听他们的声音,深刻体会外语教育的生态环境,还需要标准实施者有较高的理论修养,能客观评价教师的探索与创新,包容教师的个性与灵活度。

参考文献

[1] Alptekin C. Redefining multicompetence for bilingualism and ELF [J]. International Journal of Applied Linguistics, 2010, (1): 95-110.

[2] Kumaravadivelu B. Critical language pedagogy: A postmethod perspective on English language teaching[J]. World Englishes, 2003(4): 539-550.

[3] Cook V. The goal of ELT: Reproducing native-speakers or promoting multicompetence among second language users? [G]//Cummins J, Davison C. International Handbook of English Language Teaching. New York: Springer International Handbooks of Education, 2007: 237-248.

[4] Cummins J, Davison C. Introduction: the goals and focus of the ELT program: problematizing content and pedagogy [G]//Cummins J, Davison C. Intertinational Handbook of English Language Teaching. New York: Springer International Handbooks of Education, 2007: 231-236.

[5] Freeman D, Johnson K E. Reconceptualizing the Knowledge-Base of Language Teacher Education[J]. TESOL Quarterly, 1998, 32(3): 397-417.

[6] Leung C. Second language teacher professionalism[G]//Burns A, Richards J. The Cambridge guide to second language teacher education. Cambridge: Cambridge University Press, 2009: 49-65.

[7] Lvarez, I. Foreign language education at the crossroads: Whose model of competence[J]. Language, culture and curriculum, 2007, (2): 126-139.

［8］Richards J C. Second Language Teacher Education Today［J］. RELC Journal：A Journal of Language Teaching and Research, 2008, (2)：158-177.

［9］Tsui A B M. Understanding Expertise in Teaching：Case Studies of ESL Teachers［M］. Cambridge：Cambridge University Press, 2003：245-247.

［10］国家中长期教育改革和发展规划纲要（2010—2020 年）［EB/OL］.（20100729）［20110628］. http://www. gov. cn/jrzg/201007/29/content_1667143. htm.

［11］王蔷,田贵森,钱小芳,袁邦株. 外语师范教师：现状与建议——中国高校英语教师教育与发展研究［M］.北京：外语教学与研究出版社,2008：392.

［12］王文峰. 优秀外语教师的专业素质［C］// 吴一安. 中国高校英语教师教育与发展研究. 北京：外语教学与研究出版社, 2007：127.

［13］吴宗杰,黄爱凤.外语课程与教师发展：RICH 教育视野［M］.北京：人民教育出版社,2005：56.

【摘　要】　我国中小学英语教师无论在数量上还是质量上均难以满足现实要求,职前培养、在职进修和教师评定也存在诸多问题,急需制订专业等级标准。制定专业标准可为职前教育、教师准入、在职进修和教师评价提供依据。标准应侧重英语教师特定的知识和能力,而教师的知识与能力不仅包括英语语言和课堂教学知识和能力,还包括语言学习过程、课程、测试、教育技术和认知思维、社会文化等知识;英语教师评价不仅包括纸笔测试,还包括课堂观察和教师发展记录。另外,标准实施时,首先应该培训培训者,其重点在提高教师整体水平。

【关键词】　中小学英语教师;教师专业标准;知识与能力体系

此文原发表于《中国教育学刊》2011 年第 7 期。

交际语言教学的第三种途径

——我国中小学英语教育的交际语言教学之路①(2011)

1 引言

交际语言教学(Communicative Language Teaching, 以下简称 CLT)在世界范围内掀起了一场语言教学的飓风(Johnson, 2006), 1980 年前后被介绍到我国中小学外语教学界, 也使我国基础外语教育的理念和教学方法发生了明显的变革。在 CLT 基础上发展起来的任务型语言教学(Task-based Language Teaching, 以下简称 TBLT), 也在 2000 年后实施的国家《英语课程标准》中被首次提倡, 随后各种有关 TBLT 的赞成与反对之声也持续至今。

实际上, 自 20 世纪 80 年代 CLT 兴起就一直存在多种主张, 也缺乏各派认同的共识。各家聚集在"交际"的理念下, 即语言教学不是仅仅教会学生语言的规则, 而是最终培养学生在真实生活中使用语言的能力(Celce-Murcia et al., 1997), 但是对于 CLT 的界定却如同盲人摸象, 各类解释大相径庭(Dubin & Olshtain, 1986)。正如 Nunan(2004) 指出的, CLT 并非一个统一体, 在 CLT 这个家庭里有多种不同的途径。同时, 不同地域、教学领域的人对于 CLT 的理解也不同, Spada(2007) 认为, 北美和英国人的看法并不一致, 英语作为二语和外语教学的人对此看法迥异。英国应用语言学家基本认为, CLT 既要注意语言形式也要注意意义; 而北美很多人则认为 CLT 意味着重点在流利上, 而不必

① 本文是全国教育科学规划单位资助教育部规划"十一五"课题:"中国环境下基础教育英语教学思想创新研究"课题(批准号 FFB90691)的阶段性成果之一。

追求准确。

　　Widdowson（2003）认为，可以从"目标"（purpose）与"过程"（process）两个方面分析语言教育。我国中小学英语教学界在讨论CLT是否适合我国国情时，往往把教学目标和过程混为一谈，或者说是在目标模糊的前提下讨论过程，因此总也不得要领。本文所讨论的是中国环境下，英语作为学校必修的学科。限于篇幅，本文主要从"目标"特性来讨论CLT的发展，回顾早期CLT倡导者如何定义"真实性""真实世界任务""得体性""功能"和"语言运用"这些概念以及CLT的不同主张，并分析了两种不同的途径，提出适合我国国情的路子。在本文中，CLT与TBLT被看作是可以置换的概念。

2　CLT 的两种不同途径

2.1　"英本主义"途径

　　学习语言是为了交流，这可能是所有从事外语教育的人都认可的目标，但交流什么却有认识的不同。CLT作为一种教学理念，倡导者仅在基本原则上达成共识，而在具体教学目标和内容上，却存在巨大分歧。从目标的角度分析英语教育，国际上占据主导倾向的是英语国家为移民和留学生设计的英语课程，目的是帮助学习者融入英语国家，即"同化主义语言教学"理念（assimilationist language teaching）（Cook，1999）。比如，Savignon（1991）指出：对CLT常见的解释是，CLT能使学生在交流中完成"真实世界"的任务并发展以本族语者文化常模知识和行为为参照的交际能力。什么是"真实世界"？在Long（1985）看来，真实世界的任务就是预订机票、从图书馆借阅图书、考驾驶执照、打出信函、给病人量体重、分拣邮件、预订旅店、填写支票、找出要去的街区、帮助他人穿行马路等。按照Long的定义，外语教学的主要目的是培养和发展学生用语言"做事情"的能力。显然，生活在英语国家的人，都会用到Long（1985）说到的"任务"，因此课堂教学主要用来模拟这些"任务"。正如Savignon（1991）描述的，这样的任务需要"发展以本族语者的文化常模知识和行为为参照的交际能力"。因此，目前流行的英语教育理念主张把英语本族语者的思维方式、行为举止、禁忌幽默、交往礼仪、价值观念等等作为教学内容。Holliday（2005）把这些称为"英本主义"（native-speakerism，为特意指明此处的"本族语"概念实际是指"英语为本族语"，故译为"英本主义"。下同）的理念。以下是部分"英本主义"理念的看法：

语音教学目标	追求达到美国或英国英语的发音标准
文化教学目标	以英语国家文化规范为参照的常模,理解他们的思维方式和价值观念
社会文化能力	懂得英语国家的社交礼仪和禁忌,模仿英语国家人士的行为举止
教学评价	以英语为母语者的能力水平为参照;在"真实世界"情境中使用
教师标准	以英语为母语的人是最理想的,是惯用法正确与否的权威
学习英语起始时间	越早越好(以便发音近似本族语,甚至与本族语者相同)

　　平心而论,"英本主义"的目标定位在英语国家环境无可厚非,这在他们社会中是进入中产阶级的重要条件,是生活的现实。在英语国家使用的教科书把日常生活话题作为教学主要内容也没有什么问题。对于移民和留学生,"真实世界"就是身边的世界,他们离开教室后要去医务室看病,去快餐店吃饭,到地铁站乘车。尽快融入社会,适应那里的生活,就是学生的现实目标。问题是,亚洲各国课标也有意识或无意识地遵循"同化主义"教学目标。Nunan(2003)对我国及其他亚洲国家的调查显示,这些国家和地区的英语课程虽然都提倡人文主义的理念,但大多流于表面文章,只是口号而已。实际上,从各国课程标准的内容就可以看出,真正实质性的内容还是语法、词汇、功能和结构,而教材大部分的话题内容,尤其是小学和初中,还是以个人人际交往话题为主。

　　但是,我国基础教育确立这样的目标有三个问题：一是政治上与文化上的正确性;二是对于现实二元社会的适切性;三是英语教育如何体现基础教育目标。第一是正确性。所谓"真实世界任务"所传递的潜在社会、政治信息是什么呢？Ellis(2003)坦言：显然,很多作为研究与教学任务的材料内容,均体现西方英语国家的价值观念与文化规范。然而,"英本主义"的理念不符合当今多元文化的潮流和跨文化交流研究的新观点(Kramsch, 2009; Holliday et al., 2010)。Alptekin(1984)

指出，作为单向交流的接收方，接收的信息都是英美国家的，这就使得非英语国家的文化可能被完全淹没，损害学生的价值观念和对于自己国家文化的认同。在情感与文化的方面，英语学习时种种远离学生实际生活的"外国"内容让学生感觉自己在文化上处于从属地位（Kumaravadivelu，2003）。因此，英语作为一种通用语言不应采用单一的文化规范。

第二是适切性。实现这样的目标是否合适，在国内外外语教学界引起了争论。张正东（2003，2006）提出了外语学习环境下的若干问题，如远离通用语社会，课堂学习难以达到真实性交际，不能学用一体；由于难以学习，所以学习者情绪不稳定；对于西方文化的认同感也会引起学习者情感波动等等。McKay（2003）指出：许多教材的内容都是以英语国家文化为基本话题，有些可能对学生很有吸引力，但有些与学生的生活毫不相干，甚至是令人糊涂、难以理解的。从笔者2007—2010年在云南、山西、广东、浙江、安徽、广西、宁夏等十个省的调查中也发现，即使珠海郊区的学校教师也认为教材中有许多话题不适合，如组织野营、漂流、去西式快餐店点餐等。在中国的环境中鲜有与英语为本族语者交往的机会，但学生用最多的时间学习最少用到的知识，以最少接触的机会去发展难以用到的能力。正如Kumaravadivelu（2006）等学者发现的，所谓的"交际"课堂实际上并没有激发学生想要表达思想的愿望，也没有涉及学生可能想要说的内容。换句话说，许多学生想用英语表达的内容并没有学，结果"交际"也就难以深入展开。1990年制定义务教育英语教学大纲时，章兼中、张正东等就对于交际能力提出了质疑，认为我国中小学生的学习环境尚不具备培养学生交际能力的条件，提出"为交际初步运用英语的能力"的目标（章兼中，2010）。

更为重要的是，英语教育如何体现我国基础教育目标。基础教育的目标主要是全面发展学生的素质，《国家中长期教育改革和发展规划纲要》（2010—2020年）提出要培养学生"形成正确的世界观、人生观、价值观，学会生存生活、学会做人做事"。英语教育要实现学生的全面发展，目标就不能局限于语言运用目标，而应包括其他有助于实现素质培养的目标。实际上，早期的CLT主要倡导者之一Widdowson（2003）并不认同外语教学应培养"能力"（competence）。他解释说，是否能恰当地进行交际取决于交际的具体语境，这种语境并不一定是复制英语为本族语者的实际交际情况（replication of native speaker realities）。他认为，作为学校的学科，首先要考虑清楚最终实现的目标,应当拒绝把英语本族语者的真实运用作为目标,这样的想法是不相干也不现实的(not relevant nor realistic)。Widdowson(2003)提倡的是另外一种CLT的途径,可称为CLT的第二条路。

2.2 学科取向途径

Widdowson(1978)在CLT运动初期考虑的就是英语为外语的环境,应用的领域是中学的外语课堂,正是本文要讨论的领域。他认为,"交际语言运用"不是日常生活交往,而是使用英语来学习知识,是通过语言这个交际的工具实现其他目标;而"真实世界"则是与学生的经验和实际建立联系。他认为,把外语教学与学科结合可以使语言运用通过其他学科的内容得以实现,不仅使孩子的现实生活和经验结合起来,而且确保把语言作为一种交流的工具(means of communication)并加以运用(use),而不仅仅是作为习惯用法。换句话说,"交际"和"语言运用"是学习和使用各方面知识的交流,运用语言学习学科知识。他论述了在学校环境中语言学习的真实性问题,用"真的"(genuine)和"真实的"(authentic)来区分两种不同的真实性。在Widdowson(1978)看来,"真的"材料是为了语言教育目的而从报纸中节选的文章、电视连续剧的片段和诗。而"真实性的"则是"文段与读者关系之间的一种特点,这种特点涉及读者能对其做出适当的反应"(1978)。他认为,把真的语言材料引进课堂并不难,而难在这些材料能否真正引起读者共鸣。所谓真实性并不是简单地给学生呈现从报刊、电视中摘录的片段,只有当阅读材料与学生学校学习和自身生活结合起来,才能称其具有"真实性"。一段从定义上说是"真的"原文摘录,如果不能和学习者通常进行的交际活动相符,那么也不能称其为"真实"。

因此,Widdowson(1978)主张的CLT是一种"学科取向途径"(Subject-oriented Approach,以下简称SOA)。他说:教师们往往认为语言教育一定要与外部的"真实世界"建立某种联系,但学校就是孩子的一部分真实世界。孩子以往熟悉的经验经过学校教育扩展成为新的概念。地理、科学和艺术学科等都是根据孩子的生活经验设置的,而外语教育也可以通过这些学科间接地与外部世界建立联系。当学生把外语和其他学科的学习建立起联系,外语也就具有了和学生母语一样的交际功能(function),而这些话题也就具有真实性。可以看出,Widdowson(1978)最初关于"交流工具""语言运用""交际功能"和"真实性"等概念,与现在通常理解的"与本族语者交流""在英语国家的环境"和"模仿英美人的真实场景"等概念相距甚远,甚至截然相反。Widdowson(2007)再次强调:认为交际语言教学的目标就是要学生仿照英语为本族语者的常模去发展交际能力是一种误解,也违背了Hymes 的原意。

Chamot & O'Malley（1987）提倡学科与英语教育结合,即 CALLA（Cognitive Academic Language Learning Approach）模式。他们认为,语言作为一种媒介,自然导致跨越学科的内容,帮助学生运用语言就需要我们超越语言本身,进入其他学科,并从总体教育目标上审视英语教学。CALLA 不是完全用英语教各学科的沉浸式教学,也不同于以语言为主的 ESL 课程,而是包括语言知识本身、学习策略的教学,也包括学科的融合。学生交流的不仅是日常生活会话,而是学科内容。他们认为,学科内容可以提供各种使学生感兴趣的话题。同期主张语言教育与学科结合的还有 Snow et al.（1989）等等。

Wesche & Skehan（2002）倡导在 CLT 的原则下任务型语言教学与"学科型教学"（Content-based Instruction,缩写为 CBI）的结合,即把学校的学科内容与语言学习的目标结合起来。他们认为 CLT 有几条公认的原则,其中之一是自成体系的内容,通常是学校非语言类的学科,这样的学科不仅作为学习语言的途径,也具有本身内在的价值。他们认为,CBI 具有以下几个优势:（1）可同时学习学科内容并发展语言能力;（2）可使学生对语言的接触得以最大化;（3）可使语言的话题、功能、形式在不同的语境中得以反复出现;（4）以学习其他学科为目标的内容使得语言内容是真实、地道的为本族语者设计的材料。教学指导、教学活动、作业等,不仅包括语言的功能,还有各种语言形式。同时,他们也把 CBI 的问题归纳得非常清楚:如:（1）沉重的阅读负担和复杂的材料增加了语言和学科学习的难度;（2）对语言水平的高要求可能使得学习者步履维艰,倍感困苦,结果失去信心与动力;（3）测试时的要求可能使得学习者难以展现他们的实际知识水平。他们总结说:CBI 最大的优势是语言学习与内容在不同层面的结合,而困难则是学生的语言水平低,却要费力去理解生疏的概念与抽象的知识。实际上,我国也有为数不少的中小学在"双语教学"的名义下实行 CBI。20 世纪 30 至 40 年代,我国部分中学也有用英语教授其他学科的成功范例。可以说,这种 CLT 的途径是未来一种有前途、可选择的途径,也许是未来发展的趋势。但在中小学大范围实施尚不具备条件。笔者对部分教师的调查反映出如下问题:（1）缺乏合适的语言材料,引进的太难,而自编的质量差;(2)缺乏合格的教师,学科教师英语水平低,而英语教师不懂其他学科;(3)缺乏相对应的评价系统,无法满足当前应试教育的现状;(4)学生积极性不高,认为还是用汉语学习学科更明白。

虽然第二种途径至少暂时还不适合我国大部分地区的现实,但我们可以从 CBI、CALLA 与 SOA 中得到启发,思考中国环境下的适当途径。Kramsch 和 Sullivan(1996)认为,适合于亚洲国家的交际语言教学可能在名称上与伦敦的一致,但在课堂上却可能完全不同。英语教学已经被当地的教师改造得适合当地的情况,为当地个人与社会需求服务,而课堂中学习者之间的互动是基于更广泛的社会、历史和文化问题,这些问题才是当地社会的教育目标或者是一个合格公民应具备的理想素质。

3 交际语言教学的第三种途径

论述至此,我们已经清楚,CLT 并不只有一种主张,一条途径。那么,为什么要提倡 CLT 呢? 应该说,CLT 代表的是将语言意义与语言形式结合的一种努力方向(Spada, 2007),代表着外语教学从如何教到教什么的转变,从学生如何学会语言的角度思考外语教育。从我国外语教学实践看,这显然是正确的方向,核心的问题是选择何种 CLT 的路线。正如 Widdowson(2003)指出的,语言教学如果能对教学实践产生影响,有三个关键因素:一是宏观教育目标和未来的需求;二是教学过程;三是怎样界定作为学科内容的语言,哪些内容能提供有助于实现目标和过程所需的交际语言能力和语码知识。Widdowson(1978)认为要形成适合于本地发展的 CLT 概念,必须基于课堂教学环境的可行性。课堂教学环境的可行性和有效性取决于当地文化和语言的因素。这将意味着 CLT 作为主体从教育的角度来定义、实施的时候,各地的定义和实施方案可能不同,甚至非常不同。他强调的是,如果 CLT 要适合各国不同的学习环境,就一定要结合学生的实际情况,而不是让学生去拷贝、模仿英语为本族语者的环境。

我们要从宏观教育目标的高度思考我国基础教育的学科目标,关键是把语言学习既看作教育,也要看作政治问题。从各国和国际多元文化的角度思考、看待交际语言教学,就会认识到,不同的社会政治环境,不仅要求有不同的学习目标,而且要有不同的学习策略(Savignon,

1991）。交际语言教学应该使得学生能表达在他们生活中有重要的价值意义和想要做的事情（Brown，1995）。英语课程如何才能体现 CLT 的这些理念呢？这需要根据国家教育战略目标和学生的实际需求发展适合中国的 CLT 概念，从政治和教育的方面来分析 CLT 在中小学的应用，充分认识其可能隐含的内在影响，避免"英本主义"的流弊。

Cook（1999，2007）把学校英语教育分为"外在目标"（external goals）和"内在目标"（internal goals）。外在目标是实用的语言运用目标，如今后出国使用英语。内在目标的重点在于语言教学作为教育活动使学生可能受益的诸多方面，而不仅是学生在毕业后可能使用语言的状况。内在目标关注学生的内心世界等自身的素质，如培养学生用另一种认知的方法思维，涉及的是智力和心灵以及思想的发展。20 世纪 80 年代末，Candlin（1987）在谈到任务型语言教学时指出：语言学习设定的目标往往是从学习者外部考虑的，而很少从总体教育价值方面考虑学生的发展。人们认为，英语教育是语言学习，其实人们很容易忘记，我们也要关注学生的品格发展，这和教授语言相比，如果不是更重要的话，也是同等重要。他认为教育目标包括：（品格与社会角色）意识、（学习者的）责任感与自主性、（对于不同看法的）宽容度与容忍性、自我实现、自信心等。Candlin（1987）指出，表面看起来，几乎所有的课程都声称要实现这些理念，但任务的内容往往不能有助于实现这样的目标，反而打击了学习者的自信心和实现自我的愿望。

十几年后，Candlin（2001）认为这个问题仍然没有解决。他说：任务设计的核心是"目标构建"（the construct of purposiveness），并认为，外语学习的目标常常是由学生外部决定的，几乎没有考虑这些目标对于基础教育学生的发展目标有何价值。Ribe & Vidal（1993）也提出：第三代任务（third generation tasks）的目标是通过语言学习发展学生的个性，服务于更大教育的目标，如提高学习动机、意识、创造性以及人际交往技能。显然，英语教育应该更多加入社会文化的内容，更多涉及人际关系、思维认知，价值观念、内心情感、地方文化等对学生身心发展有益的内容。选择我国中小学的 CLT 路径，首先要考虑的是教育目标适合中国现实情况下学习环境、实际应用及不同学生的发展需求和兴趣，设计符合教育目标与生活环境的任务内容。我国教育目标与环境毕竟与同化移民学生为目标的 ESL 课程不同，不仅要考虑如何通过英语教育培养学生的全面发展，还要考虑我国二元社会的特点及实施的可行性。这就是我们讨论第三条路的基础，可称为"基础教育途径"

（General Education Approach，简称 GEA）。

设计我国基础教育的 CLT 途径，至少有以下几个方面需要讨论：首先在目标上，英语作为学校教育的学科，总体目标是培养学生的素质。这样，英语教育就兼具工具性与人文性。许多学者（傅永林 等，2010①）表达了对于外语教育目标的战略思考，其中有些学者认为课程目标含混，有些学者认为目前外语教学界过分强调功能性，而忽略了另外一个更重要的属性，即人文性。虽然课程提出人文性，但是在教学目标描述、教材编写、测试评价等方面，并没有清晰、系统地设计出人文性的具体目标。近年的中小学英语教材虽然增加了相当多人文性的内容，但由于课程缺乏明确的具体目标，因此教材也难有系统的设计。而大部分测试的内容仍然是词汇、语法、结构、功能等。因此，章兼中（2011）认为不宜单独提，或唯一提"综合语言运用能力"目标。

我们应该认识到：英语教育不是教会学生一种英语国家人士使用的"外国语"，不需要他们内化英语国家的文化规范和图式（Kramsch，2009），而是学会一种用以吸收信息、发展思维、与世界各国交往、传递本地文化和表达个人思想的国际通用语言。学生通过这种语言，了解各国文化、学习优秀的思想观念、发展不同的认知思维能力和学习策略，构建对于生活、人生和世界的看法。基础英语教育的目标应该定位于培养一代既有民族特性又有国际视野，会使用国际上通用语言与其他国家交流中国文化和表达自己思想的、具有多元文化的公民（Alptekin，2010）。具有多元文化的人，不仅懂得英语国家文化和会用英语表达自己的文化，还能从外方文化和本族文化角度评判性地思考、反思自己的文化，评判性地介入与对方的交往，能有效地解决跨文化交往中的误解与冲突，用一种新的知识来调和、协调自己的思想和两种不同的文化，形成新的文化，即 Kramsch（2009）提出的"第三种文化"。而这些知识不以英语为本族语者的文化规范为参照（Álvarez，2007）。同时，也要帮助学生通过学习英语进入国际村，发展我国的经济和文化。要实现这样的总体目标，基础教育课程目标应该是"多元"的，不仅有"语言交流目标"，还要有"社会文化目标"和"思维认知目标"。正如 Yalden（1984）所说，语言交流目标不再是独占鳌头的地位（loses its predominant position）。确立多元的目标，即不仅设定使用英语进行交际的目标，也包含思维认知目标和社会文化目标（包括多元文化内

---

① 傅永林、程晓堂、徐盛恒、赵彦春，在 2010 年第六届中国外语教授沙龙上的发言。

容),把语言学习与思维认知、个人素质发展等结合起来,更适合国家利益和社会发展,更有利于学生成长。

同时,必须考虑我国国情,尽可能使英语教育内容与学生生活实际结合起来,这并不意味着排斥介绍英语国家文化,而是深入学生的内心世界,从学生熟悉和关心的内容开始。正如 Widdowson(1998)强调的,真实性的交际一定要把学生的兴趣、态度和行为方式考虑进去,必须与他们自己熟悉的文化环境以及他们关心的事情建立起联系,而不是与生疏的外国社区环境相连。他认为,交际语言教学如果真要讲求语用的话,就要遵从学习者的现实,创造出适合当地环境条件的话语,按照学习者的真实情况使用语言,即以学生生活环境、语言使用、学生需求为基础考虑课程内容的理念。实际上,英语国家语言材料中不乏符合我国教育目标的内容,如公民意识、民主法治、自由平等、公平正义等,也是我国教育规划纲要中提倡的战略主题。

关键的问题是需要重构适合我国基础教育英语学科能力模型(competence model),而不是盲目仿照英美国家为出国学生设计的交际能力模型。这个模型的内涵不仅是个人人际交往的"交际能力",还包括思维认知、社会文化知识的运用;语言用法上不仅参照英语国家的英语标准,也考虑中国英语学习者的特点。如果从课程内容设计角度确定交流的话题与内容分析,那么就要思考 Ellis(2003)指出的问题:课程设计者必须决定究竟希望学习者交流什么。考核这样的能力则不仅需要"能力表现目标",也需要设计"体验性目标"(experiential objectives)(Kohonen,1992),或称"表达性目标"(expressive objectives)(Stenhouse,1975)。

4　结语

国外 CLT 或 TBLT 的主流没有重视 Henry G. Widdowson 和 Christopher N. Candlin 等人的意见。这一方面是因为他们的教学环境不同于外语环境,二是第二语言习得研究(SLA)的主流不大认同社会文化因素。Long & Crookes (1992)直言,因为教育理论的实证研究不够,而心理语言研究有实证的研究成果,SLA 的研究者倾向于忽略教育的理论,更关心的是心理语言学的因素。虽然这些 CLT 的倡导者也强调"语境",但往往只是指语言和语用的特点,而很少包括更广泛的社会、政治、文化、历史的范围(Kumaravadivelu,2006)。其弊端显而易见,正如 McKay(2003)指出的,虽然 SLA 从心理语言学角度进行研究似乎是 CLT 的主流,但从这个角度研究问题没有从语言功能服务地方社团的视角去看待语言的学习。

回顾 CLT 发展的历史,可以说,国际语言教学界忽略了"学科取向派"的途径。这不能不归结于一些国际著名学者掌握着英语教学界的话语权,而他们实际的教学和生活环境,又是核心英语国家。在相同环境中研究的成果受到其他英美学者的追捧也不足为奇。遗憾的是,这些学者对于非英语环境下的 CLT 路线却集体失语,适合外语教育环境的声音没有得到主流的积极响应,但我国译介的文献大都是这些名家的著述。结果,对于 CLT 的介绍与批评还是局限在"英本主义"的思维框架内。长期以来,人们以为"真实性"交际就是问路、订旅馆等日常人际交往内容,以为 CLT 就是功能、意念和结构的结合,其实这是一种流行的误解(Widdowson, 2007)。

可以说,我国中小学英语教学界介绍和实施 CLT 时片面地理解了"交际"的含义,只看到 CLT 在英语国家的使用,而误以为这就是 CLT 的全部。对于跨文化交际的理解也有偏颇,以为只是理解和适应英语国家文化(Ishihara & Cohen, 2010)。大部分关于 CLT 的争论片面地理解或者说过分强调不完全适合中国国情的部分,或以不适合的部分作为 CLT 的全部加以批判。盲目遵循"英本主义"路子的 CLT 和话语模式难免误入歧途,以本土主义自闭方式宣称西方的二语习得理论全不适合中国只能贻笑大方。正确的立场应该是仔细检审西方的各派理论,借鉴适合我国的部分,并依据实证研究,设计替代性的参照框架,对 CLT 做出新的阐释。

首先需要思考的是如何选择适合中国基础教育目标的"基础教育途径",即我国学生需要交流什么。要明确地认识到,基础教育外语教学的目标兼具工具性和人文性,核心目标应包括促进学生全面成长、培养正确的思维和为人处世的方法,"语言运用"只是目标之一。以同化移民学生为核心理念的英本主义文化观与目标观并不符合我国基础教育目标,基础英语教育界需要摆脱习已成规的思维定式,调整培养目标,明确英语教育除语言目标外,还应通过英语学习实现思维认知和社会文化目标。这需要从国家发展、文化建设、素质培养等宏观方面重新审视英语教育的核心价值,构建适合中国的"基础教育途径",并在课程目标设计、教学内容选择、能力模型构建与能力表现评价等方面进行一系列改革。

参考文献

[1] Alptekin C. The question of culture: EFL teaching in non-English-speaking countries[J]. ELT Journal, 1984, 38(1): 14-20.

[2] Alptekin C. Redefining multicompetence for bilingualism and ELF [J]. International Journal of Applied Linguistics, 2010, 20(1): 95-110.

[3] Alvarez I. Foreign language education at the crossroads: Whose model of competence? [J]. Language, Culture and Curriculum, 2007, 20 (2): 126-139.

[4] Brown J D. The Elements of Language Curriculum: A Systematic Approach to Program Development[M]. New York: Heinle & Heinle Publishers, 1995.

[5] Candlin C N. Towards task-based language learning [A]//Candlin C N, Murphy D F. (eds.). Language Learning Tasks. Englewood Cliffs, NJ: Prentice-Hall International (UK) Ltd and Lancaster University, 1987: 16-17.

[6] Candlin C N. Afterword: Taking the curriculum to task [A]//Bygate M, Skehan P, Swain M. (eds.). Researching Pedagogical Tasks: Second Language Learning, Teaching and Testing. Harlow, England: Pearson Education, 2001: 229-243.

[7] Celce-Murcia M, Dörnyei Z, Thurrell S. Direct Approaches in L2 Instruction: A turning point in communicative language teaching? [J]. TESOL Quarterly, 1997, 31(1): 141-153.

[8] Chamot A U, O'Malley J M. The cognitive academic approach: A bridge to the mainstream[J]. TESOL Quarterly, 1987, 21(2): 227-249.

[9] Cook V. Going beyond the native speaker in language teaching[J]. TESOL Quarterly, 1999, 33(2): 185-209.

[10] Cook V. The goal of ELT: Reproducing native-speakers or promoting multicompetence among second language users? [A]//Cummins J, Davison C. (eds.). International Handbook of English Language Teaching. New York: Springer, 2007: 237-248.

[11] Dubin F, Olshtain E. Course Design[M]. Cambridge: Cambridge University Press, 1986: 69.

[12] Ellis R. Task-based Language Learning and Teaching[M]. Oxford: Oxford University Press, 2003: 332.

[13] Holliday A. The Struggle to Teach English as an International Language[M]. Oxford: Oxford University Press, 2005.

[14] Holliday A, Hyde M, Kullman J. Intercultural Communication: An Advanced Resource Book for Students[M]. New York: Routledge, 2010.

[15] Ishihara N, Cohen A. Teaching and Learning Pragmatics: Where Language and Culture Meet [M]. Harlow, UK: Person Longman Limited, 2010.

[16] Johnson K. Revisiting Wilkins' notional syllabuses[J]. International Journal of Applied Linguistics, 2006, 16(3): 414-418.

[17] Kohonen V. Experiential language learning: Second language learning as cooperative learner education[A]//Nunan, D. (ed.). Collaborative Language Learning and Teaching. Cambridge: Cambridge University Press, 1992: 14-39.

[18] Kramsch C, Sullivan P. Appropriate pedagogy[J]. ELT Journal, 1996, 50 (3): 199-212.

[19] Kramsch C. Third culture and language education [A]//Cook V, Li W. (eds.). Contemporary Applied Linguistics (Vol. 1). London: Continuum, 2009: 233-254.

[20] Kumaravadivelu B. Critical language pedagogy: A postmethod perspective on English language teaching[J]. World Englishes, 2003, 22(4): 539-550.

[21] Kumaravadivelu B. TESOL methods: Changing tracks, changing trends[J]. TESOL Quarterly, 2006, 40(1): 59-81.

[22] Long M H. A role for instruction in second language acquisition: Task-based language teaching [A]//Hyltenstam K, Pienemann M. (eds.). Modeling and Assessing Second Language Acquisition. Clevedon: Multilingual Matters, 1985: 89.

[23] Long M H, Crookes G. Three approaches to task-based syllabus design[J]. TESOL Quarterly, 1992, 26(1): 27-56.

[24] McKay S L. Toward an appropriate EIL pedagogy: Re-examining common ELT assumptions [J]. International Journal of Applied Linguistics, 2003, 13 (1): 122.

[25] Nunan D. The impact of English as a global language on educational policies and practices in the Asia-Pacific Region[J]. TESOL Quarterly, 2003, 37(4): 589-613.

[26] Nunan D. Task-based Language Teaching[M]. Cambridge: Cambridge University Press, 2004.

[27] Ribe R, Vidal N. Project Work: Step by Step[M]. Oxford: Heinemann International, A division of Heinemann Publishers (Oxford) Ltd, 1993.

[28] Savignon S J. Communicative language teaching: State of the art[J]. TESOL Quarterly, 1991, 25(2): 261-277.

[29] Snow M A, Met M, Genesee F. A conceptual framework for the integration of language and content in second/foreign language instruction[J]. TESOL Quarterly, 1989, 23(2): 201-217.

[30] Spada N. Communicative language teaching: Current status and future prospects

[A]//Cummins J, Davison C. (eds.). International Handbook of English Language Teaching. New York: Springer, 2007: 271-288.

[31] Stenhouse L. An Introduction to Curriculum Research and Development[M]. London: Heinemann, 1975.

[32] Wesche M B, Skehan P. Communicative, task-based, and content-based language instruction[A].//Kaplan M B. (ed.). The Oxford Handbook of Applied Linguistics. Oxford: Oxford University Press, 2002: 207-228.

[33] Widdowson H G. Teaching Language as Communication[M]. Oxford: Oxford University Press, 1978.

[34] Widdowson H G. Context, community, and authentic language[J]. TESOL Quarterly, 1998, 32(4): 705-716.

[35] Widdowson H G. Defining Issues in English Language Teaching[M]. Oxford: Oxford University Press, 2003.

[36] Widdowson H G. Un-applied linguistics and communicative language teaching [J]. International Journal of Applied Linguistics, 2007, 17(2): 214-220.

[37] Yalden J. Syllabus design in general education: Options for ELT[A]//Brumfit J C. (ed.). General English Syllabus Design: Curriculum and Syllabus Design for the General English Classroom. Oxford: Pergamon Press Ltd. and the British Council, 1984: 13-21.

[38] 张正东.我国英语教学的属性和内容[J].课程·教材·教法,2003,(5):34-39.

[39] 张正东.外语是把双刃剑[J].基础教育外语教学研究,2006,(1):19-22.

[40] 章兼中.再论为交际运用英语能力及其培养途径[J].课程·教材·教法,2010,30(01):84-90.

[41] 章兼中.基础英语课程总目标是培养学生综合语言运用能力吗——三论为交际运用英语能力及其培养途径[J].课程·教材·教法,2011,31(03):61-68.

【摘　要】　交际语言教学介绍进我国基础外语教育界已近30年。有关交际语言教学是否适合中国国情的争论及其对它的各种介绍与批判也一直持续至今。本文回顾早期交际语言教学倡导者如何定义"真实性""真实世界任务""得体性""功能"和"语言运用"这些概念以及交际语言教学的不同主张,重点讨论两种不同教学途径的适应对象和环境,并提出一种适合我国基础教育目标与教学环境的交际语言教学路子。

【关键词】　交际语言教学;基础教育;教育目标;第三条路

此文原发表于《中国外语》2011年05期。

论基础英语教育的多元目标
——探寻英语教育的核心价值(2012)

一、问题的提出

《国家中长期教育改革和发展规划纲要(2010—2020年)》(以下简称《纲要》)提出,教育的目标是把"促进学生健康成长作为学校一切工作的出发点和落脚点"。外语教育如何才能促进学生的健康发展?

长期以来,学习外语是为了交际(交流)似乎是天经地义的,无论英语教学大纲还是《义务教育英语课程标准(2011年版)》(以下简称《课标》),都把"发展学生初步运用英语进行交际的能力"或"综合语言运用能力"作为最核心目标。从大纲和《课标》的内容来说,语法、词汇、功能等语言内容均有非常详细的要求,而对认知和思维的要求、对通过语言教育实现的人文性内容却含混空泛。人们习惯认为英语只是交流的工具,没有从更广泛的社会、政治等方面去分析问题(Phillipson, 1992)。但越来越多的学者指出,英语教学既是教育行业,又属文化与思想意识领域,认为英语教育只是教授一门外语的看法正受到国外学界的强烈质疑。正如Ellis (2008)指出的,语言课程是以一系列社会与政治价值体系为基础的,任何课程的设置都要论述这些价值体系,达成共识,并说明以何种价值体系引导课程的设计。因此,需要从《纲要》教育战略目标的高度重新思考英语教育定位,探寻英语教育作为基础教育的主要学科之一的核心价值。

二、研究背景

20世纪80年代,国外一些学者曾组织过"基础英语课程设计"

（General English Syllabus Design）研讨会。Brumfit（1984）提出，语言教学由于一直过分强调单一的方面而受到损害，课程应该是多维度的，必须考虑其他的因素，而每个维度应该相互协调。Yalden（1984）认为，设计课程是一种政治行为，仅用语言理论和第二语言习得理论的原则指导课程设计是不够的，还要依据一般课程理论、普遍认同的教育哲学等。Widdowson（1984）则提出从社会需求和个人发展的角度讨论语言教育（实际是人文性与工具性问题）。他认为，教育的目的是给学生正确的思想、培养他们的态度、影响他们的行为、树立自己的信仰等，以使学习者的个人能力得到提高，为今后参与社会生活做好准备。教育可以服务于社会的需求，也可以服务于个人的发展，这取决于课程的权重。Candlin（1984）强调：课程的内容透露课程设计者对于一系列特定的社会、教育、道德和学科的价值看法。教学内容中的价值观并非纯客观的、无倾向性的。Candlin（1987）又说："无论设计何种教学任务，总需要从更高层面作为选择的依据。外语教学的目标往往是从外部强加于学生的，而很少考虑这样的目标在促进学生发展中的价值。因为我们关注的是语言学习，人们很容易忘记应该同样关注学生品格的发展，这和教授语言相比，如果不是更重要的话，也是同等重要。"

需要认识的是：语言交流只是外语学习的目标之一。正如 Cook（2007）所说："从马利诺夫斯基到韩礼德、乔姆斯基都说过，交流只是语言在人类生活中的一个功能，学习外语并不仅仅是要学习者会使用另一种语言与人交谈，而是在各方面改变他们的生活和心智。"他将语言教育分为外部和内部目标：外部目标是学生在课外使用语言，旅游、购物时用外语以及将来学习等；而内在目标则涉及学生作为个体的心智发展，关注的是学习另一种语言对于学生可能产生的影响，如不同的思维方式、成为更好的公民等。他认为，传统上，外部目标统治语言教学几近百年，情景法、听说法都是强调外部世界，而不是学生的内心世界，后来的功能意念大纲也只注重外部的功能。Cook（2008）指出，功能意念目标从某种意义上说是接受现实的世界，而不是为了改造社会。但语言教学可以超越现实而使得世界变得更好。也就是说，除了语言交流等实用目的，还有"以个人素质发展为目的而不是语言本身"，即以培养公民素质为目的的基础教育价值（general educational values）。他着重指出：语言教学可以产生解放个体的效果，语言教学是政治活动。

其实，宋明理学也重视语言教育的这种核心价值。朱熹说："圣贤教人为学,非是使人缀缉言语,造作文词,但为科名爵禄之计,须是格物致知,诚意、正心、修身,而推之以至于齐家、治国,可以平治天下,方是正当学问,……"近年来,国内越来越多的学者质疑语言交际至上论。章兼中(2002)提出:"英语教育要体现人文精神,就应培养学生自我实现的理念,尊重学生的尊严、价值取向、需要、愿望、信念、情感、意志、感受、体验、追求理想的人格、人的自身完美、个性解放和坚持真理反对迷信盲从,开发学生个性、潜能、创造意识和能力,……"张正东(2003,2005)认为,由于过分强调外语的工具性,而使得"外语教育把人文素质的内涵边缘化了"。韩宝成和刘润清(2008)指出,"素质教育的核心是人的教育。外语(英语)教育作为基础教育的一部分,其目的应该是使学生通过外语(英语)来学习文化,认识世界,培养心智,为终身发展打下基础。"黄远振(2011)在论述英语课程目标时也说,情感态度与价值观和人文素养是第一重要的。陈艳琳(2008)回顾了人文主义的发展,指出英语教师需要转换观念,从培养怎样的"能力"过渡到培养怎样的"人"。朱永新和马国川(2011)、朱小曼和朱永新(2012)等撰文呼吁教育从原点再出发,要体现"独立精神和健康人格,求真、向善、尚美的核心价值"。实际上,1988年和1992年制定的初中英语教学大纲都把"发展学生智力、开阔视野和提高人文素养"以及思想情感教育写入前言。程晓堂和但巍(2012)也强调:2011年修订课标明确提出"人文性"主要是指学习英语对促进人的全面发展所起的作用。

尽管《课标》提出"工具性与人文性统一",但如果将教学目标设定为"做事",其人文性就难以体现。可以说,工具性是"做事",而人文性则是"做人"。《课标》把"综合英语运用能力"定位为核心目标,其他的目标只是边缘的、附属的、是为了支持实现语言运用目标而设立的。比如"情感态度"中要求学生"明确英语学习的目的""保持英语学习的愿望和兴趣""能克服英语学习中所遇到的困难"等等。《课标》中情感态度的目标虽然也提到"合作精神、自信意志、祖国意识和国际视野",但是具体目标仍局限于"影响学习过程、学习效果的相关因素",没有包括发展个性、挖掘个人素质潜能、培养学生思维能力和批判性能力这些涉及内心世界、心智发展、个性培养等有关人的健康成长等更深层次的内涵。由于《课标》中人文性提法空泛而笼统,缺乏明确的评价指标,而语言知识与技能较为具体和确定,结果实际上没有对于教材和课堂教学实施产生实质影响,语言准确仍然为测试唯一目标。社会上对于英语教育的认识也大都局限于身份提升或是谋食之阶,仍属"科名爵禄之计"。

　　这就涉及如何看待语言教育的价值。Tudor(2001)认为可以从三个方面看待语言：(1)把语言看作是一套系统；(2)把语言看作是交流的工具(用语言来做事情)；(3)把语言看作是自我(情感或思想的)表达。外语教师常常只关注语言的实用功能目标，如阅读外语材料、完成出国时个人或学习的任务等。但是语言学习不仅是为了实用的办事目标，还有通过语言的媒介建立人际关系，表达个人情感和理想抱负及探求个人兴趣。Tudor 认为，自我表达并非人文主义语言教学所独有，也不是人文主义理念的唯一目标。他引用 Stevick 提出的人文主义语言教育理念的 5 个方面：(1)情感，包括表达个人情感和审美欣赏；(2)社会关系，鼓励友谊和合作；(3)责任感，这涉及需要公众监督、批评和纠正错误；(4)思维能力，包括知识、判断力和理解力，反对思想禁锢；(5)自我实现，寻求全部实现个人的最实质性的才能。

　　Brown(1995)论课程时也提到情感范畴，其中包括感觉、情感(emotions)、接受程度、价值观等等。Richards(2001)论课程时提到"社会重构主义(social reconstructionism)"，这种理念主张教育的目标是为了消除社会的不公正和不平等。他援引 Auerbach 的观点：课程要重在培养学生关注重要的社会和个人问题，发展学生为建设一个相互关心、注重环保和财富公平分配社会的能力和意识，包括对于多样化的包容和接受的态度，促进和平的社会。关注社会的公平和正义是课程的核心议题。因此，课程不能只让学生被动接受事实，而是思考如何改造社会，并帮助他们改变自己的人生。

　　可见，所谓情感，不仅是要求学生热爱英语学习，克服学习中的困难，而是让学生有思想，有独立思考的能力，能学会对于他人的观点和社会的现实采取评判性的眼光，能立志为改造社会贡献自己的才智。真正意义上的情感培养应包括学会关心、正确的价值观、文明的行为举止、如何考虑别人的感受、信任、友谊、保持身心健康等等。而高年级可以是跨文化的沟通、表达自己的思想、与不同文化的人交流、解释本地人的思维方式和文化习俗、与其他文化的人取得共识。

　　《纲要》提出坚持以人为本，全面实施素质教育是教育改革发展的战略主题，其中包括培养学生团结互助、诚实守信、遵纪守法、艰苦奋斗。而公民意识中提到民主法治、自由平等、公平正义理念。在"全面发展"一段中，还提到"加强心理健康教育，促进学生身心健康、体魄强健、意志坚强"等。近年来，国际上对培养 21 世纪技能的研究日益增多，其中包括：评判性思维、解决问题、生存、合作与创造性能力以及交流能力，涉及解决冲突、社会正义、可持续发展、价值观念等等社会文化内容。经合组织（OECD）提出"关键能力"，即 DeSeCo 研究项目（The Definition and Selection of Key Competencies）。其中特别指出：关键能力不仅包括知识和技能，还包括道德、社会、行为等成分，如何与人相处，解决冲突等等。显然，不仅中国，世界各国教育界都重视人的发展。作为基础教育的主科之一，英语教学也要思考如何实现这个战略主题。这为我们思考语言学习和英语能力模型提供了参照坐标。

基础教育英语课程不应因袭欧美 ESL 的理念和欧盟语言体系框架，而要设计不同于出国和"做事"等实用目的的目标和内容。长期以来，我们片面理解交际语言教学，只尊崇"功能意念"，仿照国外为在英语国家环境下，与英语为母语者交流的"英本主义"（native-speakerism），教学设计主要考虑的是功能、意念、结构，人文的内容鲜有系统规划，思维认知和社会文化方面缺乏明确目标，语言能力模型几乎没有考虑英语作为基础教育应承载的核心价值。

由此观之，要体现英语教育的核心价值，需要重新构建中国的英语教育目标和能力模型，用"社会文化目标"取代情感态度和文化意识目标；同时，将"学习策略"改为"认知思维"目标。下面，笔者从中小学英语教育如何培养学生素质这个战略目标出发，讨论一种"多元目标"的英语课程。在这样的课程中，"语言成分失去了独占鳌头的地位"（Yalden，1984），即 Ullman（1982）提出的"均衡课程"（proportional/balanced syllabus）。

三、多元目标的英语课程

（一）社会文化目标（social-cultural goals）

"课程"对于"文化意识"的界定还是 20 世纪七八十年代的流行概念，即认为文化是指"所学语言国家"的文化，介绍目的语国家文化，模仿他们的行为举止、社交礼仪，适应其生活习惯、流行文化和食品，以免由于文化差异造成误解。学习者需要内化英语国家的文化规范，比如当有人表扬自己时，应该说谢谢，而不是谦逊。所有角色统一遵照英语国家的习俗和行为，交流者的文化关系是固定的，没有什么冲突、误解或矛盾（Kramsch，2009）。但正如张正东（2005）指出的：在学习跨文化交际时，如果只求适应英语民族、国家使用英语的习俗，就有可能有形无形地损伤中国学生的审美观和自尊心，从而损伤我国英语教育中的人文内容。

这种"英本主义"观念近年频遭批评，Holliday（2009）以大量实例揭示：以为某人出自某地就属于某种文化的观点实属肤浅。而Kramsch（2009）则认为，人们在不断吸收多种文化，形成"第三种文化"，既不是原出生地的，也不是某个外国民族的。世界上使用英语的人近80%来自非英语国家，我们需要了解各国文化，而不仅是英语国家文化。用"所学语言国家"的历史地理、价值观念等界定"文化"早已落伍。单一文化规范的理念不符合当今全球多元化的形势，传统"跨文化交际"理念亟须更新。

实际上，外语教学的目的之一是帮助学生构成一种认识社会、世界和各种文化的方式，也即世界观。Scollon & Scollon（2001）提出：文化包括价值观、世界观、信念、理念、社会关系、社会组织结构、对于个人的概念以及个人身份认同等等。如果将"文化"理解为"所学语言国家的文化"，难免有意识或无意识地使学生被动接受某种文化规范，贬低本身文化传统的有益成分，忽视其他文化的价值和地位。外语教学应该培养学生具备一种开放的心态、包容的态度，既不是狭隘的民族主义，也不盲目崇洋媚外，而是积极吸收各种有益的社会文化价值观，同时又能以批判的眼光分析本族文化和其他文化，改造本身不适合时代的文化传统和理念。从这个意义上看外语教育的价值，可以看出，如果仅把文化局限于"所学语言国家文化"，其结果可能使学生只钟情于英语国家文化。

"社会文化目标"包括价值观、世界观、信念、理念，对于社会关系的看法和为人处世的哲学，道德观念、对社会和个人问题的看法；也包括对于不同民族宗教信仰、不同文化的包容态度和学习意识等等。可以说，社会文化目标包括但不局限于目前《课标》中"文化意识"和"情感态度"的内容。这个目标提升了现在"情感态度"的高度，扩大了其外延，也革新了"跨文化交际"的概念。下面从素质与个性发展和思想文化意识两个方面阐述社会文化目标的内涵。

Candlin（1987）认为，教育目标包括：（个性与社会角色的）意识、（学习者的）责任感与自主性、（对于不同看法的）宽容度与容忍性、自我实现、自信心等。语言是一种媒介，总是在传递某种价值观、说话人的个性特点与本性。要使学习者意识到，语言是如何体现这些特性的，如何传递某种观点、价值观和不同人的本性。

设定"社会文化"目标可以包含情感态度、价值观和文化交流等目标。换句话说，情感、态度、动机不局限于对学习英语的态度、自信心和动机，而涵盖更深层次的内在动机、改造社会的志向、不惧挫折的信念、不屑钻营的傲骨、为人正直的品质、知恩图报的美德。其实在这些方面，中西文化有许多共同点。英语文章中不乏各国英雄人物、感人事迹、能启迪思维、激励奋斗、鼓舞信念的材料。这些内容既能使学生学到语言，又能使学生学会做人。这样的内容就和学生的内心世界建立起紧密的关联，设定这样的目标能使学生把英语学习和更广泛的社会发展、改变现实结合起来。

综上所述，用"社会文化目标"取代原有的"情感态度"和"文化意识"，不仅丰富了情感态度和文化的内涵和外延，也使得情感和文化中更深层次的思想意识、世界观、价值观、个人品格建立了联系，从而有利于提升学生整体素质，实现培养健康人的战略目标。

（二）认知思维目标（cognition & thinking goals）

通常人们把"认知"与"思维"作为可互换的概念，但许多研究者对认知与思维做出区分，认为思维是为了某个明晰的目标而进行的更复杂、更高层面上的认知活动，如推断、决策和解决问题（Ericsson & Hastie, 1994）。在这里将两个概念并列使用是认同思维比认知的外延更广阔。把为了解决一个明确的任务而进行的活动定义为"思维"（thinking），这有利于从课程的角度考虑思维的因素。

语言教育不仅有教会学生交流，还有培养思维能力的功能和任务，特别是用另外一种语言思维的作用。思维能力不局限于学习策略。学习策略只是认知思维目标中的部分内容，使用另外一种语言思维，是培养学生思维能力、评判性能力、创造性能力的重要途径。其实，听说读写都会涉及思维和认知过程。到目前为止，Benjamin Samuel Bloom 的教育目标分类表仍然是认知和思维参照的主要依据。据 Waters（2004）的调查显示，目前即使自称是任务型语言教学的教科书中，涉及解决问题的活动设计也寥寥无几。他指出，中小学英语教师通常主要是以教授语法等涉及语言系统的内容，而较少涉及思维的训练，特别是低年段的教学。针对一些学者认为低年级难以培养学生思维的看法，Waters（2006）援引 Earl W. Stevick. 的话说，"越是语言水平低的学生越需要思维性的活动，越需要认知上具有挑战性的活动。由于初学者语言水平低，为他们设计的内容往往使学习者在心理上被降低到婴幼儿的水平。因此,尽可能给予初学者能正常使用自己通常运用的认知能力的机会非常重要。这样才能促进健康的、更成熟的心理学习状态"。调查表明,我国中小学也存在这种现象,语言浅显且思维简单的内容使学习者感觉幼稚,目前英语教学很少有系统的思维培养的设计,这是学生缺乏兴趣的主要原因之一(龚亚夫,2010)。

Waters(2006)特别撰文介绍10—11岁学生如何发展思维能力。其中包括:(1)记忆:回忆和识别信息;(2)转换(translation):将信息转换为另一种形式或语言,此处的 translation 不是"翻译",而是将信息转换为另一种形式;(3)理解:能发现事实、规律、定义、价值与技能之间的关系;(4)应用:运用和选择适当的规则和技能去解决生活中的问题;(5)分析:根据部分有意识的知识和思维的形式解决问题;(6)综合/演绎:需要运用创造性思维解决一个问题;(7)评价:根据学生自己制定的标准确定某事正确还是错误。Waters(2006)提供了7种语言学习思维活动,虽然这些活动由易到难,但使用的语言难度却完全一致,这充分说明简单的语言也可以设计复杂的思维活动。实际上,《朗文当代高级英语辞典》只用2 000个词解释全本82 000词,而《课标》规定初中达到1 600词,高中3 500词,基本可以表达复杂的思想。

言及此,还有必要重提 Cummins(1984)援引 Roger Shyn 的比喻:不同语言的形式(发音、词汇、语法等)虽然不同,却犹如冰山一样,从水面上看有几个不同冰峰,但水下却是一个整体。换句话说,两种不同的语言虽有不同的语言系统,但是深层的概念和语言的功能却是相通的。语言教学时,人们往往注重的是表面的形式,却忽略了语言学习是从深层的理解到表层形式的表达。他同时认为:在国外只需1—2年就可以满足个人人际交往需要,而认知与学科能力则需要4—7或5—9年才行。

要培养学生素质,应该用"认知与思维"替代"学习策略",并设定为独立的目标,增加详细要求。思维能力包括培养学习者评判性思维的能力(critical thinking skills),如:反思、推理、解释、分析、评价、证实与想象变通办法等等。其实,评判性思维、解决问题的能力与语言学习密不可分。中小学完全可以通过英语学习实现其他的目标。如果设定认知与思维目标,在教学中增加评判性与创造性思维内容,学生通过英语学习另一种思维方式,无疑会提高一代人的思维缜密性、语言表达的准确性和评判性、创新思维能力,实现《纲要》中提出的战略目标。

（三）语言交流目标（communication goals）

从以上两个目标反观语言交流目标，不难发现，英语运用的目标有了比较实际的内容和主题。Cook（2008）说："过去 30 年间，语言学习的最终目标是'交际'，这似乎成为老生常谈的定见。但交际的概念太含糊，难以承载语言教育的全部内涵。一方面，这个说法回避了'在何处''与何人'以及'为什么'交际这些问题；另一方面，如果语言教育就是为了与不使用学生母语的人交际，这个目标对于大多数学外语的学生来说不大重要，很少一些中国、智利的学生会常常在课堂外与非母语的人用英语交流。"Ellis（2003）也指出，课程设计者要回答：我们究竟要学习者交流什么。根据前面两个目标，我们可以归纳出以下三个与传统"交际"不同的交流概念。

1. 重构交流目标和内容。从社会文化目标，或者说从培养人的角度思考交流，话题内容将会与为和英美人交流日常生活内容的话题有较大变化。话题内容更多涉及学生的实际生活、内心世界和他们面临的各种生活、学习、家庭、社会中的问题，而不是与他们生活较远的预订宾馆、郊外野营、国外旅游等话题。这样的交流内容包括人的素质培养、如何与人相处、校园和社会存在的问题、培养公民意识和高尚品德、改造社会的理想。学生学会用英语从不同的角度表达自己的想法，能解释自己的文化特征和个人信念。他们通过英语学习树立正确的意识、责任感，学习为人处世之道、解决冲突的可选策略（conflict resolution）。由于学习的材料与学生的内心世界和生活环境联系紧密，材料的认知难度会大大减低；由于话题具有思想的真实性，他们与人交流时可以言之有物，而不是背诵交际套话，学生会从交流中提升自己的思想深度和视野，也能在今后的国际交往中得到应有的尊重。英语界前辈在中学学习英语时并没有学习什么口语表达，但是和外国人交往时却能进行沟通，谈论有思想内涵的话题①。

2. 重构交流对象与文化规范。按照目前流行的看法，英语教学大多是介绍英语国家的价值观、生活习俗、历史地理等，模仿英语国家母语者的行为举止和文化规范。Clark（1987）批评流行的课程是要学生仿照目的语社团一模一样的语言模式，记住模式化的语言（stereotypical language）。但是，在实际生活中，对话者的角色取决于

---

① 1992 年与许国璋教授的个人交流。

参与者互动中的功能,而不是静止的、固定的。我们说的话源自内心深处的个性,而不是预先设定好的脚本。如果我们不能预先练习,把我们运用深层认知和情感特征的心理活动过程和所能表达的方法建立起联系,学习者可能永远也无法按照自己的方式表达。正如 Kramsch(2009)说的,学习者需要学会的是"用他们的语言,表达我们的意义(use their language to express our meaning)"。同时,需要认识到,我们交流的对象不局限为英语为母语的人,而是各国英语使用者。交流的内容应包括各主要民族的文化,理解、包容不同的文化,而不能唯一介绍英语国家文化。既然英语已经作为一种通用语言,就不应以某个民族的文化规范作为标准。

3. 重构知识体系与评价标准。语言交流目标当然离不开语言知识,如词汇、句子、语音、语言功能的知识以及听、说、读、写等技能。但是,随着英语作为国际通用语言的现实,其变化也越来越大。许多过去被认为不符合标准的用法,已被广泛使用。Kirkpatrick(2011)列出一些成为英国英语特色的非标准用法,如: Fetch me them eggs from the cupboard(them 作为指示代词);That's three mile away from here(量词不加 s);There's three books on the table(单数动词修饰复数的主语);I'm sat at a desk all day and I don't even have a window(分词用过去式而不是进行式)。显然,对于词汇和语法学习等目标的描述和学习方法需要更新。我们并非主张马上取消或变更考试的语法内容,推翻目前语法书上的规范,但是却需评估是否有必要花费那么多时间解释很多已过时的语法规则,考试是否有必要区分那些已经不存在的"错误",人为造出甚至连本族语者也难辨正误的考题。同时,需要重新评估的还有那些所谓"真实性"的任务,如野营计划、预订宾馆、餐馆点菜等,重新评估功能意念大纲,重新考虑功能意念在教学要求中的权重。其实,早在 1984 年,Henry George Widdowson 就指出功能意念大纲的问题,认为"那些希望在大纲设计方面取得突破的人可能在错误的战线战斗"。可惜他的卓见没有得到重视。

结语

如前所述,要避免《课标》提出的"英语教育兼具人文性和工具性"理念流于口号,需要对英语教育核心价值的再认识,明确语言交流只是外语学习的目标之一,设计"多元目标",并增加具体的目标描述。多元目标的理念是通过语言学习和运用实现其他目标,而不是其他成分辅助实现语言运用目标。"多元目标"的不同之处在于:这些目标是单独成为一个系统的、同等重要的,而非附属、边缘的地位的;每项目标有实质性的标准,而不只是作为外围的、辅助性目标,围绕语言运用目的,为语言运用服务。"元"的含义是"主要的""单独的""构成一个整体"的。

实施多元目标需要拓宽情感、动机和态度等目标的外延,扬弃旧有"跨文化交际"的观念,以"社会文化目标"取代"情感态度"和"文化意识"目标;将"学习策略"归为"认知思维"目标中的一个部分。同时更新语言运用目标,超越"欧盟语言框架"设定的能力范畴,构建中国学生的能力模型。这样的目标框架更能有助于实现"素质教育"和英语教学的结合,更清晰地体现英语教育的功能。多元目标注重的是三个目标的融通,语言交流目标虽然是英语学习的重要目标,但交流不局限于与英语为母语的人的交流,而是以交流思想、交流社会文化为主。话题内容要增加谈论个人情感、人际交往的内容。补充有助于培养学生意识、责任感、自我实现、公民意识等所涉及的话题;从学生的角度,教给他们在与各国使用英语的人交流思想、讨论问题时可能用到的语言、词汇和表达方法;培养他们如何正确与人交往和沟通的方法。

在强调人文性的同时,当然不能忽视其工具性。实际上,话题内容的变化并不影响词汇和语法内容,教师仍然需要关注遣词造句的准确性,但同时也关注学生如何表达自己的思想,如何在不同的情况下说不同的话。虽然不能期待英语教学解决某个具体的思想意识问题或完成培养人的任务,但与学生生活和内心世界紧密结合,更能引起学生的兴趣,对于大多数学生来说也更容易理解。而改变理念的,可能首先是课程设计者、教材编写者、教师培训者以及试题命制者。最后,还需要认识到:"行为表现评价"(performance assessment)更适于考察"做事",而难以有效考查人文性的目标内容,在这方面我们还需进一步探索。

参考文献

[1] Ananiadou K. and Claro M. 21st Century Skills and Competences for New Millennium Learners in OEGD Countries[DB/OL]. http://www. nml-conference. be/? p=136. 20091029.

[2] Brown J D. The Elements of Language Curriculum: A Systematic Approach to

Program Development[M]. Boston, MA: Heinle & Heinle Publishers, 1995.

[3] Brumfit C J. (Ed.). General English Syllabus Design: Curriculum and Syllabus Design for the General English Classroom [C]. Oxford: Pergamon Press Ltd. and British Council, 1984.

[4] Candlin C N. Implementing Process Curricula[R]//ESL: the Issue of "Task" Paper presented at the 18th Annual TESOL Convention, Houston, TX. , 1984.

[5] Candlin C N. Towards Task-based Language Learning [A]//Candlin C N, Murphy D F. (Eds.). Language Learning Tasks. Englewood Cliffs, NJ: Printice-Hall International (UK) Ltd and Lancaster University, 1987: 522.

[6] Clark J L. Curriculum Renewal in School Foreign Language Learning [M]. Oxford: Oxford University Press, 1987.

[7] Cook V. Second Language Learning and Language Teaching[M]. New York: Hodder Education Publishers, 2008.

[8] Cook V. The Goal of ELT: Reproducing Native-Speakers or Promoting Multicompetence Among Second Language Users? [A]//Cummins J, Davison C. (eds.). International Handbook of English Language Teaching. New York: Springer, 2007: 237-248.

[9] Cummins J, Davison C. The Global Scope and Policies of ELT: Critiquing Current Policies and Programs [A]//Cummins J, Davison C. (eds.). International Handbook of English Language Teaching. New York: Springer, 2007.

[10] Cummins J. Language Proficiency, Bilingualism and Academic Achievement. Bilingualism and Special Education: Issues in Assessment and Pedagogy[M]. San Diego, CA: College-Hill, 1984: 136-151.

[11] Ellis R. Regional Studies[J]. Language Teaching Research, 2008, 12 (2): 285-286.

[12] Ellis R. Task-based Language Learning and Teaching [M]. Oxford: Oxford University Press, 2003.

[13] Ericsson K A. and Hastie R. Contemporary Approaches to the Study of Thinking and Problem Solving [A]//Sternberg R J. (Ed.). Thinking and Problem Solving. Waltham Middlesex County, MA: Academic Press, 1994.

[14] Holliday A. Appropriate Methodology and Social Context [M]. Cambridge: Cambridge University Press, 1994.

[15] Holliday A. The Role of Culture in English Language Education: Key Challenges[J]. Language and International Communication. 2009, 9 (3): 144-155.

[16] Kirkpatrick A. English as An Asian Lingua Franca and the Multilingual Model of ELT[J]. Language Teaching, 2010, 43(1): 1-13.

[17] Kramsch C. Third Culture and Language Education [A]//Cook V, Li W.

(Eds.). Contemporary Applied Linguistics. London：Continuum，2009：233-254.

[18] McKay S L. Toward an Appropriate EIL Pedagogy：Re-examining Common ELT Assumptions [J]. International Journal of Applied Linguistics，2003，13（1）：121.

[19] Pennycook A. Critical Applied Linguistics：A Critical Introduction [M]. Mahwah，NJ：Lawrence Erlbaum Associates Publishers，2001.

[20] Phillipson R. Linguistic Imperialism[M]. Oxford：Oxford University Press，1992.

[21] Richards J C. Curriculum Development in Language Teaching [M]. Cambridge：Cambridge University Press，2001.

[22] Scollon R，Scollon S W. Intercultural Communication：A Discourse Approach [M].（2nd ed.）. Chichester：Blackwell Publishers，2001.

[23] Tudor I. The Dynamics of the Language Classroom[M]. Cambridge：Cambridge University Press，2001.

[24] Ullmann R A. Broadened Curriculum Framework for Second Languages[J]. ELT Journal，36(4)，1982：255-262.

[25] Waters A. ELT Activities Questionnaire — Summary of Findings [DB/OL]. www. ling. lancs. ac. uk/staff/alan/summary. pdf，2004.

[26] Waters A. Thinking and Language Learning [J]. ELT Journal，2006，60(4)：319-326.

[27] Widdowson H G. Educational and Pedagogical Factors in Syllabus Design [A]//Brumfit C J.（Ed.）. General English Syllabus Design：Curriculum and Syllabus Design for the General English Classroom. Oxford：Pergamon Press Ltd. and British Council，1984：23-27.

[28] Yalden J. Syllabus Design in General English Education：Options for ELT [A]//Brumfit C J.（Ed.）. General English Syllabus Design：Curriculum and Syllabus Design for the General English Classroom. Oxford：Pergamon Press Ltd. and British Council，1984：13-22.

[29] 陈艳琳.英语教学中的人文主义——纵览[J].华章,2008,(8).

[30] 程晓堂,但巍.基础教育阶段英语课程的核心理念解读[J].课程·教材·教法,2012,(3).

[31] 龚亚夫.重构基础教育英语教学的目标[J].课程·教材·教法,2010,(12).

[32] 韩宝成,刘润清.我国基础教育阶段英语教育回眸与思考(一)：政策与目的[J].外语教学与研究,2008,(2).

[33] 黄远振,陈维振.中国外语教育：理解与对话——生态哲学视域[C].福州：福建教育出版社,2010.

[34] 张正东.我国英语教学的属性和内容[J].课程·教材·教法,2003,(5).

[35] 张正东.中国外语教育政策漫议——我国外语教育的国情特点[J].基础教

育外语教学研究,2005,(12).

[36] 章兼中.培养人文精神　深化英语教育改革[J].基础教育外语教学研究,2002,(4).

[37] 中共中央国务院.国家中长期教育改革和发展规划纲要(2010—2020年),2010.

[38] 中华人民共和国国家教育委员会.九年义务教育全日制初级中学英语教学大纲(初审稿)[S].北京:人民教育出版社,1988.

[39] 中华人民共和国国家教育委员会.九年义务教育全日制初级中学英语教学大纲(试用)[S].北京:人民教育出版社,1992.

[40] 中华人民共和国教育部.九年义务教育全日制初级中学英语教学大纲(试用修订版)[S].北京:人民教育出版社,2000.

[41] 中华人民共和国教育部.义务教育英语课程标准(2011年版)[S].北京:北京师范大学出版社,2012.

[42] 朱熹.朱文公文集(卷七十四　玉山讲义)[M].上海:上海商务印书馆,1937.

[43] 朱小曼,朱永新.中国教育:情感缺失[J].读书,2012,(1).

[44] 朱永新,马国川.中国教育,从原点再出发[J].读书,2011,(7).

【摘　要】　新修订的《义务教育英语课程标准(2011年版)》提出英语课程具有工具性和人文性双重性质。要体现这种双重性,需要全面认识英语教育的核心价值、赋予"情感态度"新内涵、革新"跨文化交际"观念、重构英语学习的目标。英语教育要体现人文性,应设立"多元目标",即"语言交流""思维认知"和"社会文化"三个目标。多元目标的理念是通过英语学习实现语言交流和其他目标,语言交流只是外语学习的目标之一。三个目标互为交叉,是单独且同等重要的。

【关键词】　英语教育;核心价值;课程;多元目标

此文原发表于《课程·教材·教法》2012年11期。

早期儿童英语教育利弊谈(2012)

　　近年来,英语课的开设问题在我国引起学术界乃至社会的广泛关注与争议。一些专家介绍英语学习的价值和意义,主张小学开设英语课越早越好;另一些学者对小学学习英语提出诸多质疑,尤其反对在低幼阶段开设英语课,认为太早开设英语课影响儿童的母语学习。归纳起来,关于儿童学习外语(本文把外语和英语作为可以互换的概念)的争议主要集中在两个主要的问题上:一是学习外语的利与弊;二是早学是否比晚学更好。由于这两个问题涉及外语学习环境、学习条件、学习目标、学习内容以及个体差异等诸多因素,很难给出一个明确的答案。另外,在英语国家环境下移民儿童学习英语和我国这样的外语环境完全不可比照。因此,本文试图通过对国内外儿童英语教育研究成果进行客观地分析,围绕以下几个问题展开讨论:(1)在我国课堂环境下早学与晚学外语究竟有何利弊?(2)在我国课堂环境下儿童学习外语的起始点是否会对今后的语言水平产生重大差异?(3)什么是决定儿童学习外语成功与否最关键的因素?(4)对于儿童英语教育有何认识上的误区?

一、主张早期儿童外语教育的研究

　　目前世界上外语课的开设确实有越来越早的趋势。英国文化委员会一项研究表明,5—7 岁开设外语课的有 13 个欧洲国家,8—9 岁开设的有 10 个,10—11 岁的 4 个(Enever, 2011)。我国 2001 年官方正式发文在小学开设英语课,韩国和日本等也相继在小学开设了英语课。一些国外学者(Philp et al., 2008),将儿童期划分为如下几个学段:2—7 岁是少儿早期(early childhood);7—11 岁为少儿中期(middle childhood）；12—14 岁为少年早期（early adolescence）；15 岁以上的为少年晚期（later adolescence）。总的说来，主张在少儿早期和中期开始学习外语的人通常从三个方面来谈外语学习的优势：一是从心脑发展方面论述学习外语的益处；二是从社会情感和人的素质发展讨论学习外语的意义；三是从个人实用角度谈早教的优势（Mackey，2009）[①]。

先说早学英语对于儿童的益处。Early Advantage（2012）载文认为，早教外语有诸多好处。首先是有利于大脑发展。他们援引学者 James Flynn 说的话：大脑不同于以前人们认识到的那样……大脑更像肌肉，需要认知的锻炼。它不是一块胶泥，只需刻上永不褪色的印记。对于双语儿童的研究显示，多接触一种语言不仅能使大脑更为灵活，还可以使大脑得以增长。从小就接触两种语言的儿童脑中灰质更多，密度更大。灰质涉及信息处理，包括记忆、话语能力和感官知觉。所以，增加外语学习的机会犹如把大脑带到健身房一样。Bhattacharjee（2012）认为：有人担心儿童学习两种语言会妨碍母语的发展，甚至影响学业和智力发育。这种观点并没有错，双语者即使在使用一种语言时，大脑中的两种语言系统也处于活跃状态，从而造成一种语言系统妨碍另一种语言系统的情况。不过，研究人员发现，这种干扰也迫使大脑去解决内部冲突，从而增强了认知和解决问题的能力。当使用不同语言交流时，人们需要不断转换对象，从而使监控能力得以提高，甚至有防止老年痴呆的作用。

Cook（1992）提出一种"多元能力"的理论，认为会两种语言的人具有单语人所不具备的"多元能力"。双语人的思维过程不同于仅能说单语的人，是两种不同的思维方式。Cook（1992）援引一些研究表明，儿童不仅容易学好另一种语言，而且学习外语对于儿童的智力发展有益，能讲两种语言的儿童对语言本身有更敏感的意识，对于母语语法特性的理解也快于单语儿童。Early Advantage（2012）援引华盛顿应用语言学研究中心外语教育部主任 Nancy Rhodes 的话说：儿童学习的外语越多，他们对于本族语的理解越好。孩子会在不同的语言间做比较，比那些只会单一语言的孩子在母语方面收获更多。通常我们在讲母语时不大注意语法或结构是否正确。但是，当人们学习另外一种语言后，对于母语可能理解得更为清晰，语法运用得更好。学会另一种语言还可以促使人们以积极的态度更多地审视母语，有助于更好地掌握和理解本族语言,包括更多、更丰富的词汇。

外语学习还可以增加学习者的学习动机和成就感,并对二语(外语)的学习态度等各方面具有促进作用(Nuñoz & Singleton, 2011)。比如,早学外语可以使得儿童"更有信心"。同时,通过外语学习所获得的成就感可以极大地激发他们其他学科的学习热情。这种轻松、愉快的外语学习经历也许会对他们探索更多未知世界的自信心和学习欲望具有促进作用。再者,掌握一门外语可以帮助学习者了解目的语国家的历史及风土人情,有益于融入该国文化。王蔷(2011)归纳了早开设外语的理由有:早期接触外语,有利于开发和利用儿童学习语言的特有优势;早期学习外语使儿童既能享受儿童时期的强动机、低焦虑的情感优势,又能发挥他们在成长过程中不断提升的认知能力和不断丰富的生活经历与知识,以及持续发展的学习策略来促进外语学习。学习外语不仅利于儿童的认知发展,使儿童形成良好的语音语调,还能使儿童发展良好的性格和品格,开阔视野,形成开放和兼容的态度。此外,学习两种以上语言的人,在思维能力和思维敏捷性等方面还具有明显的优势(程晓堂、岳颖,2011)。

在实用方面,早学的理由似乎更能打动中国家长的心。美国大学理事会的调查报告称:有过4年或更多外语学习经历的学生,SAT(美国大学录取新生的重要参照)阅读考试平均分,在800分总分中要高于那些少于半年学习经历的学生140分。而在数学方面,前者也几乎高于后者140分,在写作方面达150分。同时,学习外语还可以使"阅读技能更好、更高"。加拿大约克大学的研究表明,双语儿童的阅读能力更强,他们的双语经验和从语言学习中获得的见识,对于他们的发展极有帮助,甚至持续多年,并能不断增长。另外,能用两种语言本身就令人刮目相看。不仅是在校学习,今后还更有利于入学申请与求职(Early Advantage,2012)。程晓堂和岳颖(2011)引用王蔷的调查:我国一些英语实验班的学生不仅英语成绩高,语文、数学成绩也高于其他班。

国外最具争议的问题是早学的效率和效果。有些研究者(Kim et al., 1997)认为:过了青春期以后,人们学习第二种语言时大脑所用的部位就不是母语使用的布鲁卡语言区(Broca's area)。Lenneberg(1967)提出人们早学外语容易,且成功的几率高,超过了15岁的青春期,学习语言能力停止,或变得困难。有研究认为:15岁之前移民到英语国家不会保留明显的外国口音。青春期结束之前,人们可以像学习母语那样,隐性地掌握语法知识,而过了青春期之后只能显性地学习语法(Bley-Vroman,1998)。而起始年龄越早越好的主要理论依据是"关键期假设"①(简称CPH)。"关键期"研究主要是英语国家第二语言习得研究者在英语国家环境下,根据少数脱离正常人群的"狼孩"个案,以及不同起始年龄的移民在加拿大等英语国家环境下学习英语的情况进行研究得出的假设。研究者认为:人们掌握语言有一个"关键期",过了这个时期,儿童在生理上会发生大脑"侧向",就难以达到本族语人的水平(Lenneberg,1967)。这个假设的提出成为许多国家在小学开始外语课最为重要的理论支撑之一。

因此,主张早学的认为,儿童可以掌握像本族语者一样的自然发音。孩子最善于模仿听到的声音,具有成人和青少年不具备的敏锐听觉,可以轻易地发出那些难发的音。总体说来,儿童在语音和语法方面都有优势(Asher & García,1969),而过了一定年龄,学习第二语言,就再也达不到母语者的水平(Scovel,2000)。因此,Scovel(1969:245)说:儿童可以完全流利地学会第二语言,成人不行。Long(1990:256)则认为,超过13岁开始学习第二语言,就无法达到本族语者的发音了。

Early Advantage(2012)援引加州大学洛杉矶分校和香港大学的研究表明,如果从小就接触某种语言,即使成人后发音也能像本族语人一样。还有研究表明,每周学习过一小时意大利语的英国儿童比只会英语的儿童读英语时的速度要快。其他的优势还有对于概念的理解更好,更具创造性。在设计一些逻辑推断方面也具备更好的能力等。

二、如何正确看待早期外语教育

必须指出的是,我们上面提到的各种有关早学的研究,大都是在英语国家对于各年龄段移民儿童的研究,而很少有在外语学习课堂环境下的研究。虽然大多数研究者都认同母语学习存在这样一个CPH(Marinova-Todd et al.,2000),不过,正如Nuñoz & Singleton(2011)指出的:CPH是在英语国家学校和自然状态下儿童学习语言的研究,但却被引申到通常只能接触到个别教师的外语学习的课堂环境中。人们误以为在外语环境下,儿童学习英语会具有相同状况。因此,Dörnyei

① 关键期假设(Critical Period Hypothesis)也译为"临界期"。笔者认为译为"关键期"较好。因为这是指从儿童出生到青春期结束的一个阶段。

（2009：236）提出疑问：年龄问题真是关于年龄吗？他认为，虽然很多研究都集中在年龄的问题上，其实应该是年龄和环境。归纳国外学界对于早期外语教育的研究，可以得出以下几点结论：

1）"关键期"假设不适于外语环境

在外语学习的环境下，是否到了一定年龄，学习者的语言能力就会出现重大区别？这个问题尚无明确令人信服的研究。换句话说，即使是在发音上，目前还没有很充分的研究表明，在外语学习的条件下，早到何时是转折点，以后就难以学好。CPH 只是对于移民至英语国家的儿童在自然环境下掌握英语的研究，并不适合我国这种缺乏语言浸入机会的环境。比如时间上，Nuñoz & Singleton（2011）引用 Llanes（2010）对一组 10—11 岁儿童在国外 2—3 个月生活的调查，这些儿童平均每周课余与外国儿童接触时间是 29.2 小时。对比我国学校环境下接触英语的时间：国外环境课堂学习每天约 4 小时，每周 5 天，加上课余时间，近 50 小时；而我国儿童每周学习 2—4 课时，每节 40 分钟，每周约 1.3—3.6 小时。也就是说，如果在国外生活，儿童接触英语的频度是在国内学校学习的 18—37 倍多。可见在外语环境下的课堂学习和在英语国家环境下自然接触的频度完全不可同日而语。按照 Wilkins（1983）的说法，5 年的课堂学习时间还不到在自然状态下 15—20 周接触的语言多。

即使研究移民儿童并得出诸多成果的 Cummins（1981：148）也指出，他的研究不能推断到加拿大以外的环境，甚至对于加拿大国内的特定群组也不一定适合，因为即使是移民儿童的第二语言习得也受到社会、教育、情感和认知等多种因素的影响。实际上，学习语言关键是接触语言的频度与质量，在国外生活则是"居住时长"（length of residence）。频度包括学校正常教学时间内所能提供的输入，课外学生接触语言的频度等等。质量则是接触语言是否有多种渠道，运用多种感官，是否具有真正意义上的交流，还是仅仅机械性模仿等。国际著名学者 Spolsky（1989）通过多方论证年龄与外语学习的关系，认为：所谓关键期的说法没有多少有力的证据，没有理由相信存在一个所谓的关键期，我认为这一条不能作为学习语言的必要条件。Muñoz & Singleton（2011）也在大量数据分析的基础上提出对于 CPH 的强烈质疑。正如学界泰斗桂诗春（2012：45）指出的："我国对外语学习的年龄问题还没有在自己的国土上认真地做过实验性的对比研究，外国的许多研究大都是从他们的实际(例如移民)出发,和我国国情不合,不能照搬,更不能由此导出任何理论。"也就是说,国外对移民儿童的研究对我国外语环境下学习英语的借鉴意义不大。

2) 起始晚同样可以学好外语

那么,是否学习英语早比晚好呢?是否晚学会造成不可弥补的损失呢? Muñoz et al. (2006)西班牙研究者通过6年的追踪研究,用多种测试方法对学习者进行检测,涉及说和写的能力、年龄的影响、年龄与词汇学习、学习速度以及学习动机等等方面。结果显示:在西班牙课堂环境下,起始早的孩子到后来并没有显示出比起始晚的孩子具备明显的优势。由于起始晚的孩子在起始时的认知能力比起始早的孩子强,结果学习速度更快。经过几年同校的学习,起始早和起始晚的孩子的语言水平并无明显区别。但是接触语言的频度却与语言水平有极强的相关性。因此她得出结论:与在自然环境下学习语言不同,在有限的外语输入条件下,经过一段时间共同学习,起始年龄早晚学习外语的两组孩子在语言水平上并没有显示出明显区别。Marinova-Todd et al. (2000)通过分析得出的结论是:年龄大的孩子完全有可能达到很高水平的外语能力,而让很小的孩子学习外语的理由并不能以生理的发展作为令人信服的依据。实际上,很多研究表明,成人开始学也可以达到很高的外语水平(Singlenton, 2003)。

实际上,我们所说的"晚",在我国也就是初中,即"少年早期"。加拿大一项追踪研究表明,经过几年的学习,15岁开始学习外语的孩子,在同样接触外语的条件下,并不会比小学1或3年级起始的学生有什么明显的差距,甚至学得更快、更好(Bialystok, 1997)。因此,DeKeyser(2009)赞同Patkowski(1994)的论点,认为年龄问题决不可危言耸听,似乎儿童一定要在小学开始学习外语,而不能到初中再学。虽然儿童善于隐性地掌握外语语法,但是这需要非常大的输入量,绝不是每周学习几个小时的外语环境所能达到的条件。

3) 输入频度与环境因素是更重要的变量

国外学者还认为:CPH集中在起始年龄上,似乎这是唯一重要的变量。其实,在外语环境下,输入的数量与频度、学习者的取向、态度和各种在第二语言习得时遇到的具体问题都是影响语言学习的变量。在何种程度上可以说有一个真正的关键期存在?作为一个决定性的变量,在这个领域的研究相对规模较小,而其他语言因素和环境因素没有得到充分的考虑。实际上,研究表明:**关键的因素不是起始的年龄**,而是何时开始**"有实质意义的接触"**（the first significant exposure）,这意味着完全沉浸于外语环境和以外语为母语的人有大量的交流机会（White & Genesee,1996）。Nuñoz & Singleton（2011）援引 Hellman（2008）的观点:在外语环境下的课堂学习根本不能算作"有实质意义的接触"。所以,在我国环境下讨论的"早学"和"晚学"与在国外学习当地语言的环境完全不是一个概念。换句话说,即使儿童2或7岁在学校课堂上开始学习英语,并不能保证他们能实质地学到什么,关键取决于接触的频度和是否有交流的机会。

再者,能否学好外语还涉及动机、需求和个体因素以及小环境等诸多社会情感因素。比如,生活在国外的儿童为了生存和交流的需要,必须适应新的语言环境,交流是必需的,因此有强烈的学习动机。但是,在学习外语时,这些条件均不具备。正如 Marinova-Todd et al.（2000）所说:学校正常教学环境难以提供学习的动机、时间、精力等。除了大环境,还有儿童居住的小环境和个体因素。国外研究表明,很多儿童即使从很小就学外语,其发音仍然会与英语为母语者的发音有明显可辨的区别,这还取决于儿童生活的环境和接触的人。有大量的研究表明,移民孩子如果在少儿早期就生活在英语国家的话,他们的确很快就会融入那个社会,条件是他们接触的大多是本地孩子。但是如果没有脱离原先母语的社区,仍然与操母语的儿童频繁接触,那么他们的语言仍然会受母语影响,而达不到所在国母语者的发音。

另外,学习外语是否能达到本族语者的水平,还与语系问题有关。有研究表明,从5岁开始学习英语的西班牙儿童可以达到英语为母语者的语法测试水平,而越南人5岁前学英语的还是不行。可以看出,我国在这些方面尚缺乏实证的研究,比如:各种不同的学校开设英语课的最低课时是多少?从几年级开始学习更好?是从3年级开始每周学习3小时,还是从5年级开始每周学习5小时更好?汉藏语系儿童与其他语系儿童学习有何强项与弱项?以上问题都有待研究证实。

4) 不应以本族语者的语言水平作标尺

而更为核心的问题是,从社会政治角度研究英语教育的人认为,既然英语成为一种国际通用的语言,根本就不该采用所谓"内圈英语国家"（英、美、加、澳、新）人的标准。其次，既然在外语环境下，晚起始学习英语的人几乎难以达到与本族语者相同的水平，学习英语起始晚的人几乎难以达到与本族语者相同的水平，那么就根本不该以其为参照。关键期假设的参照点是能否达到英语本族语者的熟练程度。但在外语学习环境下，用本族语者的语言水平来比较本身就是值得质疑的。许多学者认为（Holliday，2005；Cook，2007），不应该把英语为第二语言学习者与英语为母语者的英语水平进行比较，而是学习英语起始晚和起始早的人之间进行比较。参照的标准也不应设定为达到本族语者的英语水平，因为这是大多数外语学习者根本无法达到，也没有必要达到的标准。同时，既然英语作为国际通用语言，没有必要以英语国家人的发音为标尺。

所以无论是从心理语言学的角度，还是从社会语言学的角度，都不应用英语为本族语的人做标准。可以说，标准不对，其衡量的结果就缺乏意义。人们质疑：退一步说，即使带有外国口音又有什么关系呢？世界上以英语为母语者讲英语不也操着各种各样的口音吗？苏格兰人和美国南部很多人说的英语其实就是操标准英语的英、美人也听不懂。有学者甚至认为，不同民族的人带有不同的口音才是他们独特身份的象征，不应要求所有人都说英美"标准"的英语（Widdowson，1994）。

三、我国早期英语教育的问题

虽然我国开设英语课呈越来越早的趋势，但也有很多反对小学生学习英语的呼声。这些反对的观点主要有：小学阶段同时学习两种语言，会严重损害儿童思维能力的发育；英语教学影响到对于母语文化的认同；缺乏英语环境，导致孩子的自信心受挫，产生厌学情绪，影响其他学科。有的从效率角度反对开始英语，比如：学英语花费太多的时间，如果时间用在其他科目上，更有利于成才。还有的从实用角度认为，95%以上的人在以后工作中用不到英语，普及英语就是浪费教育资源；现在很多学生的汉语水平很差，花那么多时间在英语学习上是否合适。再就是从现实社会状况提出反对英语教育，比如认为：中小学的课业负担重，不学英语可以减轻课业负担；目前经济欠发达地区和基础薄弱学校中小学英语教师的素质差，教不如不教，学不如不学。

其实，该不该学英语和是否起始年龄一定要在小学甚至幼儿园是不同的问题。大多数人赞同学习英语，但是关心的是儿童学习英语是否越早越好？什么时候开始学习英语好？如果到了中学，或者是小学的5、6年级，孩子是否难以学好英语？近年来，在"不能输在起跑线上"的心理下，人们往往认为孩子学外语越早越好，我国小学开设英语课也部分基于这样的假设。针对两种不同的主张，我们确实需要正确地看待早期英语教育的利弊，使家长、教师和各级决策者对此有一个较为全面的看法。从国外研究和目前了解到的早期英语教育问题，可以得出以下看法：

1) 国家层面不宜推动低幼阶段开设英语课

虽然学习英语有诸多益处，但是关键的问题是条件，包括课时和师资等。无论何时开设，应规定出最低课时和基本师资保障。通过分析我国小学开设英语课的情况，可以发现：许多地方英语学习效果不好的原因主要不是起始年龄问题，而是频度和条件。我国小学生学习英语的年龄是7—12岁。多数学生往往使用一本固定的教材，只有在学校才能接触英语，各地学习条件和师资水平差异较大。首先是时间不足，一周只有2—4学时，甚至1课时，学了就忘。尤其是农村地区学生，接触英语的时间极为有限，往往只能通过教材学习英语，课外鲜有使用英语的机会。因此，只靠极为有限的课堂输入，难以学好英语。不难看出，在我国这样的语言环境下，尤其是师资、条件较差的学校，早学并不一定有益。而城市孩子表现出的水平，也并不一定全靠学校教学，很多是参加课外辅导。对于学习外语来说，成功的关键在于接触语言的频度和环境，而不是长度。正如 Lightbown & Spada（1999：68）所说："每周一两个小时的外语学习不会培养出高水平的外语学习者，无论从几岁开始学。"

应该说，教育部在2000年下达小学开始英语课文件时，对存在的问题还是比较清醒的，明确地规定"在有条件的地区逐步开设"，并没有鼓励不具备条件的地区立即开设英语课。不过，近10年来，没有条件的地区也急于开设英语课，且越来越早。很多大城市在小学一年级就开始教英语，幼儿园开始的也不在少数，但大多数每周只有1—2课时。这种状况在国外被戏称为"滴水法"的教学，根本无法"解渴"。这种盲目开设英语的后果正如桂诗春（2012）所言："其结果是既导致学制不连接，在低水平上重复教学，又浪费资源，产生'夹生饭'。"因此，国家应规定小学最低授课时间和师资条件，不宜鼓励或推动在低幼年段开设英语。

2）客观认识早期英语教育的利弊

我国主张小学开设英语课的理由之一是从小培养学生的兴趣。不过，欧洲一项长达 7 年的研究表明，儿童学习外语的兴趣并不一定能得以保持，也并非越来越高。研究结果表明：开始时不喜欢外语的是 3.92%，喜欢的 71.01%；而到研究结束时，不喜欢的孩子反倒大幅增加，变为 11.7%，而喜欢的却下降到 68.1%。研究还表明，任何年龄的孩子都可能对外语产生兴趣，年龄不能作为早开设的理由。实际上，中学教师面对的困难之一是孩子在进入中学时已经对英语学习失去兴趣。桂诗春教授指出：越年轻的学习者的外语需求越不明确，但是需要却和提高学习动力和学习兴趣很有关系。硬着头皮去学习没有动力和兴趣的东西，容易滋生厌倦情绪。

实际上，许多深层次问题还没有引起决策者和业界的广泛重视。比如：关于学习什么内容的研究还不多。人们理所当然地认为，学习英语就是要模仿英语国家的文化规范、表达方法，语境创设为英语国家的环境。而我国这样英语在日常生活中使用机会较少的国家，尤其从农村人口仍占近 60% 的国情看，还需要考虑学习什么内容才能适合国情。同时，基础教育是素质教育，英语教育如何实现培养健康人的目标，对于中小学生会产生什么影响，仍然是有待研究的问题。人们担心有可能影响到儿童的民族认同感问题等，也非杞人忧天。除了桂诗春教授提出的几个因素，还有学习环境、主观需求、个体差异和教学方法问题，以及提早学习外语的学习速度和质量（效果）等问题，我们认为，目前还需要解决英语教育的理念、目标和内容问题。目前流行的英语教育理念实际是还没有脱离工具性的目标。正如张正东（2006）指出的，英语教育是把双刃剑，既有可能对学生产生正面的作用，也可能产生负面的影响。

同时，家长和教师也要知道，影响外语学习的不仅有起点和频度问题，还有话题内容（thematic content）问题。需要提醒家长注意的是，目前大部分幼儿英语教材其实并不适合幼儿，只不过是把小学的内容简化而已。而小学英语教材也同样存在内容问题，致使不少孩子在小学毕业时已经对英语学习失去兴趣，甚至视为畏途。

当然，英语教育工作者也应澄清社会业界外的人对于外语教育的功利性看法。如果从国际的研究看，学习外语对于儿童的智力是有好处的，不能只从工具性的角度看英语学习，还要从人文的角度看它对人的发展有何益处。大多数人中学毕业后也不一定用得上那么多物理、数学和化学的知识,但学习这些知识有助于学生的素质发展。

3) 决策应基于实证研究

实际上,目前我国还缺乏清晰的、基于研究基础的外语政策,缺乏从国家安全、文化建设、经济发展等诸多方面综合考虑的长远发展目标,包括小语种的设置等等,特别是对语言频度、条件等还缺乏长期追踪研究。应开展跟踪研究,如从小学高段(5—6年)级起始和初中起始学习英语的研究实验,在政策上(如教材、课时等)提供相应的配套措施。比如:如果开设英语课,究竟最低每周需要多少学时,接触语言的最低频度是什么,从什么年龄开始学习比较好等等诸多问题都缺乏研究。又如:从小学5年级开始学习英语,每周学习5课时是否比从1年级开始,每周只学习1课时更好? 要保持儿童语言发展的最低频度是什么? 早学外语对于儿童母语的发展有何利弊? 目前研究课题多为1—3年,而这样的研究需要6—9年,国家有相应投入,课题组根据研究结果提出如何制定英语教育的系统政策。专家学者要正确引导社会舆论,指导家长了解英语教育的利弊,澄清所谓关键期的局限性和适应范围。另一方面的研究应包括英语教育对儿童思想、身份认同可能会有何负面影响。国外研究表明,10岁以后的孩子就有身份认同等问题。而移民儿童虽然语音更接近二语,但却是以牺牲母语发音为代价(Flege,1999)。所以在低幼阶段送孩子出国的家长需要权衡得失。

纵观国内外研究,在我国现有的外语学习环境下,学生接触英语的时间极为有限,大部分时间接触的是母语,对母语的学习可能不会受到什么实质的影响。所以那些认为目前有些学生中文不好,全是因为学习英语"过多"占用时间,担心会影响到母语的发展,恐怕也缺乏依据。Mackey(2009)根据诸多追踪研究结果提出:不必担心儿童同时学习两种语言,关键还是要有足够的、平衡发展的和有意义的输入。成百上千的案例显示,只要到达这些条件,儿童完全可以同时学会多种语言。也不必担心儿童一时会混用两种语言,他们日后是可以区分的。同时,Mackey(2009)还认为,虽然多种形式的语言接触机会是有益的,但不能仅靠电视学习。她说:美国拼写学会不推荐2岁以下的儿童看电视,即便是设计很精美的儿童游戏产品,也无助于语言学习,还是应该以真人的交流为主(以上为Mackey 2009年4月在乔治敦大学的讲座)。

至于我国近年来学生母语表达能力差、提笔忘字等现象,恐怕是电脑时代世界各年龄段人存在的普遍问题。仔细分析一下,目前很多青少年喜欢西方的东西、世界流行文化,并非是在英语课上学到的,无论这种状况的利弊如何,英语教学似乎并没有起到主要的作用,而是社会物质、文化生活变化和各种媒体、商业宣传的影响,是目前社会状态下国民的一种心态所致。不过,这使得我们认识到早期英语教育有个两难的问题:如果过少地接触外语,孩子很难有较高语言水平,而接触过多,就有可能产生桂诗春教授担心的,缺少对母语"文化上的认同感"。

结语

综上所述,如果早学的儿童会比到青春期以后开始学习英语的成人能更好地掌握语言,但前提是必须达到足够的接触量(Singleton,2003)。但是,也并非像商业宣传的那样会使没有早学英语的孩子"输在起跑线上"。虽然可以早学,但又必须满足一定的条件,而盲目开始,特别是仅仅依靠每周一两节英语课的时间,孩子是难以学好英语的,还有可能适得其反。长期以来,学界讨论的焦点似乎以方法论为主,以为采取了适当的方法就能学好英语。其实对于儿童学习英语来说,关键还不是方法是否恰当,而是实质性接触语言的频度。同时,教材的内容问题也至关重要。家长不应对小学开始学习英语期望过高。正如 Marinova-Todd et al.(2000)所言:我们当然不会反对在任何年龄开展优质的外语教育,但是政府官员和家长也不要理所当然地以为,只要早开设外语就是有效的,应持较为现实的期待值。儿童可能学习好几年也只能达到极有限的水平。而课程设计者、教材编写者和政府官员,对此特别需要有清醒的认识,英语教育研究者需要进行实证的研究,并有责任正确地引导社会舆论。

参考文献

[1] Asher J J, Garcia R. The Optimal Age to Learn a Foreign Language[J]. The Modern Language Journal, 1969, 53: 334-341.

[2] Bhattacharjee Y. Why Bilinguals Are Smarter? [N]. New York Times, 2012-03-19.

[3] Bialystok E. The Structure of Age: In Search of Barriers to Second Language

Acquisition[J]. Second Language Research, 1997, 13: 116-137.

[4] Bley-Vroman R. The Fundamental Character of Foreign Language Learning [M]//Rutherford W, Smith M S. (Eds.). Grammar and Second Language Teaching: A Book of Readings. Rowley, MA: Newbury House, 1988: 1930.

[5] Cook V. Evidence for Multi-competence[J]. Language Learning, 1992, 42 (4): 557-591.

[6] Cook V. The Goal of ELT: Reproducing Native-speakers or Promoting Multicompetence among Second Language Users? [M]//Cummins J, Davison C. (eds.). International Handbook of English Language Teaching. New York: Springer, 2007: 237-248.

[7] Cummins J. Age on Arrival and Immigrant Second Language Learning in Canada: A Reassessment[J]. Applied Linguistics, 1981, 11(2): 132-149.

[8] DeKeyser R M. The Robustness of Critical Period Effects in Second Language Acquisition[J]. Studies in second language acquisition, 2009, 22: 499-533.

[9] Dörnyei Z. The Psychology of Second Language Acquisition[M]. Oxford: Oxford University Press, 2009.

[10] Early Advantage. Top Ten Benefits of Early Language Learning[EB/OL]. (2012-08-16) http://www. early-advantage. com/articles/topten. aspx. 201 20816.

[11] Enever J. ELLiE. Early Language Learning in Europe[M]. British Council, 2011.

[12] Flege J. Age of Learning and Second Language Speech[J]//Birdsong D E. (ed.). Second Language Acquisition and the Critical Period Hypothesis. Mahwah, NJ: Lawrence Erlbaum Associates, 1999: 101-131.

[13] Holliday A. The Struggle to Teach English as an International Language[M]. Oxford: Oxford University Press, 2005.

[14] Kim K, Relkin N, Lee K, Hirsh K. Distinct Cortical Areas Associated with Native and Second Languages[J]. Nature, 1997, 388: 171-174.

[15] Lenneberg E H. The Biological Foundations of Language[M]. New York: Wiley, 1967.

[16] Lightbown P M, Spada N. How Languages Are Learnt[M]. Oxford: Oxford University Press, 1999.

[17] Long M H. Maturational Constraints on Language Development[J]. Studies in Second Language Acquisition, 1990, 12(3): 251-285.

[18] Marinova-Todd S H, Marshall D B, Snow C E. Three Misconceptions about Age and L2 Learning[J]. TESOL Quarterly, 2000, 34(1): 934.

[19] Muñoz C. The Effects of Age on Foreign Language Learning: The BAF Project [M]//Muñoz C. (ed.). Age and the Rate of Foreign Language Learning. Clevedon, UK: Multilingual Matters, 2006: 140.

[20] Muñoz C, Singleton D. A Critical Review of Age-related Research on L2 Ultimate Attainment[J]. Language Teaching, 2011, 44(1): 135.

[21] Philp J, Mackey A, Oliver R. Second Language Acquisition and the Younger Learner in Context: Child's play? [J]. Amsterdam: John Benjamins Publishing Company, 2008: 323.

[22] Scovel T. Foreign Accents, Language Acquisition, and Cerebral Dominance [J]. Language Learning, 1969, 19: 34, 245-253.

[23] Scovel T. A Critical Review of the Critical Period Hypothesis[J]. Annual Review of Applied Linguistics, 2000, 20: 213-223.

[24] Singleton D. Critical Period or General Age Factor(s)? [M]//Maria del Pilar Garcia Mayo and Maria Luisa Garcia Lecumberri (Eds.). Age and the Acquisition of English as a Foreign Language. Clevedon, UK: Multilingual Matters, 2003: 322.

[25] Spolsky B. Conditions for Second Language Learning[M]. Oxford: Oxford University Press, 1989.

[26] White L, Genesee F. How Native is Near-native? The Issue of Ultimate Attainment in Adult Second Language Acquisition [J]. Second Language Research, 1996, 12(3): 233-265.

[27] Widdowson H G. The Ownership of English[J]. TESOL Quarterly, 1994, 28 (2): 377-389.

[28] Wilkins D A. Some Issues in Communicative Language Teaching and Their Relevance to the Teaching of Languages in Secondary Schools[M]//Johnson K, Porter D. (Eds.). Perspectives in Communicative Language Teaching. London: Academic Press, 1983.

[29] 程晓堂,岳颖."语言作为心智发展的工具——兼论外语学习的意义"[J]. 中国外语,2011,(1): 51-57.

[30] 桂诗春. 此风不可长——评幼儿英语教学[J]. 中国外语,2012,(1): 41-47.

[31] 王蔷. 我国小学英语课程政策与实施分析[J]. 中国外语,2011,(4): 49-56.

[32] 张正东. 外语是把双刃剑[J]. 基础教育外语教学研究,2006,(1): 21-26.

此文原发表于《中小学英语教学与研究》2012 年第 10 期。

Cultures of Change: Appropriate Cultural Content in Chinese School Textbooks (2013)

Yafu Gong and Adrian Holliday (Canterbury
Christ Church University, UK)

Key ideas and concepts

The innovation described in this chapter is an ongoing, large project, which is still very much at the research stage. It concerns revising the cultural content of Chinese secondary school textbooks and research to establish what might be meaningful and authentic innovation for students. Based on interviews with students we argue that a long established "native speaker" model of ELT and an equally long-standing view of culture, both as curriculum content and as a construction of language learners, have influenced the secondary school curriculum in such a way that it has been taken away from the "real worlds" of Chinese students, and that an innovative approach to culture and the curriculum is required to address this.

The chapter is set within the broader context of a developing understanding that what is meaningful to English language students, especially in state educational settings, has continued to remain hidden beneath the paraphernalia of ELT professionalism, and has often been expressed in the non-formal aspects of classroom life (e.g. Canagarajah, 1999; Holliday, 2005). This lack of recognition of English language student experience has been linked to the politics of how perceptions of culture have been falsely constructed within the academy and in everyday life to marginalize non-Western realities (Kumaravadivelu, 2007). This lack of recognition has resulted in a false impression that East Asian students are not able to be self-directed, critical or creative because these attributes are not encouraged by collectivist cultures. There is a growing body of research which counters this "collectivism" theory and indicates that East Asian students have no problem being as independent in their views and actions as anyone else given the opportunity (Cheng, 2000; Clark & Gieve, 2006; Grimshaw, 2007; Kubota, 1999; Ryan & Louie, 2007; Tran, 2009). Where they appear otherwise it is more because of the structures of particular educational or classroom régimes, including the high scrutiny and management of talk found in Western classrooms, than with an underlying cultural deficiency (Holliday, 2005, p.63–84, 94).

The critique of the way in which the culture of students has been misconstructed also connects with a broader movement towards a critical cosmopolitan view of culture which refutes national cultural profiling (Holliday, 2011). Indeed, this chapter demonstrates that the students interviewed are way ahead of established simplistic views of culture as surface artefact and tradition. *Even* if they come from what might be considered limited rural experience, they possess a highly sophisticated cosmopolitanism which demands a greater complexity of cultural content in their textbooks and classrooms. As promised by Stuart Hall (1991a, p.34), they speak from the margins and claim the world.

Case study

Background and context

China has started to implement its new 2010–2020 *National Mid- & Long-Term Educational Reform and Development Plan*. The strategic goal is to develop each student as a "whole healthy person" with mental, physical and social-well beings, with an emphasis on values, attitudes, ideology, cognitive, affective and interpersonal skills. The students' critical thinking skills and creativity are also described as one of the strategic goals.

Within primary and secondary ELT, meeting these humanistic goals has been a real challenge. Dramatic changes in materials and methods in the last decade to meet the 2001 National English Curriculum (NEC) have been led by new authorised textbooks which advocate Task-Based Language Teaching (TBLT). The books have been criticized (Zhang, 2007), particularly with regard to the cultural awareness component.

The ideology which is widely accepted among the Chinese schoolteachers is that teaching culture means developing students' awareness of the English native speakers' cultural norm. In the 2001 version of the NEC, "culture" is defined as "the target language countries' history and geography, local people's features, natural conditions and social customs, living habits, behaviour norms, arts and literature as well as values and ideology" (p.25). Most of the tasks therefore concern Western urban life, with the assumption that most Chinese students will sooner or later go to English-speaking countries to live or study. In recent years, some Chinese elements have also been added, such as Chinese traditional festivals and typical Chinese food. It is believed we think mistakenly that this is intercultural communication.

In order to assess the appeal and appropriate content of such textbooks (which are mainly published by international publishers in English-speaking countries and adapted by Chinese publishers), a study was conducted in big cities, small towns and rural areas in ten provinces in China from 2007 to 2010. This involved classroom observations and 20 unstructured interviews with teachers and students from junior and senior high schools which might be considered "in the middle" and did not include key schools in urban areas or the most undeveloped areas. Students aged 14 to 17 were randomly selected with an almost equal number of males and females, and interviewed in focus groups of 7 to 9. Some students had started to learn English from age 9 and some from 12.

The interviews revealed a wide variety of opinions about learning culture and the value of English education. One of the problems both teachers and students reported was the thematic content which in turn reflects how ELT professionals perceive cultural awareness in China and its influence on English education. The following are some findings from the study.

Problematic native speaker topics in rural areas

One set of interviews was conducted in a school in the suburbs of Zhuhai, which is only 25 kilometres from the downtown area. (Zhuhai is close to Macao and is one of the most developed areas in South China.) The teachers explained that some of the topics in the textbook were very unfamiliar to the students, such as touring other countries, fast food, and cooking, —for example, "how do you make a banana milk shake" "the brand I like". They said the students therefore had nothing to talk about in class. They explained that most of the students are from local farmers' families and have never been to other places in China, and even have no ideas where the Great Wall is. They painted a picture of parents in the villages who have sold their land, become rich overnight, and do nothing but gamble with cards and other traditional games, of families who seldom use computers or read magazines and newspapers, and of children who believe they can live a good life without going to school. They said that both students and their parents needed to be educated about the values of life.

Students, especially those from rural areas (more than 65 percent of the student population), said they had no experience of cities and found it difficult to engage with urban life topics such as "asking the way" and "planning a trip to Europe", or concepts like "turn left at the third block" and "two traffic lights". A senior high school girl from a Zhejiang mountain school asked: "Are these textbooks written for us?" Then, she answered the question herself: "Not". The small village she lived in had no restaurant, no traffic lights, only a muddy road.

This supports McKay's (2003, p.10) observation that "whereas it is possible that target cultural content is motivating to some students, it is also quite possible that such content may be largely irrelevant, uninteresting, or even confusing for students". One of the tasks in the textbooks asks students to talk about their weekend activities, with the examples, "go to see a movie, go to an art museum, or go to piano lessons in a coaching school". However, our interviews revealed that students at a countryside school in Jiangxi, a central province in China, go to pick bamboo shoots, mushrooms in the mountains or go fishing for food during the weekend. They have to cook for themselves as their parents have left home to get money in more developed areas. There is no cinema in the town, which is 30 kilometres away from the village. Another task in a primary textbook is to teach ten-year-old kids to order pizza in a fast-food restaurant. A visit to a school in Yunan revealed that there was only one dish of boiled cabbage in a big pot in the school kitchen, but the textbooks introduce all kinds of food and ask students to role-play what they prefer to eat in the school canteen. This has some negative impact on the students as they think that society is unfair and complain about being born in poor families.

Devaluing the home culture

Students do learn the differences between the cultures of Chinese and English speaking countries from the textbooks. When students from a national poverty-striken county in Jiangxi province were asked what else they learned from English classes besides the language itself (grammar, vocabulary, etc.), they answered "culture". When asked for detailed examples, they said: "People in foreign countries do not ask about people's age. When you praise someone they say 'thank you' instead of saying something modest". "Not like Chinese, foreigners do not ask about your private things". When asked which way they preferred, they said (in a low voice), "English culture".

Students from Beijing seemed to enjoy the stories in the textbook. Observation of a primary school class in downtown Beijing revealed that the students could express themselves clearly and fluently in English. The reading passage was about a girl from a poor Cuban family. She lived in a shabby house and did not have enough food to eat. After immigrating to the US, she became a famous singer star and a very rich lady. The teacher asked what students wanted to do in the future. One boy said: "When I grow up, I do not want to go to university but to make big money in the future". Another boy said: "I think going to school is boring and I want to go to work as soon as possible". We do not suggest that these lessons have direct influence on students' thinking, but as one of the observers commented afterwards, the reading passage was "propaganda". This may relate to what Ellis (2003, p.332) refers to as "the hidden socio-political messages" in the tasks.

Also, some teachers only seemed to ask students to accept the culture norm introduced in the textbooks. One male junior high student from Taiyuan, the capital city of Shanxi, in north China, said: "We are students and we can only accept the reality and the ideas as we are not mature enough to challenge the ideas in the textbook, so we had better just follow what is written in the textbook". English teaching may also have impact on student identity choice. He concluded: "When we learn English, it is a totally different culture. Since we learn English and use it in the future, the ultimate goal is to change ourselves into another person and behave like English speaking people".

What are students interested or not interested in?

The teaching of intercultural communication embeds in functional dialogues some popular culture, such as going shopping, talking about weather, introducing people, ordering food, and table manners. However, most of the students interviewed expressed their dissatisfaction with these functional conversations. Students in Taiyuan and Kunming, the capital city of Yunan in the southwest, rated as second grade in economic development, both said that interpersonal communication topics simply involve dialogues with fixed expressions and recycle the same things with different grammar structures. They said nobody would use them in everyday life and repeat the same things. They thus found them very boring.

When asked why they did not want to speak English, some students expressed their frustration. Students from Guilin, a tourist city of Guangxi, a western province considered as less developed, said: "We can only use a few daily conversations, such as greetings and asking about the weather. We soon lose interest since there is nothing new for us to express ourselves. What we do want to say are not in the textbooks". One of their teachers said: "there are few topics that the students really enjoy reading. The texts do not seem to touch the hearts of the students".

Some students from Beijing laughed at the topics about weekends because most students attend coaching school on weekends and they have as heavy a workload as they do during week days. The reality of Chinese education is still under the pressure of test-driven instruction and students do not have much time to enjoy weekends. It is reported that 85–90 percent of the urban students go to tutorial classes in their spare time, where they are taught more adult material so that they can take the tests to prove their level of English and be enrolled into better schools.

The need for guidance in life and "real-world" meaningfulness: love, politics and war

What do students want to talk about? Some students in different places expressed their ideas about this. They said that they liked something meaningful for their lives, including stories which may give them guidance for their futures. They also enjoyed songs and sports, movies and literature. Students in Yunnan reported that they liked to talk about movies, food, things they want to do in the future, politics, comments about China by people from other countries. They preferred topics on friendship, love and war. Some students liked to listen to the BBC news about China. They also liked popular music, and sports.

The teachers from Shanxi reported that students had strong pressure from their families and liked classroom topics which helped them to deal with and talk about this pressure. They liked topics such as violence, because lots of students had experienced robbery out of school. When the teacher taught a love poem, they were surprised how much the students simply loved to read it. The students were mature enough to think about their life and the future and wanted to share their ideas, feelings and talk about it in class. One student from Hongsibao, a small town in Ningxia, a Hui minority Autonomous Region in North China, said:

> I want to read something deeper, underlying the surface of life, sophisticated with philosophy. Even some fables could give me enlightening in life. For example,

if I go out and meet up some problems, how can I solve these problems? I do not like to read something that just describes a "beautiful life" and recites it, which is far away from our own reality.

A teacher from Beijing also mentioned that she gave students some supplementary reading materials and one of them was on school bullying. She thought this topic might be too serious for students. But students simply enjoyed reading it and had a good discussion. A female student from a senior high school in Suzhou, in central China and considered one of the most developed cities, said: "I like to read articles about other countries on how their people solve certain problems, about their worries and concerns, their way of life, such as the ones in *Reader*" (a very popular Chinese magazine which carries some articles about the life of famous heroes, touching stories, mottos and jokes).

Students from a senior high school in Kunming, Yunnan complained that they did not have time to read enough to acquire new knowledge, and were therefore not so interested in everyday domestic things:

> We can't talk about anything, even in Chinese. We need something more complicated, new things happening in the world, things to keep us up with current society, new things we need to be exposed to.

When they were asked if they had chances to speak to English speaking people, one student said: "Yes, once I just came up and said 'hi' to them. But I couldn't express more complicated ideas when the talk continued". A girl from Jiangxi rural area school said: "I want to exchange ideas on how to deal with our parents and teachers on the phone with my classmates in English, so my parents won't understand what we talk about".

The above interviews provide evidence that students like to learn about social and personal issues rather than simply about topics concerning English speaking countries. Richards (2001) cited Morris (1995) about a curriculum perspective which develops "knowledge, skills, and attitudes which would create a world where people care about each other, the environment, and the distribution of wealth, tolerance, the acceptance of diversity and peace" and "social injustices and inequality would be central issues in the curriculum" (2001, p.118). Thus, communication is only one goal of learning English and the development of students' awareness of their own personalities and social roles, responsibilities, sense of self-confidence and self-realizations should also be pursued (Candlin, 1987).

The innovation: to set up socio-cultural goals in the curriculum

The interviews shed much light for our rethinking of the goals of ELT in the Chinese context. The authors believe there is a need to reconceptualize the purpose and content of culture teaching in the curriculum. First, we need to rethink the purpose of English education for schools. We propose to teach socio-culture, cognitive and thinking skills through the learning of English, rather than "culture". Social-cultural goals include interpersonal relationships, ways of thinking, life-styles, attitudes toward life, society, politics, and economics. Students in classrooms need to exchange ideas about these topics (Cook, 2007) so that "the language loses its predominant position" (Yalden, 1984, p.18).

Thus, English education will set up three independent and integrated goals. We may call this "a multi-goal approach". A multi-goal approach is to develop new perceptions of reality in Chinese society and the rest of the world, so that students may experience cognitive and affective changes in their world view, and have a better idea of what their goal is in the future and behave differently in the light of such perceptions. They may learn to develop a critical eye and different perspectives for seeing the world, and adapt new cultural norms and personalities. More familiar topics which are relevant to their life should be included in their textbooks, so that the students in both rural and urban areas have something to talk about, and textbook writers will have to think what should be selected as appropriate content in terms of tasks (Breen, 2001; Candlin, 2001).

The culture component in the curriculum may be replaced with socialcultural thematic content which is not limited to popular culture, but can also include ideology, world views, values, beliefs and socialization. Intercultural communication should not be perceived as a way of imposing "native speaker" cultural norms or of forcing students to accept and imitate "native speaker" normality, but instead as a means for learning how to become a multicultural person. Thus, students would not necessarily take in the cultural norms of the English-speaking countries, but learn how to be tolerant, learn other cultural perspectives and express their own or develop "a third culture" (Kramsch, 2009). Curriculum designers need to take the values of ELT, the Chinese reality, educational goals, teaching and learning environments, and students' future needs into consideration in designing the ELT curriculum for Chinese schools.

Reflection: understanding and combating the influence of native-speakerism on ELT

It seems that from the curriculum to classroom reality, the ideology of English education in China is influenced by "native-speakerism" (Holliday, 2005), which believes that the ultimate goal of English language education is to help students to communicate with "native speakers" of English and that the culture of English speaking countries should be the norm for ELT. Within this ideology, the purpose of teaching is to help cope with the problems of a so-called "real-world" which is perceived mistakenly to be the context in English speaking countries. The "native speaker" language is considered as the only model. Most of the task content reflects daily life, beliefs, values and attitudes of Western countries and intercommunication is to help learners to understand target language speakers' way of thinking.

This native-speakerism does not only appear in the curriculum and the textbooks, but also in language teaching research and journal articles. According to a survey by the National Association of Foreign Language Education, Chinese Educational Society (Gong, 2011), between 2005 and 2010, 95 percent of journals published in the Chinese mainland for school teachers on the teaching of culture refer to "intercultural communication" as introducing the cultural norms of English-speaking countries. Only one article compares Chinese culture with Western culture, but each comparison concludes with comments on the inappropriateness of Chinese culture.

Such ideas about English language teaching and cultural norms are challenged within the notion of English as an international language (EIL) from political, cultural, local appropriateness, and economical perspectives (Pennycook, 1989; Phillipson, 1992; Holliday, 2005; Kumaravadivelu, 2003; Rajagopalan, 2004; Cummins & Davison, 2007). The increasing growth in multicultural and multidimensional communication is challenging traditional single culture values (Kramsch & Whiteside, 2008) and some recent mainstream SLA research is being criticized as being unable to capture the complexity of language, the language learner, the processes of language learning, and learners' multiple identities from sociocultural or sociohistorical perspectives (Okazaki, 2005). Others also challenge the ideology of native-speakerism for imposing Western culture and values onto other countries, under the heading of "linguistic imperialism" (e.g. Phillipson, 1992). Kumaravadivelu (2003) also points out that the special purpose of developing learners' ability for "native speakers" of English may result in the individual voice and the cultural identity of the second language learner becoming hopelessly marginalized. This leads us to rethink the purpose of ELT and the objectives in the curriculum.

The interviews also help us to understand why some students seem very passive and keep silent in the English classroom. The students may want to express themselves in the classroom, but simply have nothing to say because the content is not what they are familiar with or not what they are really interested in. This is an example, to some extent, of "hidden realities" (Holliday, 2005, p. 85ff), where:

> while it is certainly the case that when going into classrooms in many parts of the world, students will *appear* to be lacking in autonomy, it is false logic to assume that their outward behaviour in these particular institutional settings reflects their internalized perceptions and abilities.
>
> (Holliday, 2005, p. 86, original emphasis)

We need to redefine some of the popular terms which have been interpreted in different ways, such as "real world" "appropriate language use" "authenticity" and "negotiation of meaning". What are the "real world tasks" for Chinese high school English learners? Apparently, some of the tasks for students are far away from students' real world. Distinguishing the difference between "competence" and "capacity", Widdowson suggests that the communicative language teaching is not defined, "as it usually is, in reference to native speaker norms of knowledge and behaviour. The contexts which make instances of the possible appropriate as communication do not have to be replications of native speaker realities" (2007, p. 218).

The appropriate purpose of ELT as a school-subject

Moving away from the desire to assimilate English learners within a native-speakerist ideal requires a rethinking of the appropriate purpose of ELT as a school-subject, especially in those countries in most Asian areas where most learners seldom have chances to use English for interpersonal communication in their daily life. In a discussion of task-based language teaching, Candlin points out that:

> Targets for language learning are all too frequently set up externally to learners with little reference to the value of such targets in the general educational development of the learner. Because we are concerned with *language* learning, it is very easy to forget that we should be equally if not more concerned with the developing personalities of our *learners*.

> (Candlin, 1987, p.16–17, original emphasis)

According to Cook (2007), the goals of ELT can be divided into two categories, external goals and internal goals. External goals refer to actual language use outside the schools and internal goals relates to the educational aims for the schools itself. The former focuses on how students benefit from language teaching regarding language knowledge and skills; and the latter emphasizes students' overall mental development as a qualified citizen, for example, their personality, way of thinking and tolerance of other cultural experience.

The English education program as school subject should give emphasis to students' cognitive development and critical thinking skills so as to educate a generation with both international and national visions.

They are multicultural citizens who are not only able to communicate with people about their own and other cultural realities but also able to express their own views and opinions (Alptekin, 2010). Besides, they can think and reflect critically from both their own perspective and other perspectives and can even effectively solve problems such as misunderstandings and conflicts in communication (Álvarez, 2007).

Nunan (1999) points out the need for language education to develop generalized capacities in learners and points out the possible problems of teaching English as a foreign language, "not because there is any likelihood that they (learners) will actually use the language, but because it will foster the development of cognitive, affective, interpersonal, and intercultural skills, knowledge, and attitudes" (p.155). We believe these are the key value of English language education for schools in which English is a school subject.

It is true that each year, many Chinese school students go abroad to study and the number has increased dramatically in the last ten years. For such students, interpersonal communication skills are very important as they may have to assimilate into the society they live in which is their reality and their "real world". However, the number of students going abroad to study only comprises a small proportion of the student population. The situations presented in textbooks are not the "real world" of most students, especially those students in rural areas. The students' "real world" is their inner-world, their knowledge world and their future world.

Rethinking "intercultural communication" teaching

In recent years, much has been published on the study of intercultural communication and it is time to abandon the traditional concept of "culture" teaching in foreign language education. First, culture does not only refer to the popular culture of eating habits, food, clothing, or festivals. Indeed, reducing cultural identity to such things is considered by many to be essentialist, demeaning and patronizing (Hall, 1991b, p. 55; Holliday, 2011, p. 82; Kumaravadivelu, 2007, p.109). Neither is it something which is fixed inside national cultural boundaries.

Following Max Weber's social action view of society, culture can be described in terms of:

> Categories of cultural action: global position and politics (how people position themselves with regard to foreign others within a global order), statements about culture (what people say about their culture), cultural resources (what people draw on, in particular situations, from national or other cultural realities), and underlying universal cultural processes (cultural strategies shared by everybody).

(Holliday, 2011, p. 24)

These categories embody a strong sense of personal cultural trajectories within which individuals form their cultural realities through the particular histories they develop through life (Holliday, 2011, p.49ff). There is some relationship here with Scollon and Scollon's cultural categories of ideology (history and worldview, e.g., beliefs, values, and religion), socialization (e.g., education, enculturation, acculturation), forms of discourse (e.g., functions of language, non-verbal communication), and face system (social organization, e.g., the concept of the self, ingroup-outgroup relationship) (2001, p.138). Obviously, culture takes in many concepts of values, worldviews, ideology, social relationships and organizations, self-identity and popular culture. It is essential to foster students' ability to be tolerant, open minded and to learn positive concepts of social values rather than being narrow minded or subservient to foreigners and worship foreignness blindly and to be deprived of national dignity.

Sticking with an emphasis on cultural differences may not only bring some negative perception about students' own culture and develop essentialist stereotypes, but it may result in frustrations and even insult. Once, one of the authors was visiting an American testing company and an American lady wanted to meet him at the company's cafe at 5 o'clock; but she did not show up until almost one hour later. When asked why she was so late, she said: "Isn't it you Chinese who are usually late for a meeting?" When asked who told her this, she said her husband is a Chinese man from Taiwan!

Also, Chinese society is changing quickly; the current culture in the urban areas is quite different from what it was 30 years ago. "Chinese culture" has changed dramatically in the last 30 years in terms of living and eating habits, daily greetings, communication, transportation, clothing, ways of thinking, perception of values and even language. If one goes to the department stores in the regional capital cities in China, one will find there is no big difference from cities in most industrialized European countries. Perhaps it is true to say that there is much greater cultural difference between urban and rural areas within China than between Beijing, Shanghai and other big cities in other countries. In China, Chinese scholars frequently engage in controversial debate about the core feature of "traditional Chinese culture". Thus, it is not necessary to differentiate "cultural differences". Second, the current practice of ELT in Chinese schools does not seem to meet the goal of education in that the students, despite their critical tone during the interviews, tend to behave as passive receivers of the facts and repeat the formulaic expressions. From the interviews, one may find what Clark described is true:

> Reconstructionist approaches all seem to imply that learners have to learn to recreate the exact speech pattern of the target language community. Learners tend to be asked to learn stereotypical language. They act out particular roles, but do not seem to create what they say and do. In real life, however, the roles that we adopt are functions of the interactions we engage in, rather than static possessions. The language we use originates from deep roots in our personality, rather than from predetermined scripts. If we do not have practice at making the necessary links between the deeper processes of our cognitive and affective make-up and whatever language tokens are available to us, we may never learn how to mould the foreign language to our own ends.
>
> (Clark, 1987, p. 38)

However, we are not suggesting that there should not be an introduction to and discussion of values, ideology or history and geography. What we suggest is an abandonment of the traditional ideology of intercultural communication which comprises a one-way information transfer and emphasises cultural differences. There are commonly accepted values, such as honesty, responsibility, social justice, peace and human rights which are also stated as requirements in the Chinese educational plan, though different people may have different understanding of what these concepts really mean. However, this gives the student the opportunities to develop "critical culture" ability and to become a "multicultural person" (Alptekin, 2010). This is more likely to realize the goal of development of "a whole person" perused in the Chinese educational reform and development plan.

Conclusion

This research reported in this chapter reveals the often unappreciated worlds of primary and secondary students in China. The innovation implicit in any textbook reform must therefore address how sophisticated and cosmopolitan these young people are, how, despite the massive pressures placed upon them, they have genuine interests in exploring the world. This understanding opens up exciting challenges for making the English curriculum more adult and authentic. It also requires us to shake established views about culture in ELT, and confirm recently expressed theories about culture as a moving, creative force which can be shared and owned in a multiplicity of ways.

Key readings

Holliday, A. R. (2005). *The struggle to teach English as an international language.* Oxford: Oxford University Press. This text explores the impact of native-speakerism on the professional discourses of ELT and argues that they Other and hide the cultural abilities and complexities of so-called "non-native speaker" students and teachers.

Holliday, A. R. (2011). *Intercultural communication and ideology.* London: Sage. This text examines why Western images of culture fail to appreciate the immense complexity and proficiency of non-Western cultural realities, which often have the potential to be shared by everybody and to enable transcultural travel and innovation.

Kumaravadivelu, B. (2007). *Cultural globalization and language education.* Yale: Yale University Press. This text applies a cosmopolitan view of culture to English language education and examines how culture in the classroom must embrace the hitherto unrecognised cultural complexity of students.

References

[1] Alptekin C. (2010). Redefining multicompetence for bilingualism and ELF. *International Journal of Applied Linguistics*, 20(1), 95–110.

[2] Álvarez I. (2007). Foreign language education at the crossroads: Whose model of competence? *Language, culture and curriculum*, 20(2), 126–139.

[3] Breen M. (2001). Syllabus design. In R. Carter & D. Nunan (Eds.), *The Cambridge guide to speakers of other languages* (pp. 87–99). Cambridge: Cambridge University Press.

[4] Canagarajah A. S. (1999). *Resisting linguistic imperialism*. Oxford: Oxford University Press.

[5] Candlin C. N. (1987). Towards task-based language learning. In C. N. Candlin & D. F. Murphy (Eds.), *Language learning tasks* (pp. 5–22): Englewood Cliffs, NJ: Prentice-Hall International (UK) Ltd and Lancaster University.

[6] Candlin C. N. (2001). Afterword: Taking the curriculum to task. In M. Bygate, P. Skehan & M. Swain (Eds.), *Researching pedagogical tasks: Second language learning, teaching and testing* (pp. 229–243). Harlow, England: Pearson Education.

[7] Cheng X. (2000). Asian students' reticence revisited. *System*, 28(3), 435–446.

[8] Clark J. (1987). *Curriculum renewal in school foreign language learning*. Oxford: Oxford University Press.

[9] Clark R., & Gieve, S. N. (2006). On the discursive construction of "the Chinese Learner". *Language, Culture & Curriculum*, 19(1), 54–73.

[10] Cook V. (2007). The goal of ELT: Reproducing native-speakers or promoting multicompetence among second language users? In J. Cummins & C. Davison (Eds.), *International handbook of English language teaching* (pp. 237–248). New York: Springer.

[11] Cummins J., & Davison, C. (2007).The global scope and policies of ELT: Critiquing current policies and programs. In J. Cummins & C. Davison (Eds.), *International Handbook of English Language Teaching*. Vol.1, pp. 237–248. New York: Springer.

[12] Ellis R. (2003). *Task-based Language Learning and Teaching*. Oxford: Oxford University Press.

[13] Gong Y. (2011) A third approach to communicative language teaching: General English education approach for schools. *Foreign languages in China*, 43(5), 70–77.

[14] Grimshaw T. (2007). Problematizing the construct of "the Chinese learner": insights from ethnographic research. *Educational Studies*, 33, 299–311.

[15] Hall S. (1991a). The local and the global: globalization and ethnicity. In A. D. King (Ed.), *Culture, globalization and the world-system* (pp.19–39). New York: Palgrave.

[16] Hall S. (1991b). Old and new identities, old and new ethnicities. In A. D. King (Ed.), *Culture, globalization and the world-system* (pp.40–68). New York: Palgrave.

[17] Holliday A. (2005). *The struggle to teach English as an international language.* Oxford: Oxford University Press.

[18] Holliday A. (2011). *Intercultural communication and ideology.* London: Sage.

[19] Kramsch C. & Whiteside, A. (2008). Language ecology in multilingual settings, towards a theory of symbolic comptence. *Applied Linguistics*, 29(4), 645–671.

[20] Kramsch C. (2009). Third culture and language education. In V. Cook & W. Li (Eds.), *Contemporary Applied Linguistics*. Vol.1, pp.233–254. London: Continuum.

[21] Kubota R. (1999). Japanese culture constructed by discourses: implications for applied linguistics research and ELT. *TESOL Quarterly*, 33(1), 9–35.

[22] Kumaravadivelu B. (2003).Critical language pedagogy: A postmethod perspective on English language teaching. *World Englishes*, 22(4), 539–550.

[23] Kumaravadivelu B. (2007). *Cultural globalization and language education.* Yale: Yale University Press.

[24] McKay S. L. (2003). Toward an appropriate EIL pedagogy: Re-examining common ELT assumptions. *International Journal of Applied Linguistics*, 13(1), 1–21.

[25] *National English curriculum standards for nine-year and senior high school (2).* Beijing Normal University Press.

[26] Nunan D. (1999). *Second language teaching & learning.* Heinel & Heinel Publishers.

[27] Okazaki T. (2005). Critical consciousness and critical language teaching. *Second Language Studies*, 23(2), 174–202.

[28] Pennycook A. (1989). The concept of method, interested knowledge, and the politics of language teaching. *TESOL Quarterly*, 23(4), 589–618.

[29] Phillipson R. (1992). *Linguistic Imperialism.* Oxford: Oxford University Press.

[30] Rajagopalan K. (2004). The concept of "World English" and its implications for

ELT. *ELT Journal*, 58(2), 111–117.

[31] Richards J. C. (2001). *Curriculum development in language teaching*. Cambridge: Cambridge University Press.

[32] Ryan J., & Louie, K. (2007). False dichotomy? "Western" and "Confucian" concepts of scholarship and learning. *Educational Philosophy & Theory*, 39(4), 404–417.

[33] Scollon R. & Scollon, S. W. (2001). *Intercultural communication: A discourse approach* (second ed.). Oxford: Blackwell Publishers.

[34] Tran L. T. (2009). Making visible "hidden" intentions and potential choices: international students in intercultural communication. *Language and Intercultural Communication*, 9(4), 271–284.

[35] Widdowson H. (2007). Un-applied linguistics and communicative language teaching: A reaction to Keith Johnson's review of notional syllabuses. *International Journal of Applied Linguistics* 17(2), 214–220.

[36] Yalden J. (1984). Syllabus design in general English education: options for ELT. In C. J. Brumfit (Ed.), *General English syllabus design: Curriculum and syllabus design for the general English classroom* (pp.13–22): Pergamon Press Ltd. and British Council.

[37] Zhang Z. (2007). Four problems in English education in China. *Foreign Language Teaching and Research in Basic Education*. No.1.

此文原为 Routledge 出版的 *Innovation and Change in English Language Education* 一书中的一章节。

英语教育的价值与基础英语教育的改革（2014）

　　英语高考改革引发社会的广泛关注,社会各界对此有多种解读,反映出社会和地方教育行政部门对于英语教育的价值与意义缺乏正确的认识。因此,英语教学界不能仅局限在管理与运作范畴谈高考,在"教学方法"层面讨论英语学习,而应该清楚论述英语教育的价值取向与社会发展、经济发展、人的素养培养等的关系;同时,外语界也应反思目前的教育理念、课程设计、教材编写与评价等方面的深层问题,首先解决"学什么"和"考什么"的问题,从顶层设计上提出改革思路。为此,本文提出四点想法,供学界专家参考。

一、理念与目标

　　目前对于英语教育最大的误解是:"英语教学不过是教学生掌握一种交流的工具",英语教育界应该纠正这个说法。教育部提出发展核心素养体系,明确学生应具备的必备品格和关键能力,突出强调个人修养、社会关爱、家国情怀,把核心素养和学业质量要求落实到各学科教学中。经合组织提出"关键能力",不仅包括知识和技能,还包括道德、社会、行为等成分以及如何与人相处、解决冲突等等。美国提出的"21世纪技能"也大同小异,可见各国都重视人的发展。因此,应该思考如何通过英语教育培养"关键能力"和"核心素养",明确提出:语言交流只是外语学习的目标之一,而非全部目标。学习外语并不仅仅是与人用外语交流,同时也是引导学生用另一种认知的方法思维,培养健康的价值观,涉及的是心智发展和可能对学生品格产生的影响,教授语言与发展学生品格同等重要,明确"英语教育也是素质教育"。

中小学英语教育应跳出"英本主义"（native-speakerism）的思维框架，改变单纯以语言运用能力为核心的目标，设计多元的目标，如"社会文化目标""思维认知目标"和"语言交流目标"，把语言学习与思维认知、个人素质培养等结合起来，从"全人发展"的角度去看待学习动机所属的范畴。这样的目标更有利于学生发展，调动学生的积极性，减少教学的困难，体现英语教育在促进人的品格与思维发展方面的价值。

二、途径与内容

近三十年来，国际上通行的教学路子基本是以功能大纲为核心，辅以语法结构系统，培养与英语为母语者沟通的"交际能力"，"真实性任务"主要是问路、购物等工具性目标，并没有系统设计"人的素养"，如思维认知能力以及健康的价值观等人文性的目标，这使得很多人认为学习英语与生活实际脱节。显然，中国的交际语言教学必须把学生的兴趣、态度和行为方式考虑进去，与他们熟悉的环境以及关心的事情建立起联系。恰如 Henry George Widdowson 所说，认为交际语言教学的目标就是要学生仿照英语为母语者的规范去发展交际能力是一种误解，也违背了 Dell Hathaway Hymes 的原意。

教材编写者需要意识到"功能-结构"路子的局限性，探索新的范式，在目标描述、教材编写等方面试验新的途径，突出英语学科所具有的素质培养优势和特点，如行为规范与国际意识、健康品质与人文素养、文史知识与学科融合，高阶思维能力以及学习策略等。在话题内容、教材编写等方面为实现"综合素质评价"提供清晰的内容，从而使社会认识英语课程的价值和意义。需考虑设计核心大纲与扩展大纲，为不同需求的学生提供不同的通道，否则难以平息社会对于"学习英语有什么用"的质疑。

三、测试与评价

目前国际上的英语测试以英语为母语者的水平为标杆，评价标准大部分是以英美人在其所在国环境所能做的事情为参照，缺少评价外语使用者在国际交往中使用英语的标准，也没有设计中小学毕业生应掌握的，在本地继续学习和工作所需的知识与能力标准。应认识到英语国家目前在我国推广的一些测试并不适合用于我国中小学英语教育检测,要防止盲目参照国外测试的误导。

需要研究我国中学毕业生应具备的"英语核心素养",确定不同的毕业生所需要的基本知识与能力以及素养要求,理解"英语核心素养"超越了语言知识与能力的范畴。改革应根据不同学生毕业后使用和学习英语所需知识与能力的差异,构建适合中国人使用英语的能力理论模型。测试中应更多选择适合中国环境的核心话题与扩展内容,话题内容应更多与学生的真实世界建立联系,同时调整语言运用目标,研究"非认知因素"在测试中如何考查以及"直接测试"和"能力表现"性任务在测试中的应用。

四、政策与课程

社会对于英语教学的诟病之一是"费时较多、收效较低"。众所周知,在外语环境下的英语学习不在于接触的长度,而在于频度,起始年龄不是成败的关键,并非"越早越好"。虽然教育部规定从小学三年级开设英语课,不少地方从一年级就开设,但每周只有1—2节,这种"滴水法"难以取得满意效果,反而会伤害学生的积极性。近期媒体对于英语教育的"围攻",反映出社会和教育行政部门不懂语言学习规律,而单纯降低分数,增加考试次数,变动口语、听力分值等,并不能从根本上解决英语教育存在的问题。

从宏观方面来讲,政府应该有更明确的外语政策,包括外语教育的价值意义、语种分配、课程设置、测试评价等等问题都需要整体的规划,从课程设置、教学资源、教师培训等方面进行改进,避免忽左忽右。政府决策应在实证研究的基础上确定起始年龄、课时年限、测试评价等改革。对于社会化考试以及等级证书、多次考试等都应有实验研究为先导,切忌草率决定。

参考文献

[1] Hymes D. On Communicative Competence[M]. Philadelphia, PA: University of Pennsylvania Press, 1971b.

[2] Widdowson H G. Teaching Language as Communication[M]. Oxford: Oxford University Press, 1978.

此文原发表于《外国语》2014 年 06 期。

立德树人的英语教育（2014）

　　提及英语教育,需要关注这几个关键问题：即目标、内容和方法。目前一种流行的说法是要改变"哑巴英语",认为造成"哑巴英语"的问题是学生"说不出"和"听不懂"。但是,我觉得要改变"哑巴英语"首先应该让孩子们明确"说什么"。我国的小学教材,大多是模仿英语国家中产阶级成人的语境与社交内容,很多话题内容远离学生的实际,没有触及学生的内心世界。可以说,很多情况下,学生用了最多的时间,去学习那些很少能用到的内容。这反映出教学内容需要改革,不能仅仅学会一些"生存英语"。所以人们常说的"哑巴英语",恐怕不是说不出来什么,而是没什么可说的,实际上不知道在什么语境下如何表达才是"哑巴英语"的根本原因。

　　另外,教学活动的设计、教学方法和测评等诸多问题对英语学习的效果影响也很大。目前小学开展教学活动,大多数是枯燥的机械性练习,很少有对于思维认知的挑战性活动设计。本来英语学习应该可以促进学生思维能力的培养,可惜目前有些中小学英语教材在这方面做得还远远不够,基本上没有系统地培养学生的思辨（批判性思维）能力。再加上近些年来英语教师人数迅速增加,很多教师缺乏系统培训,教学方法还停留在机械性地要求学生死记硬背,所以社会上对于英语教育有很多诟病也就不足为奇了。

　　我国有关教育的文件,从纲要到课程标准,都在提倡培养"创造性人才"。不过对于什么是创造性人才,目前却缺乏具体的评判标准。国外提出创造性人才应具有"创造性人格（品格）"。"国际文凭课程"的小学培养目标有 10 条：探究者、博学的人、长于思考者、善于沟通者、有原则的人、心胸开阔的人、富有同情心的人、敢于冒险的人、全面发展的人以及能自我反思者。经合组织提出的"关键能力"包括价值观、信念、理念,对于社会关系的看法以及为人处世的哲学和道德观念;除此以外,也包括对于不同民族宗教信仰、不同文化的包容态度和学习意识等等。显然,我国基础教育提出的培养"健康的人"与国际上的研究有着很多相似之处。而在外语教育中实现培养健康人的目标,就应跳出英语国家为移民和留学生设计的 ESL 课程的思路,实施"多元目标"的英语教育,改变仅仅为语言交流而设定的目标框架,重新构建我国基础教育英语教学的理念、目标和内容,明确语言交流只是语言教育的目标之一,更多地关注语言教学的社会文化目标和思维认知目标。

首先,社会文化目标不仅仅局限于传统"跨文化交际"的内容,不提倡刻意去培养学生按照英语国家交往的行为规范去模仿英美人的习俗,重点也不在"英语国家"的文化,而是从培养人的素质方面,考虑哪些是国际交往中的社会文明礼仪、道德品质和思维方式。其中可以包括"行为规范与国际意识"的相关内容,如言谈得体、文明举止、遵纪守法、爱护环境、社会公德、宽厚友善和公民意识等,还可以包含对世界文明的介绍以及对于不同文化包容性的培养等等。

其次,社会文化目标还包括"健康品质与良好个性"。这一部分包括国际普遍认同的良好个性品质与人格,如诚实有信、谦虚谨慎、豁达乐观、坚持真理、独立自强等等。社会文化目标不仅在于让学生接受现实世界,还可以在话题内容中加入对有关社会问题,如社会公平、种族与性别等的探讨,使学生培养推进社会进步的意识,树立改造社会的雄心大志,而不仅仅是接受现实。

另外,社会文化目标还应包括"社会知识与学科融合"。如果英语教育仅仅是让学生学会几句口语,会问路、购物等,只实现了工具性目标,而缺乏深入交流的思想和文化的"存储",即使英语说得比较流利,也无法交流更深层的东西。我们应增加学生各方面的知识,不仅是英语国家的,也可以包括世界其他国家的知识。

国外提出创造性人才具有"创造性人格(品格)"。创造性思维实际上需要有批判性思维作为基础。从某种程度上说,我们的教育,包括英语教育,是按照"听话的孩子"的标准教育人。实际上,我们也可以通过英语教材中的人物设计使学生接受不同性格的人,同时发展自己的个性和健康品质。

英语教育还应增加"认知思维目标"。语言教育不仅要教会学生交流,还要培养学生的思维能力,特别是用另外一种语言思维的能力。思维能力不局限于学习策略。学习策略只是认知思维目标中的部分内容,使用另外一种语言思维,是培养学生思维能力、评判性能力、创造性能力的重要途径。"认知思维目标"是系统地培养学生的思维能力,特别是思辨性能力(即批判性思维能力),并根据学生年龄与认知特点系统设计各种活动。"思维认知目标"还包括学习策略、阅读策略、听力策略等。

品格的培养,也是通过培养学生某种思维的习惯而逐渐实现的。思维培养也可以设计三个方面:首先是健康的思维方式。基础教育提倡培养健康的品格,而健康的品格是可以通过培养积极的思维而实现的,比如:正确地看待自己、了解自己的态度、自我管理以及形成对他人的客观看法。这些既是一种思维方式,也是一种品格。基础教育的英语课程,可以吸收英语国家在这些方面的研究成果,培养学生积极健康的心理。

同时,英语教育还应培养批判性思维能力。我国自晚清时期开始倡导学习西方的思辨传统,以培养批判性的思维方式为主旨,超越不假思索的器物模仿。思维方式的培养已深入西方国家英语外语教学理念,但在我国中小学英语教学中尚未实现。比如记忆单词,现在各种背单词的方法五花八门,很多号称独特的记忆方法,仔细分析起来,并非引导学生真正理解单词,而是单纯记忆单词的拼写。结果学生可能记住了一些单词的拼写和发音,却仍旧不会在实际句子中使用。

综上所述,我们需要改变对于英语教育价值的认识:交流并不是语言的全部功能,教外语不是仅仅让学生掌握一种工具,而是改变他们的生活和心智。目标的改变也意味着话题内容的变化。比如,话题可以变成"生气了如何控制自己的情绪""同学之间发生矛盾如何解决"等等。从根本上说,这是一种思维方式的转型,是一种价值取向的转变。这种理念的转变,会对人们理解英语教育的目标产生重大变化,这些观点也为思考我国外语教育政策、确定英语教学的目标和选择教学内容提供了新的理论视角,可能将为英语教育开辟一条新途径。

此文曾发表在《英语学习》2014年第4x期。

从"生存"到"成长"：
改变参照的框架（2015）

　　为了适应教学目标的多样化，英语教学在未来发展中将会面临更高的要求，教学内容也不仅仅局限在教材知识方面。此外，教学设计还应增添多样化的课程教学目标，即社会文化目标、思维认知目标、语言交流目标，并将这三者相互结合，融为一个多元任务大纲。这三方面的目标相辅相成，要将它们融为一体，就需要对它们的内涵进行深入的理解和掌握。社会文化目标包括行为规范与伦理美德、社会知识与学科融合、多元文化与国际意识；思维认识目标包括积极的心理品质、多层次的思维能力和有效的学习方法；语言交流目标则包括语言运用知识、听说读写技能和语言交流策略。

　　基于多位教育专家的教学理念，如 Christopher Candlin 的 task and educational goals、Guy Cook 的 personal development goals、韩宝成的智育发展理念、Janice Yalden 的多元目标理念等，可归纳出语言发展和人的全面发展同样重要的观点。随着新课程改革的深入，教师应该致力于学生思维模式的转变，并提出 21 世纪学生应该具备的几种技能：critical thinking and problem solving（批判性思维和解决问题的能力）、creativity and innovation（创造性思维）、collaboration and leadership（合作和领导能力）、social responsibility and cultural，global and environmental awareness（社会责任感和文化意识、全球意识和环境意识）、communication（交流能力）等多个方面的文化素养。在进行语言运用能力培养的同时，还应该吸纳其他学科的"养分"，让英语教学摒弃英本主义，走向世界主义，将国际化概念融入英语教学，更好地学习其他文化中蕴含的行为、习惯、品格，全身心投入一个西方的语言环境中进行学习，从而转变学生的学习心态，增加英语教学的新内涵。

目前使用的教材内容以教授日常交际方面的表述方式为主,表达方式较为刻板化,难以应用到学生的日常当中,而未来的教材应当加入多元化培养目标,注重对学生情感、个性等多角度的培养。教育部将组织研究提出每个学段学生发展核心素养体系,明确学生应具备的适应终身发展和社会发展的必备品格和关键能力,突出强调个人修养、社会关爱、家国情怀,更注重自主发展、合作参与、创新实践。

青少年是行为习惯、人格形成的关键时期,通过英语学习培养"文化素养"是英语教育的价值之一。日常的英语教学,如词汇、语法、句型、结构等方面的教学都应该以 task 为主线,教师在进行教学设计前应该先明确自己"希望学生做什么"。因为新课程改革对学生的思辨能力提出了更高的要求,所以教师要让学生达到这一要求,就必须以中国的国情为基础,从学生的品格培养入手,将情感元素和个性元素有意识地融入到教学设计当中,也只有这样,教师才能培养出适应文明社会、有修养、有思想、能管理好个人情绪的学生,这也是英语教学的价值所在。

随着英语教学理念的不断革新,英语学习不再囿于语言教学,而是逐渐进入学生的精神世界,融入学生的生活。为了实现这一教学目标,教学体制、学校等都要进行与之匹配的改革。未来的教学大纲应该是过程性大纲,以学生的讨论为主体,提高学生的自主性,培养学生的个性;建立综合性的评价体系,设计动态考试,使考查方式不再千篇一律;教师在教学方式上从被动走向主动,主动拓宽自己的思维和心胸,使自己站得更高。

参考文献

[1] Candlin C N. Afterword: Taking the Curriculum to Task [A]//Bygate M, Skehan P, Swain M. (Eds.). Researching Pedagogical Tasks: Second Language Learning, Teaching and Testing [C]. Harlow, England: Pearson Education. 2001: 229-243.

[2] Cook V. Going beyond the Native Speaker in Language Teaching [J]. TESOL Quarterly, 1999, 33(2): 185-209.

[3] Yalden J. Principles of course design for language teaching [M]. Cambridge: Cambridge University Press, 1987.

此文原发表于《学生双语报》2015—2016 学年度第 11 期教师版。

Exploring the Value of ELT as a Secondary School Subject in China: A Multi-goal Model for English Curriculum (2015)

Yafu Gong, Adrian Holliday (Canterbury Christ Church University, UK)

1. Introduction

With the widespread of communicative language teaching since the 1980s, most English curricula in non-English speaking countries aim to develop students' ability for communication. In China's national English syllabus published in 1991, the goal of ELT was described as developing the "basic ability to use the language for the purpose of communication". In 2001, China started to implement a new national curriculum for primary and secondary schools with humanistic principles of education. As one of the school subjects, the goal of the National English Curriculum (NEC) is to develop students' "overall ability to use the language" and the objectives in the NEC consist of five components of language knowledge, language skills, learning strategies, cultural awareness and affect. Communicative approaches are advocated, for example, in the form of Task-Based Language Teaching (TBLT); and new textbooks have been adopted since then. The development of affect, motivation and attitude is for the purpose of becoming a good English language learner. Beginners are required to be "curious about English", then to become "interested in English". The higher level requirement at secondary level is to "build initial confidence in using English", and, finally, to build a "very clear motivation with positive attitude and confidence" (NEC, 2011, revised version). Although personality, critical thinking skills, values and ideology are also considered as the supporting elements to foster language development, only specifically language objectives are described in details. Other objectives are vaguely described as general statements, and none of them has indicators. The textbooks, mostly imported from English-speaking Western countries and adapted by local Chinese publishers, focus mainly on interpersonal skills, and functions and grammar structures are the main elements in the scope and sequence. The thematic content, especially in primary and secondary school textbooks is mainly related to situations in English-speaking Western countries. Functional dialogues, such as greetings, asking the way, seeing a doctor and making a telephone call to a company are included in every school textbook published in China. Examination papers at all levels, from the entrance exams for colleges and universities to the entrance exams for senior high schools, focus on "daily life" topics. More than 70% of such topics for listening, speaking, reading and writing concern the practical use of the language for interpersonal communication in an English speaking country, such as booking a hotel or making a list to prepare for going camping. It therefore seems that Chinese secondary school ELT professionals take it for granted that this thematic content represents the "real world" communication that students will pursue, whereas in effect it relates to the "real world" of English-speaking Western students and may not meet broader humanistic educational goals.

Although the new curriculum has brought about some dramatic changes at secondary level in authorised textbooks and methods, it has been criticised with regard to classroom implementation. Bao (2006) claims that communicative language teaching as been established as a failure in China, and proposes going back to the "two basics" approach, of teaching basic knowledge (grammar) and basic skills (listening, speaking, reading and writing) with more emphasis on mechanical practice.

These problems are not specific to China, but to many other Asian countries, as well as locations across the world. Nunan (2003, p. 606) investigates the ELT situations in several countries and regions in Asia. He concludes that introducing English programmes into primary and high schools has been problematic, and that although TBLT "is the central pillar of government rhetoric", "it would seem that rhetoric rather than reality is the order of the day".

2. Problem posing

A recent study of secondary level students from urban and rural areas in 10 different provinces in mainland China (Gong, 2009, 2011) found deep evidence of native-speakerism. Holliday (2005, p. 6, 2006) defines native-speakerism as an ideology which promotes the idea that English represents "native speaker" and "Western culture" norms, and that "native speaker teachers" are the ideal model for both the English language and for ELT methodology. It is argued that native-speakerism "has had a massive influence and exists to a greater or less degree in the thinking of *all*" English language educators (Holliday, 2005, p.7, original emphasis). Native-speakerism is so deeply rooted in China that it often remains unrecognised as a major and extensive problem by Chinese ELT professionals. It can be argued that most Chinese secondary level ELT professionals indeed subscribe to the assumption that their students should learn either American or British English which require knowledge of the culture of English speaking Western countries, and that lesson content should replicate situations and contexts in those countries. Thus, learning materials, tests and "real world" classroom tasks are only considered "authentic" if they emulate what "native speakers" do and represent the daily life of middle class people in English speaking Western countries. Labelling native-speakerism as an ideology implies that it is not simply the *choice* of such "native speaker" content and approach which is the issue, but that the entire *conceptualisation* of "native speaker", "British" or "American" English and "British" or "American" culture represents a false idealisation of language and culture (Holliday, 2009).

In Gong's (2011) study, three major problems are identified. These relate mainly to secondary level students in rural areas, but also to students in urban areas. First, the native speaker and world youth culture topics related to urban areas in English speaking countries which are present in Chinese authorised textbooks are alien to students in rural areas and difficult to understand (Gong & Holliday, 2013). Visiting museums and wild animal parks, making a plan for a tour to Europe, going to concerts and ordering food in a fast food restaurant are remote from the daily life experiences of students in rural China, who comprise more than 65% of the student population. Choosing different food in a school canteen or talking about the different musical instruments they play in the band is not part of their reality when schools only provide one dish for lunch and most students have never seen a violin. There are no museums, movie theatres, parks or Western styled fast-food restaurants in small towns or in the countryside in rural areas. The students therefore have nothing to say in the tasks they are required to do in group work. They believe that these tasks were not designed for them, and this promotes negative attitudes towards English language learning. Nearly half of the students in the rural areas in the study failed in the local tests. The teachers reported that few students really enjoyed learning. Similar issues were found with students in the urban "ordinary class". Even students in towns have no immediate communication needs outside the classroom, making tasks on daily routines of little interest to them. For the Chinese context, a crucial issue is how and where secondary school students are expected to use English, since most of them live in non-English speaking environments and may have no need to communication with English speakers. As Cook points out:

> If the goal is indeed external communication with other people, who do not speak your first language, this is besides the point of many EFL students. Few students in China, Cuba or Chile, for instance, regularly speak with people in English outside the classroom. (2007, p. 239)

Thus, we argue that the "real-world" tasks associated with "native speaker" culture do not relate to the real world of many Chinese students. The study shows that students want to learn something more closely related to their life so that they understand the topics and thematic content of the tasks without much difficulty.

This connects with the second problem is that students want to learn something more closely related to their inner world rather than the outside world of English as it is used in other countries. By an inner world we mean a personal world which relates to their life and the future, their ideas and feelings. The findings show that there is a tendency that different students from urban and rural areas show the same interests in certain topics regardless of interpersonal communication for practical use, and that both rural and urban students express the need for more sophisticated ideas, reflecting the more complex and diverse realities of their living environments, such as their relationships with the teachers, friends and parents, and the life problems they may face in the future as well as current political, local and international issues. They are interested in how to achieve perfection in relationships with their peers, parents and teachers. They want readings on mental health, such as development of positive feelings, to encourage them to deal with life problems and provide alternative solutions. Although 14–16 year-old students from urban areas like topics concerning popular music, sports, movies, food and literature, they are also interested in what they may do in the future, in politics, friendship, love and war. Some are interested in comments about China by people from other countries. Violence, school bullying and honesty are also the topics they enjoy reading and discussing in and out of class. They like to read articles about other countries, how their people solve certain problems, their worries and concerns, and their ways of life. They find this sort of content more authentic than more practical issues of greeting and asking the way. Some students complain that they soon exhausted their vocabulary and could not express more complicated ideas when they did get the opportunity to talk with English speakers from other countries about anything serious.

The findings in Gong's (2011) study support Zhang's (2003) criticism of the NEC curriculum. He argues that its underlying assumptions are those of a *second* language curriculum, and are inappropriate for *foreign* language education for school-age learners in non-English speaking countries, where the main purpose is *not* to develop students' abilities as mainstream users of the language. He argues that teaching materials which aim overtly or covertly at interpersonal communication in an English speaking Western environment do not represent a realistic or a proper goal. When Widdowson (1978) first advocated teaching language as communication, it was not through situations outside the classroom which "refer to 'the real world' of the family, holidays, sports, pastimes and so on"—but through "the link with reality and the pupils' own experience"(p.16). He further emphasised that the curriculum needs to recognise the relevance of and engage with learners' attention and interests (Widdowson, 2003). In this sense, "to be authentic, activities, interactions and texts need to communicate with the same social world within which students are already autonomous in their own terms" (Holliday, 2005, p. 104).

The third finding from the study indicates that culture teaching is problematic for students' mental development and value judgements. Although some students are interested in the popular culture introduced in the teaching materials, this may not have a positive influence on their perception of cultural values and of their own cultural identity. With regard to the false images of English and its culture represented by native-speakerism, the dominant ELT literature has been much criticised for presenting a grossly oversimplified and deficit image of the culture of Chinese and other East Asian students within a narrow "collectivist" stereotype (e.g. Cheng, 2000; Clark & Gieve, 2006; Grimshaw, 2007; Holliday, 2005; Kubota, 2001; Kumaravadivelu, 2003b; Quach, Jo, & Urrieta, 2009; Rastall, 2006; Ryan & Louie, 2007). Claims based on studies of 30 years ago about the Chinese personality and characters (Tang, 2006) do not reflect the vast complexity of Chinese cultural realities. Who are the typical Chinese remains a question for most Chinese scholars of Chinese society (Chen, 2010). We align ourselves with the notion that the identity of a person is multi-faceted and shifting. Kramsch (2009) defines culture as "an individual's subject position that changes according to the situation and to the *way he/she chooses* to belong rather than to the place where she belongs" (p. 245, original emphasis). The students' performance in the classrooms varies depending on particular school culture and different teachers just as Littlewood (2000) points out:

> If Asian students do indeed adopt the passive classroom attitudes that are often claimed, this is more likely to be a consequence of the educational contexts that have been or are provided for them, than of any inherent dispositions of the students themselves. (p. 33)

As a result of Holliday's interviews with 32 informants from a wide range of nationalities and backgrounds, the following observations were made:

- Nation is often an external cultural reality which provides a framing for identities which may be in conflict with personal cultural realities. It can also represent an idea which stimulates personal cultural realities.
- Cultural identities can be made up of a variety of things such as religion, ancestry, skin colour, language, discourse, class, education, profession, skills, community, family, activities, region, friends, food, dress, political attitudes, many of which can cross national boundaries.
- Cultural reality can form around and be carried with individuals as they move from one cultural arena to another. Being part of one cultural reality does not close off membership and indeed ownership of another. Individuals can have the capacity to feel a belonging to several cultural realities simultaneously.
- Language can be many things—a cultural reality, a cultural marker, artefact, a cultural arena, the location of a cultural universe. It may or may not be strongly associated with nationality or nation. (Holliday, 2011, pp. 54–55)

Gong's (2011) study implies that Chinese secondary level students demand more culturally authentic material. This, together with realisations about the complex nature of culture, raises questions for English teaching professionals that go to the core of ELT values in non-English speaking countries. What are the appropriate goals for ELT? Cummins & Davison (2007) point out that if effectiveness and efficiency are not considered within the context, purpose and politics of language teaching and learning, they become naïve and unhelpful (p. 3). Thus, the first thing ELT professionals and curriculum designers need to decide is not the best way to enhance students' ability to communicate, but what they ask students to communicate about (Ellis, 2003). Holliday suggests that "whereas within native-speakerism authenticity pre-exists in the nature of the 'unsimplified' text" when we step outside native-speakerism, authenticity "has to be created—'realised in the act of interpretation' as teachers work to communicate with the worlds of their students, as students struggle to make sense of what they are doing and how to be in learning events" (2005, pp.104–105). The native-speakerist notion of "communicative" emphasises the role of language as a means of achieving programmatic goals (Tudor, 2001). Clark notes:

> In real life, however, the roles that we adopt are functions of the interactions we engage in, rather than static possessions. The language we use originates from deep roots in our personality, rather than from predetermined scripts. If we do not have practice at making the necessary links between the deeper processes of our cognitive and affective make-up and whatever language tokens are available to us, we may never learn how to mould the foreign language to our own ends (1987, p. 38).

Beginning from 2010, China started to implement its new 2010–2020 *National Mid- & Long-Term Educational Reform and Development Plan* (NERDP). The document outlines some strategic goals for educational reform and development. These strategic goals are designed to develop each student as a "whole healthy person" of mental, physical and social well-being, with an emphasis on the development of values, attitudes and ideology, and cognitive, affective and interpersonal skills. These goals are described as the basis and the starting point as well as the standards to evaluate the achievements of education for schools. The students' critical thinking skills and creativity are also included as strategic goals, along with human rights, democracy and a peaceful world of harmony. How can these educational goals be realised through English teaching in schools? What topics and thematic content in textbooks may best enhance students' critical and creative thinking skills? How could English teaching facilitate the development of personality and the "whole healthy person"?

There has been substantial research in curriculum development in second language contexts. Yet, the research in foreign language contexts is scarce, especially in primary and secondary school settings in a huge country like China with diverse cultural, economic and regional differences.

Widdowson (2003, pp. 20–21) suggests that language teaching can be analysed through reference to three general parameters. The first one is educational purpose and another is process. The third one is the way the definition of subject content is related to the choices of code knowledge and communicative ability in respect both to purpose and process. The purpose parameter has to do with the philosophy of education and the ideology which informs policy making. Analysing the curriculum from ideological perspectives, Candlin proposes that curriculum design can be divided into two different ideological forms:

> ... one which requires learners ... to bank received knowledge as a collection of "communiqués" or states of knowledge and the other ... encourages learners to explore ways of knowing, to interpret knowledge and engage in dialogue with it and with themselves. A negotiation, if you like, both of knowledge and of the procedures of engaging that knowledge (1984, p. 30, citing Friere and Dewey).

He further points out that:

> Content is not "value-free", which suggests that to know content, is to explore its values, and that it is this exploration of values which implies a methodology where content cannot reasonably be seen to exist independently of its interpretation (1984, p. 33).

In the following sections, we will discuss what purpose is appropriate for English as a secondary school subject in a country like China, where English is taught as a foreign language. We will first review what has been discussed regarding the purpose of language education and English as a secondary school subject and propose a new framework for the English curriculum. This will entail going back to some of the basic literature from the 1980s. We will consider the degree to which English as one of the main school subjects with educational goals has been addressed, and how far the "integrated ability for language use" is an appropriate goal. Then, we will review some related literature on curriculum design, especially regarding the value of education. Finally, a new ideology of ELT and a new curriculum model for school English programmes is proposed.

3. The purpose of English language education

Speaking at a 1984 TESOL Convention symposium to discuss general English syllabus design, a group of scholars, among them Brumfit, Stern, Widdowson, Candlin, Breen and Yalden, consider the role of ELT within broader educational settings. We maintain that they support broader aims than instrumental communication skills. Stern (1984, p.11) believes that "language teaching has suffered from an overemphasis on single aspects, and a wide comprehensively conceived definition expresses the view that language teaching is multifaceted and that the different facets should be consistent with each other". Yalden (1984) suggests that the basic organising principles related to overall curriculum design should include the current accepted philosophy of education and other factors. Widdowson (1984) argues that education makes provision for both future social roles and for individual development. If a curriculum focuses mainly on future social roles and meets the needs of person power for social and economic well-being of the state, it can be described as "position-oriented". If the purpose is for the individual development, it is "person-oriented".

Candlin also points out that the problem of syllabus design is not just choosing the content and deciding the order of sequence:

> Rather than merely being an ordered sequence of selected and, as it were, innocuous items of content, timeless and obscure in origin, separated from the world, it reveals itself as a window on a particular set of social, educational, moral and subject-matter values. Syllabuses seen in this perspective stand, then, for particular ideologies. This is most clearly seen, as I have hinted, in terms of the choice of content, its prioritisation in the subject in question, and in the relationship of the learner to that content and to the teacher implied by the procedures of acquisition of that knowledge which syllabus displays (1984, p. 30).

In the discussion of tasks and educational goals, Candlin (1987) further explains:

> Targets for language learning are all too frequently set up externally to learners with little reference to the value of such targets in the general educational development of the learner. Because we are concerned with *language* learning, it is very easy to forget that we should be equally if not more concerned with the developing personalities of our *learners* (pp.16–17, original emphasis).

What Candlin means to develop in students' personalities are awareness, which means awareness of personalities and social roles, and responsibility, which refers to learners exercising their responsibilities for the choices of their own maps of development. In order to overcome the barriers raised by ideology and prejudice in interaction in the cultural worlds outside classrooms as well as the world within the classrooms, learners need to learn to develop mutual acceptance and tolerance. Candlin proposes that self-realisation and self-fulfilment of the learner can only be realised through the empowerment of the students to express their true attitudes and ideas themselves.

This emphasis on a broader educational remit for ELT connects with the educational aims of creativity and autonomy. Holliday links the non-native-speakerist notion of authenticity as arising from communicating with the worlds of students closely with autonomy. "Whereas within native-speakerism autonomy has to be induced in the classroom through a teacher-led 'learner training'", outside native-speakerism "it pre-exists in the social worlds of students and teachers" (2005, p. 105). In Gong's (2011) study described above, Chinese school students practise their autonomy by searching into themselves and demanding authentic material.

The broader educational remit also connects with Cook's (2007) notion of "internal goals" in ELT. Whereas "external goals" relate to the instrumental use of the language outside school, such as ordering food in a fast food restaurant in a foreign country or buying air tickets (p. 239), very much like the "real-world tasks" described by Long (1985), "internal goals" realise the educational goals of developing in students an overall "mental development as individuals" (Cook, 2007, p. 239). This notion resonates with our reference to inner worlds above. He points out that:

> External goals dominated language teaching methodology for most of the last century, first through situational teaching and later audiolingualism with its emphasis on external situations. Then communicative language teaching introduced syllabuses based on language functions and interactions in the world outside, not the world inside the student (p. 239).

In contrast, he believes the internal goals include "self-development, new cognitive processes, a way in to the mother tongue, a means of communicating with those who speak another language and the promotion of intercultural understanding and peace" (p. 239). If we agree that there are two different purposes for language teaching and advocate the "person-oriented" route, thus, the purpose of learning should be viewed not only for communication with native speakers in English speaking environments, but also as personal growth; and the learning of English could help develop skills for thinking, cooperative learning and socialising. The students can translate these skills to other areas such as how to reflect on and evaluate others' opinions.

In NERDP, the relative weighting given to critical thinking skills and creativity has never been so important in the educational plan, as the country strongly advocates the building of a "creative-oriented society". From the above brief review of the issues raised in the literature, one may find out that the English curriculum for schools has yet fully to explore the ideology, values and purposes that are central to education. In the following sections, two issues are discussed, one is the ideology of ELT, and the other is the purpose of English within Chinese education goals. In order to achieve the educational goals for school-age learners, a new ideology, and new goals and content need to be conceptualised.

4. Replacing native-speakerism with a cosmopolitan approach

Despite some of the more progressive thinking described in the last section, since the early 1980s, "competence" and "proficiency" are understood in terms of the "native speaker" norm (Stern, 1992, p. 83), and the "real world" context mainly refers to the English speaking environment with "native speakers" of English. Since the target language goal is aiming at developing the native speaker culture norm, the native speaker teacher is the authority for language use. There has however been a gradual increase in the challenge to this native-speakerist notion of ELT. This begins perhaps with Pennycook (1989) and gains considerable pace in the 1990s and 2000s on political, cultural and economic grounds, and on the grounds of inappropriateness to local circumstances (e.g. Phillipson, 1992; Holliday, 1994; Widdowson, 2003; Kumaravadivelu, 2003a; Rajagopalan, 2004; Cummins & Davison, 2007). Also, the traditional single culture value has been challenged by increased recognition of the need for multicultural communication and multidimensional growth (e.g. Kramsch & Whiteside, 2008). With regard to increased questioning regarding the ownership of English Widdowson states:

> In respect to objectives, I think we need to reject as irrelevant and unrealistic the idea that these should be defined in terms of authentic native-speaker use. What student need to have acquired at the end of their course, it seems to me, is a knowledge of the language which will provide them with a capability for further learning. (2003, p.115)

Within a cosmopolitan approach to ELT, English is taught as an international language and "communication is the need for mutual comprehensibility" (Sifakis, 2004, p. 241). English can be chosen as a medium for communication, but it is able to adopt different cultural values and modes of expression (Saraceni, 2009). Native-like competence is no longer the desired goal and there is no need for the multilingual who is using English in lingua franca contexts to sound like a native speaker (Kirkpatrick, 2011, p.11). "How English develops in the world is no business whatever of native speakers in England, the United States, or anywhere else" (Widdowson, 1994, p. 385). These views fit well with a growing critical cosmopolitanism in cultural studies and the social sciences, in which there is a recognition that the dominant picture of world culture has been constructed by the

Centre-West, with a top-down notion of globalisation which has fed Western markets. Critical cosmopolitanism thus celebrates a bottom-up globalisation in which henceforth Periphery voices take ownership and project vibrant and creative cultural realities which have hitherto been painted as deficient (Holliday, 2011, pp.12–13, citing Homi Bhabha and Stuart Hall). Within this understanding, the Chinese school students in Gong's (2011) study represent an unexpected cosmopolitan voice which claims centre ground in their experience as English language learners.

This change of ideology will have a great impact on the whole curriculum value orientation and conception of ELT. We see a need to reconceptualise the framework and the objectives in the curriculum, "enabling students to use an L2 does not just give them a tool for talking to people through a different language but changes their lives and minds in all sorts of ways" (Cook, 2007, p. 239). Thus, the teaching of secondary level English should also include moral and values education, and develop cognition and thinking skills. It should also develop students' personalities in order to broaden their vision as better citizens. In this sense, Cook's (2007) notion of "internal goals of language education" relates to "language as a social change" (Cook, 2008, p. 210). The goals of English are not only to develop students' ability for communication, but include social-cultural goals of developing students' personalities, values and world views and their mental development.

Not only should personal development be as important as language development, but the teaching of English may involve more serious issues of social development as Cook (2008) indicates:

> The goals seen so far in a sense accept the world as it is rather than trying to change it; the students as an individual is expected to conform to their society. But education and L2 teaching can also be seen as a vehicle of social change ... "language teaching can go beyond accepting the values of the existing world to making it better" (p.210, citing Wallerstein) .

Gong's (2011) study also shows that both students in rural and urban schools are interested in social issues, and relates to the notion that "schools must engage teachers and students in an examination of important social and personal problems and seek ways to address them" (Richards, 2001, p.118).

5. A new curriculum model

In reviewing curriculum models, Ullmann (1982) found that the language syllabus continues to predominate in the conceptualisation of a framework for the second language curriculum and proposes "a broad or 'multi-focus' view of content of the second language curriculum which may have strong potential for achieving communication" (p. 255). Following Ullmann, Yalden (1984) proposes a "proportional or balanced syllabus" not for immersion programmes or for "sheltered classrooms", but for contexts in non-English speaking environments. Yalden suggests that:

> In order to include consideration of all these components of language and communication, and to provide opportunities of language development in each area, we must greatly expand the complexity of syllabus design. In so doing, the linguistic components losses its predominant position and syllabus design for language learning takes on a different shape (1984, p. 18).

In reviewing the value of the English curriculum, we therefore propose a new model for secondary school-age learners in China. The argument is that the goals and objectives in foreign language education for school learners in non-English speaking countries are not identical to those of second language contexts, in which the main purpose is to develop student language ability toward the mainstream. While ELT for schools in non-English speaking countries needs to address the external goal of developing students' language ability for interpersonal communication, the internal goal of developing students as whole healthy persons with mental, physical and social well-being as world citizens has a very significant importance. The overall internal goal must include social-cultural and general knowledge elements (Scarino et al., 1988; Gong, 2012). The outcome is therefore three independent yet integrated goals, namely the communication goal, the social-culture goal and the thinking and cognition goal.

5.1 The communication goal

When stepping outside the native-speakerist ideology, the prime communicative purpose of learning English is not to communicate with the inhabitants of an English-speaking Western country, nor to understand and emulate its cultural norms. It is not to learn to recreate the exact speech pattern of its speech communities, or to try to emulate stereotypes of such as "British" or "American" English. Authenticity and appropriateness are not based upon the replication of these forms. Functional and notional dialogues for daily personal communication may also be a secondary consideration.

The emphasis will instead be on dealing with topics which concern human relationships, ways of thinking, and attitudes towards life as well as the cultural realities of the local communities and schools, so that students can express their own ideas and identity. Students will use English to talk about their lives and opinions, problems and concerns. In communicating with others, the purpose will be towards mutual comprehensibility of speakers from different cultural and linguistic background. Authenticity and appropriateness will be based on what is feasible in the linguistic and cultural realities of particular Chinese secondary school classrooms. They will be achieved through connection with the students' inner worlds, their real life concerns and their concept of self and self-esteem.

The English curriculum will thus fulfil wider educational objectives, such as attitudinal change, learner awareness with integration of language and content, previous experience and knowledge (Ribé & Vidal, 1993). This also means that communication, which has been considered an external goal, has been brought into the domain of internal goals by becoming authentic to the inner worlds of students.

5.2 Social-cultural goals

Within a critical-cosmopolitan approach to education, the traditional concept of intercultural communication in the curriculum will also be replaced. The prime aim will not be comparisons with the "cultures" of English speaking Western counties. It will instead be the social-cultural goal of the interpersonal development of world citizens. As Holliday (2009) states:"new thinking addresses the naivety of old thinking and presents a very different, cosmopolitan picture in which the world is not neatly divided into national categories, but in which the boundaries are increasingly blurred and negotiable" (p.146). Thus, topics concerning the cultural values of English-speaking Western countries will be replaced with universal moral values of honesty, caring for others, tolerance, justice, democracy, and self-realisation. Indeed, it will be necessary, within the curriculum, to question the claiming of particular "values" by a particular Western entity. The study of culture moves away from the native-speakerist notion of an uncrossable line between "our" Chinese "culture", with its imposed imagery of deficiency, and "their" "culture" of English. It is replaced by a positive and creative spirit of cultural contestation (Holliday, 2011, p.15, citing Delanty), where students are able to take ownership, adopt, adapt, reject, critique, and find themselves in whatever cultural realities they encounter, taking their existing experiences and expanding them into new cultural territories. Richards (2001) has pointed out that a learner-centred curriculum is not just a matter of letting students choose their ways of learning and content, but to help them build up self-awareness, with the necessary knowledge for their future development, relationships with other people, and attitudes towards life.

In most learner-centred foreign language curricula, student motivation, and positive attitude toward learning are encouraged. However, affect and motivation need to go further than this. They need to widen the students' scope and attitudes towards life, with new perception of the world, and to develop students' positive mentality with regard to persistence, being friendly toward other people, cooperation, modesty, tolerance, beliefs and hopes (Wang, 2011). If a humanistic idea of language teaching is proposed, it needs to be transferred from rhetoric to reality, by engaging with the students' real personal emotions and feelings in a working through of friendship and cooperation, responsibility and self-actualisation (Stevick, 1990). It is also the medium through which we build up personal relationships, express our emotions and aspirations, and explore interests (Tudor, 2001). This can also be expressed in the following way:

> In real life, however, the roles that we adopt are functions of the interactions we engage in, rather than static possessions. The language we use originates from deep roots in our personality, rather than from predetermined scripts. If we do not have practice at making the necessary links between the deeper processes of our cognitive and affective make-up and whatever language tokens are available to us, we may never learn how to mould the foreign language to our own ends (Clark, 1987, p. 38)

5.3 Cognition and thinking goals

Implicit in social-cultural goals is the notion that language is not only for pragmatic use in the sense of communicating with other people. Learning a foreign language also has the function of developing cognition and thinking skills and overall mental development (Cummins, 1984). Reading and writing skills are closely related to thinking and cognition: formulating hypotheses, drawing conclusions, developing alternative solutions, making judgments and comparing viewpoints are critical thinking skills. The reference to critical thinking here is very different to the recent common alignment of the concept to cultural norms, and implies a universal mental process which can be engaged with through the learning of any language. The need for mental development of students requires curriculum developers to go beyond the language domain of functional and grammar knowledge learning to higher order of rational in the quality of students with different ways of thinking skills and creativity.

Some curriculum developers and textbook writers fear that focusing on thinking skills may increase the difficulties of the language learning materials. However:

> Indeed, it can be argued that learners with low level of language have a particular need for activities which are not only linguistically manageable but also cognitively challenging. This is because such learners may feel reduced to a state

of psychological infancy by the way their limited language knowledge constrains their means of self-expression. It is thus perhaps especially important for learners of this kind to be given opportunities to use their normal cognitive abilities as much as possible in the course of their language learning experiences, in order to foster a healthier, more "adult" psychological frame of mind (Waters, 2006, p. 326).

6. Conclusion

In the past 30 years, the underlying ideology of English teaching for the secondary school has been dominated by native-speakerism, and school ELT programmes in countries in Asia have followed second language courses, where the prime objectives have been to communicate with so-called "native speakers" in English-speaking Western countries. This interpretation of ELT has therefore focused on the performance of "native speakers" in the real world contexts and culture of such countries. As an ideology, native-speakerism has driven such courses to oversimplified, idealised imaginations of "native speaker" language and culture.

Within a critical cosmopolitan approach, we have proposed a different kind of foreign language ELT, with a curriculum model which focuses on the three different goals of communication, of the social-cultural, and of cognition and thinking, which in turn develop the overall mental, physical and social well-being of the students. Following the conceptual framework presented in this chapter, a new student competence model needs to be designed and new materials need to be selected. This requires a reconceptualisation of some basic concepts, such as "real-world tasks", "authenticity", and "appropriateness". Candlin (2001) expresses this well. He argues that:

> If tasks are to be "authentic" and "close to the real world and daily life experiences of learners", the issue must be the terms in which these constructs are being defined and in relation to which of the task components. Specifically,
>
> - How is the "real world" being constructed? In terms of which participants, which roles, which discursive and social relationships?
> - What assumptions are being made here between some perceived

identification of the social world of the classroom and the learners' social worlds outside the classroom? (p. 239)

ELT professionals will have to answer these questions by looking at their students' learning and living environments and the purpose of the language learning which is meaningful to them.

References

[1] Bao, T. (2006). Dangqian woguo zhongxiaoxue yingyu jiaoxue de shi da wuqu [Ten misconceptions in English teaching in Chinese schools], *Foreign Language Teaching & Research in Basic Education*, 2, 24–32.

[2] Candlin, C. N. (1984). Syllabus design as a critical process. In C. J. Brumfit (Ed.), *General English syllabus design: Curriculum and syllabus design for the general English classroom.*(pp. 29–46). Pergamon Press Ltd. and British Council.

[3] Candlin, C. N. (2001). Afterword: Taking the curriculum to task. In M. Bygate, P. Skehan & M. Swain (Eds.), *Researching Pedagogical Tasks: Second Language Learning, Teaching and Testing* (pp. 229–243). Harlow, England: Pearson Education.

[4] Candlin, C.N. (1987). Towards task-based learning. In C.N. Candlin & D. Murphy (Eds.), *Lancaster Practical Papers in English Language Education. (Vol.7, pp. 5–22). Language Learning Tasks.* Englewood Cliffs, NJ: Prentice Hall, 5–22.

[5] Chen, J. (2010). Women shi shei — shenmeyang de ren shi dianxing de Zhongguoren [Who Are We? What kind of people is typical Chinese?], *Tongzhougongji*, (1), 29–30.

[6] Cheng, X. (2000). Asian students' reticence revisited. *System, 28*(3), 435–446.

[7] Clark, J. L. (1987). *Curriculum renewal in school foreign language learning.* Oxford: Oxford University press.

[8] Clark, R., & Gieve, S. N. (2006). On the discursive construction of 'the Chinese Learner'. *Language, Culture & Curriculum, 19*(1), 54–73.

[9] Cook, V. (2007). The goal of ELT: Reproducing native-speakers or promoting multicompetence among second language users? In J. Cummins & C. Davison (Eds.), *International Handbook of English Language Teaching* (pp. 237–248). New York: Springer.

[10] Cook, V. (2008). *The second language learning and teaching.* London, Hodder

Education.

[11] Cummins, J. (1984). *Bilingualism and special education: Issues in assessment and pedagogy.* Clevedon, Avon: Multilingual Matters.

[12] Cummins, J., & Davison, C. (2007). The global scope and policies of ELT: Critiquing current policies and programmes. In J. Cummins & C. Davison (Eds.), *International handbook of English language teaching* (Vol.1, pp. 237–248). New York: Springer.

[13] Ellis, R. (2003). *Task-based language learning and teaching.* Oxford: Oxford University Press.

[14] Ericsson, K. A., & Hastie, R. (1994). Contemporary approaches to the study of thinking and problem solving. In R. J. Sternberg (Ed.), *Thinking and problem solving* (pp. 37–79). Academic Press.

[15] Gong, Y. (2009). Rethinking the ideology of English language education in schools. *Foreign Languages in China. 32*(6), 9–16.

[16] Gong, Y. (2011). The studies on the innovation of English language education in schools. Unpublished research report funded by the National Education Sciences Research Plan. Ministry of Education, China.

[17] Gong, Y. (2012). Lun jichu jiaoyu yingyu de duoyuan mubiao [A multi-goal English curriculum: Exploring the value of English language education. Curriculum, teaching materials and method], *Curriculum, teaching materials & teaching method*, 2012, *349*(11), 26–34.

[18] Gong, Y., & Holliday, A. R. (2013). Cultures of change. In K. Hyland & L. Wong (Eds.), *Innovation and change in English language education* (pp. 44–57). London: Routledge.

[19] Grimshaw, T. (2007). Problematising the construct of 'the Chinese learner': insights from ethnographic research. *Educational Studies, 33*, 299–311.

[20] Gu, T. (2011). Shenme cai shi youxiu chuanong [What is the good traditional heritage], *Tongzhougongji*, (9), 71–74.

[21] Holliday, A. (1994). *Appropriate Methodology and Social Context.* Cambridge: Cambridge University Press.

[22] Holliday, A. (2005). *The struggle to teach English as an international language.* Oxford: Oxford University Press.

[23] Holliday, A. (2006). Native-speakerism. *ELT Journal. 60*(4), 385–387.

[24] Holliday, A. (2009). The role of culture in English language education: Key challenges. *Language and international communication. 9* (3), 144–155.

[25] Holliday, A. R. (2011). *Intercultural communication and ideology.* London: Sage.

[26] Holliday, A., Hyde, M., & Kullman, J. (2010). *Intercultural Communication: An Advanced Resource Book for Students.* New York: Routledge.

[27] Kirkpatrick, A. (2011). English as an Asian Lingua Franca and the Multilingual Model of ELT. *Language Teaching, 44*(2), 212–224.

[28] Kramsch, C., & Whiteside, A. (2008). Language ecology in multilingual settings, towards a theory of symbolic competence. *Applied Linguistics. 29*(4), 645–671.

[29] Kramsch, C. (2008). Applied linguistic theory and second/foreign language education. In H. Hornberger (Ed.), *Encyclopaedia of Language and Education.* (Vol.4, pp. 3–16). *Second and Foreign Language Education* (2nd ed.). Heidelberg: Springer Verlag.

[30] Kramsch, C. (2009). Third culture and language education. In V. Cook & W. Li (Eds.), *Contemporary Applied Linguistics* (Vol.1, pp. 233–254). London: Continuum.

[31] Kubota, R. (2001). Discursive construction of the images of US classrooms. *TESOL Quarterly, 35*(1), 9–37.

[32] Kumaravadivelu, B. (2003a). Critical language pedagogy: A postmethod perspective on English language teaching. *World Englishes, 22*(4), 539–550.

[33] Kumaravadivelu, B. (2003b). Problematising cultural stereotypes in TESOL. *TESOL Quarterly, 37*(4), 709–719.

[34] Littlewood, W. (2000). Do Asian students really want to listen and obey? *ELT Journal, 54*(1), 31–35.

[35] Long, M. H. (1985). A role of instruction in second language acquisition: Task-based language teaching. In K. Hyltenstam & M. Pienemann (Eds.), *Modelling and assessing second language acquisition* (pp. 77–99). Clevedon, UK: Multilingual Matters Ltd.

[36] National Mid-&Long-Term Educational Reform and Development Plan. (2009). Educational Science Publishing House.

[37] Nunan, D. (2003). The impact of English as a global language on educational policies and practices in the Asia-Pacific Region. *TESOL Quarterly, 37*(4), 589–613.

[38] Pennycook, A. (1989). The concept of method, interested knowledge, and the politics of language teaching. *TESOL Quarterly, 23*(4), 589–618.

[39] Phillipson, R. (1992). *Linguistic imperialism.* Oxford: Oxford University Press.

[40] Quach, L. H., Jo, J.-Y. O., & Urrieta, L. (2009). Understanding the racialised identities of Asian students in predominantly white schools. In R. Kubota & A. M. Y. Lin (Eds.), *Race, culture, and identities in second language education* (pp. 118–137). New York: Routledge.

[41] Rajagopalan, K. (2004). The concept of 'World English' and its implications for ELT. *ELT Journal, 58*(2), 111–117.

[42] Rastall, P. (2006). Introduction: the Chinese learner in higher education —

transition and quality issues. *Language, Culture & Curriculum, 19*(1), 1–4.

[43] Ribe, R., & Vidal, N. (1993). *Project work: Step by step:* Heinemann International.

[44] Richards, J. C. (2001). *Curriculum development in language teaching.* Cambridge: Cambridge University Press.

[45] Ryan, J., & Louie, K. (2007). False dichotomy? 'Western' and 'Confucian' concepts of scholarship and learning. *Educational Philosophy & Theory, 39*(4), 404–417.

[46] Saraceni, M. (2009). Relocating English: towards a new paradigm for English in the world. *Language & Intercultural Communication, 9*(3), 175–186.

[47] Scarino, A., Vale, D., McKay, P., & Clark, J. (1988). *Australian language levels guidelines.* Curriculum Development Centre.

[48] Sifakis, N. C. (2004). Teaching *EIL* — Teaching *international* or *intercultural* English? What teachers should know. *System*, 32, 237–250.

[49] Stern, H. H. (1984). Review and discussion. In C. J. Brumfit (Ed.), *General English syllabus design: Curriculum and syllabus design for the general English classroom* (pp. 5–12): Pergamon Press Ltd. and British Council.

[50] Stern, H.H. (1992). *Issues and options in language* teaching. Oxford: Oxford University Press.

[51] Stevick, E. W. (1990). *Humanism in language teaching.* Oxford: Oxford University Press.

[52] Tang, Y. (2006). "Beyond behavior: Goals on cultural learning in the second language classroom." *The Modern Language Journal, 90*(i), 86–99.

[53] Tudor, I. (2001). *The dynamics of the language classroom.* Cambridge: Cambridge University Press.

[54] Ullmann, R. (1982). A broadened curriculum framework for second languages. *ELT Journal, 36*(4), 255–262.

[55] Wang, X. (2011). Jiji guomin xintai de tanjiu ceping yu yindao [Exploration, evaluation, and guide of positive national mentality: An important mission of contemporary Chinese psychology], *Journal of Shanghai Normal University (Philosophy & Social Sciences Edition), 40*(4), 77–84.

[56] Waters, A. (2006). Thinking and language learning. *ELT Journal, 60*(4), 319–326.

[57] Widdowson, H. (2007). Un-applied linguistics and communicative language teaching: A reaction to Keith Johnson's review of notional syllabuses. *International Journal of Applied Linguistics 17*(2), 214–220.

[58] Yalden, J. (1984). Syllabus design in general education: Options for ELT. In C.J. Brumfit (Ed.), *General English syllabus design: Curriculum and syllabus design for the general English classroom* (pp. 13–21). Oxford: Pergamon Press Ltd. and the British Council.

基础英语教育：理念、课程、教材及评价

[59] Widdowson, H. G. (1978). *Teaching Language as Communication*. Oxford: Oxford University Press.

[60] Widdowson, H. G. (1984). Educational and pedagogic factors in syllabus design. In C. J. Brumfit (Ed.), *General English syllabus design: Curriculum and syllabus design for the general English classroom* (pp. 23–27). Pergamon Press Ltd. and British Council.

[61] Widdowson, H. G. (1994). The ownership of English. *TESOL Quarterly, 28*(2), 377–389.

[62] Widdowson, H. G. (2003). *Defining Issues in English Language Teaching*. Oxford: Oxford University Press.

[63] Zhang, Z. (2003). Woguo yingyu jiaoxue de shuxing he neirong [The nature and content of English teaching in China], *Curriculum, teaching materials & teaching method, 5*, 34–39.

Abstract:

Communication has long been considered the ultimate goal of ELT for secondary schools in China, with the goal of developing students' language ability and performance according to the model of native English speakers. The teaching of culture awareness as one of the bases of such ability has similarly emphasised the culture norm of native speakers in the English-speaking West. The underlying ideology of this goal has been described as native-speakerism. This chapter examines the problems of such an ideology and suggests that it is neither appropriate for ELT nor realistic for most secondary level Chinese language students. It revisits the value of ELT for secondary school students in China and explores an alternative critical cosmopolitan ideology which suggests different goals and thematic content, going back to the conceptualisation of authenticity as relating to the real worlds of Chinese students, rather than the real worlds of "native speakers". It proposes a multi-goal English curriculum model, which includes social-cultural, thinking and cognition goals which are equally as important as the expected communication goal. The three goals are integrated and should emphasise the development of students as citizens with social, mental and physical well-being.

此文原载于 *Secondary School English Education in Asia* 2015 年版。

《英语教育新论:多元目标英语课程》前言(2017)

　　多年来,国内中小学英语教学界一直在讨论"有中国特色的外语教学路径",专家学者或总结成功之道,或对时下流行的理论提出质疑。多数人从教学法的角度展开讨论;也有人批评我国英语教学是简单的"拿来主义",把西方的理论照搬到中国,断言"交际语言教学"已经失败。无论是分析"习得""学得"孰重孰轻,还是区分"外语"还是"二语",对中小学英语教学的讨论似乎都没有触及问题的实质,仍然仅限于在教学法、学习策略层面上寻求答案。正如 Cummins 和 Davison(2007:3)所指出的:

> 语言教学传统上通常研究的是有效性(effectiveness)和教学的效率(efficiency)。比如,教外语的最佳途径是什么,最佳起始年龄是什么,到底是侧重听和说还是读和写,是先开始听,还是先开始读……这些都是值得研究的问题。不过,如果孤立地进行这类研究,而不考虑条件与环境、目标与语言教学的政治关系,只从技术层面上研究效率,就显得肤浅幼稚,用处也不大……很多表述正是如此,譬如"语言教学的目标就是发展学生用目的语进行真实交流的能力,学习外语越早越好"等……但是,语言教学不可能只靠单一的药方解决问题。我们必须首先解决和谁交际的问题以及交际的目的问题。

　　从我国教学的实际情况来看,"交际(交流)的目的"以及"和谁交际(交流)"的问题并没有得到解决。大多数国际英语教学研究者在英语国家环境下,对英语非本族语学习者进行研究。对于他们而言,英语教学是为了使学习者和本地人交流,以尽快融入主流社会。因此,他们的视野大都局限在"以英语本族语者语言能力为参照""与英语本族语者交流"以及"以英语本族语者文化模式为标准"的"英本主义"

（native-speakerism）的思维框架中（Holliday, 2005），其目标并不适用于我国国情。

很多关于英语教育根深蒂固的想法，比如，"英语就是一种交流的工具""英语教学就是要创造真实语境、模拟英语国家的'实际生活'"，多多少少都是以适应英语国家的生活环境为目标的。但是，在这样的思维框架内讨论我国的基础英语教育，许多问题难以得到解决。社会大众对英语教育的质疑声不断——学习英语的价值何在？为什么占用那么多学习时间，学生却仍然难以用英语交流？学习英语既然如此费时低效，何不用学英语的时间学习更有用的知识？很多人可能一辈子都没有机会和外国人交流，有必要把英语纳入义务教育吗？

要回答以上质疑，涉及国家外语政策和英语教育的价值与目标。基础英语教育，即中小学英语教育，涉及广泛的问题和研究领域。首先，中小学英语教育是基础教育，而基础教育有其独特的教育政策、培养目标和教学条件。《国家中长期教育改革和发展规划纲要（2010—2020年）》（以下简称《纲要》）提出，国家的教育目标要"以促进学生健康成长作为学校一切工作的出发点和落脚点"。基础英语教育要在国家教育的目标框架下思考英语作为一门学科的价值、功能以及目标、对象，从而设计出符合学生成长的英语教育目标，选择适合中小学学生的教学内容与途径。这就涉及教育哲学、心理学、社会学等理念以及哲学层面的思考，还涉及从外语学习理论角度探讨英语课程设计的框架、目标和途径等诸多问题。

同时，教育又受到社会发展、文化、资源等因素的影响。正如 G. Cook 和 Seidlhofer（1995：8）所说："语言教学是社会的、组织机构的活动，必须把语言理论、语言教学理论与现实的很多限制联系起来，如政府临时起意的措施、资源的限制、社会条件以及当时流行理念的大气候等。"基础英语教育受到教育政策、外语教育的培养目标、教学大纲和教师资源、教材、教法和学生等因素的影响（桂诗春, 1985）。我国基础教育主要由地方政府管理，有些措施还与地方行政部门对英语教育价值的认识有关。

当然，英语教育是语言教育，涉及应用语言学的诸多研究领域。比如，语言习得研究——研究人们是如何学会第二种语言的语言习得、学习方法与策略、个体差异等。遵循语言学习的规律会使英语教学更加科学、高效。但同时要考虑到，我国学生在外语环境下学习英语，英语国家环境下的解决方案无法照搬到我国。

基础英语教育是一个复杂的系统工程，涉及上述各个方面。中小学英语教学中出现的问题，在很多情况下与教师的水平和方法并没有直接关系。或者说，教师的教学并不一定是决定性因素。有些看似教学的问题，可能不是教师、学校的问题，而是由于缺乏科学的语言教育论证与规划。比如，行政部门往往由于学生水平不理想而问责学校与教师，而这样的结果其实也许是由于课时设置不符合语言习得的基本规律造成的——每周仅仅开设一两节英语课，学生接触语言的频度不足。教研部门也许批评教师对教学目标把握不准，其实教学目标可能难以达到，或者教学目标本身就含糊笼统。教师也常常感到困惑：为什么自己把教材中的内容都教过了，学生当时掌握得也不错，而最终却仍然不能综合运用所学的知识？这其实也许就是教学途径的原因。家长也可能认为，孩子缺乏学习英语的积极性，因而责怪他们不够勤奋。不过，这很可能是由于某些教学内容枯燥乏味，学生往往不敢把学不好英语的原因归于课程或教材，却误以为自己能力低下，以至于对外语学习心存恐惧，甚至放弃尝试努力（Crookes，2003）。可以说，基础英语教育的问题，首先不是方法问题、教学问题或者学生的问题，而是英语教育的理念、目标、内容与途径问题。

其实，很多问题的答案在交际语言教学的经典著述中都有所论述。20世纪70~80年代，Widdowson、Candlin、Breen、Littlewood等人提出了很多适合中国外语环境的教学理论与课程设计思路。但正如当年交际语言教学的主导者之一 Widdowson（2007）在回顾交际语言教学历史时所说："为了推广，交际语言教学被简化为一些基本的原则，以至于产生很多误解，而即使到现在，应用语言学和交际语言教学的思想还'没有真正应用'（unapplied）。"为什么没有得到真正的应用？Cummins 和 Davison（2007）的阐述一语中的："我们首先必须解决和谁交际的问题以及交际的目的问题。"显然，如此复杂的问题不是一本书能论述清楚的。本书无意写成"英语教育学"，也没有涉及具体的课堂实操方法，而是从课程设计入手，从英语课程与教学途径的种种问题出发，探讨英语教育的理念、目标、内容与途径，希冀能给教师提供一些参考，并提出与主流教学途径不同的思路与课程范式。

本书吸收了交际语言教学以及课程设计方面一些著名学者的思想，并结合自己四五年间对十余个省市中小学生和英语教师所做的研究，试图描述一种适合我国中小学英语课程理念、课程范式、教学目标、实施途径和教材评价的路径，即"多元目标英语课程"或"多元目标英语教育"。基础教育界正在探索如何培养学生的"核心素养"。笔者认为，"多元目标英语教育"可以为构建英语"核心素养"体系提供思路。同时，本书力图使读者了解与中小学外语课程设计有关的基本术语与定义、核心概念和课程内容的基本要素，英语课程设计的历史沿革与变化，几种不同课程的范式及其利弊。

由于此书不是课程设计通论，对于前人的研究有所弃取，只选择了那些笔者认为对我国基础教育英语课程设计有参考意义的理论与路径。

需要说明的是人名和概念的汉译。对于无统一译法的人名，本书直接用原文名。写作时常困扰于英语与汉语概念有时难以完全对接。为方便读者理解原意，有些关键概念、重要思想往往附上原文。附上原文略显累赘，有"掉书袋"之嫌，但读者可自行对照，而于原著并无损害。有些概念和术语没有采用现在流行的译文。笔者以为有些表述并不精准，故"创造"出新的概念，尽量用自认为读者能理解的语言表达。

引用文献时，凡某位作者引他人著作，即来源为"二手资料"的，只注明引自何处，不列原文献。即使是著名出版社，也偶有标错页码或年代的疏漏，故不敢未加证实采用。本书写作过程中虽数次核对原文出处，力求引证准确，但仍难免有所疏漏，祈望细心读者不吝赐教。在引述、借鉴了他人的话语、思想时，即使是非正式场合的谈话，也尽可能标明源自何人，以示尊重。

书中某些说法与主张可能与当今流行的不尽相同，而新的路径仍待完善，还有太多需要探讨的未知空间，期望得到大方之家指正。

同时，期待得到学校教师的意见。作为课程实践者，教师对教学理论、课程设计与教学材料能否充分地应用于教学实践的判断，值得虚心听取。他们的意见对于课程的设计与改进至关重要。在本书的写作过程中，不少想法和看问题的视角，都源自一线中小学教师给予的启示。令人鼓舞的是，"多元目标英语教育"的观点也得到他们的理解与认同。

近年来，互联网技术迅速发展，改变了诸多领域的生态环境。相信不久的将来，教育改革与科学技术的结合，必将催生可满足不同学生需求的、动态的、更具开放性的课程体系，更丰富的学习资源，更高效的教学方式，也必将给中小学英语学习的目标、内容、途径与方法带来难以预测的变化。课程设计者、教材编者和教师如何面对未来的机遇与挑战，将考验我们的理念、心态和创造性思维。

参考文献

[1] Cook G, Seidlhofer B. Principles and Practice in Applied Linguistics [C]. Oxford：Oxford University Press, 1995.

[2] Crookes G. A Practicum in TESOL [M]. Cambridge：Cambridge University Press, 2003.

[3] Cummins J, Davison C. (eds). International Handbook of English Language Teaching [C]. New York：Springer, 2007.

[4] Holliday A. The Struggle to Teach English as an International Language [M]. Oxford：Oxford University Press, 2005.

[5] Widdowson H G. Un-applied linguistics and communicative language teaching：A reaction to Keith Johnson's review of notional syllabuses [J]. International Journal of Applied Linguistics, 2007, 17(2)：214 - 220.

[6] 桂诗春. 现代语言丛书：心理语言学 [M]. 上海：上海外语教育出版社, 1985.

此文原载于《英语教育新论：多元目标英语课程》2017 年版。

小学英语教学如何实现发展学生核心素养(2017)

一、背景

教育部 2014 年提出了"发展学生核心素养,实现立德树人目标"的深化课程改革要求,要促进各级各类学校学生全面发展、健康成长。文件提出,学生应具备的适应终身发展和社会发展需要的必备品格和关键能力,突出强调个人修养、社会关爱、家国情怀,更加注重自主发展、合作参与、创新实践。实际上,这也是国际上很多国家和组织培养学生的目标。比如,"国际文凭组织",即 IB 课程,提出的培养目标有:探究者、博学的人、善于思考者、能与人交流的人、有原则的人、心胸开阔的人、富有同情心的人、敢于冒险的人、全面发展的人。IB 课程提出,小学应培养的 12 种态度:1. 欣赏(Appreciation):能欣赏世界的和本民族的优秀文化遗产;2. 责任(Commitment):孜孜不倦,勤奋好学,能够约束自己,富有责任感;3. 自信(Confidence):树立个人学习的信心,有勇气冒险,会学以致用,有果断的决策能力;4. 合作(Cooperation):能因势利导,灵活应变,与他人良好地合作;5. 创造(Creativity):思维方式、处理问题、应付复杂局面方式具有创造性;6. 求知(Curiosity):对世间万物如世界、人类和文化充满好奇;7. 包容(Empathy):设身处地为他人着想,理解包容其他人的思维方式和情感;8. 热情(Enthusiasm):积极上进,不断进取;9. 自立(Independence):独立思考、独立判断、独立决策,独立分析问题和解决问题;10. 正直(Integrity):忠厚老实,处事公正、为人正直;11. 尊重(Respect):尊重自己,尊重他人,尊重身边的世界;12. 宽容(Tolerance):感受差异,尊重差异,恰当处理差异。

从以上文献中可以看出，今后学科教学的目标不应局限于教授本学科的知识或培养相关的能力，而应以人的全面发展为目标，各个学科都要通过教学实现学生全面健康地成长。显然，要在英语学科中实现"立德树人"，需要跳出"英语只是一种交流工具"的传统理念框架，不仅要考虑语言发展目标，还要思考如何通过英语学习培养学生的核心素养。换句话说，英语教育不是单一地教授语言与文化，而是多元的目标。那么，什么是多元目标、小学英语教学需要如何改变？本文将讨论这些问题。

二、多元目标英语课程

首先，在思考教学目标时，从语言目标为核心目标转变为"多元目标"。多元目标分为三个大的目标，分别是"社会文化目标""认知思维目标"和"语言交流目标"。三个目标是同等重要、相互交叉、相互渗透的。这样，语言目标不再独占鳌头，而是与其他目标相互交叉、相互转换、相互渗透。换句话说，"多元目标英语课程"主张通过英语教学活动，既培养学生使用英语的能力，也实现上述其他两个目标。

1. 社会文化目标

"社会文化目标"（social-cultural goals）包括三个大的方面：行为规范与国际意识、健康品质与伦理美德、多元文化与全球视野。"社会文化目标"包括价值观、信念、理念，对于社会关系的看法和为人处世的哲学，道德观念；也包括生活知识，如：时间管理、生活技能、情绪管理、安全与环保等。"社会文化目标"不仅包括学习动机和态度等，还有品格培养、情商培养、公民意识、有关社会各方面的知识、领导力与世界意识以及跨文化交际能力，等等。

首先是"行为规范与伦理美德"。目前英语教学通常注意的主要是语言学习。例如，中小学只教"Open the door/I am opening the door"，而很少见到教材中教给学生，在公共场所开门时，要回头看看后面有没有人，如果有人就替别人扶下门，以方便后面的人。这就是行为规范，而且是一种国际上普遍认同的文明礼仪行为。如果教科书中仅有"不能做什么"全是"Don't spit.""Don't be rude."还是难以使学生养成必要的道德行为习惯。

就"必备品格"而言，我们可以借鉴美国心理学会专家研究出的 6

种良好品格，共 24 项美德。其中有：1. 智慧与知识（Wisdom and Knowledge），包括创造性、好奇心、思想开放（有判断力、思辨能力）、热爱学习、洞察力（能为他人提供看问题的不同视角）。2. 胆识与勇气（Courage），包括勇气（不惧威胁、挑战、困难，敢于为真理而直言，信仰坚定，即使被孤立也不随波逐流），胆识还包括坚韧精神、不惧困难的持久力，还有刚正不阿（坦诚相见、不虚伪）、充满活力（有激情、精力充沛、不半途而废、不三心二意）。3. 仁义与博爱（Humanity）（个人魅力、关心他人、友善），其中包括：友爱、关心他人、情商高、懂得调动他人的积极性。4. 公平与正义（Justice），其中包括：公民权利、忠诚、团队精神、公平对待所有的人、公正、对任何人不持偏见、每个人给予同等机会、领导力、能鼓励他人参与完成任务、有效进行组织与管理。5. 节制与谦让（Temperance），包括原谅他人错误、谦恭、不追求出风头、处事慎重、不鲁莽行事、自律、遵守纪律、能控制自己的欲望。6. 超凡与脱俗（Transcendence），善于发现美好事物、常怀感恩之心、憧憬未来、幽默有趣、懂得人生真谛、具有信仰（Peterson & Seligman，2004）。

"社会知识与学科融合"是指通过英语学习，扩大学生的知识面，一方面尽可能广泛了解世界各国优秀文化和各种有助于学生健康成长的知识，如生活常识、科技知识、人际交往知识；另一方面，还可以通过英语学习其他学科的知识，特别是通过学生已有的生活经验和生活常识，在同学段已经学习的其他学科知识，如科学、数学、体育、音乐、美术、思想品德、常识等，学生就可以运用已有的知识去理解。

"多元文化与全球视野"是在个人品行修养、发展正确道德与价值观的基础上，进一步树立国际意识。学生学习不能仅有狭隘的民族意识，还要具有世界意识与全球的视野，包括对于不同民族宗教信仰、不同文化的包容态度和学习意识等。不仅包括英语国家，还包括其他民族和国家的文化、历史、地理等。学生需要懂得我们生活在一个多极的世界中，要理解世界上存在的各种问题，有从全球思考问题的眼光。实际上，小学英语教学中"文化"的含义更多应是从学生发展目标和核心素养培养的角度的"文化素养"，更多的是"修养、品格和各种社会知识"，而不必刻意强调"中外文化的差异"。

设立社会文化目标有三个方面的好处：一是话题内容对于城市和农村学生在认知上都易理解；二是教学任务涉及伦理美德、个人情感、人际交往、做人处世等话题，有助于培养学生思想品质；三是内容涉及学生的"真实世界"。这些内容的学习材料，既能使学生学到语言，又能使学生学会做人,也使学生"言之有物"。这样,英语学习就和学生的内心世界建立了紧密的关联。同时,设定这样的目标能使学生把英语学习和更广泛的社会发展、改变现实结合起来,从而有利于提升学生整体素质,实现全面发展的战略目标。

2. 认知思维目标

林崇德(2000)说:任何一种学科的能力,都要在学生思维活动中获得发展,离开思维活动,无所谓学科能力可言。因此,一个学生某学科能力的结构应当包含体现个体思维的个性特征,即个体思维品质。所以在研究某学科能力结构时,应当考虑到思维的深刻性、灵活性、创造性、批判性和敏捷性这五种思维品质。近年来,外语界也有很多文章谈到在学习英语的同时,发展学生的思维品质。实际上,人的品格也与思维方式密不可分。小学英语教学可以教给学生积极的思维方式,比如:学生可能会想"I am not good at this.",而换成"What am I missing?"就是思维方式的转变。可以设计出挂图,对比积极和消极的思维方式,如下图:

Negative thinking	Positive thinking
I am not good at this. I am not great at this. This is too hard. I can't do it. I did it wrong. I am stupid. I am not good enough.	What am I missing? I can help others to do it. This may take time and effort. We learn by making mistakes. Is it really my best work?

所以,"认知思维目标"(cognition & thinking goals)包括三个方面,即"积极(正向)的心理""多层次思维能力"与"学习策略与能力"。首先,为了培养学生成为健康的人,成为具有 21 世纪技能的人,学生需要有"积极的品格"(positive character)和"积极的心理品质"。这些人格力量和美德实际上不仅是各种行为,也是一种积极的心理状态、一种思维方式。那么,通过英语教学发展学生的积极心理,就不仅可以培养学生良好的行为习惯,还可以通过培养学生的思维方式,促进学生的品格健康发展,把素质教育和心智活动结合起来。

"认知思维目标"的第二个方面是"多层次思维能力"。批判性思维、创造性思维属于"高层次思维能力",语言教育不仅有教会学生交流,还有培养思维能力的功能和任务,特别是使用另外一种语言思维的作用。目前中小学英语教学的内容,涉及低层次思维能力的内容较多,主要是事实的理解与识记。教学目标很少涉及"高层次思维"能力,比如批判性和创造性思维能力。设置"多层次思维能力"有助于教材设计者和教师明确系统的思维能力层级,以使教师知道,哪一种活动可以培养什么思维能力。如果英语教学能使学生通过英语教学学习另一种思维方式,无疑会提高一代人的思维缜密性、语言表达的准确性和评判性、创新思维能力,进而发展学生的核心素养。

"学习策略与能力"是认知思维目标中的部分内容。中小学英语教师通常是以教授语法等涉及语言系统的内容为主,而较少涉及思维的训练,特别是低年级的教学。在这方面,英语教学也能发挥重要的作用。比如:英语国家的教学在低幼阶段就注重培养学生的思辨能力、动手能力、解决问题的能力以及创造性思维的能力等,还注重培养学生搜集信息的能力、实证研究的能力,等等。我们可以借鉴国外出版物,选择各种语言浅显而涉及心智发展、能力培养、具有挑战性的教学材料。

3. 语言交流目标

第三个是"语言交流目标"(communication goals)。从以上两个目标反观语言交流目标,不难发现,英语运用的目标有了比较实际的内容和话题。毫无疑问,英语教学毕竟是语言教学,在通过英语学习实现上述目标的同时,还是要培养学生使用英语的能力。"语言交流目标"有三个子目标,即"基本语言知识""基本语言技能"和"交流沟通策略"。

在语言知识、语言技能方面,既要包括传统的语法、功能等知识,也要包括听、说、读、写的基本知识与能力。"交流沟通策略"也应是教学的重点之一。交际策略不同于学习策略,是学生学会与人沟通、相处的重要技能。这其中不仅涉及语言的运用,还涉及良好品格与美德的养成。而正确得体地使用语法,也是传递品格和价值观的过程。我们需要系统地、有意识地培养学生用英语与人沟通的能力,教授学生各种交际策略。

显然,多元目标的交流是从培养人的角度思考交流,话题内容将会与为和英美人交流日常生活内容的话题有较大变化。话题内容更多涉及学生的实际生活、内心世界和他们面临的各种生活、学习、家庭、社会中的问题,而不是与他们生活较远的餐馆点菜、商场购物、郊外野营、国外旅游等话题。交流内容包括如何与人相处、校园和社会存在的问题、培养公民意识和高尚品德、发展积极的心理品质,等等。学生学会用英语从不同的角度表达自己的想法,解释自己的文化特征和个人信念。他们通过英语学习树立正确的意识、责任感,学习为人处世之道、解决冲突的可选策略。由于学习的材料与学生的内心世界和生活环境联系紧密,材料的认知难度会大大减低。由于话题具有思想的真实性,他们与人交流时可以言之有物,而不是背诵交际套话,学生会从交流中提升自己的思想深度和视野,也能在今后的国际交往中表现出良好的品行,谈论有思想内涵的话题,从而得到应有的尊重。

三、教学设计

当我们明确教学的目标之后,关键的问题就是教学设计。教师目前的困境是,现在使用的中小学英语教材基本上遵循功能-意念大纲的途径。何为"功能-意念大纲"? 简单地说,就是将语言的使用分为若干"功能"与"意念",如问候、介绍、致谢、道歉、打电话、就餐、就医、问路、购物等;而"意念"则有高兴、惊奇、满意等。这种途径主要是以语言系统为分析的核心,仍未超出以语言知识为本的范式。

这种思路有几个问题:一是以语言知识体系为分析的基础,不过重点在语言功能的体系上。国际上一些学者指出:语法结构和功能只是构成人们使用语言能力的部分成分,"功能-意念"大纲本身并不会比"结构大纲"更具交际性。交际可能通过课堂教学活动实现,也许不能实现,但是交际不是依靠将其编入一些抽象的条款中就能实现的。

从培养学生核心素养的角度看,"功能-意念大纲"的设计范式显然并不利于发展学生的核心素养,因为"功能-意念大纲"关注的重点是语言,是语言的体系,是个人在英语国家使用英语时的基本交际需求,而不涉及品格的问题,并没有考虑语言学习对于学生作为人的发展会产生什么作用,也没有系统考虑如何培养学生解决问题的能力以及批判性思维能力和创造性思维能力,等等。

那么,教师首先需要对现有教材进行整合、调整,或者对现有教材进行改编。也可以补充其他的教学资源。教师需要换一种思路进行教学设计,也就是在教学中将上述三个教学目标结合,既要考虑语言目标,也要考虑社会文化目标。以前教师首先考虑要教什么语言、哪些语法、词汇或者功能。而今后教师首先考虑的,并不是语言和功能系统,而是学生要与人交流(不一定是和英美人交流),应该具备什么样的品格和能力。小学阶段是学生行为习惯、品德养成的重要时期,作为一个小学生来说,应该具备什么好的行为习惯、思想品德、思维方式,也可能决定今后一生的发展。比如：如果我们能在教授开门、关门的时候,也教给学生在出门或进门时,回头看看后面是否有人,如果有人就为他人扶下门,这就是培养学生的核心素养。

又如：让同学在选举班长时,思考什么样的人合适做班长,区分"老板"与"领导者"的差异。这样,既能培养学生的领导力,也是一种品格的培养。与此同时,学生在分析这些行为表现时的语言活动,不仅使用了语言,而且发展了思维能力,这就将语言学习、思维能力与品格培养有机地结合了起来。

四、结语

不难看出,小学英语要在培养语言能力的同时,发展学生核心素养,教师需要一种灵活、开放的课程体系,从使用统一课本,转为学校选择多元课程资源。教师需要大量有助于发展学生社会文化素养、思维认知方面的视听、阅读材料,需要各种戏剧、韵诗、歌曲等各方面的课程资源,还需要涉及与学生实际生活相关的任务活动,才能实现核心素养的目标,还需要在评价与测试等多方面进行相应改革。

参考文献

［1］Peterson C, Seligman M E P. Strengths of Character and Well-Being：A Closer Look at Hope and Modesty［J］. Journal of Social and Clinical Psychology, 2004, 23(5)：628－634.
［2］林崇德. 创造性人才·创造性教育·创造性学习［J］. 中国教育学刊,2000, (01)：5－8.

【摘　要】 英语教育要发展学生的核心素养,需要从教学目标、教学途径、教学内容与课程体系等方面进行相应的转变。本文主张实施"多元目标的英语课程",并阐述了"多元目标"的定义与概念以及三个目标之间的关系。文章还举例说明如何在小学英语教学中实施,呼吁学校与教师弱化教材概念,而重在多元的课程资源建设。

【关键词】 英语教育;核心素养;多元目标英语课程

此文原发表于《小学教学研究》2017 年 03 期。

中小学英语教育需要四个转变

——通过英语教育发展学生的核心素养(2017)

长期以来,人们普遍认为,英语不过就是一种交流的工具,其价值主要是与世界各国进行语言沟通和文化交流,外语教学界对此也深信不疑。但是,从学生作为人的全面发展角度,从培养学生核心素养的角度,审视外语教学的价值和目标,我们就会发现,实际上,英语教育应超越语言沟通与文化交流的范畴。英语教育,尤其是基础教育阶段的英语教育,需要在理念、目标、大纲范式与课程模式四个方面进行调整。

第一,重构英语教学理念,从"英本主义"转为人的全面发展理念。目前,我国的英语教学基本模仿英语国家为移民学生设计的课程理念,即尽快使学习者融入其主流社会,这种理念被称为"英本主义"(Native-speakerism)。"英本主义"(即"以英语为本族语的人"为参照)理念包括"学习英语的目的是与英语为母语的人交流""要以英美英语为参照标准""学习英语国家文化",重在"比较文化的差异",强调学习者参照英语为母语者的行为规范和文化。学习内容主要为适应在英语环境下基本的生活话题,如问路、购物、点菜、就医等等。

实际上,这种理念早就遭到国际上许多学者的反对。Candlin(1987)指出:语言学习设定的目标往往是从学习者外部考虑的,而很少从总体教育价值方面考虑学生的发展。我们应当关注学生的品格发展,这个目标如果不是比语言目标更重要的话,也是同等重要。Cook(2007)指出,语言交流只是语言学习的一个目标,而非全部目标。学校英语教育可分为"外在目标"(external goals)和"内在目标"(internal goals)。外在目标是实用的语言运用目标,如今后出国使用英语;而内在目标关注学生的内心世界等自身的素质,如通过另一种认知的方法思维,涉及的是心智的发展。许国璋先生曾说:"中小学十几年,大部分时间用来学习百十篇从几十字到几百字的对话或课文,操练了一些四会五会的技术,束缚了孩子们的智育发展,忽视了心智健全成长,我们对不起他们。"基础教育是以人的全面发展为目标,英语教育虽然主要是语言教育,同样应发展学生的核心素养。因此,英语教学不仅仅是教会学生掌握一种交流的工具,而应将品格培养、思维能力发展与语言学习结合,摈弃"英本主义",从学生成长的角度审视英语教育的价值、目标与内容。

从人的全面发展角度来看,语言教学不局限于工具性的实用价值,不仅仅是为了出国生活学习、获取信息等,不仅仅教会学生如何购物,还要教他们如何理财;不仅仅教学生如何表达时间,还要让他们学习如何进行时间管理;不仅仅教什么是正确的语法用法,还要教他们如何通过恰当的语言表达人的情感、态度;不仅仅教会学生听说读写的语言技能,还应教给他们如何形成批判性(审辩)思维能力等等。从这样的角度思考,英语教育理念会发生本质上的变化。

第二,从单一语言目标转为"多元目标"。英语教学界一直把培养学生"语言运用能力",或者"交际能力",作为最核心的目标,其他目标只是外围的、辅助实现语言目标的。随着理念的变化,中小学英语教学的目标不再被局限于单一的语言知识与语言能力范畴,而成为"多元目标的英语教育"。我们需要重新理解"交际能力"的内涵。实际上,人与人之间的交流、解决问题的能力与品格和思维能力密不可分;语言表达的实际是人内在的品格、态度和情感。可以说,交流体现出必备品格和关键能力,听、说、读、写技能只是交流的媒介。

对审辩思维能力(批判性思维)的研究表明,具有审辩思维能力的人,实际上会呈现某些品格的特征,如有好奇心、公平待人、谦虚自律等;而不具备审辩思维能力的人则是自以为是、抗拒变化、循规蹈矩、死要面子、僵化偏见等等。同样,有研究表明,具备创造性能力的人也有10种创造性的品格特点。

笔者提倡"多元目标英语课程",其中有三个大目标。"社会文化目标",包括行为规范与伦理美德、社会知识与学科融合、多元文化与国际意识;"认知思维目标",包括积极的心理品质、多层次思维能力、学习策略与能力;"语言交流目标",包括基本语言知识、基本语言技能、交流沟通策略。三个目标是同等重要,相互交叉,相互渗透的。这样,语言目标不再独占鳌头,而是与其他目标相互交叉、相互转换、相互渗透。换句话说,"多元目标英语课程"主张通过英语教学活动,既培养学生使用英语的能力,也实现上述其他两个目标(见图1)。

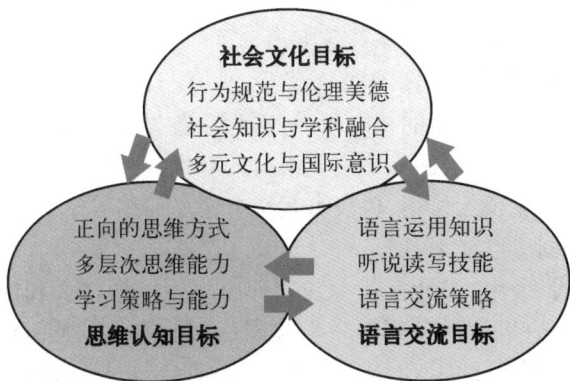

图1 英语课程多元目标的相互关系

在培养思维品质方面,英语教育具有很多优势。比如,英语国家从小学低年级,就很注重培养学生的"正向思维"(积极思维)和多层次思维能力。在英语教学材料中,有大量各种不同层级的活动。从目前笔者收集的资料看,至少有十几种审辩思维能力是可以在小学阶段培养的。中小学英语教学完全可以通过简单的语言,设计出高层次的思维活动,虽然这确实对于教师是一种挑战,也需要教师本身具有创造性和批判性思维能力。如果说英语是一种工具的话,它也可以作为发展思维能力和良好品格的工具。

第三,从以语言知识系统为基础设计教学的大纲范式,转为以培养学生能力、重在体验的"多元任务大纲"范式。30多年来,国际上大出版社编写的英语教材主要是为移民到英语国家青少年设计的,遵循"功能-意念大纲"的设计思路。"功能-意念大纲"就是将语言使用分为若干"功能",如问候、介绍、致谢、道歉、打电话、就餐、就医、问路、购物等;而"意念"则有高兴、惊奇、满意等等。国内中小学英语教材,尤其是小学和初中英语教材,大部分是在国外原有教材基础上改编的,也基本属于同一范式,通常是"结构-功能",也就是将语法结构和功能结合。长期以来,人们错误地认为功能-意念大纲就是交际语言教学的代表。时至今日,这种观点还是我国中小学英语教学界的普遍认识。

这种思路仍然是以语言系统为核心,不过重点在语言功能的体系上。国际上一些学者指出:语法结构和功能只是构成人们使用语言能力的部分成分,"功能-意念大纲"本身并不会比"结构大纲"更具交际性。交际可能通过课堂教学活动实现,也许不能实现,但是交际不是依靠将其编入一些抽象的条款中就能实现。语言习得研究表明,人们并不是按照系统学习功能的条款掌握语言的。

而从培养学生核心素养的角度看,"功能-意念大纲"的设计范式显然并不利于发展学生的核心素养,因为它首先关注的重点是语言,是语言的体系,是在英语国家使用英语时的基本交际需求,而不涉及语言学习对于学生成长的作用,也没有系统考虑如何培养学生解决问题、批判性思维和创造性能力等等。

我们主张采用"多元任务大纲",即以学生能做什么和能体验什么为目标,这将有助于教师明确学生应能达到的能力以及何种活动有助于培养学生应具备的素养。"多元任务大纲"不同于"功能-意念大纲"在于,设计者首先考虑的不是语言体系,而是何种任务活动能实现"多元目标",然后再根据目标选择所需要的语言。换句话说,这样的设计思路是以任务为基础的(task-based),而不是以"语言为中心"(language focused)。同时,这样的范式教学内容虽有预设,但是学生可能根据不同需求和自己的想法,完成不同的任务,因而更有利于发挥学生的自主性。比如,同学之间发生矛盾冲突怎么办?教师虽有教学设计,但是学生可遵循解决冲突的几条基本原则,小组设计各种解决矛盾冲突的过程。又比如,学生在餐厅打碎一只玻璃杯,如何处理这件事?它不仅可以培养学生解决问题的能力,还包含安全、环保、关心他人等内容。以任务为目标的教学设计能增加真实的互动,促进语言的习得。同时,活动涉及品格、思维、解决问题等多个方面,可以实现"多元目标"。

第四,从固定课程模式转为灵活课程模式。目前我国的中小学英语教育,无视城乡、学校、个体差异,教学目标完全统一,但对它的描述又较为笼统。一方面,统一要求难以照顾到不同发展水平的学生;另一方面,尽管是"一纲多本",却还是"大同小异",难以满足不同需求。这些问题不是仅仅降低语言的难度、压缩教材的内容或者减少词汇的数量就可以解决的。解决办法之一是在课程之下,设计和制定更为详细的大纲,划定核心内容,对教学目标进行非常详细的描述,可称为"核心大纲"(core curriculum/syllabus)。在核心大纲的基础上,再设计"扩展大纲"(extended syllabus)。核心内容是必须学习的,扩展内容是组合式、协商式的,学校可以根据不同的情况自主选择。"核心大纲"的内容是基于大部分学生应该具有的生活经历和概念知识,话题内容是他们熟悉的,发生在与他们生活环境相似的语境中。

这样,无论学生所处何种经济发展水平的地区,他们总有些共同的知识和通常会体验到的生活。"核心大纲"基于这些核心内容,而"扩展大纲"则是为不同的学校和个人,提供更多可根据自己情况自主选择的内容。课程设计者要在研究的基础上,确定哪些任务是学生喜欢的,不同任务之间在难度、语言要求、复杂程度等各个方面是否能等值。设计灵活、开放的课程体系,是深化课程改革、发展核心素养必然的选择。

我们要弱化"教材"的概念,从教育管理部门提供单一课本,转为学校选择多元课程资源。英语学习绝不是仅仅靠每学期百十页教材就能学会的,不应该"少而精",而需"泛而杂"。学习外语需要大量不同的听力和阅读材料,伴之大量的任务活动,才能得以掌握相关知识。目前的教材供给、选择机制,使得教师无法自主选取学生所需要的教学资料,违反了语言学习的规律。由于没有足够的补充资源,教师为了让学生巩固所学内容,只能做各种练习题。但是做大量选择、填空之类的习题,只能增加学生记忆的混乱,无助于他们实际语言能力的提高。实现深化课程改革的目标,需要在课程框架、教学内容、评价内容等多方面进行的相应改革。

课程制定者需要从理念、目标、内容、途径与课程上系统地设计整体解决方案。当我们超越语言交流与文化沟通去审视英语教育,思考如何使学生既能掌握基本的语言能力,又能成为一个全面发展的、具有良好品格和关键能力、通晓国际通行规则的人,那么中小学的英语教育就有了更广阔的视野。从根本上说,这是一种思维方式的转型,是一种价值取向的转变。这种理念的转变,会对人们理解英语教育的价值产生重大变化,开辟一条英语教育的新途径。

参考文献

[1] Breen M P, Candlin C N. The essentials of a communicative curriculum in language teaching[J]. Applied Linguistics,1980,1(2),89–112.

[2] Breen M P. Syllabus design. In R. Carter & D. Nunan (Eds.). The Cambridge Guide to Speakers of Other Languages[M]. Cambridge:Cambridge University Press, 2001:151–160.

［3］Candlin C N. Towards Task-based Language Learning［M］In Candlin C N, Murphy D F. (Eds.). Language Learning Tasks. Lancaster Practical Papers in English Language Education. Englewood cliffs, NJ：Prentice-Hall, 1987, 7：522.

［4］Cook V. The Goal of ELT：Reproducing Native-speakers or Promoting Multicompetence Among Second Language Users? ［C］In Cummins J, Davison C. (eds.). International Handbook of English Language Teaching. New York：Springer, 2007.

［5］Csikszentmihalyi M. Creativity：Flow and the Psychology of Discovery and Invention［M］. New York：Harper Collins, 1996.

［6］Holliday A. The Struggle to Teach English as an International Language［M］. Oxford：Oxford University Press, 2005.

［7］Long M H. (Ed.). Second Language Needs Analysis［M］. Cambridge：Cambridge University Press, 2005.

［8］Ruggiero V R. Beyond Feelings：A Guide to Critical Thinking［M］. 9th ed. New York：McGraw-Hill, 2012.

［9］Widdowson H G. Aspects of Language Teaching［M］. Oxford：Oxford University Press, 1990.

［10］Widdowson H G. Un-applied linguistics and communicative language teaching：A reaction to Keith Johnson's review of notional syllabuses［J］. International Journal of Applied Linguistics, 2007, 17(2)：214-220.

［11］龚亚夫.英语教育新论：多元目标英语课程［M］.北京：高等教育出版社,2015.

［12］韩宝成.关于我国中小学英语教育的思考[J].外语教学与研究,2010,42(04)：300-302.

【摘　要】　英语长期被人们认为仅仅是一种交流工具。但从培养学生核心素养的角度来看,基础教育的英语教育在教学理念上应从"英本主义"转为人的全面发展理念;在教学目标上应从单一语言目标转为"多元目标";在大纲范式上应以语言知识系统为基础设计教学的大纲范式转为以培养学生能力、重在体验的"多元任务大纲"范式;在课程模式上从固定课程模式转为灵活课程模式。

【关键词】　英语教育;学生;素养;课程

此文原发表于《湖南第一师范学院学报》2017 年第 3 期。

中小学英语教师的
"跨界"知识(2020)

1. 引言

今后的基础教育可能会发生一个很大的变化,就是每个学科从本学科知识与能力体系转向以人的全面发展为总目标的学科教学体系。这种体系需要考虑三个上位的问题:第一,在未来的社会当中,学校教育能为学生准备哪些关键的生存能力;第二,学生需要具备哪些良好的品格和道德观念;第三,学生需要何种思维方式与思维能力。这就是教育部在深化课程改革的文件中提出的"必备品格与关键能力",也即立德树人的问题。

按照目前社会上流行的说法,英语不过是一种交流的工具。而今后,中小学英语教师的任务就不仅是培养学生去掌握一种交流的"工具",也不仅是培养学生听说读写的技能,或者说交际能力。从英语学科教学来说,需要以上面三个问题为基础,考虑英语学科如何通过其教学内容,在培养学生英语运用能力的同时,将上述目标与英语学习相结合。换句话说,英语教育,从传统的以语言为核心目标,转变为"多元目标"(龚亚夫,2012),从以语言能力为主,转变为关注在学习语言的过程中,学生还能发生哪些心理、行为、思维方式以及解决问题能力等各方面的变化。

长期以来,中小学英语教学途径都是功能-结构,或是结构-功能的思路,教师关注的主要是一套语言系统,比如问路、打电话、购物等等,实际上是一种知识体系,很少涉及儿童成长的知识问题。如果教的是"询问"的功能,使用"What would you like"句型,教材中会有这样的语境:孩子回到家,妈妈问他:"What would you like for dinner?",孩子说："I like fish and bread."。接着爸爸回来了。然后妈妈又问爸爸："What would you like for dinner?"，爸爸回答："I like meat and soup."。下一个语境是妈妈做好饭，儿子和爸爸都在餐桌边等着吃。现在中小学教材，尤其是小学教材，大部分内容都是这样的，设计时很少考虑孩子成长的问题。从儿童发展的角度，孩子需要承担一些家务劳动，孩子应当问问可以帮助家长做什么。这就是培养孩子的责任感和关心他人的思维方式，也即培养学生的核心素养。

如果希望通过英语学习培养学生的品格、思维品质，使学生成为一个健康发展的人，那么，教师就需要了解很多"跨界"①的知识。课程设计者、教材编者以及教师培训者都需要了解认知心理学、发展心理学、第二语言学习者心理学、青少年成长、跨学科知识等等。为什么要了解这么多语言教学知识以外的东西呢？因为既然要讲儿童的成长，就要了解很多心理学知识，包括儿童成长的知识。没有这些知识，教材设计者、教师很难去确定到底外语教学教的是什么？如果要培养学生的必备品格与关键能力，那么首先要详细地解析什么是必备品格与关键能力的具体内容，不能空谈概念。如果要培养思维品质，那么必须清楚认知思维包括什么，这些内容会如何影响学生的成长。本文就这个问题简单谈一些看法。

2. 从人的基本能力框架中理解交流能力

如果要培养学生关键能力，需要从相关研究中学习什么是关键能力。实际上，与他人的交流能力是人的基本能力之一。Galinsky（2010）在其著作《人生的七种基本生活技能》中提到的几种基本技能，可以作为理解"关键能力"的参考。其中"换位思考"（Perspective taking）、"交流沟通"（Communicating）、"关联选择"（Making connections）、"审辨思维"（Critical thinking）就直接与语言交流与思维能力相关。从 Galinsky（2010）的论述中，能了解什么是一个好的交流者。交流包括语言与行为，体现一个人的品格与思维方式。交流不仅仅是语言技能，听说读写的问题，还是人内心世界的反映，也是处事能力的体现。所以英语教育的核心价值，是培养一个好的沟通者、好的交

---

① 这里用引号的意思是，其实这些知识只是传统意义上的跨界，实际是今后教师需要了解的。

流者,而不仅仅是培养交际能力(Communicative competence)。从这个角度看英语教学的目标,应该是通过语言学习养成良好文明的行为习惯,培养优秀品格与伦理道德,发展健康积极的心理态度,构建审辨与创造性思维方法,锻炼解决问题的基本能力。

从这个角度出发,再去考虑中小学外语教学,可能会发现外语教学的目标需要一些调整。原先传统理解的外语教学就是要培养学生掌握一种语言,还包括语言的得体性、目的语国家的文化等等,以此形成学生的交际能力。但其实交流包括很多品格和道德的因素,如理解他人、换位思考、尊重他人、平等待人、谦虚节制、包容他人、容许有不同看法等等。好的交流者具有某些良好的品格与个性,有自己为人处世的准则。再往下推的话,就会发现,今后培养的不仅仅是人的交流能力,还要培养一个好的交流者。这既是语言教学的目标,也是核心素养的重要组成部分。这些也是美国在讨论教育改革时,人们思考的问题(Wagner & Dintersmith, 2016)。

笔者曾经做过一个调查,问大学生,你们在使用英语时最困难的是什么？他们说最困难的是在跟外国学生发生矛盾的时候不知道到底该怎么表达自己。而中学生感觉最困难的是：跟外国人说一些浅显的打招呼用语没问题,但是往深了说,他们就无法表达了。显然,教师还需要教会学生解决冲突的能力,谈论更复杂问题的能力,培养表达自己观点的能力,而不仅仅是问路、购物等"生存英语"。教师们要了解解决冲突矛盾在语言和行为上怎么做。这不仅仅是语言的问题,也是社会心理学方面的问题。其实国外中小学往往会有专门学习解决矛盾冲突的课,这些内容可以和学习语法、句型结构结合起来,教给学生用于解决矛盾冲突的固定表达方法。其实,人们在说话和解决问题的时候,是有一些套路的,英语教学完全可以在教学生学习语言的同时,教会他们如何去与别人沟通,这也正是外语教学可改进的内容。

3. 从积极心理学中了解品格培养的内涵

同样,当准备通过英语教育培养学生的"必备品格"时,教师需要知道,什么是良好的品格、具有良好品格的人具有何种行为特征等等。"积极心理学"(Positive psychology)倡导者们,如 Peterson 和 Seligman (2004),详尽地描述了六大类良好品格与美德。他们首先研究的是中国的孔子与老子,认为中国的"仁""义""礼""智""信"也是其他宗教与西方哲学家提倡的品格与美德,并提出了:智慧与知识、胆识与勇气、仁义与博爱、公平与正义、节制与谦让、品位与格局六大类良好品格与美德。而这些品格与美德,有可能影响人与人的交流,因为我们说的话,实际上源自内心深处的品格(Clark, 1987)。

显然,要培养学生的良好品格,既要从中国优秀传统文化中了解这些深层的价值观,也需要对世界其他国家进行学习研究。更为重要的是需要理解,人使用语言时,其所表达的语言,实际上是受控于内心的品格和平时的行为习惯的,是其内心价值观的体现(Snyder & Lopez, 2007)。课程设计者、教材编者和教师,都需要从心理学、哲学的角度去理解"人的全面发展"和"立德树人"的具体内涵。不能仅从理念上认同品格培养,还需要知道其具体内容与外在的行为表现,否则教学目标很难落实。

从人的发展角度看文化,外语界需要重新认识跨文化交际(Holliday, 2013)。其实从儿童成长角度出发,首先不一定有必要去区分中国文化与"西方"文化。从文化素养的角度,最基本的是教给学生作为一个人最核心的文化修养与品质,以及基本的文明礼仪与美德,比如教给学生茶道、如何做中国结、包饺子、弹扬琴等。用外语与人的交流,首先是人和人内心世界的交流,是一种情感的交流。只有理解他人、尊重他人、包容他人,遵守国际上普遍认同的行为规范,别人才会喜欢你,而不是仅仅给别人讲故事。过去教学中主要讲词汇语法怎么用,什么是语法上正确的句子,很少讲到从人的角度来说使用什么时态和语法,会对别人的心理造成什么样的影响。比如下面两句话,也涉及品格的问题:

I won the Oscar for the best actress.

I was rewarded the best actress.

可能很多教师说,这两句话一个是主动语态,一个是被动语态。但是这两句话有人的品格在里边,有人的思维方式在里面。第一句话只是说我获得了这个奖,可能暗示都是因为我个人的能力、出众的美貌、独特的演技,所以我获得了奥斯卡最佳女主角奖。而第二个说话的人用被动语态,别人授予了我奥斯卡最佳女主角奖,它反映出来要考虑其他人的感受,要考虑到没获奖的那些人,要考虑到整个评委会所做的努力,可能自己获得这个奖,是偶尔的一次机会,别人没有这个机会,并不能证明别人没有资格获得这个奖。第二句被动语态就表明说话人心里还有别人,可能包括对于没有获奖人的同情心以及很多其他因素

（Weinstein，2008）。显然，第二句话可以显示出说话人更具有同理心。

4. 全面认识思维品质的构成需要学习心理学

近年来，思维能力培养越来越受到英语教师重视。有三个问题需要英语教师了解：一是有哪些思维能力需要培养；二是通过什么任务活动能培养这些思维能力；三是思维品质中既有认知的、逻辑的，也有情感的、态度的，后者可以统称为"思维定式"（Mindset）。

讲思维培养文章，通常是参照布鲁姆的认知框架。实际上，思维能力不仅是逻辑推理方面的，还有情感态度方面的。比如，在 Conklin（2013）提倡的"高阶思维能力"（Higher order thinking skills）里边有很多情感方面的东西。Conklin（2013）认为，高阶思维能力应该包括 Williams 的创造性思维体系，而创造性思维就包括好奇心、敢于冒险、想象力等情感方面的成分，不仅是逻辑推理（Logical reasoning）。

教师们往往被反复告知，要认真解读文本、理解文本。实际上，教师需要知道的是：他们需要培养和发展什么思维能力、何种品格，以及设计什么任务活动可以培养这些思维能力和品格。如果教学目标中要求培养"分析能力"（Analyzing），那么教师需要知道什么是"分析能力"，有哪些任务活动可以培养学生的这种能力，教师可以提出什么样的问题来鼓励学生分析。可能要通过"比较""分类""排序"等任务来培养分析的能力。如果缺少这些上位的内容，教师根据什么去分析文本呢？即使教材设计得非常完美，有自己的体系，也需要教师和学生根据他们的实际，发表自己的观点和想法。教师只有对核心素养有全面的理解，才有可能带领学生去探究、去讨论，而不仅仅是理解作者的想法。

比如要谈的话题是宠物，学生遇到的问题可能是，自己家里应该养猫还是养狗。教师要让学生首先比较猫和狗的区别是什么？要通过比较来看猫和狗生活习惯的差异。然后再思考自己家人能不能帮助遛狗？还要考虑整个家庭环境问题，考虑家周边有没有绿地可以遛狗，如果没有遛狗的地方，是不是更适合养猫？教师需要教给学生通过语言学习，学会分析，以做出正确的决定，是一个解决问题的过程（龚亚夫，2014）。

因此，教师培训不仅需要讲为什么，还需要让教师知道具体的内容。这就需要学习很多论述思维能力的著作（Bellanca et al.，2012；

Ruggiero, 2012），以确定各学段学生需要什么思维能力以及如何培养这些思维能力。教材编者和教师在设计教学任务时，需要清楚文本内容可以用于培养哪些方面的思维能力，才能确定教学活动的设计。

Dweck（2006）经过大量研究，提出了在心理学与教育界引起广泛影响的"思维定式"，并认为，如果学生具有"成长的思维定式"，那么困难与挑战可以使儿童的脑细胞裂变，使他们更加聪明。如果只是"固定的思维"，学生可能为了证明自己聪明而作弊。也许，课程设计者、教材编者和教师都可以从中得到很大启发，去思考课程设计的架构与不同要求，去设计有助于儿童发展成长思维的任务，使得语言学习对于儿童既有挑战性，又能激励他们挑战自我，从而变得更为聪明。而如果从这种角度去理解学习能力，就会对学习能力有更深刻、更全面的认识，知道学习能力与思维能力紧密相关。提高学生的英语学习能力，不仅是学习策略的问题、技巧的问题，更是一个心理学上的成长型思维定式形成的过程。

5. 设计教学任务可以借鉴儿童教育与发展研究

要培养学生核心素养，首先可能需要从良好的行为习惯养成开始。很多学校和教师都提到要培养学生的责任感。但是如何培养，通过什么任务活动去培养？本文开头摘取现行教材中的实际例子说明，英语教材实际上经常是有意无意地暗示一种价值观，比如责任感。如果教师学习儿童教育与成长方面的研究，就会发现，英语教师的知识需要扩展到这些领域，才能知道如何设计教学目标与教学任务。换句话说，英语教育需要从心理学、儿童教育与发展心理学等研究中了解具体教学内容的任务设计，否则只能凭教师的主观推测与个人经验。

现在我国儿童培养是存在一些不足的。媒体上经常会看到有关个别国人在国外如何不遵守文明礼仪的现象的报道，比如有人在公共场所大声喧哗、不排队、在餐厅抢占座位和食物、在公共场合大声打喷嚏等。显然这些都是影响与其他国家人交流、败坏国人形象的。但是中小学英语教学往往忽略这些，更多关注语言的技能，关注节日、快餐、地理等语言与文化知识。

英语教学应该教给学生有关文明礼仪、美德与良好品格的知识，这些知识不是语言的知识，是孩子如何成长、如何做人的知识，但是这些知识又与语言交流密切相关。使用英语与人交流，首先要养成与人交往的良好行为,具备正确的价值观念和思维方式,而不仅仅是掌握语言的技能。有些小学、中学英语教材中,涉及孩子做家务的词语。但是,教师需要知道,孩子在几岁的时候需要学会做哪些家务活动,这就是儿童成长的问题。实际上,国外关于儿童发展的文献中,对于几岁儿童应该学会做什么,如何培养儿童的习惯与品格等,都有详尽的描述(Lythcott-Haims,2015)。

教师常说要培养学生的学习兴趣,使他们喜欢学习英语。但是,如果教学内容并不是儿童喜欢的,就不会激活学生的内在动机(Dörnyei,2009)。教师需要了解学生究竟会对什么内容感兴趣,而不是从成人的角度去想当然地认为这些是应该教的。按照 Dörnyei(2009)的研究,只有教学内容涉及有助于学生成为理想中他们希望成为的人,他们才会有"自我动力"。如果英语教师能认真研读 Dörnyei 的"外语学习者心理学",一定会对外语教学的内容、任务设计等有更深刻的理解。

6. 结语

从培养核心素养的角度审视外语教学,今后外语教学的方向是一种超越语言技能,超越比较中外文化差异的路径,将道德品格、思维能力、语言能力三者结合的、多元目标的英语教育。语言教学不仅仅是教给孩子听说读写的能力,还要教给他们怎样做人、怎样思考、怎样去关心他人、怎样与别人和谐相处。这些知识都应该融入我们今后的外语教学当中。因此,我们需要重新认识英语教师的知识结构,除了语言知识、教学知识,还需要了解很多英语学科以外的知识,而这些知识对于中小学教师,还所知不多,甚至是空白的。除了这些"跨界"的知识之外,教师对于跨文化交际的理解,对于学习动机的认识也需要更新。

参考文献

[1] Bellanca J A, Fogarty R J, Pete B M. How to Teach Thinking Skills within the Common Core[M]. Bloomington, IN: Solution Tree Press, 2012.

[2] Clark J L. Curriculum Renewal in School Foreign Language Learning[M]. Oxford: Oxford University Press, 1987.

[3] Conklin W. Higher-Order Thinking Skills[M]. Huntington Beach: Shell Education, 2013.

[4] Csikszentmihalyi M. Creativity：Flow and the Psychology of Discovery and Invention[M]. New York：Harper Collins, 1996.

[5] Dörnyei Z. The Psychology of Second Language Acquisition[M]. Oxford：Oxford University Press, 2009.

[6] Dweck C. Mindset：The New Psychology of Success[M]. New York：Random House, 2006.

[7] Galinsky E. Mind in the Making：The Seven Essential Life Skills Every Child Needs[M]. New York：William Morrow and Company, 2010.

[8] Holliday A. Understanding Intercultural Communication：Negotiating a Grammar of Culture[M]. Oxon：Routledge, 2013.

[9] Lythcott-Haims J. How to Raise an Adult：Break Free of the over Parenting Trap and Prepare Your Kid for Success[M]. New York：St. Martin's Press, 2015.

[10] Peterson C, Seligman M. Character Strengths and Virtues[M]. Oxford：Oxford University Press, 2004.

[11] Ruggiero V R. Beyond Feelings：A Guide to Critical Thinking[M]. 9th ed. New York：McGraw-Hill, 2012.

[12] Snyder C R, Lopez S J. Positive Psychology：The Scientific and Practical Explorations of Human Strengths[M]. Sage Publishing, 2007.

[13] Wagner T, Dintersmith T. Most Likely to Success：Preparing Our Kids for the Innovation Era[M]. New York：Scribner, 2016.

[14] Weinstein A L. Grammar for the Soul：Using Language for Personal Change[M]. Theosophical Publishing House, 2008.

[15] 龚亚夫. 论基础英语教育的多元目标——探寻英语教育的核心价值[J]. 课程·教材·教法,2012,32(11)：26-34.

[16] 龚亚夫. 新维度英语[M]. 北京：外语教学与研究出版社,2014.

【摘　要】　以发展学生核心素养为目标的课程深化改革需要英语教师了解很多似乎是学科以外的"跨界"知识。本文讨论了英语教师较少涉及的领域,如积极心理学、儿童成长心理学、发展心理学、第二语言学习者心理学、青少年成长、跨学科知识等等。了解这些知识,会影响我们对于英语教育本质、目标、内容以及教学途径和教学方法的认知。

【关键词】　"跨界"知识;教师专业成长;教师教育;课程设计;发展学生核心素养

此文原载于《英语教育与教学研究》2020 年 1 月第 1 版。

基础英语教育：理念、课程、教材及评价

两种教学设计途径的优势与
问题及其解决方案(2021)

问题的提出

在开展中小学英语课堂教学设计时,教师每天面对这样的问题:教材中有话题、语篇、功能、词汇、语法,还有文化知识等内容,究竟选择什么作为教学的核心呢? 换句话说,教师以什么为主线引导各项活动,串联起教材中的各种成分和内容;这些内容掌握到何种深度和广度算是实现教学目标? 这些问题涉及的都是课程与大纲设计的基本要求(Breen,2001;Candlin,2001)。教师经常困惑于教学目标把握不准确。

在确定教学目标时,国内有两种主流的途径,一种是以结构-功能(功能-结构)为核心。这是目前大部分小学和初中教材的设计思路,即教师首先考虑选择什么功能与语言结构,然后根据经验认定内容难度,排列单元顺序。教师通常选择的教学重点是语言知识与技能,即教案中的"语言重点"。但是,语言知识要教到什么程度呢? 教材中可能并没有具体的要求。语言技能包括听、说、读、写等,教师究竟选择哪一项或哪几项作为重点,这通常由教师自己决定;而"情感、态度、价值观"究竟如何实现,则更是要凭教师自己挖掘。

另一种是以"话题"(主题)为分析的核心要素。比如小学教材中有"宠物""爱好""食品",中学则有可能涉及"学校生活""环境保护""科学技术"等。但是,无论小学还是中学,很多教师都有困惑:如果按照某个话题进行教学,会发现与这个话题有关的子话题和词汇还有很多。要是引申出去讲授所涉及的语言知识点,就可能完不成教材本身的内容;但是学生如果缺少词汇支撑,则又无法谈论话题。最为困惑的是：根据什么标准来教授这些话题才算是实现了培养核心素养的目标？

近年来，"单元整合""整体教学"成为流行术语。那么，"整合"的原则是什么呢？诸多教学成分到底是按话题，还是按语法、功能、语篇、文化，或是以思维能力为主线进行整合？整合前，我们经常要求教师要"认真解读文本""仔细分析教材"。教师要从什么角度去解读文本，该分析什么呢？是话题涉及到的背景知识、语篇的类型和功能吗？是全面覆盖教材中的词汇、语法结构吗？是提取文本中的语言知识、篇章知识、文化知识，还是理解文本的功能、结构、写作手法和修辞运用，或是学习语法结构和词汇？问题是：即使分析了上述所有这些要素，聚焦点仍然在语言本身，又该如何体现培养核心素养的目标？本文主要就此进行探讨，并提出解决的方案。

一、以功能-结构为核心

第一种设计思路被称为"功能-意念"或"结构-功能"（"功能-结构"）途径，其深层的语言学习观是：培养语言运用能力就是掌握一套交际功能及其结构和词汇，如询问、请求、建议、问路、购物、就医等等。功能-意念思路曾一度被认为是交际语言教学的代表（Widdowson，2007），目前仍是最为常见的教材设计途径之一。从教材内容框架可以看出，掌握语言功能、语法、词汇是其主要目标。大部分小学、初中教材前面列有"范围与顺序（Scope & Sequence）"，其中包括标题、话题、功能结构、重点词汇、语言技能，有的还包括学习策略等。按照这种路径的教学有利有弊，比如：

第一，有比较清晰的目标，但需要学生自己应用到真实的语境中。由于每个单元都有比较明晰的句型结构、语法要素，教师比较容易把握教学的重点。即便是自身语言素养稍欠缺的教师，如果能按部就班地操练这些句型结构，教学也就有了中心。教师备课时通常列出"语言点"，比如"There is ..."句型，教学目标为"掌握何处有什么"。话题语境主要用于呈现句型结构与功能，如主题为"农场中的动物"，结构是"Is there ... in the farm?"。虽然中小学教师会抱怨教材枯燥无味（韩宝成，2010），但其目标清晰明确，就是要"掌握"核心的结构，所以仍然感觉较容易完成教学任务。

按照这样的设计，教学目标就是操练句型，做替换练习，不深究是否符合实际生活的真实情境。换言之，对话只有语言本身的意思，而较少考虑真实使用时是否合理与得体，即人们常说的，关注的是"形式"（form），而不是"意义"（meaning）。

这种设计在目前小学教材中比比皆是，不胜枚举。比如某教材呈现了如下的对话：女生在游泳池边上拿着一条裤子问男生：Are these your pants？男生答：No，they are not. 女生接着问：Where are your pants？男生答：They are in my bag. 接着男生拿着一条裤子问女生：Are these pants？教师与学生不需要考虑对话是否真会在现实生活中发生，也不用质疑为什么女生会在游泳池边上拿到男生的裤子，为什么男、女生都会关心对方的裤子在哪里。又如：教材内容是"小朋友们喜欢冬季，因为冬季可以堆雪人"。在冬天几乎从不下雪的广东大湾区，教师问学生喜欢什么季节，学生仍然回答"喜欢冬天，因为可以堆雪人"。学生回答问题，无非是操练句子而已，与学生所处环境、个人喜好可能完全没有关系。"互动"不过是操练机械性对话。因此教师经常面临这样的困境：教材的内容都教过，也竭尽全力要求学生拼写、记忆、背诵，做了很多活动，但学生只是接触了一些零碎的表达方法和公式性套话；学生即使记住了该单元的语法结构，掌握了一些套话，但当需要综合运用语言的时候，仍难以整合学过的内容去综合应用。交际语言教学最早的倡导者之一 Widdowson（1990）指出：人们错误地认为，功能-意念大纲是交际语言教学（Communicative Language Teaching，CLT）的同义词，更为普遍的错误是以为 CLT 主要就是一种大纲的设计途径①，其实功能-意念大纲本身并不会比结构大纲更具交际性，交际也不一定能通过课堂教学活动实现，交际不是依靠将其编入一些抽象的条款中就能实现的。功能-意念大纲虽然涉及交际功能，但仍是分散地、零碎地教授碎片化知识，最后需要学生自己去整合。还有批评者认为，这种途径主要基于语言本身的体系来设定教学的内在逻辑，而没有充分考虑学习者掌握语言的规律（Pienemann，1985）。第二语言习得研究者大多反对在教材中硬性规定某个年段必须掌握的结构和时态，也不赞成按照某种顺序来教授语法与功能，因为这不符合掌握语言的规律（Ellis，2003；Nunan，2004；Long，2015），学生并不是按照人为安排的语法顺序来掌握语言的（Pienemann，1985；Long，1985；

① CLT（交际语言教学）实际是一种理念，而不是一种教学法或者教学途径。在这种理念下，有不同的教学路径。

White, 1988; Larsen-Freeman, 2002; Ellis, 2003; Long & Crookes, 1993; Nunan, 2004)。

语言习得的研究表明,语言不是按语法书上的分块顺序习得的;孤立的分项教学并不能使学生学会综合运用(Skehan, 1998);仅靠学习功能结构并不足以发展交际能力(Widdowson, 1984; Breen, 2001; Clark, 1987; Long & Crookes, 1993)。张正东(2007)也认为,冀望通过学习意义/功能即能培养出交际能力,这只是主观幻想。

第二,分散单项语法功能容易教授,但是线性呈现模式复现率低。功能-结构大纲的设计思路是分散、单项地呈现语法结构与功能,优点是每次学生学习一部分,逐渐积累,教师容易把握语言重点。由于每次只学一点,学生似乎明显"掌握"了当次课的语言结构,家长和学生感觉有比较明确的成就感。但是,这样的设计,往往是线性模式(linear format),在大部分教材中,某种结构或功能往往在每册只呈现一次,复现率较低,难以形成"重构"(restructuring)。国内在采用"结构-功能"途径的同时,也给出了本土的解决方案,避免盲目照搬国外的教学路子,如人教社教材(1993 年版),就特别强调语言呈现"螺旋式上升"(刘道义,2007)。但是,并不是每套教材的编写者都能将这些成分有机结合。

第三,难以确定语言结构和功能知识与发展核心素养的关系。按照结构-功能途径,教学重点是语言知识与技能,即教案中的"语言重点"。但是,随着发展学生核心素养的目标越来越被教师们接受,如何能在现有功能、结构的基础上,实现培养必备品格与关键能力的目标,是最近几年教师常感困惑的事情。目前的主要问题是,教材重点大都是工具性的内容,涉及中小学学生成长的内容较少。而且,课程标准对于语言知识,如语法、词汇、功能等描述比较具体,甚至具体到规定学习多少单词,而能力表现目标的描述尚缺乏具体明晰的内容和例证,尤其是对于体现品格与思维目标的表现性任务(performance tasks)描述较为零散,大多为抽象的概念。在这种情况下,教师要设计体现核心素养的教学活动面临很大挑战。

其实,成功交际还涉及表达个人情感和深层人际关系,而不仅仅靠一套功能的知识。我们需要研究如何深入学生内心世界,并引发学习者真正的个人情感介入与个人思想的真实表达(Cook, 1999; Dörnyei, 2009)。Clark(1987)指出:我们不应该只是让学习者记住模式化的语言(stereotypical language)。在实际生活中,我们的角色不是静止的、固定的。我们说的话源自内心深处的个性，而不是预先设定好的脚本。如果不能预先练习，在我们运用深层认知和情感特征的心理活动过程和我们所能用于表达的方法之间建立起联系，我们可能永远也无法按照自己的方式去表达。

实际上，我国老一辈教材编写者与课程设计者，在强调语言工具性的同时，也非常重视其人文性，一直主张"寓思想教育于语言教学之中"（刘道义，2007；张正东，2007）。随着课程改革的深化，外语教育的目标由以语言运用能力为核心的目标，转为"多元目标"（龚亚夫，2012）。不过，并不是所有教材编写者和教师都能在教学中实现这样的目标。

二、以话题为核心

另一种途径是以主题（话题）①为核心。近年来，流行的说法是"主题引领"，比如"学校生活"。小学通常涉及"宠物""食品""购物""交通""方位"，中学则可能是"科技发明""旅游""英雄人物"等。以主题为中心的途径，有助于防止教师在教学中过度机械性操练句型结构，重在语言结构（形式）的准确性，而忽视语言的交流内涵（意义）；也有利于教师避免过多地将教学活动集中在碎片化的知识讲解与脱离语境的语法操练上。如初、高中教学常见的问题，是教师可能会挑出文本中的语法现象进行单独操练而忽视语法现象的语境，或者仅仅教授学生语言知识，而忽略培养学生的思维品质和行为品格。以话题为核心，教师可以跳出语言知识体系审视文本，有更高的站位与视野。

但是，一个主题之下，可能会涉及多种话题和子话题。比如某套国外引进的小学教材中有个单元模块题目是"Farm"，整个模块内容包括农场主一家的生活、每个家庭成员的分工、一只鸡的生长过程、地面上生长的农作物、地底下生长的农作物等，还讨论怎么做面包。不难看出，这个模块涉及多个子话题，如"农场主的生活""农场动物的种类""动物的生长过程""农产品的种类""食物加工"等与农场有关的方面。实际上，与农场有关的话题还可以朝其他方向扩散，比如城乡关

---

① 按照目前中小学英语教学中流行的区分，"主题"是比较宏观的，如"人与自然"，而"话题"通常是比较具体的，如"灾害""节能"等等。但两个词语在使用中常作为可以相互替代的概念，本文即如此。

系、机械化与人工智能、天气与农业、环境保护、食品安全等。笔者听课后和教师们座谈，听他们反映说：模块中语言结构、功能、词汇涉及面很广，话题虽然都与农场生活相关，但是相互之间在词汇和语言结构方面几乎毫无交集；这么多内容，也不清楚什么是教学重点。

初中教材中，除了基本的句型和功能，还会涉及阅读、听力以及写作。教材内容主要围绕某个主题展开教学，比如"经历"。但旅游经历可能涉及交通工具、当地历史、地理环境、饮食特点、文化传承、环保等不同的子话题内容，也有部分涉及青少年成长的话题。显然，仅仅以"话题"为主线，还是难以把握教学的目标。正如 Long(2015)指出的：比如"足球"这个话题，话题语境可能是在足球场上。但是，两个人在看球时关于"足球"的讨论却可能朝各个方向发散，可能是足球规则、上星期看到的某次比赛、不同球员的风格、足球俱乐部、裁判、球员的收入、俱乐部的老板、足球队的经济状况、受贿丑闻、足球流氓，等等。而谈论这些，就会涉及不同的文体、语域、语用、语法、意念、功能、词汇、习惯用语等。所以 Long(2015)指出，关于"足球"这个话题的单子上，可以列出无穷无尽的内容，所用到的语言也是无法预测的。

我们观察到的英语课堂教学，确实频繁出现 Long 提到的这种现象。例如，单元主题是"人工智能"，但是人工智能又涉及科学技术、伦理道德、社会组织、个人隐私、国家安全等相关的子话题。假如让学生围绕人工智能自主选择他们感兴趣的子话题，学生需要很多没有学过的知识和生词，才能支撑起这些话题的讨论。讨论范围扩展到什么程度是一个难以确定的问题。显然，以"主题"或"话题"为中心可能带来以下几个困惑：

第一，语言内容范围难以限定。每个子话题所需要的词汇、语法、语篇、功能等有很多不同。比如，单元主题围绕"学校生活"展开，但内容涉及"初识朋友""同学性格""学科内容""学校纪律""体育运动""建筑方位""学校饮食"等十几个子话题。教师虽然试图把教材中的话题都教给学生，但最后会发现，所需要教学的内容太多了，每个话题都难以深入，最后学生到底应该**能做什么**[①]反而变得模糊。实际上，学生要想能按照他们感兴趣的内容展开讨论，真正表达自己的想法，就需要更多相关词汇的支持，需要教师提供与话题相关的词汇(Willis,1996)，然而这样很可能会超出教材规定的教学时间及课标要求的词

[①] 注：本文的黑体为笔者所加。

汇范围。一些高中教师反映，他们感觉最难的是语言与话题之间的关系以及语言深浅与话题延展尺度的把握。

第二，缺少整合各部分知识的原则。以话题为引领，设计整合语篇、功能、结构等语言知识的语言活动，教师需要知道的是：整合语言活动的原则与依据是什么，这些活动在发展学生必备品格与关键能力过程中有何作用，各类活动的内涵从核心素养分类上如何界定与阐释等。举例说，在教授某国地理这一话题时，教师围绕该国的地理知识去教授语篇、文化、词汇、语言技能、功能等。问题是，这些内容本身还是语言与文化的知识，为什么将这些内容要素集合起来或分项教学就能发展学生的核心素养呢？教师的困惑是，虽然按照教材的话题讲授了教材内容，让学生回答了教材中设计的问题，也谈论了主题，学习了文化知识，操练了语言技能，但却还是经常被指责没有理解教学目标。无论是进行单元整合还是文本重构，教师如果不清楚"整合"的原则，缺少明确的路径，就难以把握究竟以什么为教学设计的核心。

第三，教学的核心目标并不是让学生能讨论某些主题或者话题，传授相关的知识。比如"人工智能"，教学目标就是使学生能用英语谈论人工智能这个话题吗？最近，国内学界比较流行"大概念"（big ideas，也有译为"大观念"）的说法。实际上，提出大概念的 Wiggins 等人认为：教学的目标并非仅仅是为了使学生能谈论这个"话题"的内容，而是为了让学生了解有关这个话题背后的问题本质；因此，学生要能回答"本质性问题"（essential questions），才算真正的"理解"（McTighe & Wiggins，2013）。正如科学学科的教学目标并不是为了让学生尽可能多地了解科学的知识，而是培养学生科学的思维方式，像科学家那样去思考问题；体育教育并不仅仅是教运动的技能与知识，其教育的价值在于培养学生的团队协作、坚韧精神和规则意识等涉及健全发展的内在素养。同理，外语教育不仅仅是为了教会学生用英语谈论某些主题，也不仅仅是为了教授语篇、语法和词汇，而是借助"主题内容"（thematic content），对于某些问题有深层的理解，实现将语言能力与思维品质、必备品格同步发展的目标。

第四，教师首先要确定上位的素养目标，需要有超越文本的参照框架。崔允漷（2019）指出：一个学习单元由**素养目标**、课时、情境、任务、知识点等组成，单元就是将这些要素按某种需求和规范组织起来，形成一个有结构的整体。如果缺少素养目标，即便是教授同样的话题，一位教师也许能实现在学习语言的同时发展学生核心素养的目标，而另一位教师则不一定能达到这样的效果。积极心理学创始人 Seligman 等人认为：话题本身并无好坏，它们可以被用于培养良好品格，从而发展美德；但是话题也可以用于实现愚蠢和谬误的目的（Peterson & Seligman，2004）。因此，以话题为核心，也不能确保实现培养学生良好品格、思维品质的目标。而如果仅仅去引导学生学习语篇知识、梳理写作思路、理解作者观点，那学生可能只会跟从作者的思考逻辑，难以培养独立思考、审辩思维（critical thinking）的能力。

三、讨论

从以上分析可以看出，无论是以结构-功能还是话题为核心，我们需要理解：仅仅掌握功能-结构，或者**讨论**有关勇敢和友善的话题，未必就能培养出学生的勇敢精神和与人为善的价值观，也未必能培养学生的语言交流能力。因此，为了实现既培养学生的语言能力，又发展学生的良好品格及批判性思维能力，即核心素养，我们需要找到解决问题的方案。

关键问题是课程与教材设计者应该为教师提供**超越语言固有知识体系**的、更为上位的教学目标，**独立于**话题、语篇、语法、功能、词汇等语言知识及听、说、读、写等语言技能之上的参照框架，也就是各科通用的"必备品格与关键能力"；同时，还要明确外语学科实现这样目标的真实语境与任务以及任务完成到何种程度的要求。Wiggins & McTighe（2005）指出，我们不具体指导课程内容应该包括什么，但建议以大概念和重要的表现性任务（performance tasks）为核心。崔允漷（2019）提倡"大单元"教学，他对此表明得非常清楚：现有教科书中的单元，比如语文教材中一个单元通常是一个主题下的几篇课文。如果这几篇课文**没有一个完整的"大任务"**驱动，没能组织成一个**围绕目标内容**实施与评价的完整的学习事件，那它就不是我们所讲的单元的概念。

崔允漷（2019）主张在大单元教学中设计"真实情境与任务"。他指出：学科核心素养是指学生学完某学科之后逐步形成的关键能力、必备品格与价值观念，因此，对学科核心素养的评价必须超越以前惯用的双向细目表，不局限于知识点的识记、理解与简单应用，而应该从"在何种情境下能运用什么知识完成什么任务"来评价学生学科核心素养的达成程度。

文秋芳（2015）提倡的"产出导向法"虽然主要是为大学外语教学

设计,但也可以为中小学教学提供借鉴。她认为教学目标分为两类:第一类为交际目标,即能完成**何种交际任务**;第二类为语言目标,即需要掌握哪些单词、短语或语法知识。与以往课文教学不同的是,所列出的语言目标一定要能为交际目标服务。凡是输入材料中与本单元交际目标无关的新单词、短语或语法形式均不应列在语言目标中。

由此可以看出,无论采用"结构-功能"途径,还是"话题"途径,教学最好以明确的"任务目标"为核心,在完成任务的过程中,将各种语言知识与功能加以整合。而核心素养的目标,无论是思维品质还是文化意识,都需要体现在任务之中,否则,教学仍然可能集中在知识点识记与理解。采用结构-功能大纲,也并非不能实现发展核心素养的目标,教师可以在结构-功能活动的基础上,设计"任务支撑型"(task-supported)活动(Ellis, 2018)。这些任务应该是将品格、思维能力与语言任务活动有机结合(Gong & Skehan, 2021)。

深化课程与教学的改革要求我们"从知识本位走向素养本位,从育知走向育人"(梅德明,2018)。而实现这样的发展目标,我们需要站位到"超越学科、超越教材与超越课堂"的角度(申继亮,2020),去思考体现学科价值的内在逻辑体系,构建超越学科知识体系本身的另外一个系统性(钟启泉,2018),其中包括对于价值观、必备品格与关键能力等要素的详细描述,并依靠这样的框架去分析教学内容,包括话题及语言知识的内容,如语篇、语法、功能、词汇等;我们还需要了解除语篇、语法、功能、词汇之外的知识,如有关青少年成长的知识、其他社会文化知识等。关于学习能力,也需定义出具体的思维品质分类(林崇德,2015)。同时,将上述各种要素整合成任务活动。仅有特定情景下的话题和活动还不够,还要有任务。否则,活动就缺乏明确的目的,缺乏具体的任务要求,或者只有明确的语言知识内容,而最后基于文本的活动会有什么样的结果,就只能靠教师按照自己对核心素养的理解去揣摩和界定了。

参考文献

[1] Breen M P. Syllabus design[M] In Carter R, Nunan D. (Eds.). The Cambridge Guide to Speakers of Other Languages. Cambridge: Cambridge University Press, 2001: 151-160.

[2] Candlin C N. Afterword: Taking the curriculum to task[M] In Bygate M,

Skehan P, Swain M. (Eds.). Researching Pedagogical Tasks: Second Language Learning, Teaching and Testing. Harlow, England: Pearson Education, 2001: 229-243.

[3] Clark J L. Curriculum Renewal in School Foreign Language Learning[M]. Oxford: Oxford University Press, 1987.

[4] Cook V. Going beyond the native speaker in language teaching[J]. TESOL Quarterly, 1999, 33(2): 185-209.

[5] Dörnyei Z. The Psychology of Second Language Acquisition[M]. Oxford: Oxford University Press, 2009.

[6] Ellis R. Task-based Language Learning and Teaching[M]. Oxford: Oxford University Press, 2003.

[7] Ellis R. Task-based language teaching: Sorting out the misunderstandings[J]. International Journal of Applied Linguistics, 2009, 19(3): 219-360.

[8] Ellis R. Reflections on Task-Based Language Teaching[M]. Multilingual Matters, 2018.

[9] Gong Y, Skehan P. A case study of a task-based approach for school-age learners[M] In Ahmadian M J, Long M H. (Eds.). The Handbook of Task-Based Language Teaching. Cambridge: Cambridge University Press, 2021: 432-444.

[10] Larsen-Freeman D. Making sense of frequency [J]. Studies in Second Language Acquisition, 2002, 24 (2): 275-285.

[11] Long M H. A role for instruction in second language acquisition: Task-based language teaching[M] In Hyltenstam K, Pienemann M. (Eds.). Modelling and Assessing Second Language Acquisition. Clevedon, Bristol: Multilingual Matters, 1985, 18: 77-99.

[12] Long M H. Second Language Acquisition and Task-based Language Teaching [M]. Wiley-Blackwell, 2015.

[13] Long M H, Crookes G. Units of analysis in syllabus design: The case for task [M] In Crookes G, Gass S M. (Eds.). Tasks in a Pedagogical Context: Integrating Theory and Practice. Clevedon, Bristol: Multilingual Matters, 1993: 954.

[14] McTighe J, Wiggins G. Essential Question: Opening Doors to Student Understanding[M]. ASCD, 2013.

[15] Nunan D. Task-based Language Teaching [M]. Cambridge: Cambridge University Press, 2004.

[16] Peterson C, Seligman M. Character Strengths and Virtues [M]. Oxford: Oxford University Press, 2004.

[17] Pienemann M. Learn ability and syllabus construction[M] In Hyltenstam K, Pienemann M. (Eds.). Modelling and Assessing Second Language Acquisition.

Clevedon, Avon: Multilingual Matters, 1985: 23-75.

[18] Skehan P. A Cognitive Approach to Language Learning[M]. Oxford: Oxford University Press, 1998.

[19] White R V. The ELT Curriculum: Design, Innovation and Management[M]. Oxford: Basil Blackwell, 1988.

[20] Widdowson H G. Educational and pedagogical factors in syllabus design[M] In Brumfit C J. (Ed.). General English Syllabus Design: Curriculum and Syllabus Design for the General English Classroom. Oxford: Pergamon Press, 1984: 23-27.

[21] Widdowson H G. Aspects of Language Teaching [M]. Oxford: Oxford University Press, 1990.

[22] Widdowson H G. Un-applied linguistics and communicative language teaching: A reaction to Keith Johnson's review of notional syllabuses[J]. International Journal of Applied Linguistics, 2007, 17(2): 214-220.

[23] Wiggins G, McTighe J. Understanding by Design, Expended 2nd Edition[J]. ASCD, 2005: 370.

[24] Willis J. A Framework for Task-based Learning [M]. Addison-Wesley Longman Limited, 1996.

[25] 崔允漷.学科核心素养呼唤大单元教学设计[J].上海教育科研,2019(4):1.

[26] 龚亚夫.论基础英语教育的多元目标——探寻英语教育的核心价值[J].课程·教材·教法,2012,32(11):26-34.

[27] 韩宝成.关于我国中小学英语教育的思考[J].外语教学与研究:外国语文双月刊,2010(4).

[28] 林崇德.从智力到学科能力[J].课程.教材.教法,2015,35(01):9-20.

[29] 刘道义.刘道义英语教育自选集[M].北京:外语教学与研究出版社,2007.

[30] 梅德明.改什么? 如何教? 怎么考? 高中英语新课标解析[M].北京:外语教学与研究出版社,2018.

[31] 申继亮.再思考、再出发——中国教育学会外语教学专业委员会课程深化改革背景下的英语课程改革的路径与有效方法研讨会专题报告[R].北京:中国教育学会外语教学专业委员会,2020.

[32] 文秋芳.构建"产出导向法"理论体系[J].外语教学与研究,2015,47(04):547-558+640.

[33] 张正东.张正东英语教育自选集[M].北京:外语教学与研究出版社,2007.

[34] 钟启泉,崔允漷.核心素养与教学改革[C].上海:华东师范大学出版社,2018.

此文原发表于《中小学英语教学与研究》2021年第7期。

A Case Study of a Task-Based Approach for School-Age Learners in China (2021)

Yafu Gong and Peter Skehan (Kings College London)

1   Task-Based Language Teaching as a School Subject in China: Context and Problems

In 2000, China started an important round of curriculum innovation based on humanistic principles of education. The aim of the innovation was to change the over-emphasis on the memorization of book knowledge, and instead to encourage learners to become active and even interactive in the learning process, while developing more awareness of their social responsibilities, key character strengths, and competencies.

The Ministry of Education requires schools to offer the English program from Grade 3 (age 9) to Grade 12 (age 18) but more and more schools, particularly in cities, tend to offer it from Grade 1. The goal of the National English Curriculum is to develop students' overall ability to use the language and it has five objectives: language knowledge, language skills, learning strategies, cultural awareness, and affect. Communicative language teaching approaches are advocated, and task-based language teaching (TBLT) materials and new textbooks were developed. It has to be acknowledged, though, curriculum innovation in China has been conducted in a centralized fashion and "teachers, who are on the periphery of this decision-making process, merely implement the decisions that are handed down to them" (Markee, 1997, p. 63).

Most of the new textbooks in the English program were adapted from international series and have to be approved by the National Textbook Reviewing Committee. Local educational authorities then select one or two sets of approved course books for all the schools in a particular area. Originally, these textbooks were designed for the global market, so their topics mainly consist of "survival English," such as "asking the way" "ordering food in a fast-food restaurant." "Real-world" tasks are only considered "authentic" if they emulate what people do and represent the daily life of people in English-speaking countries.

In parallel to this, a number of public schools have been dissatisfied with the official coursebooks, and it is common for them to select supplementary materials. There are also many private schools not so rigidly bound to the approved set of English coursebooks. As a result, it is more open to them to experiment and select different teaching materials. Such materials, used in private and some public schools, are the focus of the current case study.

Although a TBLT ideology brought about some changes in teaching materials and methods, the authorized textbooks have provoked criticism in their adaptations and use. The criticisms include the following:
- It is difficult to distinguish a task from an activity.
- Most of the tasks are too difficult for elementary students.
- The concept of a "task" is confusing.
- TBLT only promotes fluency, not accuracy.

As a result, many people concluded that TBLT is not suitable for the Chinese context and the National English Curriculum removed TBLT as a permissible approach in the revised version of the curriculum, published in 2011. In view of this, it is important to explore the various problems in greater depth. First, when one examines the current coursebooks, one discovers that although the National English Curriculum promoted a TBLT approach, most coursebooks are actually better characterized as following standard functional-structural approaches, not really TBLT. Second, people assumed that "real-world tasks" are those appropriate for an English-speaking environment. But these adapted books are not specially designed for students learning English in non-English-speaking environments. There

is a mismatch between what learners want and what materials deliver—
something which provoked complaints from students and teachers. The
third problem is that, in the materials, the purpose of teaching English
seems only to be used as a tool for communication. People complained
that if this is the goal, most Chinese people will never have the chance to
talk to an English speaker. Even when they do actually go abroad, they
may use all kinds of cellphone-based translation devices to communicate
for survival purposes. As a result of these problems, between 2013 and
2014, newspapers and other media launched a serious attack on English
teaching.

2　Wider Views on Tasks in Language Teaching

We turn next to considering whether a more international perspective can
help us to propose appropriate changes to the current situation. Applied
linguists and second language acquisition researchers have increasingly
recognized the importance of tasks in language teaching (Long, 2015;
Ellis et al., 2020). For teachers and curriculum developers, tasks can be
used as means of structuring thematic content, facilitating learner-learner
and learner-teacher interaction, enhancing experiential learning, and they
can also be used for the internal organization of textbook content (Candlin,
2001). Graves (1996) also suggests that a major change in the selection
of the content in communicative language teaching is an emphasis on the
learners themselves. Learner factors, such as "attitudes, selfconfidence,
and motivation, and the learner's approach to learning" (Graves, 1996,
p. 24) should be taken into consideration.

　　Although second language acquisition researchers and curriculum
designers advocate using tasks, there has not been much research on the
wider use of tasks appropriate for learning. As Candlin (2001, p. 230)
pointed out:"What is noticeable ... is how little attention, proportionately
speaking, has been devoted to exploring in detail the question of the
role that tasks might play beyond the confines of the classroom." A key
issue then becomes the meaning of the term "classroom reality," and this
leads to some fundamental questions. What are the "real-world tasks" for

students who are learning English in a non-English-speaking environment as a school subject? If students have no immediate use for the language outside the classrooms, how could English education be related to their life both inside and outside school?

Developing these concerns, Candlin (2001, p. 239) asks:

- How is the "real world" being constructed? In terms of which participants, which roles, which discursive and social relationships?
- What assumptions are being made here between some perceived identification of the social world of the classroom and the learners' social worlds outside the classroom?

These questions lead to two important issues: First, we need to be clearer about what the learners' "real world" is, both in and outside the classrooms. Second, we need to decide how appropriate content should be selected that can possibly meet these goals.

2.1 A Survey of Chinese Students' Interests: The Three Worlds of Students

Crucially, therefore, empirical data are needed to provide a basis for a reflection on curriculum goals and appropriate content for language teaching materials in China, and so it was decided to conduct a study for the purpose. The guiding research questions were:

- What is the real world for Chinese students in English-language classes?
- What are the most appropriate real-world tasks for school students?
- What thematic content should be selected for students who are learning English in non-English-speaking environments?

The basic procedure was to choose a series of tasks for students to consider and then to ask why they liked certain ones and not others. The tasks were drawn from current coursebooks and from others designed by the first author. As the research study continued, student feedback led to iterative task modification and further data gathering.

The study was conducted in twenty-two schools (both urban and rural) in thirteen different provinces in China over three years. China, to state the obvious, is large and diverse and merited such extensive data collection. The target population was Grades 5–6 (age 11–12) with primary school students, and Grades 7–8 (age 13–15) with junior high-school students. In addition, teachers were interviewed. In total, 176 students and 90 teachers took part in focus groups and interviews. Given the dramatic differences between rural and urban areas in China, students and teachers in these two areas probably view the content of tasks quite differently, and all these opinions had to be collected. The students were asked to pinpoint the topics or tasks they did not like in their textbooks and to explain why not. Semi-structured interviews were carried out with both teachers and students, followed by nonparticipant observation in class. Some of the interviews were video-taped and the others were recorded. When schoolteachers were interviewed, they were asked how their students reacted to the materials in the textbooks. They were also probed on students' difficulties in learning English.

Based on the interviews with both students and teachers, it was found that the thematic content of the tasks in English textbooks is a major reason for problems in the implementation of TBLT in a Chinese context. Most Chinese English-language teaching professionals (perhaps in other parts of the world, as well) assume, either explicitly or implicitly, that the most appropriate thematic content for a task should be linked to interpersonal communication situations in English-speaking countries. This is exactly what caused some serious problems for Chinese schoolteachers and students.

Both rural and urban students mentioned that they do not like the style of the textbooks, which seem to "lecture us" and "all the stories are harmonized." What they meant was that most of the texts are about "good and happy things," such as "which season do you like best" "having a birthday party" or "spring outing in a park". Characters in the textbooks share the same idea and have no conflict. However, students want to learn something more related to their real-life problems and knowledge about life skills and something "even our parents do not know". These findings were common to the vast majority of students and teachers, both rural and urban, in the study. More generally, what they actually like to talk about are their emotions, families, things that may have a connection to what might be termed their "inner world". Both rural and urban students express a need for more sophisticated ideas, reflecting the more complex and diverse realities of their living environments. They talked about their relationships with teachers, friends, and parents, and the life problems they may face in the future, as well as current political, local and international issues. They are interested in how to improve in relationships with their peers, parents, and teachers. They want readings on mental health, such as the development of positive feelings, to encourage them to deal with life problems and provide alternative solutions. Both groups of students like English songs. They do not only enjoy music, but also are interested in different ideas about the meaning of life. Many students mentioned that they are curious about how American and British highschool students live with their parents and interact with their teachers.

Moving from the responses common to both geographical areas, teachers in rural schools reported that few students really enjoyed learning English. One major problem was that certain topics in these authorized textbooks were alien to the students. The "ordering food in a fast-food restaurant", for example, is also considered unrealistic because few students in small towns and village schools have any chance to see what an actual pizza or sandwich are—these are not their daily menu in or out of schools. In the students' course books, there are tasks about the sorts of activities people do on the weekend, and according to the course book, the students are expected to talk about "visiting museums" "going to the zoo" and "watching a movie in the cinema". But these tasks are far from students' reality. When asking students in a rural area the things they themselves do at the weekend, the answers were "cooking for themselves" "going fishing in the river nearby" and "helping grandpa take care of the crops", as many rural school students have to cook for themselves on the weekend because their parents go to larger towns and big cities to earn money.

Turning to the urban context, although fourteen to sixteen year-old students like topics concerning popular music, sports, movies, food, and literature, they are also interested in what may happen in the future, in politics, friendship, love and war. Some are interested in comments about China by people from other countries. Topics on moral issues, virtues, such as violence, school bullying, and the meaning of life, are also the things they enjoy reading and discussing. They like to read articles about other countries, how people in other countries solve certain problems, their worries and concerns, and their ways of life. Urban students also want to tell stories of their own experiences when they meet English speakers from other countries. The students complain that they have soon exhausted their vocabulary and could not express more complicated ideas when they did get the opportunity to talk.

The more detailed findings lead to some interesting generalizations. The findings show that both rural and urban students have a strong need to learn something (a) more related to their own context, (b) using more challenging materials for their thinking skills and (c) leading to more knowledge about the world.

It was concluded that Chinese students' "real world" is best described in terms of "three worlds": an inner world, a knowledge world, and a future world. This interpretation of an inner world means that "giving directions" and "ordering food in a restaurant" are not "real tasks" for them. In contrast, what are "real" are their feelings, their sadness, happiness, and worries. They may have fights with schoolmates or be misunderstood by teachers. Then they feel very upset, and these feelings and emotions are genuine. A knowledge world means that they want to obtain useful knowledge for their growth through English beyond simply English-language knowledge in itself. This life-skill knowledge includes how to become successful individuals. For example, if students can learn how to cope with school bullying, they may use the skills right after class.

The future world refers to real-life problems and situations that may be encountered. Even students from rural areas want to explore the world outside their communities in the future and want to imagine their future lives. So, if the materials can reach students' hearts, activate their emotions, and teach young people to solve problems they face now, it may be considered more "authentic" than repeating what the people say in dialogues where two or three native speakers are ordering food or complaining about the British weather!

These findings have relevance to the content of a task-based approach, and they present some considerable challenges. Clearly, these students are able to articulate their viewpoints about learning in some detail. It is also clear that their views do not always (or even often) mesh with the typical views of educators and course writers. If we are to harness the motivation of these learners, we have to modify typical course content. Some of the interests that were expressed, such as school bullying, or how to grow taller, are quite surprising. Some of them also indicate a lack of realism about what can be attained in the limited amount of time available. But what they do is certainly recast the problem, the challenge, for course developers and task designers.

3 Reconceptualizing the Goal of English-Language Teaching

If one takes a closer look at the "three worlds" from the previous section, it is clear that for primary and secondary school students, the goal of learning English as a foreign language is not simply communication; there are several parallel goals. It is more appropriate that the focus within each of the three worlds should be translated into a multi-goal English curriculum.

Such a multi-goal model can be broken down into three subsidiary goals: a social-cultural goal, a cognition and thinking goal, and a language use goal. These three goals are independent, yet need to be integrated in tasks and in real communication. The social-cultural goal includes mental, physical, and social well-being, with an emphasis on the development of values and attitudes. The cognition and thinking goal includes a growth mindset (Dweck, 2006) and lower- and higher-order thinking skills, as well as learning ability, including information and media literacy. The language use goal consists of language knowledge, skills, and communication strategies.

If one looks at the connection between the "worlds" from the previous section, and the different goals just described, the clearest connection is between the knowledge world and the cognition and thinking goal. Even so, the students' "knowledge world" involves not only cognitive and thinking knowledge but also social-cultural knowledge. Then, the language goal is obviously pervasive and formalizes the way other goals can be enabled through the specific language work that is necessary in any curriculum. The remaining inner and future worlds then connect with the socialcultural goal, which addresses both the personal, emotion-linked nature of the inner world, and also the wider context and worldview central to the future world. As the students mentioned, if English-language learning could stimulate logical thinking and problem-solving skills, they would love to learn English, and these needs could be perceived as the basis for their intellectual growth.

This analysis suggests that it is time for English teaching researchers to integrate language education into whole-person development and recognize the multifunctional nature of language education. Nowadays, educators around the world talk about global competence and the survival skills that young people need in the future (Wagner & Dintersmith, 2016; Peterson & Seligman, 2004; Dweck, 2006). However, English-language teaching focuses mainly on language acquisition and language competence. We argue that successful communication does not merely involve ability for language use and cultural awareness, but is an integration of personal character strengths, thinking skills, behaviors, and world knowledge with language competence.

There are many connections with these suggestions in the literature. For example, Widdowson (1979, p.16) argued that "a foreign language can be associated with ... other subjects in the school curriculum." Wesche & Skehan (2002, p. 220) also suggested that content-based instruction (CBI), which involves the integration of school or academic content with language teaching objectives, may be more suitable for school language teaching contexts because the "primary advantage of CBI over other communicative language teaching approaches is that using subject matter as the content for language learning maximizes learners' exposure to the second language" and it is "most effective, more motivating, also more important" (p. 215). The multi-goal model is broadly similar to CBI or content and language integrated learning (CLIL) approaches (Nikula, 2015; Ortega, 2015), which have been gaining popularity recently. But there is a difference and it is that the tasks and thematic content focus more on issues related to children's growth. The construct of "real-world tasks" is to help students develop cognitive and thinking skills. The content is linked to the school curriculum in various subject areas (Van Gorp & Van Den Branden, 2015), but the aim of the teaching in the present context is not to teach the content knowledge itself.

3.1 Selecting Thematic Content and Designing Tasks

The question we need to consider next is what content needs to be selected and tasks designed that could build task engagement (Dornyei, 2019), students' character strengths and virtues, thinking skills, and at the same time, develop students' language ability.

Seven principles of task design and selection are proposed:
- Real-life thematic content
- Useful knowledge
- Relevant problems
- True communication
- Personally engaging
- Self-motivation
- Lower- and higher-order thinking skills

On the basis of the research study described earlier, and following the seven principles, a series of task-based course books entitled *New Notion English* was developed (Gong, 2014). These coursebooks were designed to be used as additional materials to state-school curricula, mostly, although not exclusively, in private schools. The book series consist of ten levels for students aged 7–12.

The tasks in *New Notion English* are too numerous to be covered in any detail here, and the descriptions that follow are illustrative only. (More complete examples of teaching materials can be found in the website associated with this book.) One unit was based around hallway rules, a topic that related naturally to students' lives and which connected with areas beyond simply language. There was also a unit on growing taller. An adults first reaction to this might be that this is an area controlled by genetics. But it was brought up by students as something important to them and so worth considering. It was possible to make this into a science topic, and explore relative contributions of genetics and such factors as lifestyle and diet. Other units, and associated tasks, were built around school bullying (of great importance to students), dealing with parents, conflict resolution, and becoming class leader. As is immediately clear here, the topics and ensuing tasks were driven by students' interests. They were clearly part of the students' worlds, whether inner, knowledge, or future.

As indicated earlier, the content of the three goals are integrated when actual communication happens. For example, when students perform a hallway rules task, they have to practice opening the door, turning their heads to see if someone is behind them. If someone is following them, they are expected to hold the door open, and the other one should say "Thank you". This task involves not only language use, but also a way of thinking and virtues of being kind. So it integrates social and emotional well-being practice with language learning. Similarly, in doing a good listener task, students are expected to face the speaker, have eye contact, keep their hands and feet still, and nod their head.

As we have seen, the development of the thinking goal targets the development of thinking processes essential to a person in his or her lifelong learning and career, such as clarifying, comparing, reasoning, analyzing, and hypothesizing. Young learners will not be able to acquire such abstract thinking skills by merely being taught explicitly. Tasks, especially real-life tasks, in contrast, provide perfect opportunities to help them understand and develop thinking skills. For example, comparison tasks can be integrated into the materials. In a pet task, the decision-making process concerns whether it is better for a family to raise a dog or a cat. Students first compare the differences of living habits between a cat and a dog. They have to think about whether their family members have time to walk a dog twice a day. Then students have to think about their families. If they have busy parents and no grandparents, they may have to think about whether she or he has time to raise a dog. Finally, their local environment also needs to be considered regarding adequate space. For the outcome of the task, they make a decision as to whether they should adopt a dog or cat. This task involves not only thinking skills and decision-making skills, but also helps children learn responsibility and perspective-taking (Galinsky, 2011).

Clearly, the information from the earlier data-gathering research was vital for the selection of thematic content. Some of the topics we discussed might link naturally with many courses for school-age children (pets, becoming a good listener). Others (hallway rules) are perhaps examples from the present context relevant to general task-based teaching, as Willis's (1982) suggestions for exploiting the classroom and school environment to find genuine communicative opportunities. Some topics, though, have rather surprising qualities (bullying, growing taller), and can be regarded as only discoverable through research of the sort described here. Others might be potentially general in nature but particularly appropriate for this Chinese context (becoming a class leader). This certainly demonstrates the contribution that such research can make to topic identification. As the accompanying website materials make clear, it was then possible to design tasks that build on these topics, and be more confident that the topics would stimulate interest.

4   A Preliminary Evaluation of the Task-Based Course

The pedagogic innovation described above has been evaluated in two broad phases. In the first phase, ten schools were selected and data gathered between 2014 and 2016. Then, tasks were redesigned and these modified tasks were the basis for the second phase of the evaluation. In the main part of the second phase, approximately seventy primary schools, in more than fifteen provinces in China, were involved initially. Subsequently, more data have been collected since 2018, in ten schools, in five provinces.

The research methods for both phases include participant and nonparticipant observation, semi-structured interviews with students, parents, and teachers, collection of students' homework, and focus group interviews. The participants include local supervisors, school principals, schoolteachers, students, and parents. The data collected so far, particularly that from the second phase, have not been processed completely yet, and so the observations made here have an anecdotal quality. Even so, some interesting evidence was found to show that these tasks do have a positive influence on students' language achievement, character strengths, and thinking skills. Their language ability, in particular, is believed to be more rigorous and fluent than those of their peers in other schools.

Beyond language itself, some interesting insights have emerged to show that the tasks did have some influence on students' behaviors and their ways of thinking. A schoolteacher in Chengdu recounted that two students had a fight in the classroom, and other students came up and pulled them apart. One student even spoke in English and said "walk away from him," which came directly from a unit on conflict resolution in their textbook!

Evidence shows that throughout the school-based curriculum-implementation, learners show signs of positive thinking with a growth mindset. In the becoming class leader task learners are encouraged to analyze their own advantages and limitations. They compare the different personalities of potential leaders and indicate what kind of person they like best. "I was quite surprised that a shy girl like my daughter was able to bravely express herself and to talk about her advantages in order to run for class leader," was a remark shared by one of the parents from Chongqing.

In addition, while implementing the "Time to Speak Out" unit, which was originally designed to expose learners to the phenomenon and potential harm of bullying, the task was completely changed in response to learners' own orientation to the problem. When asked whether they think the suggestions for preventing school bullying are useful, they all said "No!". So, the teacher asked students to find their own solutions, and in doing this they talked extensively about the different ways of completing the task. A teacher working in a key primary school in Beijing observed that:

> They questioned the definition provided in the book ... Therefore, I made up my mind to negotiate with them and change the task into discussing bullying in China and to provide possible solutions.

This also relates to the task-as-workplan and task-as-process distinction (Breen, 1989; Ellis, 2003). As Long (2005, p.20) suggested "to be sure, learners sometimes not only wish to be consulted, but also are well informed."

5 Conclusion

From this case study, we strongly believe that local educational goals and the needs of student growth must be one of the things to consider if TBLT is to be successfully implemented in curricula or course books for school-age learners who are learning English as a foreign language. As Ellis (2018, p.xii) argues "Researchers should focus more on the implementation of tasks in actual classrooms rather than on the design of tasks in carefully controlled experiments." Language skills and communicative competence are important for *surviving* in an English-speaking environment, but *thriving* within schools and beyond is perhaps more important for students in schools and classrooms. Students must be prepared for the future as global citizens. Language ability is not the only thing they need to acquire for successful communication with people in other nations. Behaviors, values, character strengths, virtues, and positive mindset all have positions in communication. Whether one has creative thinking or critical thinking skills also involves students' personalities (Csikszentmihalyi, 1996; Ruggiero, 2012). Researchers, teacher trainers and teachers in TBLT may have to learn other knowledge beside language-learning theories.

Further Reading

Butler, Y. G., Kang, K. I., Kim, H., and Liu, Y. (2018). "Tasks" appearing in primary school textbooks. *ELT Journal*, 72(3), 285–295.

Cook, V. (2007). The goals of ELT: Reproducing native-speakers or promoting multicompetence among second language users? In J. Cummins and C. Davison, eds. *International handbook of English language teaching*. New York: Springer, pp.237–48.

Garton, S. and Copland, F. (2018), eds. *Routledge handbook of teaching English to young learners*. Abingdon: Routledge.

McKay, S. (2006). *Assessing young language learners*. Cambridge: Cambridge University Press.

Nikolove, M. (2009), ed. *The Age Factors and Early Language Learning*. Berlin: Mouton de Gruyter.

Shehadeh, A. and Coombe, C. A. (2012). *Task-based language teaching in foreign language contexts*. Amsterdam: John Benjamins.

Van den Branden, K. (2006), ed. *Task-based language education*. Cambridge: Cambridge University Press

Willis, D. and Willis, J. (2007). *Doing task-based teaching*. Oxford: Oxford University Press.

References

[1] Breen, M. P. (1989). The evaluation cycle for language learning tasks. In R. K. Johnson (ed.), *The second language curriculum*. Cambridge: Cambridge University Press, pp.187–206.

[2] Candlin, C. N. (2001). Afterword: Taking the curriculum to task. In M. Bygate, P. Skehan, and M. Swain (Eds.), *Researching pedagogical tasks*: *Second language learning, teaching and testing* (pp. 229–243). Harlow: Pearson Education Limited.

[3] Csikszentmihalyi, M. (1996). *Creativity*: *flow and the psychology of discovery and invention*. New York: Harper Collins.

[4] Dornyei, Z. (2019). Task motivation: What makes an L2 task engaging? In Z. Wen and M. Ahmadian (Eds.), *Researching L2 Task Performance and Pedagogy* (pp.53–66). Amsterdam: John Benjamins.

[5] Dweck, C. (2006). *Mindset: The new psychology of success*. New York: Random House.

[6] Ellis, R. (2003). *Task-based language learning and teaching*. Oxford: Oxford University Press.

[7] Ellis, R. (2018). Towards a modular curriculum for using tasks. *Language Teaching Research*, 23(4): 454–75

[8] Ellis, R., Skehan, P., Li, S., Shintani, N., and Lambert, C. (2020). *Task-based learning and Teaching*. Cambridge: Cambridge University Press.

[9] Galinsky, E. (2011). *Mind in the making: The seven essential life skills every child needs*. New York: Willian Morrow.

[10] Gong, Y. (2014). *New Notion English*. Beijing: Foreign Language Teaching and Research Press.

[11] Graves, K. (1996). *Teachers as course developers*. Cambridge: Cambridge University Press.

[12] Long, M. H. (2005). *Second language needs analysis*. Cambridge: Cambridge University Press.

[13] Long, M. (2015). *Second language acquisition and task-based language teaching*. Hoboken, NJ: John Wiley and Sons.

[14] Markee, N. (1997). *Managing curricula innovation*. Cambridge: Cambridge University Press.

[15] Nikuta, T. (2015). Hands-on tasks in CLIL science classrooms as sites for subject-specific language use and learning. *System, 54*, 14–27.

[16] Ortega, L. (2015). Researching CLIL and TBLT interfaces. *System*, 54, 10–39.

[17] Peterson, C. and Seligman, M. (2004). *Character strengths and virtues*. Oxford: Oxford University Press.

[18] Ruggiero, V. R. (2012). *Beyond Feelings: A guide to critical thinking (Ninth Edition)*. New York: McGraw-Hill.

[19] Van Gorp, K. and Van Den Branden, K. (2015). Teachers, pupils, and tasks: The genesis of dynamic learning opportunities. *System*, 54, 28–39.

[20] Wagner, T. and Dintersmith, T. (2016). *Most likely to succeed: Preparing our kids for the innovation era*. New York: Scribner.

[21] Wesche, M. B. and Skehan, P. (2002). Communicative, task-based, and content-based language instruction. In R. B. Kaplan, ed. *The Oxford handbook of applied linguistics*. Oxford: Oxford University Press, 207–228.

[22] Widdowson, H. G. (1979). *Explorations in applied linguistics*. Oxford: Oxford University Press.

[23] Willis, J. (1982). *Teaching English through English*. London: Longman.

此文原载于 *The Cambridge Handbook of Task-Based Language Teaching* 2021 年版。

核心素养导向的"新"英语教育

——《义务教育英语课程标准 (2022年版)》解读(2022)

体现国家意识和社会主义核心价值观的义务教育课程标准规定了教育目标、教育内容以及教学基本要求,作为教师教学的指导性文件,直接影响着我国中小学教材编写、教学活动设计与实施以及评价。《义务教育英语课程标准》(2022年版)(以下简称"英语课标")的实施将会给基础教育外语教学带来非常巨大的变化。理解英语课标中"核心素养"目标的内涵及其特点,将会帮助教师更好地理解国家对于人才的期待和育人的标准,有助于更加明确"培养什么人、怎样培养人、为谁培养人",优化自身的教学设计与实践,为新时代青少年成长发展,培养出国家所需要的人才做出贡献。

一、"育人本位":英语教育的新目标

英语课标的颁布,更加明确了英语作为当今世界经济、政治、科技、文化等领域中广泛使用的语言、国际交流与合作的重要沟通工具,承载着传播人类文明成果、帮助中国走向世界、让世界了解中国的重要使命。义务教育英语课程性质更加强调了其基础性、实践性和综合性的特征。英语课标指出"核心素养是课程育人价值的集中体现,是学生通过课程学习逐步形成的适应个人终身发展和社会发展需要的正确价值观、必备品格和关键能力"。英语课标基于"关键能力,必备品格和价值观念"这三大内容而制定出英语课程要实现的教学目标,即英语课标中设计的语言能力、文化意识、思维品质和学习能力。就核心素养的本质而言,英语课标指出:核心素养的四个方面是"相互渗透,融合

互动、协同发展"，以使中小学生能够通过基础阶段英语课程的学习，了解世界不同的文化、思维方式等，学会更加客观、理性地看待世界，逐步形成正确的世界观、人生观和价值观，为学生终身学习、适应未来社会发展打下坚定的基础。就课程目标而言，英语课标的育人目标已由三维目标，即"知识与技能、过程与方法、情感态度、价值观念"转向强调"育人本位"的教育目标。

我国核心素养的内容构成也借鉴了 OECD 的核心素养内容构成。OECD 明确提出，核心素养可以是包含一系列特定的能力要素，但这些要素是综合地统整为一体的。由于核心素养涉及认知与实践相关能力、创造性的能力、以及社会心理所包含的如态度、动机、和价值观等要素，对于其培养与发展，并不是仅仅靠教授知识与技能去实现的，而是需要我们设计出超越知识与技能教授模式，以全人的发展（Whole-person Development）为目标，将核心素养的结构要素，必备品格、关键能力、正确的价值观念作为一个整体，各要素间相互交叉、相互影响，以共同发展各要素的形式统摄整个课程设置与实施。

以发展学生核心素养为培养目标作为统领的英语教育，对于英语语言本身的认识发生了变化，由原先把英语语言当作沟通交流的工具，转向通过英语学习实现学生思维方式、行为习惯、品格与美德等方面的综合性全面培养。外语教育目标过去通常定位为培养"交际能力"。然而交流时表达出的语言，实际是品格的外显，学生的行为习惯、言语表达，体现其价值观念。而优秀的交流者具有某些良好的品格与个性，有自己为人处世的准则。人的交流能力与其思维品质、价值观念、行为习惯、解决问题的能力等密不可分。正如匈牙利著名语言学家 Dörnyei（2005）所说："外语不仅仅是一种交流的语码，它实际上还作为每一个单独的人其心智活动中最'核心'（Core）的东西，构成了一个人的特性（Identity）。因此，我越来越接受从全人（Whole-person）发展的角度去看待动机所属的范畴"。外语教育的核心价值，在于培养人的思维方式以促进人的全面发展。交流不仅仅是语言技能、听、说、读、写的运用，还是人内心世界的反映，也是处事能力的体现。英语教育的核心价值，是培养一个好的沟通者、正确价值观念的传递者，而不仅仅是交际能力。

二、素养导向：英语教育课程内容的新定位

英语课标中的总目标，即"发展语言能力、培育文化意识、提升思

维品质和提高学习能力"回应课程目标。以核心素养培养作为统领，结合核心素养各要素具有融合、互动等特征，提出关注人与自我、人与社会和人与自然的三大主题，通过英语课程的教学内容，培养学生适应未来发展的正确价值观念、必备品格与关键能力。

英语课标中课程内容由主题、语篇、语言知识、文化知识、语言技能和学习策略等要素构成。但关键是要以发展素养为本位，然而内容只是实现目标的手段和工具，真正实现教学目标，要以核心素养的要素为中心，结合本学段英语学习内容，将主题内容融入英语教学任务活动中，通过各种不同的主题，学生在真实的语境中，完成那些具有挑战性的任务，逐渐使得他们体会如何做人、如何做事、如何与他人相处等，最终实现具备核心素养。

所以，明确核心素养的内涵，是做好英语课程内容设置的基础。虽然已有对于正确价值观念、必备品格和关键能力的相关概念界定，但是我们需要了解的是：价值观念、必备品格和关键能力，它们的内涵实际上是交叉的，比如关键能力中的思维品质不仅仅包括思维能力，也包含品格，也就是说一个人思维品质，不仅仅是看一个人是否有分析、推断、找出原因与结果等逻辑思维能力，它还包括人的思维方式和价值观念。具备何种思维定式，就可能用这样的定式思考问题，而人们作出判断的时候，往往也体现他们的价值判断。所以，我们要整体理解核心素养，正如华东师大崔允漷教授强调的，不要把必备品格、关键能力和价值观念看成三个东西，核心素养它是个整体，它有整体性、情境性和反思性。北师大课题组研制的"21世纪核心素养5C模型"也提出，核心素养是一个人在面对解决复杂问题时候的综合性表现，是关键能力、必备品格和价值观念的整合。也就是说，素养的定义更加注重一个具备某种素养的人"能够做什么"，"具备怎样的行为表现"，强调从"表达输出"的角度刻画学习者所应具备的行为表现。体现核心素养的价值观念、必备品格和关键能力并不是三个完全独立的要素，它所指的是人在真实情境下"能做事""能解决问题""能完成任务"的综合性表现。从中我们可以归纳出核心素养首先是一个整体，核心素养需要在真实的情况下解决问题，做事情，完成任务，通过任务完成情况来评价学习者是否具备了一定的核心素养。

英语课标中要求围绕培养学生语言能力、文化意识、思维品质、学习能力等方面为课程目标设计课程内容，我们也已知外语语言的学习是对学生思维方式、行为习惯、品格与美德等方面的综合培养。教师们则需要明确核心素养的内涵,将其纳入课程内容的设计中,通过课堂教学实现对学生全人发展的培养。

三、学科实践：综合素养培育的核心路径

英语课标强调学科实践作为一种学科学习方式,是将理论与实践进行有机地结合,使学生能够在真实的情景中学习,实现学生从学习知识走向发展核心素养的有效实践路径。在实施路径上,语文课程提倡"任务",并开始为"任务"定义。我们主张以任务作为中心,将核心素养要素进行整合。以任务为统摄,学生所需学习的外语语言知识、语言运用能力与核心素养要素融合进入系列化教学内容,以任务型教学的方式实现学生外语教育的培养目标,是一条可行的路径。

在通过学科教学落实核心素养过程中产生常见的问题是：将学科课程要素在课程中分类描述,各司其职,没有将这些要素作为一个整体分析的单位。虽然这些核心要素被认为是"相互渗透、融合互动和协同发展"的关系,但是教师在教学设计时,往往将课程目标直接替代课堂教学目标,将一节课的目标分为四个方面的目标。结果,在中小学教学中往往变为分割独立的板块,在教学目标设计时并列描述、分项设计与教授这些要素。最终难免仍是以知识体系为核心,在教学中就很难实现超越学科的站位。

如果教师能将价值观念、必备品格和关键能力看作一个整体,以"任务为分析单位"（Units of Analysis）,将任务作为统摄整个课程和教学内容的设计基础,以完成任务为教学的核心,就有可能真正实现对学生核心素养的发展。钟启泉指出：课程改革"要挖掘不同于现行学科内容的内在逻辑的另一种系统性,亦即从学科的本质出发,并从学科本质逼近'核心素养'的视点,来修正和充实各门学科的内容体系（学科固有的知识与技能）,进而发现学科体系改进与改革的可能性"。我们认为,这个系统,就是一个任务大纲。任务大纲将包含思维、品格、解决问题能力的任务活动整合成一个个"任务",学生在完成各种挑战性任务的过程中,解决真实的问题、合作讨论不同的观点、锻炼解决问题的能力,逐渐形成新的思维方式、行为习惯、最终发展他们的核心素养。正如文艺、崔允漷所说：任务存在的意义不是完成任务,而是让学生在完成任务的过程中形成有利于自身和社会发展的语言能力及其品质。

　　"任务"（Task）是指能体现课程目标、有明确目的以及预期结果的语言活动，任务是包含了课程内容的微型课程，是将语言运用、品格培养与思维能力培养，解决问题能力融合为一体的语言活动。"任务型语言教学"（Task-based Language Teaching）是指以"任务"为分析核心的教学设计思路，这种设计思路与传统"结构-功能途径"的主要区别在于：它不是以教授语言知识体系为教学设计的基础，而是以学生在真实语境中能完成何种任务为分析的单位，并根据完成任务需求，选择适当的语言知识与语言技能。任务型语言教学的基本设计思路是：教学目标通过一个个的任务来进行描述，输入的内容、活动过程、语言学习材料的背景等均以任务的形态呈现。在设计课程时，课程目标是由很多任务构成的，然后再根据完成任务的需要选择适当的词汇、结构或功能。任务型语言教学的倡导者世界著名语言学家 Candlin（1987）认为，任务体现了课程的理念，以微课程的形式包含了课程的内容（Tasks Embody a Curriculum in Miniature），而课程就成为一系列任务，一系列微型的课程。

四、学业质量：评价核心素养的综合表现

　　英语课标明确指出："学业质量是学生在完成课程阶段性学习后的学业成就表现，反映核心素养要求"。英语学业质量标准应反映学生通过英语学习，提升自身核心素养的综合表现。新英语课程目标是：发展语言能力、培育文化意识、提升思维品质和提高学习能力，其实质反映的是学生通过英语学习对于知识运用的综合表现，而非仅仅语言知识点的习得。

　　参照学业质量标准，英语课标同时提出了"教-学-评"一体化的课程设计理念，鼓励以评促学、以评促教，使得评价与教学紧密结合贯穿整个教学过程。"教-学-评"一体化主要是将教学目标、教学内容与教学测评视为一个整体，强调这三个方面的协调、配合，要求教师在进行课程设置时，将"教-学-评"的一致性、匹配性纳入考量，进行大单元的教学设计。

　　关于核心素养的评价，需要基于核心素养本身的特点如：具有情境性、综合性、整体性等。学生是否具有核心素养，关键是考查其行为表现，所以核心素养是可教可评的。学生是否具有核心素养，不是用"知道""懂得"来描述，而是要看解决问题与任务完成过程中的

表现,当然也包括在此过程中,其语言的准确度、流利度、得体性以及语言表达的复杂程度,综合评价学生的语言运用能力与核心素养发展水平。

五、结语

从培养学生核心素养的角度审视外语教学,外语教学将不再仅仅是教会学生如何正确、恰当地使用外语,而是在学习语言的同时,培养学生的思维方式、品格与美德、行为习惯、价值观念,教会学生如何思考、解决问题、如何与他人相处、如何做一位拥有正确的价值观念、必备品格和关键能力的人。将这样的培养目标和内容融合到我们今后的外语教学中,就需要我们重新认识语言教育的价值,理解核心素养的内涵,扩展外语教师知识结构,实现培养全面发展的人的教育目标。

参考文献

[1]中华人民共和国教育部.义务教育英语课程标准(2022年版)[M].北京:北京师范大学出版社,2022.

[2]Dörnyei Z. The Psychology of the Language Learner:Individual Differences in Second Language Acquisition [M]. New York:Lawrence Erlbaum Associates Publishers, 2005.

[3]Wiggins G, McTighe J. Understanding by Design [M]. Alexandria:ASCD, 2005.

[4]崔允漷.新时代 新课程 新教学[J].教育发展研究,2020,40(18):3.

[5]魏锐,刘坚等."21世纪核心素养5C模型"研究设计[J].华东师范大学学报(教育科学版),2020,38(2):20-28.

[6]中华人民共和国教育部.义务教育课程方案(2022年版)[M].北京:北京师范大学出版社,2022.

[7]文艺,崔允漷.语文学习任务究竟是什么?[J].课程·教材·教法,2022,42(2):12-19.

[8]钟启泉.学科教学的发展及其课题:把握"学科素养"的一个视角[J].全球教育展望,2017,46(1):11-23+46.

[9]Candlin C N. Towards Task-Based Language Learning [A]. Candlin, C., Murphy, D. Language Learning Tasks. Lancaster Practical Papers in English [C]. Lancaster:Lancaster University, 1987:5-22.

[10] 崔允漷,雷浩.教-学-评一致性三因素理论模型的建构[J].华东师范大学学报(教育科学版),2015,(4):15-22.

此文原发表于《中国电化教育》2022年第10期,总第429期。
作者:陈瑞华,龚亚夫。

外语学能与外语学习策略关系的探究①（2023）

发展"学习能力"是中小学英语课程标准中的目标之一。国家英语课程标准从元认知、认知、交际、情感方面提出了对学生学习策略的要求。然而，有关策略的培训，需要根据学生自身潜在能力的高低来制定针对性的方案，以提高策略教学成效。研究"外语学能"（Foreign Language Aptitude），即外语学习与运用对于学习者的特殊能力要求，有助于从个体语言学习潜能高低的角度，为其提供适切化的学习策略指导，设计高效的外语学习方案与实施路径。国家课程改革提出的"自主性学习""个性化学习"，就外语学习而言，应以语言学能作为分析学生差异化、个性化外语学习的依据，作为探究外语学习策略效能的基础。

一、外语学能的界定与应用

20世纪60年代初，外语教学专家就开始思考"何为学习外语的潜在能力"，外语学能这一概念就此产生。"外语学能"（以下简称"学能"）通常包含学习发音、语法结构、推断规则和记忆等方面，被视作一种潜力。其覆盖面很广，学能也被定位为预测学生语言学习成果的指标。更进一步来说，学能决定了一个学生在语言学习方面的潜力上限。也有观点认为，学能在不同的语言学习阶段发挥的作用不同，并且学能本身也会随着学习进展而变化。无论如何去定义

① 本文为中国教育学会2021年度教育科研一般委托课题"以发展核心素养为目标的英语任务型教学途径研究"（2021010405WT2）的成果。

学能,其与外语学习的紧密关系已在理论上得到认可。大量的实证研究和理论研究均表明,学习者的学能与其外语水平之间存在直接关联。

学能被视为学生在外语学习中的优势,指学生在外语学习过程中的潜能和特质,是学生运用自身认知能力(cognitive ability)来处理在不同场景、不同阶段的外语学习的能力。关于学能的构成,语言学家Carroll(1990)和Skehan(2002)在他们各自的研究中都证实其是针对外语学习的特殊智能,由四个相互独立的能力构成:一是"语音解码能力"(phonetic coding ability),指人能辨认出不熟悉的语音,并能短时记忆这些语音;二是"语法敏感度"(grammatical sensitivity),指能发现句子中词语的语法功能;三是"语言归纳能力"(inductive language learning ability),指能从少量例证中归纳出语言规律的能力;四是"机械记忆能力"(rote learning ability),指能死记硬背外语学习材料的能力,其也被定义为"联系记忆能力"(associative memory),既指能记忆外语学习材料的能力,又指在母语词汇和外语之间建立联系的能力。

多年来,许多学者倾向于通过现代语言能力测验评价学生的学能,而不是将学能视为一种可以通过不同方法在不同情境中衡量的动态化的能力。学习者的能力不仅体现在与语言学习相关的测试分数上,还反映了其一系列认知能力的优缺点,这些认知能力是语言发展过程的基础,并与动机、机会等其他因素相互作用。

学术界已经证实,在运用测试来定位学生学能时,如果未考虑学能在不同学习环境下的表现形式等因素,并不能够准确定位学生学能高低。学能本身仅代表学生语言学习的潜在能力,并非预测某个人能否学好外语的唯一指标,而是预测语言学习的速度。研究还表明学能和动机、学习策略等并不能单独作为解释外语学习成功与否的关键因素,更重要的是相互间的"互动"作用。

外语学能是外语学习研究中一项重要却又复杂的议题,可以说,研究外语学能就是在研究学生外语学习的本质。成功的外语学习者被普遍认为在某些方面具备较高的学能,而研究这类学习者的学能特征能为推广有效的外语教学提供理论依据和实施策略。外语学能也可以随着学习进展而改变,教师仍有通过教授和训练提升学生学习能力的空间,包括帮助学生识别和培养适合个体需求的学习偏好、学习策略,从而通过教授学生如何有效地学习来发展学习者的自主性。因此,我们有必要研究学能与学习策略之间的关系。

二、学能与学习策略研究结合

　　国外学界有研究表明，学能并不是固定不变的，它会随着学习经历的累积而改变。由于学能具备过程性（process-orientated）导向，学生所处的学习环境、学习内容、所运用到的学习策略都将影响自身学能的发展，进而又影响学生的外语学习成效。

　　针对个体学习差异的教学被视为外语学习过程中的重要构成要素。个体学习差异包含三个要素：一是学生的一般智能（general intelligence），此处特指学生从课堂教学中获益的能力；二是语言学能；三是学习动机或特指外语学习动机。教学则包含投入外语学习的时间以及教学质量。教育家 Rubin（1975）指出，测试学能可以预测学习者在语言学习中取得的成果，但还不足以提供足够的实践信息来指导教学决策。相反，Rubin（1975）主张重点关注优秀语言学习者使用的策略，以使学生运用恰当的学习策略来弥补自身学能的弱项或发挥其强项。国外学者通过一系列测量方式得出结论，个体学习方式、学习策略与其学能间存在积极且正向的关系。根据学习者学能高低的差异，其个性化的学习方式、所运用的学习策略也会有所不同；反之，学习者的学习方式、惯用的学习策略也会影响自身学能的发展和提升，从而最终影响学生的外语学习成效。这种观点让我们注意到，应该在学能与学习策略间建立联系，研究学习策略对于提高学能的作用。

（一）语言学习策略

　　教授学习策略旨在使学生更容易、更快速、更愉快、更有效地运用语言，并在新情景中迁移所学策略。对于语言学习策略分类的研究有很多，其中，最受学界认可的当属语言教育学家 Oxford（1990）的语言学习策略分类（Taxonomy of Language Learning Strategies）。在 Oxford（1990）的语言学习策略系统中，学生学习语言的策略主要有两大类，包括直接策略与间接策略。其中，直接策略包括记忆策略、认知策略、补偿策略；间接策略包括元认知策略、情感策略、社交策略。各策略的具体表征如表 1 所示。

表 1　语言学习策略分类

直　接　策　略	间　接　策　略
记忆策略： a. 建立心智关联 b. 利用影像声音 c. 全面系统复习 d. 辅以行为动作	**元认知策略：** a. 注意重点及时归纳 b. 规划有效学习方案 c. 自我监督与评价
认知策略： a. 积极操练运用 b. 主动沟通交流 c. 运用分析推理 d. 输入与输出结构化	**情感策略：** a. 降低焦虑情绪 b. 自我鼓舞激励 c. 调控学习情绪
补偿策略： a. 运用线索推测 b. 弥补说写不足	**社交策略：** a. 善于提出问题与寻求解释 b. 寻求同伴合作 c. 理解他人情感与文化差异

随着"成功的语言学习者"概念的提出，人们对语言学习策略的研究进入了新阶段。Rubin & Thompson（1983）通过研究证实成功的语言学习者一般具有十三项特征，其中，多项特征涉及学生语言学习策略的运用，如，"会利用语境（语言之外的知识和对世界的认识）来帮助理解""会有效利用所犯的错误提高自己"与"具备使用猜测能力来理解语言的策略"的特征就与语言学习策略中的补偿策略相对应；"能够找到自己的学习方法""能够组织语言信息"以及"具有创造性，善于尝试运用新掌握的语言知识"等特征则与元认知策略和认知策略相关；"会使用助记法（韵律、单词联想等）来回忆所学内容"和"把语块作为一个整体来学习，并将学习过程系统化以完成'突破自我能力限制'的学习目标"则与记忆策略相关。学者在对"成功的语言学习者"这一概念的特征描述中，将语言学习策略列为一项重要的参考指标。"成功的语言学习者"所具备的许多特征都与学习者掌握的学习策略类型密切相关。可以说，研究语言学习策略是研究外语学习的重要途径。探索语言学习规律有助于设计培养成功语言学习者的教学方法，提高教学效率和效果。

（二）外语学能与学习策略

学能具备个体差异性，有研究表明，同一种学习方法并不能满足所有学生的外语学习需求。根据学生语言学能的高低，学生拥有个性化的学习方式，需要运用不同的学习策略，以使自身的外语学习能力得到提高和发展。所以，准确定位学生的语言学能，为其提供适切化的学习策略指导，是帮助学生更有效学习外语的关键。

语言学家 Dörnyei & Skehan（2003）的共同研究提出，个体差异中的学能与动机等因素可以预测学习的成功与否。学生的学习需求分析（needs analysis）在外语教学中是至关重要的，它是设计外语课程的前提。对学生的学习需求进行分析，了解学生的学习风格、学习态度、学习能力、学习动机、学习目标等，才能为学生提供适切化的课程、有针对性的学习策略指导，使外语学习变得更加有效。

对学生学能程度的分析和掌握是有效教学的前提。如，学能中的机械记忆能力与词汇学习有直接关联。在词汇学习时，学生记忆单词通常是孤立记忆，缺乏成块记忆的习惯。因此，对于短时记忆能力较弱的学生，他们就更加难以将词汇运用于输出成段的、较为地道的英语表达中。而学习策略中的"成块记忆"，即记忆"语块"（chunks）或句子语干（sentence stems），可以提高学生每次记忆语言的长度，使学生在有限的记忆能力内，能整体存储、成块输出，以弥补学能方面的不足。

三、学习策略的教授

学者对语言学习策略的研究主要着眼于对学习策略进行分类以及探究策略运用和语言学习成果之间的关系。许多研究发现基于策略的教学（strategy-based instruction）对学生语言学习的促进作用。国家英语课程标准从元认知策略、认知策略、交际策略、情感策略方面对不同学习阶段的学生需要在英语学习中掌握的策略提出了一定的要求。如，"初步借助词典等简单的工具书学习英语"（二级元认知策略），"借助自然拼读规则尝试拼读生词"（二级认知策略），"借助非语言信息线索理解他人表达的信息"（二级交际策略），以及"主动与同学开展合作学习，乐于与他人分享学习资源和策略方法"（二级情感策略）。

教授学生学习方法被看作是以学习者为中心的课程理念。研究表明，教授策略与激发学生的学习动力有很大关联。语言学家 Nunan

(1999)的研究显示,接受学习策略教学的学生会比没有接受学习策略教学的学生表现出更高的学习积极性。显然,并不是所有的学习者都自然地了解哪种学习方法更适合自己。因此,明确的策略培训以及引导学生思考自己的学习过程和方法,体验不同的学习策略,有助于增强学习的有效性。基于策略的教学主要有两种模式:直接教授学生在何时运用何种策略促进语言学习和语言使用;将有关策略的知识整合到日常的教学材料、语言任务中,间接教授给学生。

在语言课堂中,直接教授模式包含两种形式":策略培训"(strategy training)和"策略指导"(strategies instruction),其中,"策略培训"也被称为"学习者培训"(learner training)。语言学家 Chamot & Rubin(1994)对这三个名词作出了详细的区分。"策略培训"和"学习者培训"旨在通过统一的练习内容,尽可能消除学生在策略运用水平上的个人差异;"策略指导"则着重强调针对学生的个性化学习需求,教师在策略运用上采用不同的指导。优质的策略教学应该更接近"策略指导"而非"策略培训"或"学习者培训"。在英语教学中,教师运用第一种模式进行策略指导时,可以先向学生呈现可能适用的策略,然后根据学生的学习情况提供新的策略运用示例。在学生学习和运用策略的过程中,教师可以发起关于策略的分组或全体讨论,可涉及策略运用的基本原理、选择适当的策略来完成特定的学习任务以及评估所选策略的有效性等。这种教学模式能够鼓励学生尝试各种不同的策略,并找到适合自己的策略运用方式。

第二种间接教授模式是在课堂任务活动中整合、嵌入与策略相关的知识。教师可以从一组策略开始,通过设计课堂活动和学习任务来引入或强化对这组策略的掌握。教师也可以根据既定的教材,确定哪些策略可以嵌入课堂活动中,如,在帮助学生理解难度较高的学习材料过程中融入策略运用的知识。

理想的情况下,教师进行基于策略的教学时,只有一部分时间会明确、直接地教授策略,其余时间则是将有关策略运用的知识嵌入到语言任务中。这种教学模式的目的是帮助学生了解最有效的方法,以便加强自己对目标语言与其他要素的理解和产出语言的方法,并培养学生在课堂外继续自主学习的能力。基于策略的教学旨在帮助学生提高对学习和使用目标语言的自主掌控程度,并通过营造个性化语言学习的环境来帮助学生成为更有效的学习者。

四、中小学策略教学的研究缺失

我国学者对英语学习策略进行了大量的研究,其中,一些研究者从学生角度探究英语学习策略在语言学习过程中的作用;也有一些研究者从英语教师的角度,探究外语教学策略对于学生语言学习策略的培养。戴运财探究了中国大学生语言学能对于学生二语习得的影响,证实了语言学能是二语习得中学生个体差异最重要的影响因素之一,其对于二语习得会产生独立的影响。

Dörnyei（2005）引用了 Macaro（2001）的"策略培训循环过程"（learner strategies training cycle）,即从提高学习者策略意识开始,到探索可能使用不同的策略,再到针对某个任务综合使用不同策略,继而扶助学生使用策略以及最后调控和评价策略使用的过程。然而,国外关于策略教学效果的实证研究也并不多见。教育心理学家 Hadwin 和 Winne（1996）的调查结果显示,在 566 篇有关策略教学的论文中,只有9%涉及对于策略教学干预影响的实证研究。显然,如何在课程设计与教学中设计和实施策略教学仍需要进一步研究。

此外,近二十年关于英语策略教学的实证研究中,大多数研究关注高等教育中英语策略教学,仅有五分之一的研究关注中小学英语教育中的策略教学,重点关注中小学生英语学习策略在听、说、读、写和词汇等方面的应用情况。但对于中小学生英语学习策略的培养及应用实践尚缺乏实证研究。从笔者接触到的教师培训中,似乎还鲜见系统的培训课程教授教师如何指导学生掌握学习方法,也很少见到系统地向中小学生介绍学习方法的相关信息,涉及中小学生学习策略和策略教学方面的研究也较为有限。

实际上,小学生就能具备掌握一定调控策略的能力。为了初步了解小学生外语学习现状,笔者在深圳某小学做过一次随机抽样访谈。访谈对象是小学五、六年级的学生。访谈时发现,该校参加访谈的五、六年级学生已经具备相当成熟的"自我调控"能力,懂得如何确定学习方法、规划学习时间、选择获取外语信息知识的途径。如,他们谈到的学习方法有:每天早起利用录音设备进行听力练习,每天学习30分钟至 2 小时,甚至洗脸、刷牙、坐车、玩的时候也在听录音(明确持续学习是学习成功的重要条件,元认知策略与认知策略);他们认为"背对话"是有效的方法,通过这种方法最终能够像外国小朋友一样流利说英语,他们会背单词、做作业，参加夏令营（懂得善于扩展接触语言的渠道，懂得机械记忆的重要性，记忆策略、元认知策略与认知策略）；他们认为没必要找家教，因为一些家教的专业知识不足，而教师的集体备课，可以共同商量比较好的教学活动（理解和比较不同学习支持的重要性，元认知策略、认知策略以及补偿策略）等。通过这些访谈，我们可以了解到，小学生能够在多场域、多情境下进行语言学习。但是，这些学习方法并不构成系统化的外语学习策略。中小学外语教学需要根据学生的学能高低，结合系统化的学习策略培养，使学生养成良好的学习习惯，为未来外语学习打下基础。

关于在学能中的"语法敏感度"与"语言归纳能力"，笔者的访谈研究发现，当学生出现语法错误时，教师认为学生记住语法规则，就可以避免出错，因此，经常试图通过大量讲解语法规则，以使学生掌握语法知识。但是，初中英语学习能力薄弱的学生则反映，英语学习能力较强的学生可以通过大量讲解语法规则从而掌握目标语言，而详尽的语法讲解会使英语学习能力薄弱的学生产生更多困惑。显然，如果教师能认识到，可能是这些学生缺乏语言归纳能力和对语法的敏感度，就有可能为学生提供适当的认知策略与元认知策略培训和指导，设计相应的任务活动，从而弥补学生在学能方面的欠缺，提高学生语言输出的准确度。

显然，我国中小学尚缺乏这方面的研究，尽管中小学每年都在进行大量的选拔工作，也提倡以学习者为中心。目前尚不清楚这些学习能力的分类是否适合我国中小学生，也不知我国中小学生是否还有其他的能力特点和特殊的问题需要研究。我国各地的外国语学校和特色校每年会选择一部分小学生，而测评学生的考试也有多种内容，目的是挑选出学校认为更有发展潜质的学生。然而，绝大多数的标准化或者非标准化测试实际上只涉及学生的一般智商，而不是特别针对学生学习外语的能力。这就有可能使很多有潜力的外语学习者被排斥在外。对于外语学生的选拔可以进行外语学能的研究与测试，从而能够更科学地判断学生在外语学习中的潜力和目前所具备的长项与弱项，为具备外语学习潜力的学生的培养提供参考。

五、结语

外语学能与优秀语言学习者之间存在一定的联系。因此，在未来的英语教师教育中,应该包括以学习者为中心、以策略为基础的教学指导。坚持以学习者为中心的教师不仅要关注学生的现实生活目标和学习偏好,还要关注学生的认知加工需求。对于教师来说,这可能是一个充满挑战的过程。然而,根据学习者的能力特点,教师可以提供指导,帮助他们成为优秀的语言学习者。

如何将策略掌握及运用要求贯彻到课堂中以使学生达到上述要求,需要教师培训项目设计出系统的课程,给教师详细的建议和指导。因此,将基于策略的教学纳入英语教师教育课程很有必要。在进行英语课程设计时,应增加详细的策略描述和教授的方法,而在教师进修和培训课程中,应该把这些策略作为中小学英语教师的基本知识,纳入培训课程中。调控学习者在开始学习时就能设定扩展知识的目标并保持持续动机的决心。让他们能意识到自己已掌握的知识和追求的目标,并且明白如何运用不同的信息和知识完成学习任务。此外,他们不仅需要会运用各种微技能,而且能运用整体的策略。

我国是世界上学习外语人数最多的国家,但是外语学习"费时较多、效率较低"的问题一直是社会对外语教育必要性质疑的主要原因之一。我国在基础教育领域尚缺乏大规模的学能与学习策略实证研究,中小学生普遍存在学习方法不当,两级分化严重的状况;大部分中小学外语教师对科学学习方法缺乏了解,亟须普及相关知识。

学能研究可以使教师和学习者了解外语学习能力的构成与外语学习成功的重要因素。同时,学能研究对于判断学习者掌握外语的潜能、提高学习效率以及教师有意识地教授学习策略等有重要价值。此外,学能研究也对教材编写、教师教育课程设计等相关领域极具参考意义。

参考文献

[1] 中华人民共和国教育部. 义务教育英语课程标准(2022 年版)[M]. 北京:北京师范大学出版社,2022:31-34.

[2][16] Carroll J B. The prediction of success in intensive foreign language training [M]//Glaser, R. Training Research and Education, Pittsburgh: University of Pittsburgh Press,1962:87-136.

[3][14] Cronbach L J, Snow R E. Aptitudes and Instructional Methods: A Handbook for Research on Interactions[M]. New York: Irvington Publishers Inc, 1981:107-142.

[4][5][9][12][15] Robinson P. Aptitude and second language acquisition

[J]. Annual Review of Applied Linguistics,2005(25): 46-73.

[6] Carroll J B. Cognitive abilities in foreign language aptitude: then and now [M]//Parry T H, Stansfield C W. Language Aptitude Reconsidered, NJ: Prentice Hall Regents, 1990: 17-35.

[7] Skehan P. Theorising and updating aptitude [M]//Robinson P. Individual Differences and in Structed Language Learning, Amsterdam: John Benjami, 2002: 69-93.

[8][18] Rubin J. What the "good language learner" can teach us[J]. TESOL Quarterly, 1975, 9(1): 41-51.

[10] Skehan P A. Cognitive Approach to Language Learning[M]. Oxford: Oxford University Press, 1998.

[11][40] Dörnyei Z. The Psychology of The Language Learner: Individual Differences in Second Language Acquisition [M]. Mahwah, NJ: Lawrence Erlbaum Associates,2005: 11-29, 66-111.

[13] Sáfár A, Kormos J. Revisiting problems with foreign language aptitude[J]. International Review of Applied Linguistics in Language Teaching, 2008, 46 (2): 113-136.

[17] Carroll J B. Implications of aptitude test research and psycholinguistic theory for foreign-language teaching[J]. International Journal of Psycholinguistics, 1973 (2): 5-14.

[19] Sternberg R J. Styles of thinking and learning[J]. Language Testing, 1995, 12 (3): 265-291.

[20] Oxford R L. Strategy Inventory for Language Learning[M]. Alexandria, VA : Oxford Associates, 1989: 17-21.

[21][28] Oxford R L. Language Learning Strategies: What Every Teacher Should Know[M]. New York: Newbury House, 1990: 152-156.

[22] Rubin J, Thompson I. How to Be a More Successful Language Learner[M]. New York: Heinle & Heinle, 1983.

[23] Li S. The associations between language aptitude and second language grammar acquisition: a meta-analytic review of five decades of research[J]. Applied Linguistics, 2015, 36(3): 385-408.

[24] Sparks R, Ganschow L. Aptitude for learning a foreign language[J]. Annual Review of Applied Linguistics, 2001(21): 90-111.

[25] Dörnyei Z Skehan P. Individual differences in L2 learning[M]// Doughty C J, Long M H. The Handbook of Second Language Acquisition, Oxford: Blackwell, 2003: 443-472.

[26] Iwai T, Kondo K, Limm S J D. et al. Japanese Language Needs Analysis 1998—1999[M]. Honolulu: University of Hawaii, Second Language Teaching & Curriculum Center, 1999.

基础英语教育：理念、课程、教材及评价

［27］Finney D. The ELT Curriculum［M］//Richards J C, Renandya W A. Methodology in Language Teaching, Cambridge：Cambridge University Press, 2002：69-79.

［29］Yang, N. D. Integrating portfolios into learning strategy-based instruction for EFL college students［J］. International Review of Applied Linguistics in Language Teaching, 2003, *41*(4)：293-317.

［30］Nguyen L T C, Gu Y. Strategy-based instruction：a learner-focused approach to developing learner autonomy［J］. Language Teaching Research, 2013, *17*(1)：9-30.

［31］Baghbadorani E A, Roohani A. The impact of strategy-based instruction on L2 learners' persuasive writing［J］. Procedia-Social and Behavioral Sciences, *2014*（98）：235-241.

［32］Nunan, D. Second Language Teaching & Learning［M］. Michigan：Heinle & Heinle, 1999：69-81.

［33］Chamot A U, Rubin J. Comments on Janie Rees-Miller's "a critical appraisal of learner training：theoretical bases and teaching implications"：two readers react［J］. TESOL Quarterly, 1994, 28(4)：771-776.

［34］文秋芳, 王立非. 中国英语学习策略实证研究20年［J］. 外国语言文学, 2004(1)：39-45.

［35］王文宇. 观念、策略与英语词汇记忆［J］. 外语教学与研究, 1998(1)：49-54+80.

［36］秦晓晴. 大学生外语学习归因倾向及其对归因现象的理解［J］. 现代外语, 2002(1)：71-78.

［37］沃建中, 林崇德, 陈浩莺, 等. 小学生图形推理策略个体差异［J］. 心理发展与教育, 2003(2)：1-8.

［38］吴欣. 有效外语教学策略研究及运用［J］. 课程·教材·教法, 2001(1)：39-45.

［39］戴运财. 语言学能对二语习得的影响［J］. 外语教学与研究, 2006(6)：451-459+480

［40—41］Macaro E. Learning Strategies in Foreign and Second Language Classrooms：The Role of Learner Strategies［M］. Edinburgh：A&C Black, 2001：9-41.

［42］Hadwin A F, Winne P H. Study strategies have meager support：a review with recommendations for implementation［J］. The Journal of Higher Education, 1996, *67*(6)：692-715.

［43］Chen R, Gong Y, Liu Y, et al. A bibliometric and content analysis of strategy-based instruction in second or foreign language teaching from 2000 to 2021［J］. SAGE Open, 2023, *13*(1)：1-12.

［44］陈贝贝. 关于小学高年级学生英语学习策略掌握现状的调查研究——以中

国农业科学院附属小学为例[J]. 教育与教学研究，2017(4)：114-122.

[45] 何建友. 中学生英语语音学习策略调查研究[J]. 山东师范大学外国语学院学报(基础英语教育)，2007(6)：38-43.

[46] 龚亚夫. 英语教育新论：多元目标英语课程 [M]. 北京：高等教育出版社，2015：150-153.

[47] Singleton D. Language aptitude：desirable trait or acquirable attribute？ [J] Studies in Second Language Learning and Teaching，2017，7(1)：89-103.

【摘　要】　学习外语涉及学生外语学习的潜在能力，即语言学能，具备这样潜在外语学习能力的学习者更容易在外语学习中取得成功。成功的外语学习者善用语言学习策略发挥自身语言学能上的长项或弥补弱项，使自身的外语学习能力不断提升。因此，有必要研究语言学能与学习策略的关系，根据个体差异有针对性地选择学习策略，以提高学习者的语言学能，最终实现有效的外语学习。讨论了语言学能对于外语学习策略教学的指导与启发作用，以及将基于学能的学生需求分析纳入教育政策与教师教育的必要性，并提出，我国中小学应将语言学能纳入对个体语言学习的差异化、个性化的分析，进而探究外语学习策略培养的有效性，以提高语言学习策略的教学效果。

【关键词】　语言学能；需求分析；外语学习策略；策略教学

此文原发表于《教育科学研究》2023 年第 12 期。

作者：陈瑞华，龚亚夫。

基础英语教育：理念、课程、教材及评价